C

Ensayo

Ciencia

Michio Kaku, nacido en 1947 en California, Estados Unidos, de padres japoneses, es un eminente físico teórico, uno de los creadores de la teoría de campos de cuerdas. Apadrinado por Edward Teller, que le ofreció la beca de ingeniería Hertz, se formó en Harvard y en el Laboratorio Nacional Lawrence Berkeley de la Universidad de California, donde obtuvo el doctorado en física en 1972. Desde hace casi treinta años ocupa la Cátedra Henry Semat de Física Teórica en la Universidad de Nueva York y es uno de los divulgadores científicos más conocidos del mundo; presenta dos programas de radio y participa en espacios de televisión y documentales. Es autor además de decenas de artículos y de varios libros, muchos de ellos traducidos al castellano: *Visiones* (1998), *Hiperespacio* (2001), *El universo de Einstein* (2005), *Universos paralelos* (2008), *Física de lo imposible* (2010), *La física del futuro* (2011), *El futuro de nuestra mente* (2014) y *El futuro de la humanidad* (2018).

Para más información sobre el autor visita:
www.mkaku.org

Michio Kaku

El futuro de la humanidad

La colonización de Marte, los viajes interestelares,
la inmortalidad y nuestro destino más allá de la Tierra

Traducción de
Juan Manuel Ibeas

DEBOLS!LLO

Penguin
Random House
Grupo Editorial

Título original: *The Future of Humanity*

Primera edición en Debolsillo: noviembre de 2019
Tercera reimpresión: abril de 2021

© 2018, Michio Kaku
© 2018, 2019, Penguin Random House Grupo Editorial, S. A. U.
Travessera de Gràcia, 47-49. 08021 Barcelona
© 2018, Juan Manuel Ibeas, por la traducción
Diseño de la cubierta: Adaptación de la cubierta original de Doubleday:
Penguin Random House Grupo Editorial
Fotografías de la cubierta: © Galaxy © Sripfoto / Shutterstock; Spaceship
© DM7 / Shutterstock; planet surface
© Kjpargeter / Shutterstock;
UFO © Coneyl Jay / Stone / Getty Images

Printed in Spain – Impreso en España

ISBN: 978-84-663-4813-3
Depósito legal: B-17.630-2019

Impreso en Prodigitalk, S. L.

P 3 4 8 1 3 A

A mi querida esposa, Shizue,
y a mis hijas Michelle y Alyson

Índice

Tercera parte
La vida en el universo

PRÓLOGO

Un día, hace unos 75.000 años, la humanidad estuvo a punto de extinguirse.[1]

Una titánica explosión en Indonesia extendió una colosal capa de cenizas, humo y escombros que cubrió miles y miles de kilómetros. La erupción del Toba fue tan violenta que se la considera el episodio volcánico más potente de los últimos veinticinco millones de años. Disparó a la atmósfera la increíble cantidad de 2.700 kilómetros cúbicos de tierra, lo que sofocó grandes extensiones de Malasia e India bajo una capa de ceniza volcánica de hasta nueve metros de grosor. El humo tóxico y el polvo llegaron hasta África, dejando a su paso un rastro de muerte y destrucción.

Imaginen por un momento el caos provocado por este cataclismo. El calor abrasador y las nubes de ceniza gris que oscurecían el Sol aterrorizaron a nuestros antepasados. Muchos murieron asfixiados y envenenados por el denso hollín y el polvo. Después, las temperaturas bajaron de golpe, provocando un «invierno volcánico». La vegetación y la fauna murieron hasta donde alcanzaba la vista, dejando solo un paisaje frío y desolado. Seres humanos y animales escarbaban en el devastado terreno en busca de restos comestibles, y la mayoría de los primeros murió de hambre. Parecía que la Tierra entera estaba muriendo. Los pocos que sobrevivieron tenían un solo objetivo: huir tan lejos como pudieran del telón de muerte que había caído sobre su mundo.

Tal vez en nuestra sangre queden claras evidencias de este cataclismo.[2]

Los genetistas han observado el curioso hecho de que entre dos seres humanos cualquiera el ADN es casi idéntico. En cambio, entre dos chimpancés puede haber más variación genética que la que se puede encontrar en toda la población humana. Una teoría que explique matemáticamente este fenómeno implicaría suponer que, en la época de la explosión, casi todos los humanos fueron exterminados, dejando solo un puñado de unos dos mil individuos. Sorprendentemente, esta sucia y desharrapada horda de humanos se iba a convertir en los Adanes y las Evas ancestrales que acabarían poblando el planeta. Todos somos casi clones unos de otros, hermanos y hermanas que descendemos de un pequeñísimo y robusto grupo de humanos que cabría en el salón de baile de un hotel moderno.

Mientras vagaban por el devastado paisaje, no tenían ni idea de que un día sus descendientes dominarían todos los rincones de nuestro planeta.

Ahora, cuando miramos hacia el futuro, vemos que los acontecimientos que tuvieron lugar hace 75.000 años pueden haber constituido un ensayo general para futuras catástrofes. Me acordé de esto en 1992, cuando oí la asombrosa noticia de que, por primera vez, se había descubierto un planeta orbitando en torno a una lejana estrella. Con este descubrimiento, los astrónomos pudieron demostrar que existen planetas fuera de nuestro sistema solar. Supuso un gran cambio de paradigma en nuestro conocimiento del universo. Pero me entristecí al enterarme de la segunda parte de la noticia: este planeta lejano orbitaba alrededor de una estrella muerta, un púlsar, que había estallado en forma de supernova, tal vez matando todo lo que hubiera podido vivir en el planeta. Ningún ser vivo conocido por la ciencia puede resistir el fulminante estallido de energía nuclear que se produce cuando explota una estrella en sus cercanías.

Entonces imaginé una civilización en aquel planeta, una civilización que sabía que su estrella madre estaba muriendo y trabajaba a toda prisa para construir una enorme flota de naves espaciales capaz de transportarlos a otro sistema solar. Reinaría el más absoluto caos en el planeta, mientras sus habitantes, aterrados y desesperados, tratarían de hacerse por cualquier medio con las últimas plazas en las naves que partían. Imaginé el horror que sentirían los que quedaban atrás para afrontar su destino cuando su Sol estallara.

Es tan inevitable como las leyes de la física que algún día la humanidad deba hacer frente a algún tipo de proceso capaz de causar su extinción. ¿Tendremos, como tuvieron nuestros antepasados, la fuerza y la voluntad de sobrevivir e incluso prosperar?

Si pasamos revista a todas las formas de vida que han existido en la Tierra, desde las bacterias microscópicas a los bosques de árboles gigantes, de los torpes dinosaurios a los emprendedores humanos, veremos que el 99,9 por ciento de todas ellas se ha extinguido. Esto significa que la extinción es la norma, que las probabilidades están muy en contra nuestra. Cuando excavamos el suelo bajo nuestros pies para desenterrar el registro fósil, encontramos evidencias de muchas formas de vida antiguas. Pero solo un pequeño puñado ha sobrevivido hasta nuestros días. Millones de especies han aparecido antes que nosotros; tuvieron su tiempo bajo el Sol y después se marchitaron y extinguieron. Esa es la historia de la vida.

Por mucho que valoremos la visión de una puesta de Sol romántica y espectacular, el olor de la brisa marina y el suave calor de un día de verano, algún día todo eso terminará y el planeta se volverá inhóspito para la vida humana. Algún día la naturaleza se volverá contra nosotros, como hizo con todas aquellas formas de vida extinguidas.

La gran historia de la vida en la Tierra demuestra que, enfrentados a un ambiente hostil, los organismos tienen tres caminos a seguir: escapar de ese ambiente, adaptarse a él o morir. Pero si miramos hacia el futuro lejano, tarde o temprano nos enfrentaremos a un desastre tan grande que la adaptación será casi imposible. Tendremos que abandonar la Tierra o perecer. No hay otra opción.

Estos desastres han ocurrido muchas veces en el pasado, e inevitablemente ocurrirán en el futuro. La Tierra ya ha sufrido cinco grandes ciclos de extinción, en cada uno de los cuales desapareció hasta el 90 por ciento de las formas de vida. Tan seguro como que el día sigue a la noche, habrá más en el futuro.

En el plazo de unas décadas, tendremos que enfrentarnos a amenazas que no son naturales, sino en gran parte autoinfligidas, debidas a nuestra insensatez y falta de visión. Nos enfrentamos al peligro del calentamiento global, cuando la atmósfera misma de la Tierra se volverá contra nosotros. Nos enfrentamos al peligro de la guerra moderna a medida que proliferan las armas nucleares en las regiones más inestables del globo. Nos enfrentamos al peligro de los microbios convertidos en armas, como el del sida propagado por el aire y el del ébola, que puede transmitirse por una simple tos o un estornudo. Esto podría exterminar hasta un 98 por ciento de la especie humana. Además, nos enfrentamos a una población en continuo crecimiento que consume recursos a un ritmo enloquecido. En algún momento superaremos la capacidad de aguante de la Tierra y nos encontraremos en un apocalipsis ecológico, luchando por los últimos recursos que queden en el planeta.

Además de las calamidades que nosotros mismos hemos creado, también existen desastres naturales sobre los que no tenemos ningún control. En el plazo de unos miles de años, nos encontraremos al principio de otro periodo glacial. Durante los últimos cien mil años, gran parte de la superficie terrestre estuvo cubierta por una capa de hielo sólido de hasta 800 metros de grosor. El estéril paisaje helado empujó a muchos animales a la extinción. Después, hace diez mil años, se produjo un deshielo. Este breve calentamiento ha permitido el rápido ascenso de la civilización moderna, y los humanos lo han aprovechado para extenderse y prosperar. Pero este florecimiento ha ocurrido durante un periodo interglacial, lo que significa que es muy probable que antes de diez mil años nos encontremos en otra edad de hielo. Cuando esto ocurra, nuestras ciudades desaparecerán bajo montañas de nieve y la civilización quedará aplastada por el frío.

También cabe la posibilidad de que el supervolcán durmiente que se encuentra bajo el parque nacional de Yellowstone despierte de su largo sueño, rompa en pedazos Estados Unidos y envuelva la Tierra en una asfixiante y venenosa nube de hollín y escombros. Las anteriores erupciones tuvieron lugar hace 630.000 años, 1,3 y 2,1 millones de años, separadas entre sí por unos 700.000 años; por lo tanto, podemos esperar otra colosal erupción en los próximos 100.000 años.

En un plazo aún mayor, nos enfrentamos al peligro de otro impacto de un meteoro o cometa, similar al que contribuyó a aniquilar a los dinosaurios hace 65 millones de años. Entonces, una roca de unos diez kilómetros de diámetro cayó sobre la península de Yucatán (México), lanzando al espacio toneladas de escombros de fuego que llovieron otra vez sobre la Tierra. Como cuando la explosión del Toba, pero a una escala mucho mayor, las nubes de ceniza oscurecieron el Sol y causaron una brusca caída de las temperaturas en todo el mundo. Con el marchitamiento de la vegetación, la cadena alimentaria se rompió. Los dinosaurios herbívoros murieron de hambre, seguidos al poco tiempo por sus parientes carnívoros. Al final, el 90 por ciento de las formas de vida de la Tierra perecieron como consecuencia de este catastrófico acontecimiento.

Durante milenios, hemos vivido felizmente ajenos a la realidad de que la Tierra flota en medio de un enjambre de rocas potencialmente mortíferas. Solo en la última década han empezado los científicos a cuantificar el auténtico riesgo de un gran impacto. Ahora sabemos que existen varios miles de NEO (objetos próximos a la Tierra, por sus siglas en inglés) que cruzan la órbita de nuestro planeta y representan un peligro para la vida en él. En junio de 2017 se habían catalogado ya 16.294 de estos objetos. Pero estos son solo los que hemos localizado. Los astrónomos calculan que en el sistema solar puede haber millones que se pueden cruzar con la Tierra.

Una vez entrevisté al difunto astrónomo Carl Sagan y le pregunté por este peligro. Insistió en que vivimos «en una galería de tiro cósmica», rodeados de posibles amenazas. Es solo cuestión de tiempo, me dijo, que un asteroide grande choque con la Tierra. Si pudiéramos iluminar estos asteroides, veríamos el cielo nocturno lleno de miles de amenazantes puntos luminosos.

Aun suponiendo que evitemos todos estos peligros, hay uno que empequeñece a todos los demás. Dentro de cinco mil millones de años, el Sol se expandirá formando una gigantesca estrella roja que llenará todo el cielo. El Sol se hará tan grande que la órbita de la Tierra quedará dentro de su llameante atmósfera, y el calor abrasador hará imposible la vida en ese infierno.

A diferencia de todas las demás formas de vida de este planeta, que tendrán que esperar pasivamente su final, los humanos somos dueños de nuestro destino. Por fortuna, estamos creando ya los instrumentos para aprovechar las posibilidades que nos concede la naturaleza, para no convertirnos en parte del 99,9 por ciento de formas de vida condenadas a la extinción. En este libro encontraremos a los pioneros que poseen la energía, la visión y los recursos para cambiar el destino de la humanidad. Conoceremos a los soñadores que creen que el ser humano puede vivir y prosperar en el espacio exterior. Analizaremos los revolucionarios avances tecnológicos que harán posible que salgamos de la Tierra y nos instalemos en otra parte del sistema solar, e incluso más allá.

Pero si hay una lección que podemos aprender de nuestra historia, es que la humanidad, cuando se enfrenta a una crisis de vida o muerte, ha estado a la altura del desafío y ha aspirado a metas aún más altas. En cierto sentido, el espíritu de la exploración está en nuestros genes e integrado en nuestra alma.

Pero ahora nos enfrentamos al que podría ser el mayor de todos los desafíos: abandonar los confines de la Tierra y volar hacia el espacio exterior. Las leyes de la física son claras: tarde o temprano, nos enfrentaremos a crisis globales que pondrán en peligro nuestra existencia.

La vida es demasiado preciosa para que tenga lugar en un solo planeta, a merced de estos peligros planetarios.

«Necesitamos una póliza de seguros», me dijo Sagan. Había llegado a la conclusión de que debíamos convertirnos en «una especie biplanetaria». En otras palabras, necesitamos un plan B.

En este libro exploraremos la historia, los peligros y las posibles soluciones que existen ante nosotros. El camino no será fácil y habrá contratiempos, pero no tenemos elección.

Desde la casi extinción de hace unos 75.000 años, nuestros antepasados se pusieron en marcha y dieron inicio a la colonización de toda la Tierra. Confío en que este libro indique los pasos necesarios para superar los obstáculos que inevitablemente encontraremos en el futuro. Puede que nuestro destino sea convertirnos en una especie multiplanetaria que viva en las estrellas.

Hacia una especie multiplanetaria

> Si está en juego nuestra supervivencia a largo plazo, tenemos una responsabilidad básica para con nuestra especie: aventurarnos hacia otros mundos.
>
> CARL SAGAN

> Los dinosaurios se extinguieron porque no tenían un programa espacial. Y si nosotros nos extinguimos por no tener un programa espacial, nos lo habremos merecido.
>
> LARRY NIVEN

Cuando era niño leí la trilogía *Fundación*, de Isaac Asimov, una de las sagas más famosas de la historia de la ciencia ficción. Me asombró que Asimov, en lugar de escribir sobre batallas con pistolas de rayos y guerras espaciales con extraterrestres, se hiciera una simple pero profunda pregunta: ¿dónde se encontrará la civilización humana dentro de 50.000 años? ¿Cuál es nuestro destino final?

En su innovadora trilogía, Asimov pintaba una imagen de la humanidad extendida por toda la Vía Láctea, con millones de planetas habitados, unidos por un vasto Imperio galáctico. Habíamos viajado tan lejos que el hogar original donde había nacido esta gran civilización se había perdido en las nieblas de la prehistoria. Había tantas

sociedades avanzadas repartidas por la galaxia, con tanta gente unida
por una compleja red de lazos económicos, que con esta muestra tan
enorme era posible usar las matemáticas para predecir el curso futuro
de los acontecimientos, como quien predice el movimiento de las
moléculas.

Hace años, invité al doctor Asimov a hablar en nuestra universidad.
Escuchando sus sabias palabras, me sorprendió la amplitud de sus conocimientos. Entonces le hice una pregunta que me tenía intrigado
desde la infancia: ¿qué le había inspirado para escribir la serie *Fundación*?
¿Cómo había dado con un tema tan grande que abarcaba la galaxia
entera? Sin vacilar, me respondió que se había inspirado en el ascenso
y caída del Imperio romano. En su historia se podía comprobar cómo
el destino de los romanos había dominado su turbulenta historia.

Empecé a preguntarme si la historia de la humanidad tiene también un destino. Puede que sea acabar creando una civilización que
se extienda por toda la Vía Láctea. Puede que nuestro destino se encuentre de verdad en las estrellas.

Muchos de los temas en los que se basaba la obra de Asimov habían sido explorados antes, en la pionera novela de Olaf Stapledon *El
hacedor de estrellas*. En esta obra, nuestro héroe sueña con internarse
en el espacio exterior hasta llegar a planetas lejanos. Recorriendo la
galaxia en forma de conciencia pura, vagando de un sistema estelar
a otro, contempla fantásticos imperios extraterrestres. Algunos de ellos
han ascendido hasta la grandeza, iniciando eras de paz y abundancia,
y otros incluso crean imperios interestelares gracias a sus naves espaciales. Otros caen en la ruina, destrozados por la hostilidad, los en-
frentamientos y la guerra.

Muchos de los conceptos revolucionarios de la novela de Stapledon se incorporaron a la ciencia ficción posterior. Por ejemplo, el
protagonista de *El hacedor de estrellas* descubre que muchas civilizaciones superavanzadas mantienen en secreto su existencia, ocultán-
dosela a civilizaciones inferiores para evitar contaminarlas por accidente con su avanzada tecnología. Este concepto es similar al de la
Primera Directriz, uno de los principios rectores de la Federación
en la serie *Star Trek*.

Nuestro héroe encuentra también una civilización tan sofisticada que sus miembros tienen encerrado a su Sol en una gigantesca esfera para aprovechar toda su energía. Este concepto, que más adelante se llamaría esfera de Dyson, es ahora un tema habitual de la ciencia ficción.

También se encuentra con una especie cuyos individuos están en constante contacto telepático unos con otros. Cada uno de ellos conoce los pensamientos íntimos de los demás. Esta idea es anterior a los Borg de *Star Trek*, donde todos los sujetos están conectados a través de su mente y subordinados a la voluntad de la Colmena.

Y, al final de la novela, se encuentra con el mismísimo hacedor de estrellas, un ser celestial que crea universos enteros, cada uno con sus propias leyes físicas, y juega con ellos. Nuestro universo es solo una pieza de un multiverso. Sobrecogido, nuestro héroe contempla al hacedor de estrellas en acción, conjurando nuevos y apasionantes mundos y descartando los que no le gustan.

La pionera novela de Stapledon produjo toda una conmoción en un mundo donde la radio aún se consideraba un milagro de la tecnología. En los años treinta, la idea de convertirse en una civilización extendida por el espacio parecía ridícula. Los aviones de hélice eran el último grito de la tecnología y apenas conseguían aventurarse por encima de las nubes, de modo que la posibilidad de viajar a las estrellas parecía desesperadamente remota.

El hacedor de estrellas fue un éxito instantáneo. Arthur C. Clarke dijo que era una de las mejores obras de ciencia ficción que jamás se habían publicado. Desató la imaginación de toda una generación de escritores de ciencia ficción de posguerra. Pero entre el público general la novela pronto quedó olvidada en medio del caos y el salvajismo de la Segunda Guerra Mundial.

ENCONTRAR NUEVOS PLANETAS EN EL ESPACIO

Ahora que el satélite espacial Kepler y equipos de astrónomos en la Tierra han descubierto unos cuatro mil planetas orbitando alrededor de otras estrellas en la Vía Láctea, uno empieza a preguntarse si las civilizaciones descritas por Stapledon podrían existir en la realidad.

En 2017, los científicos de la NASA identificaron no uno, sino siete planetas del tamaño de la Tierra en órbita alrededor de una estrella cercana a solo 39 años luz de la Tierra. De estos siete planetas, tres están lo bastante cerca de su estrella madre para contener agua líquida. Muy pronto, los astrónomos serán capaces de confirmar si estos y otros planetas poseen atmósferas con vapor de agua. Dado que el agua es el «disolvente universal», capaz de servir como medio para combinar las sustancias químicas que componen la molécula de ADN, los científicos podrían demostrar que las condiciones necesarias para la vida son comunes en el universo. Podemos estar a punto de encontrar el Santo Grial de la astronomía planetaria, un gemelo de la Tierra en el espacio exterior.

Más o menos en la misma época, los científicos hicieron otro trascendental descubrimiento: un planeta del tamaño de la Tierra llamado Próxima Centauri b, que orbita alrededor de la estrella más cercana a nuestro Sol, Próxima Centauri, a solo 4,2 años luz de nosotros. Siempre se ha conjeturado que esta estrella sería una de las primeras en ser exploradas.

Estos planetas son solo algunas de las últimas entradas en la enorme enciclopedia de planetas extrasolares, que se actualiza casi cada semana. Incluye extraños y curiosos sistemas estelares que habrían ido más allá de los sueños de Stapledon, entre ellos algunos en que cuatro o más estrellas orbitan alrededor unas de otras. Muchos astrónomos creen que, si podemos imaginar la formación de un planeta, por extravagante que sea, es probable que se haya dado en algún lugar de la galaxia, con tal de que no viole alguna ley de la física.

Esto significa que ahora podemos calcular aproximadamente cuántos planetas del tamaño de la Tierra existen en nuestra galaxia. Puesto que la Vía Láctea contiene unas cien mil millones de estrellas, podría haber veinte mil millones de planetas orbitando estrellas similares a nuestro Sol solo en nuestra galaxia. Y dado que existen unos cien mil millones de galaxias que podamos distinguir con nuestros instrumentos, podemos calcular cuántos planetas del tamaño de la Tierra existirían en el universo visible: la escalofriante cifra de dos mil millones de billones.

Después de darnos cuenta de que la galaxia podría estar repleta de planetas habitables, ya nunca podremos mirar el firmamento nocturno de la misma manera.

En cuanto los astrónomos los hayan identificado, el siguiente paso será analizar sus atmósferas en busca de oxígeno y vapor de agua, señales de vida y ondas de radio, que indicarían la existencia de una civilización inteligente. Este descubrimiento sería uno de los grandes hitos de la historia humana, comparable a la domesticación del fuego. No solo redefiniría nuestra relación con el resto del universo; además, cambiaría nuestro destino.

La nueva edad de oro de la exploración espacial

Estos apasionantes descubrimientos de exoplanetas, junto con las innovadoras ideas concebidas por una nueva generación de visionarios, están reavivando el interés público por los viajes espaciales. En un principio, lo que impulsó el programa espacial fue la Guerra Fría y la rivalidad entre las superpotencias. Al público no le importaba gastar la friolera de un 5,5 por ciento del presupuesto nacional en el programa espacial Apolo, pues estaba en juego el prestigio nacional. Pero esta febril competición no se podía mantener eternamente, y por fin la financiación se acabó.

Los últimos astronautas estadounidenses que pisaron la superficie de la Luna lo hicieron hace 45 años. Ahora, el cohete Saturn V y la lanzadera espacial están desmantelados y sus piezas se oxidan en museos y depósitos de chatarra, y sus historias languidecen en libros cubiertos de polvo. En los años siguientes, la NASA fue criticada como una «agencia para ir a ninguna parte», si bien se ha pasado décadas haciendo girar sus ruedas en el aire, yendo intrépidamente a donde nadie había llegado antes.

Pero la situación económica ha empezado a cambiar. El precio de los viajes espaciales, que antes era tan alto que podía dejar maltrecho el presupuesto de una nación, ha ido bajando poco a poco, en gran parte debido al influjo de energía, dinero y entusiasmo de un creciente grupo de empresarios. Impacientes ante la velocidad de glaciar de la NASA, multimillonarios como Elon Musk, Richard Branson y Jeff Bezos han estado abriendo sus chequeras para construir nuevos cohetes. No solo quieren obtener beneficios: también quieren hacer realidad sus sueños infantiles de viajar a las estrellas.

Ahora existe una voluntad nacional rejuvenecida. La cuestión ya no es si Estados Unidos enviará astronautas al planeta rojo, sino cuándo. El expresidente Barack Obama declaró que habría astronautas caminando por la superficie de Marte poco después de 2030, y el presidente Donald Trump le ha pedido a la NASA que acelere ese calendario.

Existe ya, en fase de primeras pruebas, una flota de cohetes y módulos espaciales capaces de emprender viajes interplanetarios, como el cohete transbordador SLS (Space Launch System) de la NASA, que contiene la cápsula habitable Orion, y el cohete transbordador Falcon Heavy de Elon Musk, con la cápsula Dragon. Estos harán el trabajo pesado, llevando a nuestros astronautas a la Luna, los asteroides, Marte e incluso más allá. De hecho, esta misión ha generado tanta publicidad y entusiasmo que la rivalidad va en aumento. Es posible que haya un atasco de tráfico alrededor de Marte, con diferentes grupos compitiendo por plantar la primera bandera en suelo marciano.

Hay quien ha escrito que estamos entrando en una nueva edad de oro del viaje espacial, en la que, después de décadas de indiferencia, explorar el universo será de nuevo una parte apasionante de la agenda de nuestras naciones.

Mirando hacia el futuro, podemos ver un esbozo de cómo la ciencia transformará la exploración espacial. Gracias a avances revolucionarios en una amplia gama de tecnologías modernas, ahora podemos especular de qué modo nuestra civilización podrá viajar algún día al espacio exterior, terraformar planetas y desplazarse de una estrella a otra. Aunque es un objetivo a largo plazo, ya es posible establecer un marco temporal razonable y calcular cuándo se alcanzarán ciertos hitos cósmicos.

En este libro me centraré en los pasos necesarios para lograr este ambicioso objetivo. Pero la clave para descubrir cómo se desarrollará nuestro futuro es comprender el conocimiento científico que hay tras estos milagrosos adelantos.

REVOLUCIONARIAS OLAS DE AVANCE TECNOLÓGICO

Dadas las vastas fronteras de la ciencia que hay frente a nosotros, puede resultar útil poner en perspectiva el panorama general de la historia humana. Si nuestros antepasados pudieran vernos ahora, ¿qué pensarían? Durante la mayor parte de nuestra historia hemos vivido de forma miserable, luchando en un mundo hostil e indiferente donde la expectativa de vida estaba entre los veinte y los treinta años. Casi todos éramos nómadas y cargábamos con nuestras posesiones a la espalda. Cada día era una batalla por conseguir comida y cobijo. Vivíamos con constante miedo a los feroces depredadores, a la enfermedad y al hambre. Pero si nuestros antepasados pudieran vernos hoy, con nuestra capacidad de enviar imágenes al instante por todo el planeta, con cohetes que pueden llevarnos a la Luna y más allá, y con automóviles que se conducen solos, pensarían que somos hechiceros y magos.

La historia revela que las revoluciones científicas vienen en oleadas, muchas veces estimuladas por los avances de la física. En el siglo XIX, la primera oleada de avances científicos y tecnológicos fue posible gracias a los físicos que formularon las teorías de la mecánica y la termodinámica. Esto permitió a los ingenieros producir la máquina de vapor, que condujo a la locomotora y a la revolución industrial. Este profundo cambio tecnológico elevó la civilización, librándola de la maldición de la ignorancia, el trabajo agotador y la pobreza, y nos introdujo en la era de las máquinas.

En el siglo XX, la segunda oleada fue encabezada por los físicos que desentrañaron las leyes de la electricidad y el magnetismo, que a su vez dieron paso a la era eléctrica. Esto hizo posible la electrificación de nuestras ciudades, con la aparición de las dinamos, los generadores, la radio, la televisión y el radar. La segunda oleada dio origen al moderno programa espacial, que nos llevó a la Luna.

En el siglo XXI, la tercera ola científica se ha manifestado en la alta tecnología, impulsada por los físicos cuánticos que desarrollaron el transistor y el láser. Estos han hecho posibles los superordenadores, la internet, las telecomunicaciones modernas, el GPS y la proliferación de diminutos chips que han penetrado en todos los aspectos de nuestras vidas.

En este libro me propongo describir las tecnologías que nos llevarán aún más lejos, cuando exploremos los planetas y las estrellas. En la primera parte hablaré de los esfuerzos por establecer una base permanente en la Luna y por colonizar y terraformar Marte. Para ello, tendremos que analizar la cuarta oleada científica, que engloba la inteligencia artificial, la nanotecnología y la biotecnología. El objetivo de terraformar Marte está por encima de nuestras posibilidades actuales, pero las tecnologías del siglo XXII nos permitirán convertir ese desierto estéril y helado en un mundo habitable. Consideraremos el uso de robots capaces de autorreplicarse, nanomateriales superligeros y superresistentes y cultivos genéticamente modificados para reducir drásticamente los costes y convertir Marte en un verdadero paraíso. Con el tiempo, iremos más allá de Marte y crearemos asentamientos en los asteroides y los satélites de los gigantes gaseosos, Júpiter y Saturno.

En la segunda parte, anticiparé un tiempo en el que seremos capaces de viajar más allá del sistema solar y explorar las estrellas cercanas. Una vez más, esta aspiración no está al alcance de nuestra tecnología actual, pero los avances de la quinta oleada tecnológica lo harán posible: nanonaves, velas láser, motores estatorreactores de fusión, máquinas de antimateria. La NASA ya ha financiado estudios sobre la física necesaria para hacer realidad los viajes interestelares.

En la tercera parte analizaré lo que se tendrá que hacer para modificar nuestros cuerpos de modo que nos permitan encontrar un nuevo hogar en las estrellas. Un viaje interestelar puede durar décadas e incluso siglos, así que tendremos que modificarnos genéticamente para sobrevivir durante largos periodos en el espacio profundo, tal vez prolongando la duración de la vida humana. Aunque la fuente de la juventud todavía no es posible, los científicos están explorando prometedores caminos que podrían permitirnos decelerar e incluso detener el proceso de envejecimiento. Nuestros descendientes podrían disfrutar de alguna forma de inmortalidad. Además, es posible que tengamos que modificar genéticamente nuestros cuerpos para prosperar en planetas lejanos con una gravedad, una composición de la atmósfera y una ecología distintas.

Gracias al Proyecto Conectoma Humano, que hará un mapa de todas las conexiones neuronales en el cerebro humano, algún día seremos capaces de enviar nuestros conectomas al espacio exterior, en rayos láser gigantes, eliminando muchos problemas del viaje interestelar. Yo lo llamo laserportación, y puede liberar nuestra conciencia para explorar la galaxia, e incluso el universo, a la velocidad de la luz, así que no tendremos que preocuparnos por los evidentes peligros del viaje interestelar.

Si nuestros antepasados de hace un siglo habrían creído que somos magos y hechiceros, ¿qué podemos pensar nosotros de nuestros descendientes del siglo que viene?

Muy probablemente consideraríamos que estos serán dioses griegos. Como Mercurio, serán capaces de surcar el espacio para visitar planetas cercanos. Como Venus, tendrán cuerpos perfectos e inmortales. Como Apolo, tendrán acceso ilimitado a la energía del Sol. Como Zeus, podrán dar órdenes mentales y sus deseos se harán realidad. Y, por medio de la ingeniería genética, serán capaces de conjurar animales mitológicos como Pegaso.

En otras palabras, nuestro destino es convertirnos en los dioses que antaño temíamos y adorábamos. La ciencia nos proporcionará los medios para dar forma al universo a nuestra imagen y semejanza. La pregunta es si tendremos la sabiduría de Salomón para acompañar este tremendo poder celestial.

Existe también la posibilidad de que establezcamos contacto con seres extraterrestres. Discutiré lo que podría ocurrir si encontráramos una civilización millones de años más avanzada que la nuestra, con la capacidad de viajar por la galaxia y alterar el tejido del espacio y el tiempo. Podrían ser capaces de jugar con los agujeros negros y utilizar los agujeros de gusano para viajar a mayor velocidad que la luz.

En 2016, la especulación sobre civilizaciones avanzadas extraterrestres llegó a un punto febril entre los astrónomos y los medios con el anuncio de que los primeros habían descubierto indicios de algún tipo de «megaestructura» colosal, puede que tan grande como una esfera de Dyson, orbitando alrededor de una estrella situada a muchos años luz de nosotros. Aunque la evidencia dista mucho de ser concluyente, los científicos se vieron por primera vez ante a un indicio de que pueda existir una civilización avanzada en el espacio exterior.

Por último, estudiaré la posibilidad de que debamos hacer frente no solo a la muerte de la Tierra, sino a la del universo mismo. Aunque nuestro universo es todavía joven, podemos prever un futuro lejano en el que nos acerquemos al *Big Freeze*, cuando las temperaturas se acerquen al cero absoluto y toda la vida, tal como la conocemos, deje de existir. En esos momentos, nuestra tecnología podría estar lo bastante avanzada para permitirnos salir del universo y aventurarnos en el hiperespacio hacia un nuevo universo más joven.

La física teórica (mi campo de estudio) admite la idea de que nuestro universo pueda ser una burbuja flotando en un multiverso de otros universos-burbuja. Puede que entre los demás universos de ese multiverso exista un nuevo hogar para nosotros. Al contemplar esa multitud es posible lograr que se nos revelen los grandes designios de un hacedor de estrellas.

Y así, algún día podrían hacerse realidad las fantásticas proezas de la ciencia ficción, que antes se consideraban subproductos de la sobreexcitada imaginación de algunos soñadores.

La humanidad está a punto de embarcarse en la que podría ser su mayor aventura, y los asombrosos y rápidos avances de la ciencia podrían permitirnos cruzar el vacío que separa las especulaciones de Asimov y Stapledon de la realidad. El primer paso que daremos en nuestro largo viaje comenzará cuando salgamos de la Tierra. Como dice el proverbio chino, un viaje de mil kilómetros comienza con el primer paso. El viaje a las estrellas comienza con el primer cohete.

PRIMERA PARTE

Salir de la Tierra

1

Preparándonos para el despegue

> Cualquiera que se siente encima del mayor sistema de combustión de hidrógeno-oxígeno del mundo, sabiendo que van a encenderlo por debajo, y no sienta un poco de aprensión, es que no comprende bien la situación.
>
> JOHN YOUNG, ASTRONAUTA

El 19 de octubre de 1899, un chico de diecisiete años se subió a un cerezo y tuvo una epifanía. Acababa de leer *La guerra de los mundos* de H. G. Wells y le entusiasmaba la idea de que los cohetes pudieran permitirnos explorar el universo. Imaginándose lo maravilloso que sería construir un artefacto que tan solo hiciera posible viajar a Marte tuvo una visión: nuestro destino era explorar el planeta rojo. Cuando bajó de aquel árbol, su vida había cambiado para siempre. Aquel muchacho dedicó su vida al sueño de perfeccionar un cohete que hiciera realidad su visión. Durante el resto de su vida celebraría aquel 19 de octubre.

Se llamaba Robert Goddard, y acabaría perfeccionando el primer cohete multietapa con combustible líquido, poniendo en marcha acontecimientos que cambiaron el curso de la historia humana.

Tsiolkovsky, un visionario solitario

Goddard fue uno de los pioneros que, a pesar del aislamiento, la pobreza y las burlas de sus colegas, siguieron adelante contra viento y marea y sentaron las bases del viaje espacial. Otro de los primeros de estos visionarios fue el gran científico ruso Konstantin Tsiolkovsky, que estableció las bases teóricas del viaje espacial y abrió el camino a otros, como Goddard. Tsiolkovsky vivió en la absoluta pobreza, era un consumado solitario y se ganaba a duras penas la vida como maestro de escuela. De joven se pasaba la mayor parte del tiempo en la biblioteca, devorando publicaciones científicas, aprendiendo las leyes de la mecánica de Newton y aplicándolas al viaje espacial.[1] Su sueño era viajar a la Luna y a Marte. Por sí solo, sin ayuda de la comunidad científica, desentrañó los cálculos matemáticos, físicos y mecánicos que hacían posibles los cohetes y calculó la velocidad de escape de la Tierra, es decir, la velocidad necesaria para escapar de la gravedad de la Tierra, que es de 40.000 kilómetros por hora, bastante más que los 24 kilómetros por hora que se podían alcanzar en sus tiempos con tiro de caballos.

En 1903 publicó su famosa ecuación, que nos permite determinar la velocidad máxima de un cohete, dado su peso y provisión de combustible. La ecuación revelaba que la relación entre velocidad y combustible es exponencial. En general se podría suponer que, si quieres duplicar la velocidad de un cohete, solo necesitas duplicar el combustible. Pero en realidad, la cantidad de combustible necesaria aumenta exponencialmente con el cambio de velocidad, de modo que para alcanzar un poco más de velocidad se necesitan enormes cantidades de propulsor.

Esta relación exponencial dejaba claro que serían necesarias cantidades ingentes de combustible para salir de la Tierra. Con esta fórmula, Tsiolkovsky fue capaz por primera vez de calcular la cantidad exacta de este que se necesitaría para llegar a la Luna, mucho antes de que su visión se hiciera realidad.

El principio filosófico por el que se regía Tsikolkovsky era «La Tierra es nuestra cuna, pero no podemos quedarnos en la cuna para siempre». Se identificaba con una filosofía llamada «cosmismo», que sostiene que el futuro de la humanidad es explorar el espacio exterior. En 1911 escribió: «Poner el pie en el suelo de los asteroides, levantar con la mano una piedra de la Luna, construir estaciones móviles en el espacio, organizar anillos habitados alrededor de la Tierra, la Luna y el Sol, observar Marte a una distancia de decenas de kilómetros, descender a sus satélites e incluso a la superficie del planeta… ¿Cabe mayor locura?».[2]

Aunque Tsiolkovsky era demasiado pobre para convertir sus ecuaciones matemáticas en modelos reales, el siguiente paso lo dio Robert Goddard, que sí construyó los prototipos que un día servirían de base para el viaje espacial.

ROBERT GODDARD, PADRE DE LA COHETERÍA

Robert Goddard empezó a interesarse por la ciencia de niño, presenciando la electrificación de su ciudad natal. Se convenció de que la ciencia iba a revolucionar todos los aspectos de nuestras vidas. Su padre fomentó este interés comprándole un telescopio, un microscopio y suscribiéndolo al *Scientific American*. Empezó a experimentar con cometas y globos. Un día, leyendo en la biblioteca, dio con los célebres *Principia mathematica* de Newton y aprendió las leyes del movimiento. No tardó en centrarse en la aplicación de las leyes de Newton a la construcción de cohetes.

Goddard dirigió sistemáticamente esta curiosidad hacia la creación de un instrumento científico utilizable, introduciendo tres innovaciones. Primero, experimentó con diferentes tipos de combustible y se dio cuenta de que su variante en polvo es ineficaz. Los chinos habían inventado la pólvora siglos atrás y la utilizaban en cohetes, pero se quema irregularmente, y por ello esos cohetes no pasaban de ser juguetes. Su primera muestra de brillantez fue sustituir el combustible en polvo por el líquido, que se podía controlar con precisión para que ardiera de manera limpia y uniforme. Construyó un cohete con dos depósitos, uno lleno de combustible (por ejemplo, alcohol) y otro lleno de oxidante, como oxígeno líquido. Estos líquidos pasaban por una serie de tubos y válvulas hasta llegar a la cámara de combustión, generando una explosión cuidadosamente controlada que podía propulsar un cohete.

Goddard se dio cuenta de que, a medida que el cohete ascendía hacia el cielo, sus depósitos de combustible se iban vaciando. Su siguiente innovación consistió en construir cohetes de varias etapas, que se desprendían de los depósitos de combustible vacíos y así se libraban de peso muerto por el camino, lo que aumentaba de forma considerable su alcance y eficiencia.

En tercer lugar, introdujo los giróscopos o giroscopios. Cuando se hace girar un giróscopo, su eje siempre apunta hacia la misma dirección, aunque lo cambiemos de posición. Por ejemplo, si el eje apunta hacia la estrella polar, lo seguirá haciendo en esa dirección aunque le demos la vuelta al aparato. Esto significa que una nave espacial que se desviara de su trayectoria podría alterar el funcionamiento de sus cohetes para compensar esta desviación y volver a la trayectoria original. Goddard comprendió que podía utilizar giróscopos para mantener la dirección de sus cohetes.

En 1926 hizo historia con el primer lanzamiento exitoso de un cohete con combustible líquido. Ascendió hasta 12 metros de altura, voló durante 2,5 segundos y aterrizó a 55 metros de distancia, en un campo de coles. (El sitio exacto es ahora un lugar sagrado para todos los ingenieros de cohetes, y está declarado lugar de interés histórico nacional.)

En su laboratorio del Clark College estableció la arquitectura básica para todos los cohetes químicos. Los atronadores colosos que hoy vemos lanzar desde sus plataformas son descendientes directos de los prototipos que él construyó.

OBJETO DE BURLAS

A pesar de sus éxitos, Goddard resultó ser un blanco ideal para las burlas de los medios. En 1920, cuando se corrió la voz de que estaba pensando seriamente en los viajes espaciales, *The New York Times* publicó sangrantes críticas que habrían terminado con un científico de menos categoría. «Ese tal profesor Goddard —se mofaba el *Times*—, con su "cátedra" en el Clark College [...] no conoce el principio de acción y reacción, ni la necesidad de tener algo mejor que un vacío contra lo que reaccionar. Decir eso sería absurdo. Claro que parece que solo le faltan los conocimientos que se imparten a diario en la escuela secundaria.»[3] Y en 1929, después de haber lanzado uno de sus cohetes, el periódico local de Worcester publicó un humillante titular: «Cohete a la Luna falla el blanco por 238.799 millas y media». Está claro que el *Times* y otros no entendían las leyes newtonianas del movimiento y creían erróneamente que los cohetes no pueden moverse en el vacío del espacio exterior.

La tercera ley de Newton, que dice que por cada acción hay una reacción igual y en sentido contrario, gobierna el viaje espacial. Esta ley la conoce cualquier niño que haya inflado un globo, lo haya soltado y haya visto cómo el globo sale volando disparado en todas direcciones. La acción es la del aire que sale de repente del globo, y la reacción es el movimiento hacia delante del propio globo. De manera similar, en un cohete, la acción es la del gas caliente que sale por un extremo, y la reacción es el movimiento hacia arriba del cohete que lo expulsa, incluso en el vacío del espacio.

Goddard murió en 1945 y no vivió lo suficiente para ver la disculpa escrita por la dirección del *The New York Times* después de que el Apolo llegara a la Luna en 1969: «Ha quedado definitivamente demostrado —escribieron— que un cohete puede operar en el vacío y no solo en una atmósfera. El *Times* lamenta el error».

COHETES PARA LA GUERRA Y LA PAZ

En la primera fase de la era de los cohetes, soñadores como Tsiolkovsky trabajaron la física y las matemáticas del viaje espacial. En la segunda fase hubo personas como Goddard, que construyeron los primeros prototipos. En la tercera fase, estos científicos llamaron la atención de los gobiernos. Wernher von Braun tomó los bocetos, sueños y modelos de sus predecesores y, con ayuda del Gobierno alemán —y más tarde, del de Estados Unidos—, creó los cohetes enormes que pudieran llevarnos a la Luna.[4]

El más célebre de todos estos científicos nació aristócrata. El padre del barón Wernher von Braun fue ministro de Agricultura de Alemania durante la República de Weimar, y su madre podía remontar su linaje hasta las casas reales de Francia, Dinamarca, Escocia e Inglaterra. De niño, Von Braun era un competente pianista e incluso compuso algunas obras musicales. Podría haberse convertido en músico o compositor de renombre, pero su destino cambió cuando su madre le compró un telescopio. Quedó fascinado por el espacio. Devoraba libros de ciencia ficción y le entusiasmaban los récords de velocidad alcanzados por los vehículos impulsados por cohetes. Un día, cuando tenía doce años, desató el caos en las concurridas calles de Berlín al acoplar una serie de fuegos artificiales a un carro de juguete. A él le encantó que saliera disparado como un... bueno, como un cohete; pero a la policía no le impresionó tanto. Von Braun fue llevado a la comisaría, pero quedó libre gracias a la influencia de su padre. Tal como recordaba con orgullo años después: «Funcionó mejor que en mis sueños más descabellados. El carro daba bandazos como un loco, dejando una estela de fuego como un cometa. Cuando los cohetes se apagaron y terminaron su fogosa actuación con un magnífico trueno, el carro rodó majestuosamente hasta pararse».

Von Braun confesaba que nunca se le dieron bien las matemáticas. Pero su ambición de perfeccionar la ingeniería aeronáutica lo llevó a dominar el cálculo, las leyes de Newton y la mecánica del viaje espacial. Como le dijo una vez a un profesor, «Planeo viajar a la Luna».[5]

Se licenció en física y obtuvo su doctorado en 1934. Pero pasaba gran parte de su tiempo con los aficionados de la Asociación Berlinesa de Cohetes, una organización que utilizaba piezas de repuesto para construir y probar cohetes en un terreno baldío de 120 hectáreas a las afueras de la ciudad. Aquel año, la asociación probó con éxito un cohete que ascendió hasta tres kilómetros en el aire.

Von Braun podría haber sido profesor de física en alguna universidad alemana y escribir doctos artículos sobre astronomía y astronáutica, pero la guerra se encontraba a la vuelta de la esquina y toda la sociedad alemana, incluyendo las universidades, estaba siendo militarizada. A diferencia de su predecesor, Robert Goddard, que había pedido financiación al ejército estadounidense y le fue negada, Von Braun encontró una acogida totalmente diferente por parte del gobierno nazi. El Departamento de Artillería del ejército alemán, siempre en busca de nuevas armas de guerra, se fijó en Von Braun y le ofreció una generosa subvención. Su trabajo era tan confidencial que su tesis doctoral fue declarada secreta por el ejército y no se publicó hasta 1960.

Por lo que parece, Von Braun era apolítico. Su pasión eran los cohetes, y si el Gobierno estaba dispuesto a financiar su investigación, él estaba dispuesto a aceptarlo. El Partido Nazi le ofreció el sueño de su vida: dirigir un gigantesco proyecto para construir el cohete del futuro, con un presupuesto casi ilimitado y la colaboración de la flor y nata de la ciencia alemana. Von Braun aseguraba que el hecho de que le ofrecieran afiliarse al Partido Nazi e incluso a las SS era un rito de transición para los empleados del Gobierno y no un reflejo de su ideología política. Pero cuando haces un trato con el diablo, el diablo siempre pide más.

LA APARICIÓN DEL V-2

Bajo la dirección de Von Braun, los garabatos y bocetos de Tsiolkovsky y los prototipos de Goddard se convirtieron en el misil balístico Arma de Represalia 2, una revolucionaria arma de guerra que aterrorizó Londres y Amberes, volando en pedazos manzanas enteras de las ciudades. El V-2 era increíblemente potente. Dejaba en la insignificancia los cohetes de Goddard, que a su lado parecían juguetes. El V-2 medía 14 metros de altura y pesaba 12.800 kilos. Podía viajar a la vertiginosa velocidad de 5.700 kilómetros por hora y alcanzaba una altitud máxima de casi 100 kilómetros. Chocaba contra el blanco a tres veces la velocidad del sonido, por lo que no daba ningún aviso, aparte de un doble chasquido al romper la barrera del sonido. Y tenía un alcance operativo de 320 kilómetros. No se podían tomar medidas defensivas, porque ningún humano podía detectarlo y ningún avión podía alcanzarlo.

El V-2 estableció una serie de récords mundiales, reduciendo a la nada todos los logros pasados en cuestión de velocidad y alcance para un cohete. Fue el primer misil balístico de largo alcance. Fue el primer cohete que rompió la barrera del sonido. Y lo más impresionante: fue el primer cohete que traspasó los límites de la atmósfera y entró en el espacio.

El Gobierno británico estaba tan desconcertado por esta arma innovadora que no tenía palabras para ella. Inventaron la historia de que todas aquellas explosiones se debían a conductos de gas defectuosos. Pero como era evidente que la causa de las terribles explosiones venía del cielo, el pueblo se refería sarcásticamente a ella como «tuberías de gas voladoras». Solo después de que los nazis revelaran que estaban utilizando una nueva arma de guerra contra los británicos, Winston Churchill reconoció por fin que Inglaterra estaba siendo atacada con cohetes.

De pronto parecía que el futuro de Europa, y la misma civilización occidental, podía depender del trabajo de un pequeño y aislado grupo de científicos dirigidos por Von Braun.

LOS HORRORES DE LA GUERRA

El éxito de las avanzadas armas alemanas tuvo un coste humano tremendo. Se lanzaron más de 3.000 cohetes V-2 contra los aliados, que provocaron 9.000 muertes. Se calcula que la mortandad fue aún mayor —por lo menos de 12.000— entre los prisioneros de guerra que construían los cohetes V-2 en campos de trabajo esclavo. El diablo reclamaba su paga. Von Braun se dio cuenta demasiado tarde de que la situación se le había escapado de las manos.

Quedó horrorizado cuando visitó los talleres donde se construían los cohetes. Un amigo de Von Braun citaba estas palabras suyas: «Es infernal. Mi reacción espontánea fue hablar con uno de los guardias de las SS, que me dijo con descarada aspereza que me ocupara de mis asuntos o me vería yo también con el mismo mono a rayas [...] Me di cuenta de que cualquier intento de razonar a nivel humano sería completamente inútil». Otro colaborador, cuando le preguntaron si Von Braun había criticado alguna vez aquellos campos de muerte, respondió: «En mi opinión, si lo hubiera hecho, lo habrían fusilado al instante».

Von Braun se convirtió en un peón del monstruo que había ayudado a crear. En 1944, cuando el desempeño de la guerra pasaba algunos apuros, se emborrachó en una fiesta y dijo que la guerra no estaba yendo bien. Lo único que él quería era trabajar en cohetes. Lamentaba estar trabajando en aquellas armas de guerra en lugar de en una nave espacial. Por desgracia, había un delator en la fiesta, y cuando sus comentarios de borracho se transmitieron al Gobierno, Von Braun fue detenido por la Gestapo. Pasó dos semanas en una celda de una cárcel de Polonia, sin saber si lo iban a fusilar. Mientras Hitler decidía su destino, salieron a la luz otras acusaciones, incluyendo rumores de que era simpatizante de los comunistas. Algunos funcionarios temían que desertara a Inglaterra y saboteara la campaña del V-2.

Por fin, una intervención directa de Albert Speer ante Hitler salvó la vida de Von Braun, al que todavía se consideraba demasiado importante para el programa V-2.

Este cohete estaba décadas adelantado a su época, pero no entró plenamente en combate hasta finales de 1944, demasiado tarde para frenar el hundimiento del imperio nazi, cuando ya el Ejército Rojo y las fuerzas aliadas convergían hacia Berlín.

En 1945, Von Braun y cien de sus colaboradores se rindieron a los aliados. Todos ellos, junto con trescientos vagones de ferrocarril cargados de cohetes V-2 y de sus componentes, fueron llevados en secreto a Estados Unidos. Esto formaba parte de un programa llamado operación Paperclip, cuyo fin era interrogar y reclutar a científicos que habían trabajado para los nazis.

El ejército estadounidense estudió minuciosamente el V-2, que con el tiempo se convertiría en la base del cohete Redstone, y se «limpió» el historial nazi de Von Braun y sus colaboradores. Pero su ambiguo papel en la administración nazi siguió persiguiéndolo. El cómico Mort Sahl resumiría su carrera con este chiste: «Apunto a las estrellas, pero a veces le doy a Londres».[6] El cantante Tom Lehrer escribió estas palabras: «Una vez que los cohetes han subido, ¿a quién le importa dónde caigan? ¿Eso no es asunto mío».

LOS COHETES Y LA RIVALIDAD ENTRE SUPERPOTENCIAS

En los años veinte y treinta, los altos cargos del Gobierno estadounidense perdieron una oportunidad estratégica al no reconocer el profético trabajo que Goddard estaba haciendo en su propio territorio. Después de la guerra perdieron una segunda oportunidad estratégica con la llegada de Von Braun. En los años cincuenta dejaron a este científico y a sus colaboradores en el limbo, sin darles ningún trabajo real. Con el tiempo, surgió una rivalidad entre unos servicios y otros. El ejército, con Von Braun, creó el cohete Redstone, mientras que la marina tenía el misil Vanguard y la fuerza aérea, el Atlas.

Sin ninguna obligación inmediata para con el ejército, Von Braun empezó a interesarse por la divulgación científica. En colaboración con Walt Disney, creó una serie de programas animados para la televisión que cautivó la imaginación de los futuros ingenieros aeronáuticos. En la serie, Von Braun hacía un esbozo de un gigantesco programa científico para llegar a la Luna, además de construir una flota de naves capaces de llegar a Marte.

Mientras el programa espacial de Estados Unidos avanzaba a trompicones, los rusos progresaron rápidamente con el suyo.[7] Stalin y Nikita Jruschov vieron clara la importancia estratégica y le dieron máxima prioridad. Se encomendó la dirección del programa soviético a Sergei Korolev, cuya identidad se mantuvo también en el máximo secreto. Durante años, solo se le mencionaba misteriosamente como Diseñador Jefe o El Ingeniero. (Los rusos también habían capturado a varios ingenieros del V-2 y los habían llevado a la Unión Soviética.) Bajo su dirección, los soviéticos tomaron el diseño básico del V-2 y construyeron una serie de cohetes basados en él. A decir verdad, los arsenales enteros de Estados Unidos y la Unión Soviética estaban basados en modificaciones y adaptaciones de los cohetes V-2, que a su vez estaban basados en los innovadores prototipos de Goddard.

Uno de los principales objetivos tanto de Estados Unidos como de la Unión Soviética era lanzar el primer satélite artificial. Fue el mismísimo Isaac Newton quien propuso por primera vez ese concepto. En un gráfico ahora famoso, Newton explicaba que, si disparamos una bala de cañón desde la cima de una montaña, caerá cerca de la base de la montaña. Pero según sus ecuaciones sobre el movimiento, cuanto mayor sea la velocidad de la bala, más lejos llegará. Si la bala disparada tuviera velocidad suficiente, describiría un círculo completo alrededor de la Tierra y se convertiría en un satélite. Newton hizo un descubrimiento histórico: si sustituimos esta bala de cañón por la Luna, sus ecuaciones del movimiento deberían poder predecir la naturaleza exacta de la órbita lunar.

En esta conjetura de la bala de cañón, Newton se hacía una pregunta clave: si las manzanas caen, ¿no debería caer también la Luna? Puesto que la bala de cañón se encuentra en caída libre mientras vuela alrededor de la Tierra, la Luna también debe encontrarse en caída libre. La visión de Newton puso en marcha una de las grandes revoluciones de la historia. Ahora Newton podía calcular el movimiento de las balas de cañón, de los satélites, de los planetas... casi de todo. Por ejemplo, aplicando sus leyes del movimiento, se puede demostrar con facilidad que, para que la bala de cañón describa una órbita alrededor de la Tierra, hay que dispararla a 29.000 kilómetros por hora.

La visión de Newton se hizo realidad cuando los soviéticos lanzaron el primer satélite artificial del mundo, el Sputnik, en octubre de 1957.

LA ERA DEL SPUTNIK

Es imposible infravalorar el inmenso golpe que sufrió la conciencia colectiva estadounidense al tener conocimiento del Sputnik. Los estadounidenses se dieron cuenta al instante de que los soviéticos iban a la cabeza de la carrera espacial. La humillación se agravó cuando, dos meses después, el misil Vanguard de la marina sufrió un catastrófico fallo ante la televisión internacional. Recuerdo a la perfección que, siendo un niño, le pregunté a mi madre si podía posponer mi hora de irme a dormir y presenciar el lanzamiento del misil. Ella accedió de mala gana. Quedé horrorizado al ver que el Vanguard se elevaba metro y medio en el aire y a continuación volcaba, caía de punta y destruía su propia plataforma de lanzamiento en una tremenda y cegadora explosión. Pude ver claramente el morro cónico del misil, que contenía el satélite, volcando y desapareciendo en una bola de fuego.

La humillación continuó al fracasar también el segundo lanzamiento de un Vanguard, pocos meses después. La prensa se ensañó, llamando al misil Flopnik y Kaputnik.* El delegado soviético en Naciones Unidas llegó a bromear diciendo que la Unión Soviética debería prestar ayuda a Estados Unidos.

En un intento de recuperarse de este brutal golpe mediático al prestigio nacional estadounidense, se ordenó a Von Braun que lanzara a toda prisa un satélite, el Explorer I, utilizando el misil Juno I. El Juno I estaba basado en el cohete Redstone, que a su vez estaba basado en el V-2.

Pero los soviéticos tenían varios ases en la manga. Una serie de históricos primeros lugares dominó los titulares durante los años siguientes:

1957: el Sputnik 2 puso en órbita al primer animal, una perra llamada Laika.

---

* Juego de palabras entre Sputnik, el nombre del satélite ruso, y «flop», que significa «desplomarse, dejarse caer», y «kaput», palabra informal (y proveniente del alemán) para referirse a «roto, fuera de servicio». *(N. del T.)*

1957: el Lunik I fue el primer cohete que voló más allá de la Luna.

1959: el Lunik 2 fue el primero en caer en la Luna.

1959: el Lunik 3 fue el primer misil que fotografió la cara oculta de la Luna.

1960: el Sputnik 5 fue el primero en regresar del espacio con animales vivos.

1961: el Venera I fue la primera sonda que llegó más allá de Venus.

El programa espacial ruso alcanzó su mayor momento de gloria en 1961, cuando Yuri Gagarin orbitó la Tierra y volvió vivo.

Recuerdo con claridad aquellos años, cuando el Sputnik sembró el pánico por todo Estados Unidos. ¿Cómo podía una nación aparentemente atrasada como la Unión Soviética tomar de repente aquella delantera?

Los comentaristas llegaron a la conclusión de que la causa principal de este fracaso era el sistema educativo estadounidense. Los estudiantes de este país iban por detrás de los soviéticos. Hubo que organizar una campaña de choque para dedicar dinero, recursos y atención mediática a la formación de una nueva generación de científicos estadounidenses que pudiera competir con los rusos. Algunos artículos de la época declaraban que «Ivan sabe leer, pero Johnny no».

De estos tiempos alborotados salió la «generación Sputnik», un conjunto de estudiantes que consideraban un deber nacional hacerse físicos, químicos o ingenieros aeroespaciales.

Bajo una enorme presión para permitir que el ejército arrebatara el control del programa espacial de Estados Unidos a los infelices científicos civiles, el presidente Dwight Eisenhower insistió valerosamente en la continua supervisión ciudadana y creó la NASA. Después, el presidente John F. Kennedy, como respuesta al viaje orbital de Gagarin, pidió que se agilizara un programa para llevar seres humanos a la Luna antes del final de la década.

Esta petición electrizó a la nación. En 1966, un pasmoso 5,5 por ciento del presupuesto federal de Estados Unidos se dedicaba al programa lunar. Como siempre, la NASA se movió con cautela, perfeccionando la tecnología necesaria para lograr un aterrizaje en la Luna a través de una serie de lanzamientos. Primero, el programa Mercury, tripulado por un solo hombre; después los Gemini, con dos tripulantes; y, por último, el Apolo, con tres tripulantes. Además, la NASA fue dominando meticulosamente cada paso del viaje espacial. Al principio, los astronautas abandonaron la seguridad de sus vehículos espaciales para llevar a cabo los primeros paseos espaciales. Después, los astronautas aprendieron el complicado arte de acoplar su nave con otra. A continuación, los astronautas trazaron una órbita completa alrededor de la Luna, pero sin aterrizar en su superficie. Y, por fin, la NASA estaba preparada para lanzar astronautas directamente hacia la Luna.

Llamaron a Von Braun para que ayudara a construir el Saturn V, que iba a ser el mayor cohete jamás construido. Este era una verdadera maravilla, una obra maestra de la ingeniería. Medía 18 metros más que la estatua de la Libertad. Podía acarrear una carga útil de 140.000 kilos y ponerla en órbita alrededor de la Tierra. Y lo más importante: podía llevar grandes cargas a más de 40.000 kilómetros por hora, que es la velocidad de escape de la Tierra.

La NASA era siempre consciente de la posibilidad de un desastre fatal. El presidente Richard Nixon tenía preparados dos discursos para su declaración televisiva sobre los resultados de la misión del Apolo 11. Uno de ellos informaba de que la misión había fracasado y los astronautas estadounidenses habían muerto en la Luna. En realidad, eso estuvo muy cerca de ocurrir. En los últimos segundos antes de que el módulo lunar aterrizara se dispararon las alarmas de los ordenadores en la cápsula. Neil Armstrong tomó control manual de la nave y la hizo aterrizar suavemente en la Luna. Más adelante, los análisis demostraron que solo les quedaba combustible para 50 segundos; la cápsula se podría haber estrellado.

Por fortuna, el 20 de julio de 1969 el presidente Nixon pudo pronunciar el otro discurso, en el que felicitaba a nuestros astronautas por el éxito de su alunizaje. Aún ahora el Saturn V es el único cohete que ha llevado seres humanos más allá de una órbita próxima a la Tierra. Lo sorprendente es que funcionó a la perfección. En total se construyeron quince cohetes Saturn, y trece de ellos volaron sin un solo percance. Los Saturn V llevaron a 24 astronautas a la Luna o sus proximidades desde diciembre de 1968 hasta diciembre de 1972, y los astronautas del Apolo fueron merecidamente ensalzados como héroes que habían restaurado la reputación nacional estadounidense.

Los rusos también participaron con gran intensidad en la carrera hacia nuestro satélite, pero se encontraron con una serie de dificultades. Korolev, que había dirigido el programa espacial soviético, murió en 1966; y el cohete N-1, que habría tenido que llevar a la Luna a los astronautas rusos, falló cuatro veces. Pero lo más decisivo, tal vez, fue que la economía soviética, ya muy oprimida por la Guerra Fría, no podía competir con la estadounidense, que era dos veces mayor.

PERDIDOS EN EL ESPACIO

Recuerdo el momento en que Neil Armstrong y Buzz Aldrin pusieron el pie en la Luna. Fue en julio de 1969 y yo estaba en el ejército, haciendo instrucción en un pelotón de infantería en Fort Lewis (Washington) y preguntándome si me enviarían a combatir en Vietnam. Me emocionaba saber que se estaba haciendo historia ante nuestros ojos, pero también me preocupaba la idea de que, si moría en el campo de batalla, no podría compartir con mis futuros hijos mis recuerdos del histórico desembarco en la Luna.

Después del último lanzamiento de un Saturn V en 1972, el público estadounidense empezó a preocuparse por otras cuestiones. La feroz campaña contra la pobreza se encontraba en su apogeo, y la guerra de Vietnam estaba devorando cada vez más vidas y más dinero. Viajar a la Luna parecía un lujo cuando los estadounidenses estaban pasando hambre en la casa de al lado o muriendo en el extranjero.

El astronómico coste del programa espacial era insostenible. Se hicieron planes para la época post-Apolo. Había varias propuestas sobre la mesa. Una daba prioridad al envío de cohetes no tripulados al espacio, un programa apoyado por grupos militares, comerciales y científicos que estaban menos interesados en heroicidades y más en cargamentos valiosos. Otra propuesta insistía en enviar seres humanos al espacio. La cruda realidad era que siempre resultaba más fácil que el Congreso y los contribuyentes financiaran el envío de astronautas al espacio, en lugar de sondas espaciales sin nombre. Tal como dijo un congresista: «No Buck Rogers, no bucks».*

Los dos bandos querían acceso rápido y barato al espacio exterior, y no misiones carísimas cada muchos años. Pero el resultado final fue un extraño híbrido que no gustó a nadie. Se enviarían astronautas y también cargamento.

El compromiso adoptó la forma de la lanzadera espacial, que empezó a funcionar en 1981. Este aparato era una maravilla de la ingeniería que aprovechaba todas las lecciones aprendidas y las tecnologías desarrolladas durante las décadas anteriores. Era capaz de poner en órbita una carga de 27.000 kilos y acoplarse a la Estación Espacial Internacional. A diferencia de los módulos espaciales Apolo, que se descartaban después de cada vuelo, la lanzadera espacial estaba diseñada para ser parcialmente reutilizable. Podía llevar al espacio siete astronautas y traerlos de vuelta a casa como un avión. Y, como resultado, el vuelo espacial empezó a parecer rutinario. Los estadounidenses se acostumbraron a ver astronautas saludando con la mano en cada visita a la Estación Espacial Internacional, que a su vez era un compromiso entre las muchas naciones que pagaban las facturas.

Con el tiempo surgieron problemas con la lanzadera espacial. Para empezar, aunque estaba diseñada para ahorrar dinero, los costes se dispararon, de modo que cada lanzamiento costaba unos mil millones de dólares. Cargar alguna cosa hasta una órbita próxima a la Tierra costaba unos 88.000 dólares por kilo, cuatro veces lo que valdría cualquier otro sistema de envío. Las empresas se quejaban de que era mucho más barato enviar sus satélites usando cohetes con-

---

* «Sin Buck Rogers, no hay pasta.» Buck Rogers es el protagonista del primer cómic de ciencia ficción, de gran popularidad, publicado en forma de tiras periódicas en la revista *Amazing Stories* desde 1929. *(N. del T.)*

vencionales. Además, los vuelos eran muy infrecuentes, y pasaban muchos meses entre uno y otro. Incluso el ejército del aire estadounidense estaba frustrado por estas limitaciones y acabó cancelando varios de los lanzamientos en favor de otras opciones.

El físico Freeman Dyson, del Instituto de Estudios Avanzados de Princeton (New Jersey), tiene sus propias ideas sobre las razones por las que la lanzadera espacial no cumplió las expectativas. Si nos fijamos en la historia del ferrocarril, vemos que desde el principio este sirvió para transportar toda clase de mercancías, incluyendo seres humanos y productos comerciales. El aspecto comercial y el personal de la industria tenían cada uno distintas prioridades e intereses, y acabaron por escindirse, aumentando la eficiencia y reduciendo los costes. En cambio, en la lanzadera espacial nunca se produjo esta diferenciación, y siguió siendo un híbrido entre los intereses comerciales y los de los consumidores. En lugar de un «todo para todos» se acabó en un «nada para nadie», sobre todo con los costes disparados y los retrasos en los vuelos.

Y las cosas empeoraron después de las tragedias del *Challenger* y el *Columbia*, que costaron la vida a catorce valientes astronautas. Estos desastres debilitaron el apoyo público, privado y del Gobierno al programa espacial. Como dijeron los físicos James y Gregory Benford, «El Congreso llegó a considerar la NASA básicamente como una agencia de empleo, no como una agencia de exploración».[8] Incluso llegaron a afirmar que «en la estación espacial se hacía muy poca ciencia útil [...] Se trataba de acampar en el espacio, no de vivir en el espacio».

Sin el viento de la Guerra Fría en las velas, el programa espacial perdió financiación e impulso con rapidez. En los tiempos gloriosos del Apolo se contaba el chiste de que la NASA podía ir al Congreso a pedir dinero y no tenía que decir más que una palabra: «¡Rusia!», y el Congreso sacaba su chequera y decía: «¿Cuánto?». Pero aquellos tiempos habían pasado hacía mucho. Como dijo Isaac Asimov, metimos un gol y después cogimos nuestro balón y nos marchamos a casa.

Por fin las cosas llegaron a un punto crítico en 2011, cuando el entonces presidente Barack Obama ordenó una nueva «matanza del día de san Valentín». De un solo plumazo, canceló el programa Constellation (que iba a sustituir a la lanzadera), el programa lunar y el programa hacia Marte. Para aliviar la carga tributaria de los contribuyentes restó financiación a estos programas con la esperanza de que el sector privado se hiciera cargo de la diferencia. Se prescindió de repente de veinte mil veteranos del programa espacial, acabando con la sabiduría colectiva de los mejores y más brillantes trabajadores de la NASA. La mayor humillación fue que los astronautas estadounidenses, después de haber estado compitiendo con los rusos durante décadas, se veían ahora obligados a pedir una plaza en cohetes transbordadores rusos. Parecía que los buenos tiempos de la exploración espacial habían terminado; las cosas habían tocado fondo.

El problema se podía resumir en una palabra de cuatro letras: c-a-r-o. Cuesta 10.000 dólares poner en órbita alrededor de la Tierra medio kilo de cualquier cosa. Imagine usted que su cuerpo está hecho de oro macizo. Eso es más o menos lo que valdría ponerlo en órbita. Llevar algo a la Luna podría costar fácilmente 220.000 dólares por kilo, y a Marte más de dos millones de dólares por kilo. Se calcula que el precio de llevar a un astronauta a Marte sería de entre 400.000 y 500.000 millones.

Yo vivo en Nueva York. Para mí fue un día triste cuando el transbordador espacial llegó a la ciudad. Aunque muchos turistas y curiosos se congregaron y vitorearon cuando pasaba por las calles, aquello representaba el fin de una era. La nave quedó expuesta frente al muelle de la calle Cuarenta y dos. Sin sucesores a la vista, daba la impresión de que estábamos renunciando a la ciencia, y con ella a nuestro futuro.

Rememorando aquellos días tristes, a veces me acuerdo de lo que le ocurrió a la gran flota imperial china en el siglo xv. Por aquel entonces, los chinos eran líderes indiscutidos en ciencia y exploración. Inventaron la pólvora, la brújula y la imprenta. No tenían rival en potencia y tecnología militar. Mientras tanto, la Europa medieval estaba atormentada por guerras de religión, empantanada en inquisiciones, cazas de brujas y superstición, y grandes científicos y visionarios como Giordano Bruno y Galileo eran quemados vivos o sometidos a arresto domiciliario, mientras sus obras se prohibían. Europa era en aquel tiempo un importador de tecnología, no una fuente de innovación.

El emperador chino le encomendó al almirante Zheng He la expedición naval más ambiciosa de todos los tiempos, con 28.000 marineros en una flota de 317 enormes barcos, cada uno cinco veces más grande que las carabelas de Colón. El mundo no veía nada parecido en los 400 años siguientes. No una vez, sino siete, entre 1405 y 1433, el almirante Zheng He recorrió el mundo conocido, rodeando el Sudeste Asiático y pasando por Oriente Próximo hasta acabar en África Oriental. Se conservan antiguas tallas de madera de los extraños animales —jirafas, por ejemplo— que trajo de sus viajes de descubrimiento y que desfilaron ante la corte.

Pero cuando el emperador murió, los nuevos gobernantes decidieron que no les interesaba la exploración ni los descubrimientos. Incluso prohibieron que un ciudadano chino poseyera un barco. La flota se dejó pudrir o arder, y se ocultó la información sobre los grandes logros del almirante Zheng He. Los siguientes emperadores cortaron el contacto entre China y el resto del mundo. China se encerró en sí misma con resultados desastrosos, que acabaron llevándola a la decadencia, el hundimiento, el caos, la guerra civil y la revolución.

A veces pienso en lo fácil que es que una nación se deje caer en la complacencia y la ruina tras décadas de vivir regaladamente. Dado que la ciencia es el motor de la prosperidad, las naciones que le dan la espalda a la ciencia y la tecnología suelen acabar cayendo en barrena.

De manera similar, el programa espacial de Estados Unidos entró en declive. Pero ahora las circunstancias políticas y económicas están cambiando. Un nuevo elenco de personajes está apareciendo en el escenario. Los audaces astronautas están siendo sustituidos por apuestos empresarios multimillonarios. Nuevas ideas, nueva energía y nuevos fondos impulsan este renacimiento. Pero ¿podrá esta combinación de fondos privados y financiación pública abrir el camino a los cielos?

2

La nueva edad de oro del viaje espacial

Tuya es la luz que hizo nacer mi espíritu […]
Tú eres mi Sol, mi Luna y todas mis estrellas.

E. E. Cummings

A diferencia del declive de la flota imperial china, que duró siglos, el programa espacial tripulado de Estados Unidos está experimentando un resurgimiento tan solo unas décadas después del abandono. Son varios los factores que están cambiando las tornas.

Uno es el influjo de recursos por parte de empresarios de Silicon Valley. La curiosa combinación de fondos privados y financiación oficial está posibilitando una nueva generación de cohetes. Al mismo tiempo, el descenso de los costes del viaje espacial hace factible una variedad de proyectos. Además, el apoyo público al viaje espacial está alcanzando también un máximo, y los estadounidenses vuelven a mostrarse receptivos a las películas de Hollywood y los especiales de televisión acerca de la exploración espacial.

Y lo más importante: la NASA ha recuperado por fin su rumbo. El 8 de octubre de 2015, tras años de confusión, vacilación e indecisión, la NASA declaró por fin su objetivo a largo plazo: llevar astronautas a Marte. Incluso esbozó una serie de objetivos más inmediatos, empezando por volver a la Luna. Sin embargo, en lugar de un destino final, nuestro satélite resultaría un paso intermedio hacia el objetivo más ambicioso de llegar al planeta rojo. La agencia, que había ido a la deriva, encontró de pronto un rumbo. Los analistas celebraron esta decisión, entendiendo que la NASA reclamaba una vez más el liderazgo en la exploración espacial.

Así que empecemos por hablar de nuestro vecino celestial más próximo, la Luna, y después continuaremos hacia el espacio profundo.

VOLVER A LA LUNA

El meollo del programa de la NASA para regresar a la Luna es una combinación del cohete transbordador SLS (Space Launch System) y el módulo espacial Orion. Ambos son huérfanos de los recortes de presupuesto que el presidente Obama dictó en el 2011, cuando canceló el programa Constellation. Pero la NASA consiguió rescatar el módulo de este programa, la cápsula Orion, y también el enorme cohete transbordador SLS, que todavía se encontraba en fase de planificación. Pensados en su origen para diferentes misiones, se combinaron para crear el sistema básico de lanzamiento de la NASA.

En la actualidad, está previsto que el SLS/Orion realice un vuelo tripulado a la Luna a mediados de la década de 2020.

Lo primero que uno advierte del sistema SLS/Orion es que no se parece en nada a su predecesor inmediato, el transbordador espacial. Sin embargo, sí que guarda ciertas similitudes con el cohete Saturn V. Durante 45 años, el Saturn V ha sido una pieza de museo. Pero, en cierto sentido, está siendo resucitado como el cohete lanzadera SLS. Ver el SLS/Orion produce cierta sensación de *déjà vu*.

El SLS puede acarrear una carga útil de 130 toneladas. Mide más de 100 metros de altura, comparable al cohete Saturn V. Los astronautas, en lugar de ir sentados en una nave separada del cohete transbordador, como hacían en la lanzadera espacial, ascienden en una cápsula montada directamente en lo alto del cohete, como el Apolo en el Saturn V. A diferencia de la lanzadera espacial, el SLS/Orion se dedicará en su mayor parte a transportar astronautas y no cargamento. Además, el SLS/Orion no está diseñado para llegar tan solo a una órbita cercana a la Tierra. Por el contrario, como el Saturn V, está construido para alcanzar la velocidad de escape de la Tierra.

La cápsula Orion está pensada para que la ocupen de cuatro a seis tripulantes, mientras que la cápsula Apolo del Saturn V solo admitía tres. Como en la Apolo, dentro de la cápsula Orion se viaja muy apretado. Mide 4,9 metros de diámetro, 3,3 metros de altura y pesa 25 toneladas. (Dado que el espacio es una limitación importante, los astronautas en el pasado eran gente pequeña; Yuri Gagarin, por ejemplo, solo medía 1,57.)

Y, a diferencia del Saturn V, que estaba creado para llegar a la Luna, el cohete SLS puede ir hasta casi cualquier sitio: a la Luna, a los asteroides, e incluso a Marte. (Véase la imagen 1 del cuadernillo.)

Por otro lado encontramos a los multimillonarios que están hartos del ritmo lento de los burócratas de la NASA y quieren enviar astronautas a la Luna e incluso a Marte relativamente pronto. Lo que ha atraído a estos jóvenes empresarios fue la propuesta del expresidente Obama de permitir que la empresa privada se hiciera cargo del programa espacial tripulado.

Los defensores de la NASA aseguran que su cauteloso avance se debe a cuestiones de seguridad. Después de los dos desastres de las lanzaderas espaciales, las sesiones de control del Congreso estuvieron a punto de clausurar por completo el programa espacial, dado el fuerte descontento del público. Otro desastre de esa envergadura podría poner fin al programa. Además, señalan que en los años noventa la NASA intentó adoptar el lema «Más rápido, mejor, más barato». Pero cuando se perdió el Mars Observer en 1993 debido a la rotura de un depósito de combustible justo cuando iba a entrar en la órbita del planeta rojo, muchos pensaron que la NASA se había apresurado, y ese lema se abandonó con discreción.

Así pues, hay que encontrar un delicado equilibrio entre los entusiastas que quieren un ritmo acelerado y los burócratas que están preocupados por la seguridad y los costes de un fracaso.

Aun así, dos multimillonarios han tomado la iniciativa para acelerar el programa espacial: Jeff Bezos, fundador de Amazon y propietario del *The Washington Post*, y Elon Musk, fundador de PayPal, Tesla y SpaceX.

La prensa ya está hablando de la «batalla de los multimillonarios». Tanto a Bezos como a Musk les gustaría llevar a la humanidad al espacio exterior. Mientras que Musk piensa a largo plazo y pone su objetivo en Marte, Bezos tiene la visión más inmediata de viajar a la Luna.

HACIA LA LUNA

Gente de todas partes ha acudido a Florida con la esperanza de poder presenciar la primera cápsula que llevará a nuestros astronautas al satélite más cercano. La cápsula llevará a tres astronautas en un viaje sin precedentes en la historia humana, un encuentro con otro cuerpo celeste. El viaje durará tres días, y los astronautas experimentarán sensaciones totalmente inéditas, como la ingravidez. Tras un viaje heroico, la nave caerá sin contratiempos en el océano Pacífico, y sus tripulantes serán ensalzados como héroes que han iniciado un nuevo capítulo de la historia del mundo.

Todos los cálculos para que el viaje sea preciso se han hecho utilizando las leyes de Newton. Pero hay un problema. En realidad, esto es un relato escrito por Julio Verne en su profética novela *De la Tierra a la Luna*, publicada en 1865, justo después de terminar la guerra civil estadounidense. Los organizadores del viaje a la Luna no son científicos de la NASA, sino miembros del Baltimore Gun Club.

Lo verdaderamente notable es que Julio Verne, que la escribió más de cien años antes del primer alunizaje, fuera capaz de predecir tantos aspectos de lo que después ocurrió. Describió correctamente el tamaño de la cápsula, el lugar del lanzamiento y la manera de regresar a la Tierra.

El único fallo importante de su libro fue el uso de un cañón gigantesco para despegar. La brusca aceleración del disparo implicaría unas veinte mil veces la fuerza de la gravedad, lo que sin duda mataría a todo el que se encontrara a bordo de la cápsula. Sin embargo, antes de la aparición de los cohetes con combustible líquido, Verne no podía imaginar el viaje de otra manera.

El escritor francés también predijo que los astronautas experimentarían la ingravidez solo en un punto, a mitad de camino entre la Tierra y la Luna, y no durante todo el viaje. (Aún ahora muchos comentaristas se equivocan sobre la ingravidez, afirmando a veces que está causada por la ausencia de gravedad en el espacio. En realidad, hay mucha gravedad en el espacio, la suficiente para impulsar planetas gigantes como Júpiter alrededor del Sol. La experiencia de ingravidez se debe al hecho de que todo cae a la misma velocidad. Así, un astronauta dentro de la nave cae a la misma velocidad que su nave, por lo que experimenta la ilusión de que la gravedad ha dejado de actuar.)

En la actualidad no son las fortunas particulares de los miembros del Baltimore Gun Club las que financian esta nueva carrera espacial, sino los talonarios de magnates como Jeff Bezos. En lugar de esperar a que la NASA le diera permiso para construir cohetes y una plataforma de lanzamiento con dinero de los contribuyentes, Bezos fundó su propia empresa, Blue Origin, y los está construyendo él mismo, con dinero de su bolsillo.

El proyecto ya ha superado la fase de planificación. Blue Origin ha producido su propio sistema de cohetes, llamado New Shepard (en honor de Alan Shepard, el primer estadounidense que voló al espacio en un cohete suborbital). De hecho, el New Shepard fue el primer cohete suborbital del mundo que volvió a aterrizar con éxito en su plataforma de lanzamiento, adelantándose al Falcon de Elon Musk (que fue el primer cohete reutilizable que llevó un cargamento a la órbita de la Tierra).

El cohete New Shepard de Bezos es solo suborbital, lo que significa que no puede alcanzar la velocidad de 29.000 kilómetros por hora y entrar en una órbita cercana a la Tierra. No nos llevará a la Luna, pero puede ser el primer cohete estadounidense que ofrezca de forma recurrente a los turistas un paseo por el espacio. Blue Origin publicó hace poco un vídeo de un hipotético viaje en el New Shepard, y parecía como viajar en primera clase en una nave de lujo. Cuando entras en la cápsula espacial, impresiona al instante lo espaciosa que es. A diferencia de los habitáculos apretujados que se suelen ver en las películas de ciencia ficción, hay espacio suficiente para que uno mismo y otros cinco turistas se amarren a sus lujosos asientos reclinables, hundiéndose de inmediato en cuero negro. Podrán mirar a través de grandes ventanas, aproximadamente de 70 centímetros de anchura y un metro de altura. «Todos los asientos tienen ventanilla, las ventanillas más grandes que se han visto en el espacio», asegura Bezos. El viaje espacial nunca ha sido tan atractivo.

Puesto que estamos a punto de salir al espacio exterior, debemos tomar algunas precauciones. Dos días antes del viaje habrá que volar a Van Horn (Texas), donde se encuentran las instalaciones de lanzamiento del Blue Origin. Allí conoceremos a los demás turistas y oiremos breves charlas de los tripulantes. Como el viaje está completamente automatizado, estos no viajarán con los turistas.

Los instructores explican que el viaje entero durará once minutos, un ascenso de cien kilómetros en línea recta hasta llegar a la frontera entre la atmósfera y el espacio exterior. Una vez fuera, el cielo se volverá de un color morado oscuro y después negro como el betún. Cuando la cápsula llegue al espacio, podremos desabrocharnos los cinturones y disfrutar de cuatro minutos de ingravidez. Flotaremos como acróbatas, libres de las restricciones terrenales de la gravedad.

Algunas personas se marean y vomitan al experimentar la ingravidez, pero esto no será un problema, asegura el instructor, ya que el viaje es muy corto.

(Para entrenar a los astronautas, la NASA utiliza el «cometa del vómito», un avión KC-135 que puede simular la ingravidez. El «cometa del vómito» asciende a toda velocidad, apaga de pronto sus motores durante unos treinta segundos y cae. Los astronautas son como una piedra lanzada al aire: se encuentran en caída libre. Cuando el aparato vuelve a encender los motores, los astronautas vuelven al suelo. Este proceso se repite durante varias horas.)

Al final del viaje en el New Shepard, la cápsula abre el paracaídas y aterriza con suavidad en terreno firme usando sus propios cohetes. No hay necesidad de caer en el océano. Y, a diferencia del transbordador espacial, posee un sistema de seguridad que permite que seas eyectado fuera del cohete si ocurre un percance durante el lanzamiento. (El transbordador *Challenger* no tenía este sistema de eyección, y siete astronautas murieron.)

Blue Origin todavía no ha revelado el precio de este viaje suborbital al espacio, pero los analistas creen que al principio podría rondar los doscientos mil dólares por pasajero. Este es el precio de un viaje en el cohete suborbital que está construyendo Richard Branson, otro multimillonario que ha dejado su huella en los anales de la exploración espacial. Branson es el fundador de Virgin Atlantic Airways y Virgin Galactic, y está apoyando el trabajo del ingeniero aeroespacial Burt Rutan. En 2004, el SpaceShipOne de Rutan apareció en los titulares de prensa cuando ganó los diez millones de dólares del premio Ansari XPRIZE. El SpaceShipOne logró llegar a la frontera de la atmósfera, a cien kilómetros sobre la Tierra. Aunque el SpaceShipTwo sufrió un fatal accidente cuando sobrevolaba el desierto de Mojave, Branson piensa seguir haciendo pruebas con ese cohete y convertir en realidad el turismo espacial. El tiempo dirá qué sistema será el triunfador comercial. Pero parece claro que el turismo espacial ha llegado para quedarse.

Bezos está construyendo otro cohete para poner a personas en órbita. Es el New Glenn, llamado así en honor a John Glenn, el primer estadounidense que orbitó alrededor de la Tierra. El cohete constará de tres etapas, medirá cien metros de altura y generará un empuje de 1,7 millones de kilos. Aunque el New Glenn todavía se encuentra en fase de diseño, Bezos ha apuntado que está planeando un cohete aún más avanzado, que se llamará New Armstrong y que podrá llegar más allá de la órbita de la Tierra, hasta la Luna.

Cuando era niño, Bezos soñaba con ir al espacio, sobre todo con la tripulación del *Enterprise* de *Star Trek*. Participaba en obras de teatro basadas en la serie de televisión, representando los papeles de Spock, el capitán Kirk e incluso el ordenador. Al terminar el instituto, una época en la que la mayoría de los adolescentes sueña con su primer coche o con el baile de graduación, él expuso un plan visionario para el próximo siglo. Dijo que quería «construir hoteles, parques recreativos, yates y colonias en el espacio para dos o tres millones de personas en órbita alrededor de la Tierra».

«La idea básica es preservar la Tierra [...] El objetivo es ser capaces de evacuar población humana. El planeta se convertiría en un parque», escribió. Tal como Bezos lo veía, con el tiempo se podría expulsar al espacio la contaminación industrial del planeta.[1]

Para respaldar sus palabras con dinero, al hacerse adulto fundó la empresa Blue Origin con el fin de construir los cohetes del futuro. El nombre de su empresa aeronáutica alude al planeta Tierra, que desde el espacio se ve como una esfera azul. Su objetivo es «abrir el viaje espacial a clientes que paguen. La visión de Blue es bastante simple —dice—. Queremos ver millones de personas viviendo y trabajando en el espacio. Vamos a tardar mucho tiempo, pero yo creo que es un objetivo que vale la pena».

En 2017 anunció un plan a corto plazo para que Blue Origin gestione un sistema de transporte hacia la Luna. Su idea es una vasta operación que, al igual que Amazon envía rápidamente toda clase de productos con solo apretar un botón, podría llevar maquinaria, materiales de construcción y otras mercancías y servicios a nuestro satélite. Cuando se haya convertido en un solitario puesto avanzado en el espacio, la Luna se transformará en un ajetreado centro industrial y comercial, con personal permanente en bases y fábricas.

En general, esta palabrería acerca de ciudades en la Luna podría descartarse como delirios de un excéntrico. Pero cuando lo dice una de las personas más ricas del mundo, a quien escuchan el presidente, el Congreso y la dirección del *Washington Post*, hay que tomárselo muy en serio.

Una base permanente en la Luna

Para ayudar a financiar estos ambiciosos proyectos, los astrónomos han investigado las posibilidades físicas y económicas de la minería lunar y han encontrado al menos tres posibles recursos que valdría la pena explotar.

En los años noventa, un inesperado descubrimiento pilló por sorpresa a los científicos: la presencia de grandes cantidades de hielo en el hemisferio sur de nuestro satélite.[2] Allí, a la sombra de grandes cadenas montañosas y cráteres, hay una oscuridad perpetua por debajo de la temperatura de congelación. El origen más probable de este hielo son los impactos de cometas en tiempos pretéritos del sistema solar. Los cometas están compuestos principalmente por hielo, polvo y roca, de manera que cualquiera que chocara contra la Luna en uno de estos lugares sombríos habría dejado un residuo de agua y hielo. El agua, a su vez, se puede descomponer en oxígeno e hidrógeno (que son los principales elementos del combustible para cohetes). Esto podría convertir la Luna en una gasolinera cósmica. El agua también se podría purificar para hacerla potable, o utilizarla para crear pequeñas granjas agrícolas.

De hecho, otro grupo de empresarios de Silicon Valley ha fundado una compañía llamada Moon Express para iniciar el proceso de extracción de agua de la Luna. Es la primera empresa que obtiene permiso del Gobierno para emprender esta iniciativa comercial. Pero el primer objetivo de Moon Express es más modesto. La compañía empezará por colocar en la Luna un vehículo explorador que busque sistemáticamente yacimientos de hielo. Gracias a la financiación privada, la empresa ha reunido ya suficiente dinero para llevar a cabo esta operación. Con los fondos asegurados, todos los sistemas se han puesto en marcha.

Los científicos han analizado las rocas lunares que trajeron los astronautas del Apolo, y creen que en este satélite pueden existir otros elementos de interés económico. Las llamadas «tierras raras» son fundamentales para la industria electrónica, pero una gran parte de ellas se encuentra en China. (Hay pequeñas cantidades de tierras raras en todas partes, pero la industria china proporciona el 97 por ciento del mercado mundial. El país asiático posee aproximadamente el 30 por ciento de las reservas mundiales.) Hace unos años estuvo a punto de estallar una guerra comercial internacional, cuando los proveedores chinos subieron de golpe los precios de estos elementos clave y el mundo se dio cuenta de repente de que China se había hecho casi con su monopolio. Se calcula que las existencias empezarán a agotarse en las próximas décadas, por lo que es urgente encontrar fuentes alternativas. Se han encontrado tierras raras en las rocas lunares, y algún día podría resultar económicamente rentable extraerlas de este satélite. Otro elemento importante para la industria electrónica es el platino, y también se ha detectado en la Luna la presencia de minerales semejantes a él, que tal vez sean residuos de antiguos impactos de asteroides.

Por último, existe la posibilidad de encontrar helio-3, que se utiliza en las reacciones de fusión. Cuando se combinan átomos de hidrógeno a las altísimas temperaturas de estas reacciones, los núcleos de hidrógeno se fusionan, creando helio y grandes cantidades de energía y calor. Este exceso de energía es útil para hacer funcionar máquinas. Lo malo es que este proceso produce también grandes cantidades de neutrones, que son peligrosos. La ventaja del proceso de fusión que utiliza helio-3 es que libera solo protones, que se pueden manejar con más facilidad y desviar con campos electromagnéticos. Los reactores de fusión se encuentran todavía en fase de desarrollo y de momento no existe ninguno en nuestro planeta. Pero si se llegan a construir, se podría extraer helio-3 de la Luna para abastecerlos de combustible.

Pero esto también plantea una cuestión peliaguda: ¿es legal la minería en la Luna? ¿Se puede reclamar la propiedad de una mina allí?

En 1967, Estados Unidos, la Unión Soviética y otras muchas naciones firmaron el Tratado del Espacio Exterior, que prohibía a cualquier país reclamar la propiedad de ningún cuerpo celeste, como la Luna. Prohibía también las bombas nucleares en órbita sobre la Tierra y su instalación en nuestro satélite o en cualquier otro lugar del espacio. Incluso se prohibía probar este tipo de bombas en el espacio. El Tratado del Espacio Exterior, el primero y único de su clase, sigue todavía vigente.

Sin embargo, el tratado no decía nada sobre la propiedad privada de tierras o el uso de la Luna para actividades comerciales, tal vez porque los que lo redactaron no creían que ninguna persona particular pudiera llegar hasta allí. Pero estas cuestiones habrá que planteárselas pronto, sobre todo ahora que el precio de los viajes espaciales está descendiendo y los multimillonarios quieren comercializar el espacio exterior.

Los chinos han anunciado que llevarán astronautas a la Luna en 2025.[3] Si plantan allí su bandera será seguramente a modo de acto simbólico. Pero ¿qué pasaría si un empresario privado reclama propiedades en el satélite cuando llegue en su propia nave?

Cuando se hayan resuelto estos problemas técnicos y políticos, la siguiente cuestión será ¿cómo vivir en la Luna?

Vivir en la Luna

Nuestros astronautas pioneros pasaron muy poco tiempo en la Luna, por lo general unos pocos días. Para crear los primeros puestos avanzados con personal fijo, los futuros astronautas tendrán que permanecer mucho tiempo allí. Y tendrán que adaptarse a unas condiciones que, como podemos imaginar, son muy diferentes a las de la Tierra.

Un factor que limita el tiempo que nuestros astronautas pueden permanecer en la Luna es el abastecimiento de comida, agua y aire, puesto que las provisiones que puedan cargar se agotarán en unas pocas semanas.[4] Al principio habrá que enviarlo todo desde la Tierra, en sondas lunares no tripuladas que tendrán que zarpar cada pocas semanas para reabastecer la estación. Estos embarques serán vitales para los astronautas, de modo que cualquier accidente que sufran provocaría una emergencia. Cuando se haya construido una base, aunque sea provisional, una de las primeras tareas debería ser generar oxígeno para respirar y cultivar alimentos. Son varias las reacciones químicas que pueden producir oxígeno, y la presencia de agua proporciona una materia prima. Esta se podría usar también en huertos hidropónicos para cultivar alimentos.

Por fortuna, la comunicación con la Tierra no planteará muchos problemas, ya que una señal de radio solo tarda poco más de un segundo en llegar entre nuestro planeta y el satélite. Aunque con un ligero retraso, los astronautas podrían utilizar sus teléfonos móviles e internet como si se encontraran en la Tierra, así que estarían en constante contacto con sus seres queridos y podrían recibir las últimas noticias.

Al principio los astronautas tendrán que vivir dentro de la cápsula espacial. Cuando salgan de ella, lo primero que deberán hacer será desplegar grandes paneles solares para obtener energía. Dado que un día lunar corresponde a un mes de la Tierra, cualquier lugar del satélite goza de dos semanas de luz solar seguidas por otras dos de oscuridad. Se necesitarán grandes sistemas de baterías para almacenar la energía eléctrica acumulada durante las dos semanas de «día» y utilizarla durante la larga «noche» que le sigue.

Una vez en la Luna, puede que los astronautas quieran viajar a los polos por varias razones. En las regiones polares hay picos donde el Sol nunca se pone, y allí una granja solar con miles de paneles podría generar un suministro constante de energía. Además, los astronautas podrían aprovechar los yacimientos de hielo a la sombra de los grandes cráteres y cadenas montañosas de los polos. Se calcula que en la región del polo norte puede haber seiscientos millones de toneladas de hielo en una capa de varios metros de grosor. Cuando empiecen las operaciones mineras, gran parte de este hielo se podrá recoger y purificar para obtener agua potable y oxígeno. También es posible extraer oxígeno del suelo del satélite, pues lo contiene en una cantidad sorprendente. De hecho, en cada mil kilos de suelo lunar hay unos cien de oxígeno.

Los astronautas tendrán que adaptarse a la baja gravedad. Según la teoría gravitatoria de Newton, la gravedad en un planeta depende de su masa. De este modo, la gravedad en la Luna es una sexta parte que la de la Tierra.

Esto significa que mover maquinaria pesada será mucho más fácil y la velocidad de escape es mucho menor, de modo que los cohetes podrán aterrizar y despegar con bastante facilidad. En el futuro, un ajetreado aeropuerto espacial en la Luna es una posibilidad muy factible.

No obstante, nuestros astronautas tendrán que reaprender algunos movimientos básicos, como andar. Los astronautas del Apolo descubrieron que caminar en la Luna es bastante difícil, y que la manera más rápida de maniobrar era dar saltos. Dada la baja gravedad de la Luna, un saltito llega mucho más lejos que un paso, y es más fácil controlar el movimiento.

Otro problema que habrá que afrontar es el de la radiación. Para misiones que duren unos pocos días, no representa mucho problema; pero si los astronautas pasan meses en la Luna, pueden estar lo bastante expuestos para correr un grave riesgo de desarrollar cáncer. (En nuestro satélite, algunos problemas médicos sencillos podrían complicarse con rapidez hasta convertirse en situaciones de vida o muerte. Todos los astronautas deberán poseer formación en primeros auxilios, y tal vez algunos tendrán que ser médicos. Si, por ejemplo, un astronauta sufre un ataque al corazón o una apendicitis en la Luna, lo más probable es que el médico en cuestión se comunique a través de teleconferencia con especialistas en la Tierra, que tal vez puedan realizar operaciones quirúrgicas por control remoto. También se podrían transportar robots para realizar varios tipos de microcirugía, guiados por manos expertas aquí en la Tierra.) Los astronautas necesitarán «partes meteorológicos» diarios de los astrónomos que vigilan la actividad solar. En lugar de avisar de inminentes tormentas de truenos, estos informes advertirán sobre las grandes llamaradas solares que emiten columnas ardientes de radiación hacia el espacio. Si se produce una erupción gigante en el Sol, se avisaría a los astronautas para que busquen refugio. Una vez dado el aviso, los astronautas dispondrían de varias horas antes de que una mortífera lluvia de partículas subatómicas cargadas cayera sobre la base.

Una manera de crear refugios contra la radiación en la Luna sería excavar una base subterránea dentro de un tubo de lava. Estos tubos, restos de antiguos volcanes, pueden ser enormes, de hasta 300 metros de diámetro, y proporcionarían protección adecuada contra la radiación del Sol y del espacio exterior.

Cuando los astronautas hayan construido el refugio provisional, habrá que enviar desde la Tierra grandes cargamentos de maquinaria y suministros para comenzar a construir la base permanente. El transporte de materiales prefabricados y elementos hinchables podría acelerar este proceso. (En la película *2001: Una odisea en el espacio*, los astronautas viven en grandes bases subterráneas, que contienen pistas de aterrizaje para cohetes y sirven de cuartel general para coordinar las operaciones mineras en la Luna. Puede que nuestra primera base no sea tan completa, pero la visión que presenta la película podría hacerse realidad en no demasiado tiempo.)

Al construir estas bases subterráneas, es inevitable que queramos producir y reparar piezas de maquinaria. Aunque el equipo grande, como excavadoras y grúas, habrá que enviarlo desde la Tierra, las impresoras 3D podrían fabricar sobre el terreno piezas pequeñas de maquinaria de material plástico.

Lo ideal sería edificar instalaciones para forjar metales, si bien construir un alto horno sería imposible, ya que no hay aire para alimentarlo. No obstante, se ha demostrado en experimentos que el suelo lunar, calentado por microondas, se puede fundir para hacer ladrillos de cerámica duros como una roca, que se podrían usar como elementos básicos para la construcción de la base. En principio, toda la infraestructura se podría erigir con este material, que se puede recoger directamente del suelo.

Ocio y entretenimiento en la Luna

Por último, tiene que haber alguna fuente de entretenimiento para los astronautas, un sistema para que se desfoguen y relajen. Cuando el Apolo 14 se posó en la Luna en 1971, los empleados de la NASA no sabían que el comandante Alan Shepard había introducido de contrabando en la cápsula espacial un palo de golf del número seis. Se quedaron muy sorprendidos cuando lo sacó y golpeó una pelota de golf a doscientos metros sobre la superficie lunar. Fue la primera y última vez que alguien ha practicado una actividad deportiva en otro cuerpo celeste. (Una reproducción del palo de golf se exhibe ahora en el Smithsonian National Air and Space Museum de Washington D. C.) Los deportes lunares representarán un curioso desafío debido a la falta de aire y a la baja gravedad. Pero también darán lugar a proezas nunca vistas.

En los Apolo 15, 16 y 17, nuestros astronautas condujeron los vehículos Lunar Roving sobre la polvorienta superficie lunar. Cada uno recorrió entre 27 y 35 kilómetros. No solo se trataba de una importante misión científica, sino también de una expedición emocionante en la que pudieron contemplar majestuosos cráteres y cordilleras, sabiendo que eran las primeras personas que presenciaban esas impresionantes vistas. En el futuro, conducir *buggies* todoterreno no solo acelerará la exploración de la superficie de nuestro satélite, sino que servirá como actividad recreativa. Es posible que dé lugar a las primeras carreras lunares.

El turismo y la exploración de la Luna podrían convertirse en actividades recreativas populares a medida que la gente descubra las maravillas de un paisaje extraterrestre. Dada la baja gravedad, los excursionistas podrán recorrer largas distancias sin cansarse, los montañeros podrán escalar empinadas paredes montañosas con poco esfuerzo, y desde lo alto de los cráteres y cordilleras podrán disfrutar de una vista sin precedentes de un paisaje que nadie ha tocado en miles de millones de años. Los espeleólogos que quieran explorar cuevas se emocionarán descubriendo la red de gigantescas tuberías de lava que se entrecruzan unas con otras. En la Tierra, las cuevas han sido excavadas por ríos subterráneos y conservan evidencias de antiguos flujos de agua, en forma de estalactitas y estalagmitas. Pero en la Luna no hay restos apreciables de agua líquida. Estas cavernas fueron excavadas en la roca por ríos de lava fundida, así que serán completamente diferentes de las que hay en la Tierra.

¿DE DÓNDE SALIÓ LA LUNA?

Cuando las operaciones mineras extraigan con éxito los recursos de la superficie lunar, dirigiremos inevitablemente la mirada a las riquezas que puedan albergar las profundidades. Su descubrimiento cambiará el panorama económico mundial, como ocurrió con el descubrimiento inesperado y accidental del petróleo. Pero ¿cómo es el interior de la Luna? Para responder a esta pregunta, tenemos que hacernos otra: ¿de dónde salió?

El origen de nuestro satélite ha fascinado a la humanidad durante milenios. Dado que reina en la noche, se ha asociado a la Luna frecuentemente con la oscuridad y la locura. La palabra «lunático» es solo un ejemplo.

Los antiguos marineros estaban fascinados por la relación entre la Luna, las mareas y el Sol, y dedujeron acertadamente que existe una estrecha correlación entre los tres.

Los antiguos observaron también otro hecho curioso: solo podemos ver una cara de la Luna. Pensamos en todas las veces que la hemos mirado: siempre hemos visto la misma cara.

Fue Isaac Newton el que por fin encajó todas las piezas del rompecabezas. Dedujo que la causa de las mareas es el tirón gravitatorio de la Luna y el Sol en los océanos de la Tierra. Su teoría indicaba que también nuestro planeta crea efectos de marea en la Luna. Dado que esta última está compuesta de roca y no tiene océanos, en realidad es estrujada por la Tierra, y esta fuerza hace que se abulte ligeramente. En una ocasión, dio una voltereta en su órbita alrededor de la Tierra. Con el tiempo, estas volteretas se fueron haciendo más lentas, hasta que la rotación de la Luna quedó sincronizada con la de la Tierra, de manera que siempre nos ofrece la misma cara. Esto se llama acoplamiento de marea y ocurre en muchas partes del sistema solar, incluyendo las lunas de Júpiter y Saturno.

Aplicando las leyes de Newton, se puede determinar también que las fuerzas mareales hacen que poco a poco la Luna se aleje en espiral de la Tierra. Su radio orbital crece unos cuatro centímetros al año. Este ligero efecto se puede medir disparando rayos láser al satélite —nuestros astronautas dejaron allí un espejo para facilitar este experimento— y calculando el tiempo que tardan los rayos en rebotar hasta la Tierra. El viaje de ida y vuelta dura solo dos segundos, pero esta cantidad está aumentando poco a poco. Así pues, si la Luna se está alejando en espiral, rebobinando hacia atrás podríamos estimar su órbita en el pasado.

Un cálculo rápido nos indica que la Luna se separó de la Tierra hace miles de millones de años. Las evidencias modernas indican que hace 4.500 millones de años, no mucho después de que se formara la Tierra, se produjo un choque cósmico entre la Tierra y algún tipo de asteroide de gran tamaño. Este asteroide, al que llamamos Tea, tenía aproximadamente el tamaño de Marte. Las simulaciones computacionales nos han ofrecido mucha información sobre esta espectacular explosión, que arrancó un gran pedazo de la Tierra y lo lanzó al espacio. Pero como el impacto fue de refilón, y no un golpe directo, no arrancó demasiado del núcleo interior de hierro de la Tierra. Como resultado, la Luna, aunque contiene un poco de hierro, no posee un campo magnético importante, pues carece de un núcleo de hierro fundido.

Después de la colisión, la Tierra parecería un comecocos, con una mella en forma de porción triangular de tarta. Pero con el tiempo, gracias a la atracción gravitatoria, tanto la Luna como la Tierra volvieron a condensarse en forma de esferas.

Los 400 kilos de rocas lunares que trajeron los astronautas tras sus históricos viajes a la Luna aportaron pruebas de este impacto. Los astrónomos descubrieron que la Luna y la Tierra están compuestas casi por las mismas sustancias químicas, incluyendo silicio, oxígeno y hierro. En cambio, los análisis de rocas del cinturón de asteroides demuestran que su composición es muy diferente a la de la Tierra.

Experimenté personalmente con las rocas lunares cuando era estudiante de física teórica en el laboratorio de radiación de Berkeley, donde tuve ocasión de observar una de ellas bajo un potente microscopio. Me sorprendió lo que vi. Había diminutos cráteres causados por micrometeoros que habían impactado contra la Luna hace miles de millones de años. Pero, observando con un mayor aumento, aprecié que había cráteres dentro de aquellos cráteres. Y dentro de estos, cráteres aún más pequeños. Esta cadena de «cráteres dentro de cráteres» sería imposible en una roca terrestre, pues aquellos micrometeoros se habrían desintegrado al entrar en la atmósfera. Pero sí que pudieron llegar hasta la superficie de la Luna, pues no tiene atmósfera. (Esto significa también que los micrometeoros podrían ser un problema para los astronautas destacados allí.)

Dado que la composición de nuestro satélite es tan similar a la de la Tierra, la verdad es que su explotación minera solo resultaría útil si vamos a construir ciudades en él. En general, traer rocas lunares a la Tierra saldría demasiado caro si lo único que pueden ofrecer es algo que ya tenemos. Pero ese material podría ser inmensamente útil para crear en el propio lugar una infraestructura de construcciones, caminos y carreteras.

Caminar en la Luna

¿Qué ocurriría si te quitas el traje espacial en la Luna? Sin aire, te asfixiarías, pero hay algo aún más preocupante: te herviría la sangre.

Al nivel del mar, el agua hierve a 100°C de temperatura. El punto de ebullición desciende al descender la presión atmosférica. De niño presencié una vívida demostración de este principio, un día que acampábamos en las montañas. Estábamos friendo huevos en una sartén sobre un fuego. Los huevos crepitaban y parecían deliciosos. Pero, cuando los comí, estuve a punto de vomitar. Sabían fatal. Entonces me explicaron que, a medida que subes una montaña, la presión atmosférica va bajando, y con ella el punto de ebullición del agua. Aunque los huevos burbujeaban y parecían estar fritos, no llegaban a cocinarse por completo. Por mucho que burbujeara, el huevo no se calentaba tanto.

Viví otra experiencia infantil con este hecho celebrando la Navidad. En nuestra casa había unas luces navideñas un tanto anticuadas, unos finos tubos de agua colocados verticalmente sobre todos los accesorios eléctricos. Cuando las encendíamos, quedaban preciosas. El agua coloreada de los tubitos empezaba a hervir en varios colores. Entonces hice una tontería: agarré con la mano desnuda los tubos de agua en ebullición. Esperaba sentir inmediatamente el intenso calor del agua hirviendo, pero no sentí casi nada. Años después, comprendí lo que había ocurrido. Dentro del tubo había un vacío parcial. En consecuencia, el punto de ebullición del agua era más bajo, de modo que el calor de un pequeño accesorio eléctrico podía hacer hervir el líquido, pero el agua que hervía no estaba nada caliente.

Nuestros astronautas experimentarán el mismo fenómeno físico si sus trajes espaciales sufren una rotura en el espacio o en la Luna. A medida que el aire sale del traje, la presión dentro de él disminuye, y también disminuye el punto de ebullición del agua. Llegará un momento en que el cuerpo del astronauta empezará a hervir.

Sentados en nuestros sillones aquí en la Tierra, olvidamos que hay casi siete kilos de presión del aire empujando hacia abajo cada centímetro cuadrado de nuestra piel, ya que existe una enorme columna de aire encima de nosotros. Pero ¿por qué no nos aplasta? Porque nuestro cuerpo ejerce otros siete kilos de presión hacia fuera. Existe un equilibrio. Pero si nos encontramos en la Luna, los siete kilos de presión que pone la atmósfera sobre nosotros desaparecen. Y solo nos quedan los siete kilos de presión que ejercemos hacia fuera.

En otras palabras, quitarte el traje espacial en la Luna podría ser una experiencia muy desagradable. Es mejor tenerlo puesto en todo momento.

¿Qué aspecto tendría una base lunar permanente? Por desgracia, la NASA no ha publicado ningún plano, y solo podemos basarnos en lo imaginado por los autores de ciencia ficción y los guionistas de Hollywood. Pero cuando se construya, querremos que sea totalmente autónoma. De este modo se reducirían los costes de forma considerable, pero se necesitaría muchísima infraestructura: fábricas para la construcción de edificios, grandes invernaderos para cultivar alimentos, plantas químicas para generar oxígeno y grandes bancos solares para obtener energía. Para pagar todo esto se necesitaría una fuente de ingresos. Dado que la Luna está compuesta más o menos por los mismos materiales que la Tierra, necesitaríamos buscar esa fuente de ingresos en otra parte. Por eso, los empresarios de Silicon Valley ya les han echado el ojo a los asteroides. Hay millones de asteroides en el espacio, y pueden esconder incontables riquezas.

3

Minas en los cielos

Los asteroides asesinos son la manera que tiene la naturaleza de preguntar: «¿Cómo va ese programa espacial?».

Anónimo

Thomas Jefferson estaba muy preocupado.

Acababa de pagarle más de quince millones de dólares a Napoleón —una suma fabulosa en 1803— en la decisión más controvertida y costosa de su carrera como presidente. Con ella, había duplicado el tamaño de Estados Unidos. Ahora la nación se extendía hasta las montañas Rocosas. La compra de Luisiana pasaría a la historia como uno de los mayores éxitos, o fracasos, de su presidencia.

Mirando el mapa, con su gran extensión de territorio inexplorado por completo, se preguntaba si llegaría a arrepentirse de su decisión.

Más adelante envió a Meriwether Lewis y William Clark en una misión con el fin de explorar lo que había comprado. ¿Era un paraíso natural a la espera de ser colonizado, o un yermo desolado?

En privado reconocía que, en cualquier caso, se tardarían unos mil años en colonizar una extensión de tierra tan grande.

Pocas décadas después ocurrió algo que lo cambió todo. En 1848 se descubrió oro en Sutter's Mill (California). La noticia tuvo un efecto electrizante. Más de trescientas mil personas acudieron a estos parajes desolados en busca de riqueza. Barcos de todas las procedencias empezaron a atracar en el puerto de San Francisco. La economía creció de forma explosiva. Al año siguiente, California solicitó convertirse en un estado.

Llegaron granjeros, rancheros y hombres de negocios que hicieron posible la formación de las primeras grandes ciudades del Oeste. En 1869, llegó a California el ferrocarril, que la conectó con el resto de Estados Unidos y estableció una infraestructura de transporte y comercio que condujo a un rápido crecimiento de la población en la zona. El lema del siglo XIX era «Ve al Oeste, joven». A pesar de todos sus excesos, la fiebre del oro ayudó a abrir el Oeste a la colonización y fue la causa de todo le que hemos descrito.

Hoy en día, algunos se preguntan si la explotación minera del cinturón de asteroides podría generar otra fiebre del oro en el espacio exterior. Varios empresarios han manifestado ya su interés en explorar esta región y sus cuantiosas riquezas, y la NASA ha financiado varias misiones con el objetivo de traer a la Tierra un asteroide.

¿Podría la próxima gran expansión tener lugar en el cinturón de asteroides? Y, de ser así, ¿cómo podríamos incorporar y mantener esta nueva economía espacial? Existe una posible analogía con la cadena de suministros agrícolas en el salvaje Oeste del siglo XIX y una futura cadena desde los asteroides. En el siglo XIX, equipos de vaqueros conducían ganado de los ranchos del suroeste hasta ciudades como Chicago, recorriendo casi 1.500 kilómetros. Allí, la carne era procesada y se enviaba en tren más hacia el este, para satisfacer la demanda de las zonas urbanas. Del mismo modo en que aquellos conductores de ganado conectaron el suroeste con el nordeste, tal vez podría surgir una economía que conectara el cinturón de asteroides con la Luna y la Tierra. El satélite sería como el Chicago del futuro, donde se procesarían valiosos minerales del cinturón de asteroides para embarcarlos hacia nuestro planeta.

El origen del cinturón de asteroides

Antes de profundizar en los detalles de la explotación minera de los asteroides, puede resultar útil aclarar unos cuantos términos que a veces se confunden unos con otros: «meteoro», «meteorito», «asteroide» y «cometa». Un meteoro es un trozo de roca que se quema en la atmósfera al surcar el cielo. Las colas de los meteoros, que apuntan hacia la dirección contraria al movimiento, están causadas por la fricción del aire. En una noche despejada, se puede ver un meteoro cada pocos minutos tan solo mirando al cielo.

Una roca que llega a caer en la Tierra se llama «meteorito».

Los asteroides son escombros rocosos flotando por el sistema solar. La mayoría de ellos está concentrada en el cinturón de asteroides, y son los restos de un planeta destruido que existió entre Marte y Júpiter. Si sumamos las masas de todos los asteroides conocidos, el resultado solo equivaldría al 4 por ciento de la masa de la Luna. Sin embargo, la mayoría de estos objetos no ha sido detectada, y puede que existan miles de millones. La mayor parte de ellos se mantiene en órbitas estables en el cinturón de asteroides, pero de vez en cuando uno de ellos se desvía, entra en la atmósfera de la Tierra y se quema en forma de meteoro.

Un cometa es un trozo de hielo y roca originado mucho más allá de la órbita de la Tierra. Mientras que los asteroides se encuentran dentro del sistema solar, muchos cometas orbitan en los márgenes exteriores de este, en el cinturón de Kuiper, e incluso fuera él, en la nube de Oort. Los cometas que vemos en el firmamento nocturno son aquellos cuya órbita o trayectoria los ha traído cerca del Sol. Cuando los cometas se aproximan a este, el viento solar hace que se desprendan partículas de hielo y polvo, formando colas que apuntan en dirección contraria al Sol, no a la dirección del movimiento.

Con los años se ha ido construyendo una imagen de la formación de nuestro sistema solar. Hace unos cinco mil millones de años, nuestro Sol era una nube gigante que rotaba lentamente, formada sobre todo de hidrógeno y helio gaseosos y de polvo. Medía varios años luz de diámetro (un año luz es la distancia que recorre la luz en un año, aproximadamente nueve billones de kilómetros). Debido a su gran masa, la nube se fue comprimiendo poco a poco por efecto de la gravedad. Al disminuir de tamaño, fue rotando cada vez más deprisa, como un patinador que gira con más rapidez al pegar los brazos al cuerpo. Con el tiempo, la nube se fue condensando en un disco que giraba a gran velocidad, con el Sol en el centro. El disco de gas y polvo que lo rodeaba empezó a formar protoplanetas, que fueron creciendo de tamaño a medida que absorbían material. Este proceso explica por qué todos los planetas orbitan alrededor del Sol en la misma dirección y en el mismo plano.

Se cree que uno de estos protoplanetas se acercó demasiado a Júpiter, el mayor de todos ellos, y fue hecho pedazos por su tremenda gravedad, formando así el cinturón de asteroides. Otra teoría propone que pudo formarse tras la colisión de dos protoplanetas.

El sistema solar se puede describir como cuatro cinturones en órbita alrededor del Sol: el cinturón interior está formado por los planetas rocosos, que son Mercurio, Venus, la Tierra y Marte; a continuación sigue el cinturón de asteroides; más al exterior encontramos el cinturón de los gigantes gaseosos, que consta de Júpiter, Saturno, Urano y Neptuno; y, por último, está el cinturón de los cometas, también llamado cinturón de Kuiper. Más allá de este hay una nube esférica de cometas que rodea al sistema solar y que se llama nube de Oort.

El agua, una molécula sencilla, era una sustancia común en el primitivo sistema solar, pero se presentaba en diferentes formas según su distancia con respecto al Sol. Cerca de este, donde el agua hierve y se convierte en vapor, encontramos los planetas Mercurio y Venus. La Tierra está un poco más afuera, y en ella puede existir agua en forma líquida. (A veces, a esta zona donde la temperatura permite que exista agua líquida se la llama zona «Ricitos de Oro».) Más al exterior, el agua se convierte en hielo. Así pues, en Marte y en los planetas y cometas que hay más allá, el agua está congelada.

Minería en los asteroides

Conocer el origen de los asteroides y, por lo tanto, su composición, será fundamental para las operaciones mineras en ellos.

La idea de la explotación de los asteroides no es tan ridícula como podría parecer. En realidad, sabemos ya mucho sobre su composición, porque algunos de ellos llegan a la Tierra. Están formados por hierro, níquel, carbono y cobalto, y también contienen cantidades significativas de tierras raras y metales valiosos, como platino, paladio, rodio, rutenio, iridio y osmio. Estos elementos se encuentran de forma natural en la Tierra, pero son muy escasos y muy caros. En las próximas décadas, a medida que se vayan agotando las reservas de estos elementos en nuestro planeta, acabará resultando económico buscarlos en el cinturón de asteroides. Y si se le da un empujón a un asteroide de manera que quede orbitando alrededor de la Luna, se podrá explotar como queramos.

En 2012, un grupo de empresarios fundó una compañía llamada Planetary Resources para extraer minerales valiosos de los asteroides y traerlos a la Tierra. Este ambicioso y potencialmente lucrativo plan fue respaldado por varios de los peces gordos de Silicon Valley, entre ellos Larry Page, presidente y director general de la compañía madre de Google, Alphabet, su presidente ejecutivo Eric Schmidt y el director ganador de un Óscar James Cameron.

En cierto sentido, los asteroides son minas de oro voladoras en el espacio exterior. Por ejemplo, en junio de 2015, uno de ellos se acercó a 1,6 millones de kilómetros de la Tierra, aproximadamente cuatro veces la distancia entre esta y la Luna. Medía unos 900 metros de diámetro y se calculó que su núcleo contenía noventa millones de toneladas de platino, valoradas en 5,4 billones de dólares. Planetary Resources calcula que el platino contenido en un asteroide de solo treinta metros podría valer de 35.000 a 50.000 millones de dólares.[1] La compañía ha llegado a elaborar una lista de pequeños asteroides cercanos que están listos para ser explotados. Si se lograra acercar uno de ellos a la Tierra, contendría un filón de minerales que rendiría muchas veces lo invertido.

De los aproximadamente 16.000 asteroides considerados «objetos cercanos a la Tierra» (aquellos cuyas órbitas se cruzan con la trayectoria de nuestro planeta), los astrónomos han identificado una docena que serían candidatos ideales para su captura. Los cálculos demuestran que estos doce, de entre 3 y 21 metros de diámetro, se pueden empujar hacia las órbitas lunar o terrestre con un ligero desvío en sus trayectorias.

Pero hay otros muchos ahí afuera. En enero de 2017, los astrónomos detectaron inesperadamente un nuevo asteroide pocas horas antes de que pasara zumbando a solo 51.000 kilómetros de la Tierra (un 13 por ciento de la distancia entre nuestro planeta y la Luna). Por fortuna, solo medía seis metros de diámetro y no habría causado daños importantes si hubiera chocado contra nosotros. Pero esto confirmó una vez más el gran número de asteroides que pasan cerca de nosotros, muchos de ellos sin ser detectados.

La exploración de los asteroides

Los asteroides son tan importantes que la NASA ha decidido que su exploración es el primer paso para el viaje a Marte. En 2012, pocos meses después de que Planetary Resources revelara su plan en una conferencia de prensa, la NASA anunció el proyecto Robotic Asteroid Prospector, que analizará las posibilidades de su explotación minera. Después, en otoño de 2016, la NASA lanzó una sonda de mil millones de dólares llamada OSIRIS-Rex en dirección a Bennu, un asteroide que mide quinientos metros de diámetro y que pasará cerca de la Tierra en 2135. En 2018, la sonda rodeará Bennu, aterrizará en él y después traerá a la Tierra entre 50 gramos y dos kilos de roca para analizarla. El plan no está libre de riesgos, ya que la NASA teme que cualquier ligera perturbación en la órbita del asteroide pueda provocar que choque con la Tierra la próxima vez se crucen las trayectorias. (Si impacta, lo hará con la fuerza de mil bombas de Hiroshima.) No obstante, esta misión podrá aportar una experiencia valiosísima sobre la intercepción y el análisis de objetos espaciales.

Además, la NASA está preparando la misión Asteroid Redirect (ARM), con la intención de traer rocas de los asteroides. La financiación no está garantizada, pero se espera que el proyecto pueda generar una nueva fuente de ingresos para el programa espacial. ARM tendrá dos fases. Primero, se enviará al espacio una sonda no tripulada para interceptar un asteroide que haya sido cuidadosamente evaluado por telescopios terrestres. Tras realizar un detallado examen de la superficie, la sonda aterrizará y utilizará una especie de pinzas para agarrar una roca grande, y, a continuación, la sonda despegará y se dirigirá a la Luna, arrastrando el objeto amarrado.

Entonces, una misión tripulada saldrá de la Tierra, utilizando el cohete SLS con el módulo Orion, y este se acoplará a la sonda robótica en órbita alrededor de la Luna. Los astronautas saldrán del Orion, accederán a la sonda y tomarán muestras para analizarlas. Por último, el módulo Orion se separará de la sonda robótica y regresará a la Tierra, cayendo en el océano.

Una posible complicación de esta misión es que todavía no sabemos mucho sobre la estructura física de los asteroides. Puede que sean sólidos, pero puede que sean un agregado de piedras pequeñas que se mantienen unidas por la gravedad, en cuyo caso se desmenuzarían si intentamos aterrizar en ellas. Por esta razón, es preciso investigar más antes de poner en marcha esta misión.

Un notable aspecto físico de los asteroides es su forma irregular. Algunos parecen patatas deformes, y cuanto más pequeños son, más irregulares tienden a ser.

Esto, a su vez, plantea una pregunta que los niños suelen hacer: ¿por qué las estrellas, el Sol y los planetas son todos redondos? ¿Por qué las estrellas y los planetas no pueden tener forma de cubos o pirámides? Los asteroides pequeños tienen poca masa y, por lo tanto, poca gravedad que modifique su forma; en cambio, los objetos grandes, como los planetas y estrellas, poseen enormes campos gravitatorios. Esta gravedad es uniforme, y su poder de atracción comprimirá objetos de forma irregular, dándoles forma de esfera. Hace miles de millones de años, los planetas no eran necesariamente redondos, pero con el tiempo, la fuerza de atracción gravitatoria los comprimió y les dio forma esférica.

Otra pregunta que a veces formulan los niños es por qué las sondas espaciales no se destruyen cuando entran en el cinturón de asteroides. En la película *El Imperio contraataca*, nuestros héroes están a punto de chocar contra los grandes pedazos de roca que vuelan a su alrededor. Por suerte, aunque la escena es emocionante, no representa con fidelidad la verdadera densidad del cinturón de asteroides, que en general es un gran vacío con rocas que pasan de vez en cuando. Los futuros mineros y colonos que se aventuren en el espacio en busca de nuevas tierras encontrarán que, en su mayor parte, el cinturón de asteroides es relativamente fácil de navegar.

Si estas etapas de la exploración de los asteroides se desarrollan según lo planeado, el objetivo final será establecer una estación permanente que mantenga, abastezca y apoye las futuras misiones. Ceres, el mayor de los asteroides del cinturón, podría ser una base de operaciones ideal. Hace poco, Ceres (el nombre de la diosa griega de la agricultura, de donde deriva también la palabra «cereal») ha sido reclasificado como planeta enano, igual que Plutón, y se cree que es un objeto que no llegó a acumular suficiente materia para competir con sus vecinos planetarios. Para tratarse de un objeto celeste es pequeño, aproximadamente una cuarta parte del tamaño de la Luna, sin atmósfera y con muy poca gravedad. Pero como asteroide, es enorme; mide unos 900 kilómetros de diámetro (aproximadamente el tamaño de Texas) y contiene un tercio de la masa total del cinturón de asteroides. Dada su escasa gravedad, sería una estación espacial ideal, donde los cohetes podrían aterrizar y despegar con facilidad, factores importantes en la construcción de un aeropuerto espacial.

La sonda Dawn de la NASA, lanzada en 2007 y en órbita alrededor de Ceres desde 2015, reveló una masa esférica con muchos cráteres formada principalmente de hielo y roca. Se ha especulado que muchos asteroides, como Ceres, contienen hielo, que se podría procesar para obtener hidrógeno y oxígeno para combustible. Hace poco, utilizando el telescopio de infrarrojos de la NASA, los científicos observaron que el asteroide 24-Themis está completamente cubierto de hielo, con vestigios de compuestos orgánicos en su superficie. Estos descubrimientos añaden validez a la conjetura de que los asteroides y cometas pudieron traer a la Tierra parte del agua y los aminoácidos originales hace miles de millones de años.

Dado que los asteroides son pequeños en comparación con los satélites y planetas, es poco probable que en ellos se construyan ciudades permanentes para los colonos. Sería difícil crear una comunidad estable en el cinturón de asteroides. En general, no hay aire para respirar, agua para beber, energía que consumir ni tierra en la que cultivar alimentos, y tampoco una gravedad apreciable. Lo más probable es que los asteroides se usen como bases temporales para mineros y robots.

No obstante, pueden servir como etapa imprescindible para el acontecimiento principal: una misión tripulada a Marte.

4

Marte o muerte

Marte está ahí, esperando a que lleguemos.

BUZZ ALDRIN

Me gustaría morir en Marte... pero no estrellándome.

ELON MUSK

Elon Musk es una especie de inconformista, un empresario con una visión cósmica: construir los cohetes que algún día nos llevarán a Marte. Tsiolkovsky, Goddard y Von Braun soñaron con viajar a Marte, pero Musk podría llegar de verdad. Y, en el proceso, está rompiendo todas las reglas del juego.

Se enamoró del programa espacial siendo un niño en Sudáfrica, y hasta construyó su propio cohete. Su padre, que era ingeniero, fomentó este interés. Muy pronto, Musk llegó a la conclusión de que el peligro de que la especie humana se extinguiera solo se podría evitar saliendo a las estrellas. Así pues, decidió que uno de sus objetivos iba a ser la «vida multiplanetaria», una cuestión que ha guiado toda su carrera.

Además de los cohetes, le impulsaban otras dos pasiones: los ordenadores y los negocios. Ya programaba a los diez años de edad, y a los doce vendió su primer videojuego, llamado *Blaster*, por quinientos dólares. Era incansable, y pretendía irse a vivir a Estados Unidos algún día. A los diecisiete años emigró a Canadá él solo. Cuando recibió su título de licenciado en física por la Universidad de Pensilvania, dudó entre dos posibles carreras. Un camino llevaba a la vida de físico o ingeniero, diseñando cohetes u otros aparatos de alta tecnología. El otro llevaba a los negocios y al uso de sus capacidades como informático para amasar una fortuna, que le proporcionaría los medios para financiar su visión.

El dilema se resolvió en 1995, cuando empezó sus estudios de doctorado en física aplicada en la Universidad de Stanford. Tras solo dos días lo dejó de golpe y se lanzó al mundo de las pequeñas empresas vinculadas al mundo de internet. Pidió prestados 28.000 dólares y fundó una empresa de software que creó una guía urbana en línea para la industria periodística. Cuatro años después se la vendió a Compaq por 341 millones de dólares. Se embolsó 22 millones de la venta, y al instante invirtió los beneficios en una nueva empresa llamada X.com, que acabaría convirtiéndose en PayPal. En 2002, eBay compró PayPal por 1.500 millones, de los que Musk recibió 165.

Forrado de dinero, dedicó estos fondos a hacer realidad sus sueños, creando SpaceX y Tesla Motors. En un punto había invertido el 90 por ciento de su fortuna en estas dos compañías. A diferencia de otras empresas aeroespaciales, que construían cohetes basados en tecnología conocida, SpaceX fue pionera en la concepción de un diseño revolucionario para un cohete reutilizable. El objetivo de Musk era reducir el coste del viaje espacial a la décima parte reutilizando el cohete impulsor, que en general se descartaba después de cada lanzamiento.

Partiendo casi de la nada, Musk desarrolló el Falcon (llamado así en alusión al *Halcón milenario* de *La guerra de las galaxias*), que llevaría al espacio un módulo espacial llamado Dragon (por la canción «Puff, the Magic Dragon»). En 2012, el Falcon de SpaceX hizo historia al ser el primer cohete comercial que llegaba a la Estación Espacial Internacional. También se convirtió en el primer cohete que aterrizaba con éxito en la Tierra después de un vuelo orbital. Su primera esposa, Justine, ha dicho de Musk: «Yo lo comparo con el Terminator. Pone en marcha su programa y… simplemente… no… se… detiene».

En 2017 se anotó otra gran victoria al relanzar con éxito un cohete propulsor ya utilizado. Dicho cohete había aterrizado en su plataforma de lanzamiento, se había limpiado y acondicionado, y se lanzó por segunda vez. Este modelo puede revolucionar la economía del viaje espacial. Piensen en el mercado de coches de segunda mano. Después de la Segunda Guerra Mundial, los automóviles todavía estaban fuera del alcance de mucha gente, sobre todo exsoldados y jóvenes. El mercado de segunda mano permitió que los consumidores corrientes pudieran comprarse un coche, hecho que lo cambió todo, incluyendo nuestro modo de vida y nuestras interacciones sociales. Ahora, en Estados Unidos se venden cada año unos cuarenta millones de coches usados, 2,2 veces el número de nuevos. Del mismo modo, Musk confía en que su cohete Falcon transforme el mercado aeroespacial y produzca que los precios se desplomen. A la mayoría de las organizaciones no les importa si el cohete que lleva su satélite al espacio es nuevo o ya ha sido usado. Optarán por el método más barato y de más confianza.

El primer cohete reutilizable fue un hito, pero Musk dejó atónito al público cuando explicó los detalles de sus ambiciosos planes para llegar a Marte. Espera enviar una misión no tripulada a Marte en 2018 y una tripulada en 2024, adelantándose a la NASA por casi una década. Su objetivo final es establecer no un simple puesto avanzado en el planeta rojo, sino toda una ciudad. Sueña con enviar una flota de mil cohetes Falcon modificados, cada uno con cien colonos a bordo, para crear el primer asentamiento permanente. Las claves del plan de Musk son la drástica bajada del coste de los viajes espaciales y las innovaciones tecnológicas. El precio de una misión a Marte suele oscilar entre 400.000 y 500.000 millones, pero Musk calcula que puede construir y lanzar el cohete a Marte por solo 10.000 millones. Al principio, los billetes a Marte serán caros, pero con el tiempo el precio bajará hasta unos 200.000 dólares por persona (ida y vuelta) gracias al descenso de los costes del viaje espacial. Comparemos esto con los 200.000 dólares que cuesta un viaje de poco más de cien kilómetros sobre la Tierra a bordo del SpaceShipTwo de Virgin Galactic, o los 20-40 millones de un viaje a la Estación Espacial Internacional en un cohete ruso.

En un principio, el sistema de cohetes que propone Musk se llamó Mars Colonial Transporter, pero le cambió el nombre a Interplanetary Transport System, porque, como él dice, «Este sistema te da verdadera libertad para ir donde quieras de todo el sistema solar». Su visión a largo plazo es crear una red que conecte los planetas como los ferrocarriles conectaron las ciudades.

Musk ve un gran potencial de colaboración entre las diversas partes de su emporio multimillonario. Tesla ha desarrollado una versión avanzada del automóvil totalmente eléctrico, y Musk ha invertido grandes cantidades en energía solar, que será la principal fuente de energía para un puesto avanzado en Marte. Así pues, Musk se encuentra en una posición idónea para proporcionar la maquinaria eléctrica y las instalaciones solares necesarias para establecer una colonia en ese planeta.

Dado que la NASA suele actuar de una forma angustiosamente lenta y parsimoniosa, los empresarios creen que pueden introducir con rapidez ideas y técnicas innovadoras. «En la NASA existe esa estúpida idea de que el error no es una opción —ha dicho Musk—. Aquí [en SpaceX] el error es una opción. Si las cosas no fallan, es que no estás innovando lo suficiente.»[1]

Musk es tal vez el rostro contemporáneo del programa espacial: impetuoso, intrépido e iconoclasta, además de innovador e inteligente. Es un nuevo tipo de científico aeroespacial: el científico-empresario-multimillonario. Se le compara muchas veces con Tony Stark, el *alter ego* de Iron Man, un magnate e inventor de buenos modales que se siente igualmente en casa con los grandes financieros e ingenieros. De hecho, parte de la primera secuela de *Iron Man* se filmó en la sede central de SpaceX en Los Ángeles, y cuando los visitantes llegan en coche a SpaceX se encuentran con una estatua de tamaño natural de Tony Stark con su traje de Iron Man. Musk influyó incluso en una colección del diseñador de moda masculina Nick Graham para un desfile de temática espacial en la Fashion Week de Nueva York. Graham explicó: «Dicen que Marte es el último grito. Está increíblemente de moda en las ambiciones de todos. La idea era presentar la colección de otoño de 2025, basada en que ese año Elon Musk quiere llevar a las primeras personas a Marte».[2]

Musk ha resumido su filosofía diciendo: «La verdad es que no tengo ninguna otra motivación para acumular riqueza que hacer la mayor contribución posible a la vida multiplanetaria».[3] Peter Diamandis, del XPRIZE, ha dicho: «Para él hay una motivación mucho mayor que el simple beneficio. La visión [de Musk] es embriagadora y poderosa».

LA NUEVA CARRERA ESPACIAL A MARTE

Como es natural, tanto hablar de Marte tenía que generar rivalidades. El consejero delegado de Boeing, Dennis Muilenburg, ha dicho: «Estoy convencido de que la primera persona que ponga el pie en Marte llegará allí a bordo de un cohete Boeing».[4] Seguramente, no fue casual que hiciera estas sorprendentes declaraciones una semana después de que Musk anunciara sus propios planes para llegar al planeta rojo. Puede que Musk esté acaparando los titulares, pero Boeing goza de una larga tradición de éxitos en el viaje espacial. Al fin y al cabo, fue Boeing quien fabricó el cohete propulsor del famoso Saturn V, que llevó a nuestros astronautas a la Luna, y en la actualidad Boeing posee la contrata para construir el enorme cohete impulsor SLS, que es la base de la misión a Marte planeada por la NASA.

Los partidarios de esta organización han señalado que la financiación pública fue fundamental para los grandes proyectos espaciales del pasado, como el telescopio espacial Hubble, una de las joyas del programa. ¿Habrían financiado los inversores privados una empresa de tanto riesgo sin esperanzas de generar beneficios para los accionistas? El respaldo de grandes organizaciones burocráticas puede ser necesario para iniciativas demasiado caras para la empresa privada o con pocas garantías de generar ingresos.

Cada uno de estos programas que compiten entre sí tiene sus ventajas. El SLS de Boeing, capaz de llevar al espacio una carga de 130 toneladas, puede transportar más peso que el Falcon Heavy de Musk, que solo puede almacenar 64 toneladas. Sin embargo, es posible que el Falcon sea más económico. Por el momento, SpaceX tiene las tarifas más baratas para lanzar satélites al espacio, unos 2.200 dólares por kilo, que es un 10 por ciento del coste habitual para vehículos espaciales comerciales. Y los precios podrían bajar más cuando SpaceX perfeccione su tecnología de cohetes reutilizables.

La NASA se encuentra en una posición envidiable, con dos pretendientes compitiendo por un proyecto muy disputado. En principio, todavía puede decidir entre el SLS y el Falcon Heavy. Cuando se le preguntó acerca de la competencia con Boeing, Musk dijo: «Creo que es bueno que haya múltiples caminos a Marte […] tener varios hierros en el fuego […] Cuantos más, mejor».[5]

Los portavoces de la NASA han dicho: «La NASA aplaude a todos los que quieran emprender el siguiente paso de gigante y adelantar el viaje a Marte […] Este viaje necesitará de los mejores y los más brillantes […] En la NASA hemos trabajado mucho durante los últimos años para desarrollar un plan sostenible para la exploración de Marte, y para crear una coalición de socios internacionales y privados que apoyen esta visión».[6] A la larga, lo más probable es que el espíritu competitivo resulte beneficioso para el programa espacial.

Sin embargo, hay algo de justicia poética en esta competición. El programa espacial, al forzar la miniaturización de la electrónica, abrió las puertas a la revolución informática. Inspirados por sus recuerdos infantiles del programa espacial, los multimillonarios creados por esa revolución están cerrando el círculo y dedicando parte de su riqueza a la exploración del espacio.

También los europeos, chinos y rusos han expresado el deseo de enviar una misión tripulada a Marte entre 2040 y 2060, pero la financiación de estos proyectos sigue siendo problemática. Lo que sí parece bastante seguro, sin embargo, es que los chinos lleguen a la Luna en 2025. En cierta ocasión, el presidente Mao lamentó que China estuviera tan atrasada que no pudiera enviar siquiera una patata al espacio. Las cosas han cambiado muchísimo desde entonces. A través del perfeccionamiento de los cohetes que compraron a los rusos en los años noventa, China ya ha puesto en órbita diez «taikonautas» y tiene en marcha ambiciosos planes para construir una estación espacial y desarrollar un cohete tan potente como el Saturn V para 2020. En sus diversos planes quinquenales, China está siguiendo fielmente los pioneros pasos de Rusia y Estados Unidos.

Hasta los visionarios más ilusionados son del todo conscientes de que los astronautas que viajen a Marte deberán enfrentarse a numerosos peligros. Cuando le preguntaron a Musk si le gustaría viajar en persona a Marte, reconoció que la probabilidad de morir en el primer viaje al planeta era «bastante alta», y dijo que le gustaría ver crecer a sus hijos.

EL VIAJE ESPACIAL NO ES UNA EXCURSIÓN AL CAMPO

La lista de posibles peligros en un viaje tripulado a Marte es formidable.

El primero es un fallo catastrófico. La era espacial comenzó hace más de cincuenta años, pero la posibilidad de que un cohete sufra un desastroso accidente sigue situándose en torno al 1 por ciento. Dentro de un cohete hay cientos de piezas móviles, y cualquiera de ellas puede hacer fracasar la misión. El transbordador espacial sufrió dos espantosos accidentes en un total de 135 lanzamientos, una tasa de fracaso de un 1,5 por ciento. La tasa de mortalidad general, por su parte, si sitúa en el 3,3 por ciento. De las 544 personas que han salido al espacio, 18 han muerto. Solo los muy valerosos están dispuestos a sentarse encima de medio millón de kilos de combustible que se va a encender y te va a lanzar al espacio a 40.000 kilómetros por hora, sin saber si vas a volver.

Existe también el «gafe de Marte». Tres cuartas partes de las sondas espaciales enviadas a este planeta no han llegado, debido en su mayor parte a la enorme distancia, los problemas con la radiación, los fallos mecánicos, la pérdida de comunicación, los micrometeoros, etc. Aun así, Estados Unidos goza de un historial mucho mejor en este aspecto que Rusia, que ha sufrido catorce fracasos en sus intentos de llegar al planeta rojo.

Otro problema es la distancia del trayecto. Para llegar a la Luna con el programa Apolo solo se tardó tres días, pero un viaje de ida a Marte puede durar hasta nueve meses, y el viaje completo tomaría unos dos años. Una vez hice un recorrido por el centro de entrenamiento de la NASA a las afueras de Cleveland (Ohio), donde equipos de científicos estudian los problemas del viaje espacial. Los astronautas sufren atrofia muscular y ósea a causa de la ingravidez cuando pasan largos periodos en el espacio. Nuestros cuerpos están bien ajustados para vivir en un planeta con la gravedad de la Tierra. Si esta fuera un poquito más grande o más pequeña, habría que rediseñar nuestros cuerpos para sobrevivir. Cuanto más tiempo pasemos en el espacio, más se deteriorarán nuestros cuerpos. El astronauta ruso Valeri Polyakov, tras establecer el récord mundial de permanencia en el espacio con 437 días, apenas podía arrastrarse para salir de su cápsula al regresar.

Un hecho interesante es que los astronautas crecen varios centímetros durante su estancia en el espacio, debido a la expansión de sus columnas vertebrales. Al regresar a la Tierra, su altura vuelve a ser la normal. Además, pueden perder un 1 por ciento de su masa ósea al mes. Para reducir esta pérdida, tienen que hacer al menos dos horas diarias de ejercicio en una cinta de correr. Aun así, pueden tardar todo un año en rehabilitarse después de una estancia de seis meses en la Estación Espacial Internacional, y a veces nunca llegan a recuperar toda su masa ósea. (Otra consecuencia de la ingravidez que no se había tomado en serio hasta hace poco son las lesiones en el nervio óptico. En el pasado, los astronautas notaron que su visión se deterioraba después de largas estancias en el espacio. El examen detallado de sus ojos demostró que sus nervios ópticos se inflaman con frecuencia, tal vez debido a la presión del fluido ocular.)

En el futuro, nuestras cápsulas espaciales tendrán que girar para que la fuerza centrífuga pueda generar gravedad artificial. Este es el efecto que experimentamos cada vez que vamos a la feria y nos subimos al cilindro giratorio de un Rotor o Gravitrón. La fuerza centrífuga produce gravedad artificial y nos empuja hacia la pared del cilindro. Por el momento, construir un vehículo espacial giratorio saldría demasiado caro, y el concepto es difícil de ejecutar. La cabina giratoria tendría que ser bastante grande, pues de lo contrario la fuerza centrífuga no se distribuiría uniformemente, y los astronautas sufrirían mareos y desorientación.

Existe también el problema de la radiación en el espacio, sobre todo del viento solar y los rayos cósmicos. Con frecuencia olvidamos que la Tierra está cubierta por una densa atmósfera y protegida por un campo magnético que nos sirve de escudo. Al nivel del mar, nuestra atmósfera ha absorbido casi toda la radiación letal, pero incluso en un viaje normal de avión recibimos un milirem extra de radiación por hora de vuelo, el equivalente a una radiografía dental por cada vuelo de larga duración. Los astronautas que viajen a Marte tendrán que cruzar los cinturones de radiación que rodean la Tierra, que podrían exponerlos a fuertes dosis de esta y aumentar su propensión a ciertas enfermedades, al envejecimiento prematuro y al cáncer. En un viaje interplanetario de dos años, un astronauta recibirá unas doscientas veces la radiación que recibiría un gemelo suyo que se quede en la Tierra. (No obstante, esta estadística hay que ponerla en contexto: el riesgo de que el astronauta desarrolle un cáncer a lo largo de toda su vida aumentará del 21 al 24 por ciento. Aunque no es insignificante, este peligro es mínimo en comparación con el de que el astronauta sufra un simple accidente o percance.)

Los rayos cósmicos procedentes del espacio exterior son a veces tan intensos que los astronautas ven diminutos destellos de luz cuando las partículas subatómicas ionizan el fluido de sus globos oculares. He entrevistado a varios astronautas que han descrito estos destellos de radiación, que son muy bonitos, pero pueden causar graves daños en el ojo.

Además, el año 2016 trajo malas noticias acerca de los efectos de la radiación en el cerebro. Unos científicos de la Universidad de California en Irvine expusieron ratones a grandes dosis de esta, equivalentes a la cantidad que se absorbería durante un viaje de dos años al espacio profundo. Descubrieron evidencias de daños cerebrales irreversibles. Los ratones mostraban problemas de conducta, y se habían vuelto agitados y disfuncionales. Como mínimo, estos resultados confirman que los astronautas tendrán que estar adecuadamente protegidos.

Además, también tendrán que preocuparse por las gigantescas llamaradas o fulguraciones solares. En 1972, cuando se estaba preparando el Apolo 17 para un viaje a la Luna, una potente fulguración solar llegó a la superficie de este satélite. Si en aquel momento hubiera habido astronautas andando por él, podrían haber muerto. A diferencia de los rayos cósmicos, que son imprevisibles, las fulguraciones solares se pueden detectar desde la Tierra, de modo que es posible avisar a los astronautas con varias horas de anticipación. Ya se han dado incidentes en los que se avisó a los astronautas de la Estación Espacial Internacional de que se acercaban este tipo de fulguraciones, y se les ordenó que se refugiaran en las zonas más protegidas de la estación.

Por otro lado, hay que considerar los micrometeoros, que pueden desgarrar el casco exterior de una nave espacial. Un examen minucioso del transbordador revela el impacto de un gran número de estos objetos en los paneles de la superficie. La fuerza de un micrometeoro del tamaño de un sello de correos que se desplaza a 65.000 kilómetros por hora sería suficiente para abrir un agujero en el casco y causar una rápida bajada de presión. Sería conveniente, por ello, dividir los módulos espaciales en varias cámaras, para que una sección perforada se pueda aislar rápidamente de las otras.

Los problemas psicológicos presentarán un tipo diferente de obstáculo. Será muy incómodo estar encerrado durante mucho tiempo en una diminuta cápsula abarrotada de equipo y con varias personas más. Ni siquiera con toda una colección de pruebas psicológicas podemos predecir con seguridad si los tripulantes cooperarán, y cómo. En un caso extremo, tu vida puede depender de alguien que te pone de los nervios.

Viajar a Marte

Tras meses de intensa especulación, en 2017 la NASA y Boeing revelaron por fin los detalles del plan para llegar a Marte. Bill Gerstenmaier, del departamento de Exploración y Operaciones Humanas de la NASA, hizo público un calendario sorprendentemente ambicioso con los pasos necesarios para enviar astronautas al planeta rojo.[7]

En primer lugar, tras años de pruebas, en 2019 se lanzará el cohete SLS/Orion. Será totalmente automático y no llevará astronautas, pero quedará en órbita alrededor de la Luna. Cuatro años después, tras un periodo de cincuenta años, los astronautas volverán a viajar a la Luna. La misión durará tres semanas, pero el cohete se quedará orbitando alrededor del satélite, sin descender a su superficie. Esto servirá principalmente para poner a prueba el sistema SLS/Orion, y no tendrá ningún propósito de exploración.

Pero el nuevo plan de la NASA da un giro inesperado que sorprendió a muchos analistas. El sistema SLS/Orion es, en realidad, un espectáculo de calentamiento, un telonero. Servirá como enlace principal para que los astronautas salgan de la Tierra y lleguen al espacio exterior, pero a Marte nos llevará un programa de cohetes totalmente nuevo.

En primer lugar, la NASA tiene previsto construir el Portal al Espacio Profundo (*Deep Space Gateway*), que se parece a la Estación Espacial Internacional, solo que es más pequeño y orbitará alrededor de la Luna, no de la Tierra. Habrá astronautas viviendo en el portal, que servirá como estación para repostar y abastecer a las misiones que se dirijan a Marte y a los asteroides. Constituirá la base de una presencia humana permanente en el espacio. La construcción de dicha estación espacial lunar comenzará en 2023, y estará operativa en 2026. Para construirla se necesitarán cuatro misiones SLS.

Pero el protagonista del espectáculo es el cohete que llevará a los astronautas a Marte. Es un sistema completamente nuevo, llamado Deep Space Transport, que se construirá casi todo en el espacio. En 2029 se someterá a su primera prueba importante, y orbitará alrededor de la Luna durante 300 o 400 días. Esto aportará información valiosísima sobre misiones espaciales de larga duración. Por último, tras rigurosas pruebas, el Deep Space Transport llevará a nuestros astronautas a la órbita marciana.

El programa de la NASA ha recibido elogios de muchos expertos, pues se revela como un plan metódico, paso a paso, para construir una elaborada infraestructura en la Luna.

Sin embargo, este plan no se parece en nada a la visión de Musk. El de la NASA está cuidadosamente elaborado e implica la creación de una infraestructura permanente en órbita de nuestro satélite, pero es lento y puede que lleve una década más que el plan de Musk. SpaceX se salta toda la fase de la estación espacial de aprovisionamiento, y partirá directamente rumbo a Marte, puede que en 2022. Pero un inconveniente del plan de Musk es que la cápsula espacial Dragon es considerablemente más pequeña que el Deep Space Transport. El tiempo dirá qué programa o combinación de programas es mejor.

El primer viaje a Marte

A medida que se revelan más detalles sobre la primera misión a Marte, va siendo posible especular sobre los pasos necesarios para hacerla realidad. Veamos cómo puede desarrollarse el plan de la NASA en las próximas décadas.

Tal vez las personas que realizarán el histórico primer viaje a Marte están vivas ahora mismo, puede que aprendiendo astronomía en el instituto. Serán algunas de los cientos de personas que se presentarán voluntarias para la primera misión a otro planeta. Tras un riguroso entrenamiento, puede que se seleccione con gran cuidado a cuatro candidatos, basándose en sus aptitudes y experiencia. Lo más probable es que entre los cuatro haya un piloto experto, un ingeniero, un científico y un médico.

En algún momento después de 2033, tras una serie de nerviosas entrevistas con la prensa, subirán por fin a bordo de la cápsula espacial Orion. Aunque esta dispone de un 50 por ciento más de espacio que la Apolo original, dentro se seguirá estando muy apretado, pero no importará, pues el viaje a la Luna solo durará tres días. Cuando la cápsula despegue, los astronautas sentirán las vibraciones de la intensa combustión del cohete propulsor SLS. Hasta aquí, todo el viaje parece muy similar a la misión Apolo original.

Pero terminan las similitudes. A partir de este punto, la NASA ha planeado una desviación radical con respecto al pasado. Al entrar en la órbita lunar, los astronautas verán el Portal del Espacio Exterior, la primera estación espacial del mundo en órbita alrededor de la Luna. (Véase la imagen 2 del cuadernillo.) Los astronautas se acoplarán al Portal y descansarán un poco.

A continuación, transbordarán al Deep Space Transport, que no se parece a ningún otro vehículo espacial que se haya creado hasta ahora. La nave con los aposentos de la tripulación parece un lápiz largo, con una goma de borrar en un extremo (que contiene la cápsula en la que vivirán y trabajarán los astronautas). De la sección alargada del lápiz saldrán una serie de paneles solares largos y estrechos, con más longitud de lo normal, de modo que, visto de lejos, el cohete parecerá un barco de vela. La cápsula Orion pesa unas 25 toneladas, y el Deep Space Transport unas 41.

Esta última nave será el hogar de los astronautas durante los dos años siguientes. Esta cápsula es mucho mayor que el Orion, y los tripulantes tendrán espacio suficiente para estirarse. Esto es importante, pues tendrán que hacer ejercicio a diario para evitar la pérdida de masa muscular y ósea, que podría incapacitarlos para cuando lleguen a Marte.

Una vez a bordo del Deep Space Transport, pondrán en marcha los motores del cohete. Pero en lugar de ser impulsados por una potente explosión de llamas gigantes que sale por la parte trasera del cohete, los motores iónicos acelerarán poco a poco, ganando velocidad de forma gradual. Si miran por sus ventanas, los astronautas solo verán la suave luminosidad de los iones calientes emitidos de manera uniforme por los motores de la nave.

El Deep Space Transport utiliza un nuevo tipo de sistema de propulsión para conducir a los astronautas por el espacio, llamado «propulsión eléctrica solar». Los enormes paneles solares captan la luz del Sol y la transforman en electricidad. Esta se utiliza para aislar los electrones de un gas (como el xenón), lo que creará iones. A continuación, un campo eléctrico lanza estos iones cargados por un extremo del motor, generando impulso. A diferencia de los motores químicos, cuya combustión solo dura unos minutos, los iónicos pueden acelerar poco a poco durante meses e incluso años.

Entonces comenzará el lento y aburrido viaje a Marte, que durará unos nueve meses. El principal problema que tendrán que afrontar los astronautas es el aburrimiento, de modo que deberán hacer constante ejercicio, jugar a juegos para mantenerse alerta, hacer cálculos, hablar con sus seres queridos, navegar por internet, etc. Aparte de las correcciones rutinarias del rumbo, no hay mucho que hacer durante el viaje. Pero de vez en cuando tendrán que salir al espacio para realizar reparaciones menores o cambiar piezas gastadas. Sin embargo, a medida que el viaje progresa, el tiempo necesario para enviar mensajes de radio a la Tierra va aumentando poco a poco, hasta llegar a los 24 minutos. Esto resultará un poco frustrante para los astronautas, acostumbrados a la comunicación instantánea.

Al mirar por sus ventanas, verán cómo el planeta rojo va aumentando de tamaño poco a poco, creciendo en el horizonte delante de ellos. La actividad a bordo de la nave espacial se acelerará rápidamente cuando los tripulantes empiecen con los preparativos correspondientes. En este punto, encenderán los cohetes para frenar su vehículo y poder entrar con suavidad en la órbita de Marte.

Desde el espacio, verán un panorama del todo diferente del que ofrece la Tierra. En lugar de océanos azules, montañas cubiertas de árboles verdes y las luces de las ciudades, presenciarán un paisaje desolado y estéril, lleno de desiertos rojos, majestuosas montañas, gigantescos cañones —mucho más grandes que los de la Tierra— y enormes tormentas de polvo, algunas de las cuales pueden envolver el planeta entero.

Una vez en órbita, entrarán en la cápsula Marte y se separarán de la nave principal, que seguirá alrededor del planeta. Cuando su cápsula entre en la atmósfera marciana, la temperatura aumentará radicalmente, pero el escudo calórico absorberá el intenso calor generado por la fricción del aire. Por fin, el escudo calórico será eyectado y la cápsula encenderá sus retrocohetes y descenderá poco a poco a la superficie marciana.

Cuando salgan de la cápsula y caminen sobre ese firme, serán pioneros que inician un nuevo capítulo en la historia de la especie humana, en un paso histórico hacia el objetivo de convertir la humanidad en una especie multiplanetaria.

Pasarán varios meses en el planeta rojo antes de que la Tierra esté correctamente alineada para el viaje de regreso. Esto les dará tiempo para explorar el terreno, hacer experimentos —como buscar vestigios de agua y vida microbiana— e instalar paneles solares para la obtención de energía. Una posible actividad sería perforar el *permafrost* en busca de hielo subterráneo, ya que podría convertirse algún día en una fuente vital de agua potable, de oxígeno para respirar y de hidrógeno para combustible.

Cuando hayan completado su misión, volverán a entrar en su cápsula espacial y despegarán. (Dada la baja gravedad de Marte, la cápsula necesitará mucho menos combustible del que es preciso para escapar de la Tierra.) Se acoplarán a la nave principal en órbita y los astronautas se prepararán para el viaje de nueve meses de regreso a casa.

Al llegar, caerán en algún lugar del océano. Una vez en tierra firme, serán recibidos con gran júbilo como héroes que dieron el primer paso hacia la fundación de una nueva rama de la humanidad.

Como pueden ver, nos enfrentaremos con muchas dificultades en el camino al planeta rojo. Pero con el entusiasmo público y con el compromiso de la NASA y del sector privado, es probable que logremos enviar una misión tripulada a nuestro planeta vecino en una o dos décadas. Esto dará paso a la siguiente empresa: transformar Marte en un nuevo hogar.

5

Marte: el planeta-huerto

> Creo que cuando los humanos empiecen a explorar y construir ciudades y pueblos en Marte, esto se considerará una de las grandes épocas de la humanidad, una época en la que la gente puso un pie en otro mundo y tuvo libertad para crear un mundo propio.
>
> ROBERT ZUBRIN

En la película de 2015 *Marte (The Martian)*, el astronauta interpretado por Matt Damon se enfrenta al desafío definitivo: sobrevivir solo en un planeta helado, desolado y sin aire. Abandonado accidentalmente por sus compañeros de tripulación, solo le quedan provisiones para unos pocos días. Debe hacer uso de todo su valor y sus conocimientos para sobrevivir hasta que una misión de rescate pueda llegar hasta él.

La película es lo bastante realista como para que el público pueda apreciar las dificultades que encontrarán los colonos marcianos. Para empezar, están las terribles tormentas de polvo, que envuelven el planeta en un polvo rojo tan fino que parece talco y que en la película casi hace volcar la nave. La atmósfera está compuesta en su práctica totalidad de dióxido de carbono, y la presión atmosférica es solo el 1 por ciento de la terrestre, de modo que un astronauta se asfixiaría en pocos minutos si se expusiera al aire marciano, y su sangre empezaría a hervir. Para producir suficiente oxígeno respirable, Matt Damon tiene que recurrir a una reacción química en su estación espacial presurizada.

Además, como la comida se le está agotando con rapidez, tiene que cultivar plantas en un huerto artificial. Para fertilizar los cultivos, tiene que usar sus propios excrementos.

Uno a uno, el astronauta de *Marte* va dando los dificilísimos pasos necesarios para crear en Marte un ecosistema capaz de mantenerlo. La película ayudó a cautivar la imaginación de una nueva generación. Pero, en realidad, la fascinación por el planeta rojo tiene una larga e interesante historia que se remonta al siglo XIX.

En 1877, el astrónomo italiano Giovanni Schiaparelli observó extrañas marcas lineales en Marte, que parecían formadas por procesos naturales. Llamó a estas marcas «canali», o «canales», pero cuando sus informes se tradujeron al inglés, en lugar de usar la palabra «channels» se optó por «canals», que tiene un significado completamente diferente: estructuras artificiales, no naturales. Un simple fallo de traducción dio lugar a toda una avalancha de especulaciones y fantasías que generaron el mito de los «marcianos». El rico y excéntrico astrónomo Percival Lowell empezó a teorizar que Marte era un planeta moribundo y que los marcianos habían excavado los canales en un desesperado intento de transportar agua desde los casquetes polares para regar sus resecos campos. Lowell dedicó su vida a demostrar esta conjetura, utilizando su considerable fortuna para construir un modernísimo observatorio en Flagstaff, en el desierto de Arizona. (Nunca pudo demostrar la existencia de aquellos canales, y años después las sondas espaciales demostrarían que eran una ilusión óptica. Pero el observatorio Lowell obtuvo un gran éxito en otros campos, contribuyendo al descubrimiento de Plutón y aportando los primeros indicios de que el universo se expande.)

En 1897, H. G. Wells escribió *La guerra de los mundos*. Los marcianos de la novela planean aniquilar a la humanidad y «marteformar» la Tierra de manera que su clima se vuelva como el de Marte. El libro dio lugar a todo un nuevo género literario que podríamos llamar de «invasión marciana», y, de pronto, las ociosas y esotéricas discusiones de los astrónomos profesionales se convirtieron en una cuestión de supervivencia para la especie humana.

El día antes de Halloween de 1938, Orson Welles tomó párrafos de la novela de Wells para crear una serie de breves, dramáticas y realistas retransmisiones radiofónicas. El programa se presentó como si la Tierra estuviera siendo verdaderamente invadida por marcianos hostiles. Algunos oyentes fueron presa del pánico al oír esas noticias: las fuerzas armadas habían sido derrotadas por rayos mortíferos y los marcianos convergían hacia Nueva York en trípodes gigantes. Los rumores de oyentes aterrados se difundieron con rapidez por todo el país. Después de este caos, los medios de comunicación juraron no volver a retransmitir una ficción como si se tratase de una noticia real. La prohibición se mantiene hasta hoy.

Muchas personas quedaron atrapadas por la histeria marciana. El joven Carl Sagan estaba cautivado por las novelas sobre Marte, como la serie de John Carter. En 1912, Edgar Rice Burroughs, famoso por sus novelas de Tarzán, jugueteó con la ciencia ficción escribiendo acerca de un soldado de la guerra civil estadounidense que es transportado a Marte. Burroughs especuló que John Carter se convertiría en un superhombre gracias a la baja gravedad de Marte, por lo que sería capaz de saltar distancias increíbles y derrotar a los tharks para salvar a la bella Dejah Thoris. Los historiadores culturales creen que esta explicación de los poderes de John Carter sirvió de base para la historia de Superman. El ejemplar de *Action Comics* de 1938 en el que Superman apareció por primera vez atribuía sus superpoderes a la baja gravedad de la Tierra en comparación con su Krypton natal.

Vivir en Marte

Fijar la residencia en Marte puede sonar romántico en el mundo de la ciencia ficción, pero las realidades son muy intimidantes. Una estrategia para prosperar en este planeta es aprovechar lo que hay disponible, como el hielo. Dado que está congelado, lo único que hay que hacer es cavar un poco hasta dar con el *permafrost*. Entonces podremos extraer el hielo, fundirlo y purificarlo para obtener agua potable, oxígeno para respirar e hidrógeno para calefacción y para combustible. Con el fin de protegerse de la radiación y las tormentas de polvo, puede que los colonos tengan que excavar en la roca para construir un refugio subterráneo. (Como la atmósfera de Marte es tan tenue y su campo magnético tan débil, la radiación del espacio no es absorbida ni reflejada como ocurre en la Tierra, así que esto será un verdadero problema.) También podría resultar ventajoso establecer la primera base marciana en un gigantesco tubo de lava, cerca de un volcán, como comentamos que se podría hacer en la Luna. Dada la abundancia de volcanes en Marte, es probable que existan muchos de estos tubos.

Un día en Marte dura aproximadamente lo mismo que un día en la Tierra. La inclinación de Marte con respecto al Sol es también la misma que la terrestre. Pero los colonos tendrán que acostumbrarse a la gravedad de este planeta, tan solo un 40 por ciento de la nuestra y, lo mismo que en la Luna, tendrán que practicar mucho ejercicio para evitar la pérdida de masa muscular y ósea. También deberán hacer frente a un clima terriblemente frío, y luchar en todo momento para no morir congelados. La temperatura en Marte rara vez supera el punto de congelación del agua, y cuando el Sol se pone puede bajar hasta -127° C, de manera que cualquier apagón o fallo energético puede costarles la vida.

Aunque podamos enviar la primera misión tripulada a Marte en 2030, debido a estos obstáculos podemos tardar hasta 2050 o más en reunir suficiente equipamiento y suministros para crear un puesto avanzado permanente en este planeta.

Deportes marcianos

Dada la vital importancia del ejercicio para evitar el deterioro de los músculos, los astronautas en Marte tendrán que practicar deportes de cierta exigencia física, y al hacerlo descubrirán con gran alegría que poseen capacidades sobrehumanas.

Pero esto también significa que habrá que rediseñar por completo las instalaciones deportivas. Dado que la gravedad en Marte es poco más de un tercio que la terrestre, se supone que una persona en este planeta podrá saltar el triple de altura. También será capaz de lanzar una pelota tres veces más lejos, de modo que habrá que agrandar los campos de baloncesto, de béisbol y de fútbol americano.

Además, la presión atmosférica en Marte es un 1 por ciento de la terrestre, lo que significa que la aerodinámica de las pelotas de béisbol y de fútbol americano cambiará muchísimo. La principal complicación es poder controlarlas con precisión. En la Tierra hay deportistas que ganan millones gracias a su extraordinaria habilidad para controlar el movimiento de una pelota, para lo cual necesitan años de práctica. Esta habilidad tiene que ver con su capacidad de manipular la rotación.

Cuando una pelota se mueve a través del aire, crea turbulencias a su paso, pequeñas corrientes inducidas o remolinos que producen que esta vire ligeramente (el «efecto») y vaya más lenta. (En una pelota de béisbol, estas corrientes inducidas las crean las costuras de la pelota, que determinan su rotación. En una pelota de golf, se deben a los hoyuelos de su superficie. En una pelota de fútbol, a las junturas entre las placas de la superficie.)

Los jugadores de fútbol americano lanzan el balón de manera que describa rápidas espirales en el aire. La rotación reduce las corrientes inducidas en su superficie, de modo que este surca el aire con mayor precisión y llega mucho más lejos sin caer. Y, debido a su rápida rotación, se convierte un pequeño giróscopo que apunta en todo momento hacia la misma dirección, lo que lo mantiene en la trayectoria correcta y hace más fácil atraparlo.

Aplicando la física de la aerodinámica se puede demostrar que muchos de los mitos acerca del lanzamiento de pelotas de béisbol son ciertos. Durante generaciones, los *pitchers* han asegurado que pueden lanzar pelotas con efecto y pelotas «curvas», lo que les permite controlar su trayectoria, en aparente contradicción con el sentido común.

Los vídeos a cámara rápida demuestran que tienen razón. Si la bola se lanza con una rotación mínima (*knuckleball*), la turbulencia es máxima, y su trayectoria se vuelve errática. Si la bola rota con rapidez, la presión del aire en un lado puede ser mayor que en el otro (debido al llamado principio de Bernoulli) y esta se desviará de cierta manera.

Todo esto significa que, si lleváramos deportistas de primera división de la Tierra a Marte, la escasa presión del aire podría hacerles perder su habilidad para controlar la pelota, y en su lugar surgiría una generación completamente nueva de deportistas marcianos. Dominar un deporte en la Tierra puede importar muy poco en el planeta rojo.

De hecho, si hacemos una lista de los deportes olímpicos, veremos que todos ellos, sin excepción, tendrán que modificarse para adaptarlos a la gravedad y presión atmosférica menores del planeta rojo. Podrían surgir unos nuevos Juegos Olímpicos marcianos, incluyendo deportes revolucionarios que no son físicamente posibles en la Tierra y que, por ello, ni siquiera existen.

Además, las condiciones de Marte podrían aumentar la plasticidad y la elegancia de otros deportes. Un patinador artístico de la Tierra, por ejemplo, solo puede hacer cuatro piruetas en el aire. Ningún patinador ha ejecutado una pirueta quíntuple. Esto se debe a que la altura del salto está determinada por la velocidad de despegue y la fuerza de gravedad. En Marte, los patinadores artísticos podrán elevarse en el aire tres veces más y ejecutar saltos y giros impresionantes gracias a sus peculiares condiciones. Los gimnastas terrestres ejecutan maravillosos giros y figuras en el aire porque su fuerza muscular es superior al peso de sus cuerpos. Pero en Marte, su fuerza sería inmensamente superior a su reducido peso, lo que les permitiría ejecutar giros y figuras nunca vistos.

Turismo en Marte

Cuando nuestros astronautas hayan dominado los problemas fundamentales relacionados con la supervivencia en Marte, podrán disfrutar de algunas de las bellas vistas del planeta rojo.

Dada la escasa gravedad del planeta, su tenue atmósfera y su carencia de agua líquida, las montañas marcianas han crecido hasta proporciones majestuosas en comparación con las nuestras. El monte Olimpo es el volcán más grande conocido en el sistema solar. Es dos veces y media más alto que el Everest, y tan ancho que si lo trasplantáramos a Norteamérica se extendería desde la ciudad de Nueva York hasta Montreal (Canadá). Y, gracias a la baja gravedad, los alpinistas no sentirían el peso de las mochilas y podrían llevar a cabo asombrosas proezas de resistencia, como los astronautas en la Luna.

En las proximidades del monte Olimpo hay tres volcanes más pequeños en línea recta. La presencia y posición de estos otros volcanes son un indicio de antigua actividad tectónica en Marte. Nuestras islas Hawái son una buena analogía. Bajo el océano Pacífico hay un depósito estable de magma, y cuando la placa tectónica se mueve sobre él, la presión del magma empuja periódicamente la corteza hacia arriba, lo que ha creado las últimas islas de la cadena hawaiana. Pero parece que en Marte la actividad tectónica cesó hace mucho tiempo, cosa que indicaría que el núcleo del planeta se ha enfriado.

El cañón más grande de Marte, Valles Marineris, tal vez el mayor de todo el sistema solar, es tan grande que si lo colocáramos en Estados Unidos llegaría desde Nueva York a Los Ángeles. Los excursionistas que se maravillan al ver el Gran Cañón del Colorado quedarían atónitos ante esta red de cañones extraterrestres. Pero, a diferencia del Gran Cañón, el Marineris no tiene un río en el fondo. La última teoría sugiere que este cañón de más de 4.800 kilómetros es el lugar de unión de dos antiguas placas tectónicas, como la falla de San Andrés.

Una de las principales atracciones turísticas del planeta rojo serán sus dos gigantescos casquetes polares, que poseen una composición diferente a los de la Tierra y contienen dos clases de hielo. Uno está formado por agua congelada. Es un elemento fijo del paisaje y sigue siendo más o menos igual durante casi todo el año marciano. La otra variedad consiste en «hielo seco», o dióxido de carbono congelado, y se expande o contrae según las estaciones. En verano, el hielo seco se evapora y desaparece, dejando solo los casquetes polares con el hielo compuesto de agua. En consecuencia, la apariencia de estos varía a lo largo del año.

Mientras que la superficie de la Tierra está cambiando sin cesar, la topografía básica de Marte no se ha alterado mucho en varios miles de millones de años. Y el resultado es que este planeta presenta aspectos que no tienen parangón en la Tierra, incluyendo los restos de miles de cráteres de meteoros gigantes que se formaron hace mucho tiempo. En otro tiempo también la Tierra lucía cráteres de meteoros gigantes, pero la erosión del agua borró muchos de ellos. Además, la mayor parte de la superficie de la Tierra se recicla cada varios millones de años debido a la actividad tectónica, de modo que todos los antiguos cráteres se han transformado en suelo nuevo. En cambio, Marte es un paisaje congelado en el tiempo.

En muchos aspectos, sabemos más sobre la superficie marciana que sobre la terrestre. Unas tres cuartas partes de la Tierra están cubiertas por los océanos, cosa que no ocurre en Marte. Los satélites que han orbitado este planeta han tomado fotografías de cada metro cuadrado de su superficie, de las cuales hemos confeccionado mapas detallados de su terreno. La combinación de hielo, nieve, polvo y dunas de arena crea toda clase de formaciones geológicas nuevas inéditas aquí. Caminar por el suelo marciano sería el sueño de un senderista.

Un aparente impedimento para convertir Marte en un destino turístico podría ser los monstruosos torbellinos de polvo, que son muy comunes y se ven cruzando los desiertos casi a diario. Pueden ser más altos que el Everest, haciendo que a su lado los terrestres parezcan insignificantes, pues se elevan poco más de cien metros en el aire. También hay feroces tormentas de polvo que cubren todo el planeta y lo envuelven en un manto de arena durante semanas. Pero no causarían muchos daños a causa de la baja presión atmosférica de Marte. Un viento de 150 kilómetros por hora le parecería una brisa de solo quince a un astronauta. Podrían ser una molestia que introdujera finas partículas en los trajes espaciales, la maquinaria y los vehículos, provocando algunos fallos y averías, pero no derribarían edificios o estructuras.

Como el aire es tan tenue, los aviones necesitarían una envergadura mucho mayor que en la Tierra para volar. Un aparato que funcionara con energía solar necesitaría una superficie enorme y podría resultar demasiado caro para propósitos recreativos. Es poco probable que veamos turistas volando por los cañones marcianos como hacen por el Gran Cañón del Colorado. Pero los globos y dirigibles podrían ser un medio de transporte viable, a pesar de las bajas temperaturas y la baja presión atmosférica. Podrían explorar el terreno a mucha menor distancia que los aparatos en órbita, y aun así cubrir grandes extensiones de superficie. Es posible que algún día los globos y dirigibles sean una visión habitual sobre las maravillas geológicas de Marte.

MARTE, UN JARDÍN DEL EDÉN

Para mantener una presencia permanente en el planeta rojo, tenemos que encontrar una manera de crear un Jardín del Edén en su inhóspito paisaje.

Robert Zubrin, ingeniero aeroespacial que ha trabajado con Martin Marietta y Lockheed Martin, es también fundador de la Mars Society y durante años ha sido uno de los más elocuentes partidarios de colonizar el planeta rojo. Su intención es convencer al público de financiar una misión tripulada. Antes era una voz solitaria, que predicaba a quien quisiera escucharle, pero ahora hay empresas y gobiernos que le piden consejo.

Le he entrevistado en varias ocasiones, y en todas ellas ha desplegado entusiasmo, energía y dedicación a su objetivo. Cuando le pregunté por el origen de su fascinación por el espacio, me dijo que todo empezó cuando leía ciencia ficción de niño. También quedó fascinado cuando, ya en 1952, Von Braun demostró que una misión de diez naves espaciales combinadas en órbita podría llevar a Marte una tripulación de setenta astronautas.

Le pregunté al doctor Zubrin cómo ocurrió que su afición a la ciencia ficción se transformara en un empeño de toda la vida por llegar a Marte. «En realidad fue el Sputnik —me dijo—. Para el mundo adulto fue aterrador, pero para mí fue arrebatador.»[1] Quedó cautivado por el lanzamiento en 1957 del primer satélite artificial del mundo, pues aquello significaba que las novelas que tanto le gustaban podían hacerse realidad. Creía firmemente que algún día la ciencia ficción se convertiría en ciencia real.

El doctor Zubrin forma parte de la generación que vio a Estados Unidos partir de la nada y convertirse en la principal nación exploradora del espacio. Después, el público empezó a obsesionarse por la guerra de Vietnam y las luchas internas, y caminar por la Luna parecía algo cada vez más lejano y menos importante. Se recortaron los presupuestos. Se cancelaron proyectos. Aunque la postura del público se volvió en contra del programa espacial, el doctor Zubrin mantuvo su convicción de que Marte debía ser el próximo hito en nuestra agenda. En 1989, el presidente George H. W. Bush estimuló durante un breve periodo la imaginación del público al anunciar planes para llegar a Marte en 2020... hasta el año siguiente, cuando los estudios demostraron que el coste del proyecto sería de unos 450.000 millones. Los estadounidenses quedaron horrorizados por el precio, y la misión a Marte quedó aplazada una vez más.

Zubrin pasó años predicando en el desierto, intentando reunir apoyos para su ambiciosa agenda. Dándose cuenta de que el público no iba a apoyar ningún plan de tamaño coste, Zubrin propuso una serie de planes novedosos pero realistas para colonizar el planeta rojo. Antes de que él apareciera, la gente no se tomaba en serio el problema de financiar futuras misiones espaciales.

En su propuesta de 1990, llamada Mars Direct, Zubrin redujo los costes dividiendo la misión en dos partes. Primero se enviaría a Marte un cohete no tripulado llamado Earth Return Vehicle, que transportaría una pequeña cantidad de hidrógeno —tan solo ocho toneladas—, que se combinaría con el suministro ilimitado de dióxido de carbono que existe de forma natural en la atmósfera marciana. Esta reacción química produciría hasta 112 toneladas de metano y oxígeno, que proporcionarían suficiente combustible para el posterior viaje de regreso del cohete. Una vez generado el combustible, los astronautas despegarían en un segundo vehículo llamado Mars Habitat Unit, que solo contendría combustible suficiente para un viaje de ida a Marte. Los astronautas aterrizarían y llevarían a cabo los experimentos científicos correspondientes. Después dejarían la Mars Habitat Unit y transbordarían al Earth Return Vehicle de la misión original, cargado con el combustible de cohete recién creado. Este vehículo los traería de vuelta a la Tierra.

Algunos críticos se horrorizan al oír que Zubrin propone darles a los viajeros un billete solo de ida a Marte, como si esperara que mueran en el planeta rojo. Pero él añade: «La vida es un viaje solo de ida, y una manera de pasarla es yendo a Marte e iniciando allí una nueva rama de la civilización humana». Cree que, dentro de 500 años, los historiadores no recordarán todas las pequeñas guerras y conflictos del siglo XXI, pero la humanidad celebrará la fundación de su nueva comunidad en Marte.

Desde entonces, la NASA ha adoptado algunos aspectos de la estrategia Mars Direct, que cambió la filosofía del programa marciano para priorizar los costes, la eficiencia y la autosuficiencia. Además, la Mars Society de Zubrin ha construido un prototipo de una base en Marte. Eligieron Utah como emplazamiento de su Mars Desert Research Station (MDRS), pues el entorno ofrece las condiciones más parecidas a las del planeta rojo: frío, desierto, estéril y sin vegetación ni animales. El núcleo de la MDRS es su espacio habitable, un edificio cilíndrico de dos plantas que puede alojar a siete tripulantes. También posee un gran observatorio para estudiar las estrellas. La MDRS admite voluntarios, los cuales se comprometen a pasar dos o tres semanas en la estación. Estos son entrenados para comportarse como astronautas de verdad, con ciertas obligaciones y tareas, como realizar experimentos científicos, mantener las instalaciones y hacer observaciones. Los organizadores de la MDRS procuran que la experiencia sea lo más realista posible, y utilizan estas sesiones para poner a prueba la dimensión psicológica de estar aislado en Marte durante largos periodos en compañía de desconocidos. Más de mil personas han pasado por el programa desde que comenzó en 2001.

El atractivo de Marte es tan fuerte que ha generado varias iniciativas de valor discutible. No se debe confundir la MDRS con el programa Mars One, que anuncia un dudoso viaje de ida a Marte para los que pasen una serie de pruebas. Aunque se han presentado cientos de aspirantes, el programa no posee medios concretos para llegar a este planeta. Asegura que pagará el cohete solicitando donaciones y produciendo una película sobre su expedición. Los escépticos aducen que a los dirigentes del programa Mars One se les da mejor engañar a la prensa que atraer a auténticos expertos científicos.

Otro extravagante plan para crear una colonia aislada en Marte fue un proyecto llamado Biosphere 2, financiado con 150 millones de dólares de la fortuna particular de la familia Bass.[2] Se construyó en el desierto de Arizona un complejo de 1,2 hectáreas con una cúpula de cristal y acero, que podía alojar a ocho personas y tres mil especies de plantas y animales, y que serviría como hábitat sellado para comprobar si los seres humanos pueden sobrevivir en un entorno controlado y aislado, parecido al que podríamos crear en otro planeta. Desde sus comienzos en 1991, el experimento estuvo plagado de contratiempos, disputas, escándalos y fallos de funcionamiento, que generaron más titulares que auténtica ciencia. Por fortuna, las instalaciones pasaron a manos de la Universidad de Arizona en 2011, y desde entonces se han convertido en un centro de investigación válido.

TERRAFORMAR MARTE

Basándose en la experiencia de la MDRS y otros proyectos, el doctor Zubrin predice que la colonización de Marte tendrá lugar siguiendo una secuencia predecible. En su opinión, la primera prioridad es establecer una base para de 20 a 50 astronautas en la superficie del planeta. Algunos solo se quedarán unos pocos meses y otros para siempre, y convertirán la base en su hogar permanente. Con el tiempo, los pioneros dejarán de considerarse astronautas y se verán a sí mismos como colonos.

Al principio, casi todos los suministros tendrán que venir de la Tierra, pero en la segunda fase la población puede ascender a varios miles de personas, que tendrán que ser capaces de aprovechar las materias primas del planeta. El color rojo de la arena de Marte se debe a la presencia de óxido de hierro, así que los colonos podrán obtener este material y producir acero para la construcción. Se podrá generar electricidad gracias a grandes parques solares que captarán la energía del Sol. El dióxido de carbono de la atmósfera se podría utilizar para cultivar plantas. Poco a poco, la colonia de Marte se volvería autosuficiente y sostenible.

El siguiente paso es el más difícil de todos. Llegará un momento en el que la colonia tendrá que encontrar un modo de calentar poco a poco la atmósfera con el fin de que pueda correr agua líquida por el planeta rojo por primera vez en tres mil millones de años. Esto posibilitaría la agricultura y, con el tiempo, las ciudades. Entonces entraremos en la tercera fase, y en Marte podrá florecer una nueva civilización.

Los cálculos aproximados indican que por el momento resultaría prohibitivamente caro terraformar Marte, y que además se tardaría siglos en completar el proceso. Sin embargo, lo más interesante y prometedor de este planeta es la evidencia geográfica de que en otro tiempo abundó el agua líquida en su superficie, dejando lechos y orillas de ríos, e incluso los contornos de un antiguo océano del tamaño de Estados Unidos. Hace miles de millones de años, Marte se enfrió antes de que lo hiciera la Tierra y gozaba de un clima tropical cuando la Tierra todavía estaba fundida. Esta combinación entre clima adecuado y grandes masas de agua ha llevado a algunos científicos a especular que el ADN se originó en Marte. Según esta hipótesis, el impacto de un meteoro gigante arrancó tremendas cantidades de escombros y los arrojó al espacio. Algunos cayeron en la Tierra y sembraron aquí el ADN marciano. Si esta hipótesis es correcta, lo único que hay que hacer para ver un marciano es mirarse en el espejo.

Zubrin argumenta que la terraformación no es un proceso nuevo ni extraño. Al fin y al cabo, la molécula de ADN está terraformando sin cesar la Tierra. La vida ha cambiado todos los aspectos de la ecología terrestre, desde la composición de la atmósfera a la topografía de la tierra, pasando por el contenido de los océanos. De este modo, cuando empecemos a terraformar Marte solo tendremos que seguir el guion de la propia naturaleza.

CÓMO INICIAR EL CALENTAMIENTO DE MARTE

Para iniciar el proceso de terraformación, podríamos inyectar metano y vapor de agua en la atmósfera con el fin de inducir un efecto invernadero artificial. Estos gases captarán la luz solar e irán elevando la temperatura de los casquetes polares. A medida que se derrita el hielo acumulado en ellos, se liberarán el vapor de agua y el dióxido de carbono atrapados.

También se pueden poner satélites en órbita alrededor de Marte para dirigir luz solar concentrada hacia los casquetes de hielo. Estos satélites sincronizados para que se mantengan sobre un punto fijo del firmamento podrían enfocar la energía hacia las regiones polares. En la Tierra, orientamos nuestras antenas de televisión por satélite hacia un satélite geoestacionario similar, situado a unos 35.000 kilómetros de distancia, que parece estar fijo en el firmamento porque da una vuelta completa a la Tierra cada 24 horas. (Los satélites geoestacionarios orbitan sobre el ecuador. Esto significa que, o bien la energía de estos satélites llega a los polos de forma oblicua, o bien habrá que dirigir la energía en vertical hacia el ecuador, y desde allí transportarla a los polos. Por desgracia, ambas alternativas implican alguna pérdida de energía.)

Si se sigue este plan, los satélites solares de Marte desplegarían unos paneles gigantescos, de muchos kilómetros de extensión, formados por muchísimos espejos o paneles solares. La luz solar se podría enfocar y después dirigir hacia los casquetes polares, o transformar por medio de células solares para después enviarla en forma de microondas. Este es uno de los métodos de terraformación más eficientes —aunque más caros— porque es seguro, no contamina y garantiza un mínimo de daños producidos a la superficie de Marte.

También se han propuesto otras estrategias. Hay quien ha sugerido extraer metano de Titán, uno de los satélites de Saturno, que lo contiene en grandes cantidades, y transportarlo a Marte. Este gas podría contribuir al deseado efecto invernadero, ya que es veinte veces más eficaz que el dióxido de carbono a la hora de retener calor. Otro posible método consistiría en utilizar cometas o asteroides cercanos. Como ya hemos comentado, los cometas están compuestos principalmente de hielo, y se sabe que los asteroides contienen amoniaco, otro gas invernadero. Si alguno pasara cerca de Marte, se lo podría desviar un poco para que quedara orbitando el planeta, y después redirigirlo para que descendiera en lenta espiral hasta Marte. Al entrar en la atmósfera marciana, la fricción lo calentaría hasta desintegrarlo, desprendiendo vapor de agua o amoniaco. Esta trayectoria, vista desde la superficie de Marte, sería un espectáculo magnífico. En cierto sentido, la misión Asteroid Redirect de la NASA (ARM) se podría considerar un ensayo de esta operación. Como recordarán, la ARM es un futuro proyecto de la NASA para traer a la Tierra muestras de rocas o alterar la trayectoria de un cometa o asteroide. Por supuesto, esta tecnología tendría que ser muy precisa, o nos arriesgaríamos a desviar un asteroide gigante hacia la superficie de Marte y causar estragos en la colonia.

Una idea más heterodoxa, propuesta por Elon Musk, es fundir los casquetes polares haciendo estallar bombas de hidrógeno a mucha altura sobre ellos. Este método es ya posible con la tecnología actual. En principio, las bombas de hidrógeno, aunque muy protegidas, son relativamente baratas de fabricar, y desde luego disponemos de la tecnología necesaria para dejar caer docenas de ellas sobre los casquetes polares con cohetes que ya existen. Sin embargo, nadie sabe lo estables que son los casquetes de hielo ni cuáles serían los efectos a largo plazo de este procedimiento, y a muchos científicos les asusta el riesgo de consecuencias no deseadas.

Se calcula que, si se fundiera todo el hielo de los casquetes polares de Marte, habría suficiente agua líquida para llenar un océano de cinco a diez metros de profundidad tan grande como el planeta.

LLEGAR AL PUNTO DE INFLEXIÓN

Todas estas propuestas tienen como fin llevar la atmósfera marciana a un punto de inflexión donde el calentamiento se mantenga solo. Bastaría con elevar la temperatura seis grados centígrados para iniciar el proceso de deshielo. Los gases invernadero emitidos desde los casquetes polares seguirían calentando la atmósfera. También se liberaría el dióxido de carbono absorbido en el desierto hace millones de años, que también contribuiría al calentamiento, causando más deshielo. Y así, el proceso continuaría sin más intervención externa. Cuanto más se caliente el planeta, más vapor de agua y gases invernadero se desprenderán, lo que a su vez calentará aún más el planeta. Esto podría continuar de forma casi indefinida y aumentar la presión atmosférica de Marte.

Cuando el agua líquida empiece a correr por los antiguos lechos fluviales de Marte, los colonos podrán poner en marcha la agricultura a gran escala. A las plantas les gusta el dióxido de carbono, por lo que se podrán cultivar los primeros campos al aire libre, cuyos desechos se utilizarían para generar una capa de mantillo o abono. Así se iniciaría otro ciclo positivo: con más cultivos se obtendría más tierra fértil, que serviría para alimentar a su vez nuevos cultivos. También el suelo marciano contiene valiosos nutrientes, como magnesio, sodio, potasio y cloro, que ayudarán al crecimiento de las plantaciones. Además, cuando estas empiecen a proliferar, generarán oxígeno, un ingrediente imprescindible para terraformar Marte.

Los científicos han construido invernaderos que simulan las duras condiciones de Marte para comprobar si allí pueden sobrevivir plantas y bacterias. En 2014, el Institute for Advanced Concepts de la NASA se asoció con Techshot para construir «biodomos» con am-

en muchos aspectos. Tenían actividad volcánica, que desprendía grandes cantidades de dióxido de carbono, vapor de agua y otros gases a su atmósfera. (Por eso todavía hoy las atmósferas de Venus y Marte están compuestas casi en exclusiva de dióxido de carbono.) El vapor de agua se condensó en nubes, y la lluvia ayudó a trazar los ríos y lagos. Si se hubieran encontrado más cerca del Sol, los océanos habrían hervido y se habrían evaporado; y más lejos, se habrían congelado. Pero los tres estaban situados más o menos en la zona Ricitos de Oro, la franja en torno a una estrella que permite que el agua se mantenga en forma líquida. El agua líquida es el «disolvente universal», donde se materializaron los primeros compuestos químicos orgánicos.

Venus y la Tierra tienen casi el mismo tamaño. Son gemelos celestes, y por lógica deberían haber seguido la misma historia evolutiva. En otro tiempo, los escritores de ciencia ficción imaginaban Venus como un mundo cubierto de vegetación que sería un perfecto lugar de vacaciones para astronautas cansados. En los años treinta, Edgar Rice Burroughs introdujo otro aventurero interplanetario, Carson Napier, en *Piratas de Venus*, que describía este planeta como una jungla de las maravillas, llena de aventuras y peligros. Pero ahora los científicos se han dado cuenta de que Venus y Marte no se parecen en nada a la Tierra. Hace miles de millones de años ocurrió algo que provocó que estos tres planetas tomaran caminos muy distintos.

En 1961, cuando la idea romántica de una utopía venusina todavía dominaba la imaginación del público, Carl Sagan formuló la controvertida conjetura de que Venus había sufrido un efecto invernadero descontrolado y se había vuelto infernalmente caliente. Su nueva e inquietante teoría afirmaba que el dióxido de carbono actúa como un camino de dirección única para la luz solar. Esta puede entrar sin dificultad a través del dióxido de carbono de la atmósfera de Venus, ya que este gas es transparente. Pero cuando la luz rebota en la superficie se transforma en calor o radiación infrarroja, que no puede escapar con facilidad de la atmósfera. La radiación queda atrapada en un proceso similar al que tiene lugar en un invernadero durante el invierno, o en los coches durante el verano. Este proceso también tiene lugar en la Tierra, pero en Venus se produjo más rápido porque se encuentra mucho más cerca del Sol; el resultado fue un efecto invernadero desbocado.

Un año después se demostró que Sagan tenía razón, cuando la sonda Mariner 2 pasó cerca de Venus y reveló algo verdaderamente sorprendente: la temperatura era de 480° C, suficiente para fundir el estaño, el plomo y el zinc. Lejos de ser un paraíso tropical, Venus era un infierno que parecía un alto horno. Posteriores misiones espaciales confirmaron la mala noticia. Y la lluvia no era un alivio, pues está compuesta del cáustico ácido sulfúrico. Si se tiene en cuenta que el nombre de Venus está asociado a la diosa griega del amor y la belleza, es irónico que este ácido sulfúrico, que es una sustancia muy reflectante, sea la causa de que el planeta brille tanto en el firmamento nocturno.

Además, se descubrió que la presión atmosférica en Venus era casi cien veces mayor que en la Tierra. El efecto invernadero ayuda a explicar por qué. Casi todo el dióxido de carbono de nuestro planeta se recicla, pues se disuelve en los océanos y las rocas. Pero en Venus, la temperatura es tan alta que los océanos se evaporaron. Y, en lugar de disolverse en las rocas, el gas se coció y salió de ellas. Cuanto más dióxido de carbono escapaba de las rocas, más se calentaba el planeta, siguiendo un círculo vicioso.

Debido a la alta presión atmosférica, estar en la superficie de Venus es equivalente a encontrarse a mil metros bajo la superficie de cualquier mar de la Tierra. El peso nos aplastaría como a una cáscara de huevo. Pero aun si pudiéramos encontrar una manera de eludir este hecho y las abrasadoras temperaturas, todavía nos enfrentaríamos con una escena del *Infierno* de Dante. El aire es tan denso que al movernos por la superficie tendríamos la sensación de caminar a través de melaza, y la tierra bajo nuestros pies estaría blanda y viscosa porque está compuesta de metal derretido. Las lluvias ácidas corroerían todo nuestro traje espacial y un solo paso en falso haría que nos hundiéramos en una ciénaga de magma fundido.

Dadas las circunstancias, terraformar Venus parece descartado.

¿Qué pasó con los mares de Marte?

Si nuestro gemelo Venus tuvo un desarrollo diferente porque está más cerca del Sol, ¿cómo explicamos la evolución de Marte?

La clave es que este planeta no solo se encuentra más lejos del Sol, sino que además es mucho más pequeño y, por lo tanto, se enfrió mucho más deprisa que la Tierra. Su núcleo ya no está fundido. Los campos magnéticos de los planetas se generan gracias al movimiento del metal de un núcleo líquido el cual provoca corrientes eléctricas. Como el núcleo de Marte está formado por roca maciza, no puede crear un campo magnético apreciable. Además, se cree que el intenso bombardeo de meteoros pesados hace unos tres mil millones de años causó tantos estragos que perturbó el campo magnético original. Sin un campo magnético que la protegiera de los perniciosos rayos y llamaradas solares, la atmósfera fue arrastrada poco a poco al espacio por el viento solar. Y al descender la presión atmosférica, los océanos se evaporaron.

Además, tuvo lugar otro proceso que aceleró la pérdida de su atmósfera. Gran parte del dióxido de carbono marciano original se disolvió en los mares y se transformó en compuestos de carbono, que después se depositaron en el suelo oceánico. En la Tierra, la actividad tectónica recicla periódicamente los continentes y permite que el dióxido de carbono vuelva a emerger a la superficie. Pero como el núcleo de Marte tal vez sea sólido, no presenta una actividad tectónica apreciable, y su dióxido de carbono quedaría atrapado permanentemente en la tierra. A medida que bajaban los niveles de dióxido de carbono, se produciría un «efecto invernadero a la inversa», y el planeta se fue helando.

Los fuertes contrastes entre Marte y Venus pueden ayudarnos a apreciar la historia geológica de la Tierra. El núcleo de la Tierra se habría podido enfriar hace miles de millones de años, pero todavía está fundido porque, a diferencia del núcleo marciano, contiene minerales muy radiactivos, como uranio y torio, cuyo periodo de semidesintegración es de miles de millones de años. Cada vez que presenciamos la impresionante potencia de una explosión volcánica o la devastación causada por un gran terremoto, estamos presenciando una demostración de la energía del núcleo radiactivo terrestre, que afecta en gran medida a la superficie y ayuda a mantener la vida.

El calor generado por la radiactividad en las profundidades de la tierra hace que el núcleo de hierro se agite y produzca un campo magnético. Este campo protege la atmósfera del viento solar y desvía la radiación letal del espacio. (Esto lo podemos ver en forma de auroras boreales, que se forman cuando la radiación del Sol choca con el campo magnético de la Tierra. El campo que rodea la Tierra es como un embudo gigante, que canaliza la radiación del espacio exterior hacia los polos, de modo que la mayor parte de esa radiación se desvía o es absorbida por la atmósfera.) La Tierra es más grande que Marte, y por eso no se enfrió tan deprisa. Además, nuestro planeta no sufrió un colapso de su campo magnético causado por los impactos de meteoros gigantes.

Ahora podemos replantearnos nuestra anterior pregunta sobre cómo evitar que Marte retroceda a su estado anterior después de haber sido terraformado. Un método ambicioso consistiría en generar un campo magnético artificial a su alrededor. Para ello, tendríamos que instalar gigantescas bobinas superconductoras alrededor del ecuador marciano. Aplicando las leyes del electromagnetismo, podemos calcular la cantidad de energía y materiales necesaria para producir ese cinturón de superconductores. Pero una empresa tan enorme está fuera de nuestras posibilidades en este siglo.

Aun así, los colonos de Marte no tendrían necesariamente que considerar este problema como un peligro apremiante. La atmósfera terraformada podría mantenerse relativamente estable durante un siglo o más, de modo que se podría ir ajustando poco a poco, a lo largo de siglos. Este mantenimiento podría resultar una molestia, pero sería un precio barato para una avanzadilla de la humanidad en el espacio.

Terraformar Marte es un objetivo primordial para el siglo XXII. Pero los científicos miran más allá de Marte. Los proyectos más interesantes apuntan hacia las lunas de los gigantes gaseosos, como Europa, satélite de Júpiter, y Titán, satélite de Saturno. En otro tiempo se pensaba que estas lunas eran masas rocosas estériles, todas muy parecidas, pero hoy en día se consideran mundos maravillosos y únicos, cada uno con su propio conjunto de géiseres, océanos, cañones y luces atmosféricas. Estos satélites se contemplan ahora como futuros hábitats para la vida humana.

6

Gigantes gaseosos, cometas y más allá

Qué brillante y hermoso es un cometa que pasa
volando cerca de nuestro planeta…
siempre que pase de largo.

ISAAC ASIMOV

Una histórica semana de enero de 1610, Galileo hizo un descubrimiento que iba a sacudir los cimientos mismos de la Iglesia, alterar nuestro concepto del universo y desencadenar una revolución.

A través del telescopio que acababa de construir, miró hacia Júpiter y quedó intrigado al observar cuatro objetos luminosos que se movían cerca del planeta. Tras analizar con minuciosidad sus movimientos durante una semana, quedó convencido de que orbitaban alrededor de Júpiter. Había descubierto un «sistema solar» en miniatura en el espacio.

No tardó en darse cuenta de que esta revelación tenía implicaciones cosmológicas y teológicas. Durante siglos, la Iglesia, citando a Aristóteles, había insistido en que todos los cuerpos celestes, incluyendo el Sol y los planetas, daban vueltas alrededor de la Tierra. Pero allí había un ejemplo de lo contrario. La Tierra había quedado destronada como centro del universo. De un solo golpe quedaban refutadas las creencias que habían guiado la doctrina de la Iglesia y dos mil años de astronomía.

Los descubrimientos de Galileo causaron una gran conmoción en la opinión pública. No necesitó un ejército de asesores y publicistas para convencer a la gente de lo acertado de sus observaciones. La gente podía ver con sus propios ojos que Galileo tenía razón, y al año siguiente se lo recibió como a un héroe cuando visitó Roma. Pero la Iglesia no estaba complacida. Sus libros fueron prohibidos, la Inquisición lo sometió a juicio y le amenazó con torturarlo si no se retractaba de sus heréticas ideas.

El propio Galileo creía que la ciencia y la religión podían coexistir. Dejó escrito que el propósito de la ciencia es describir cómo funcionan los cielos, mientras que el de la religión es determinar cómo ir al cielo. En otras palabras, la ciencia se ocupa de las leyes naturales mientras que la religión se ocupa de la ética, y no hay conflicto entre ambas siempre que uno tenga presente esta distinción. Pero ese choque provocó que, durante su juicio, Galileo se viera obligado a retractarse de sus teorías bajo amenaza de muerte. Sus acusadores le recordaron que Giordano Bruno, que había sido monje, había sido quemado vivo por hacer afirmaciones cosmológicas mucho menos radicales que las suyas. Pasarían dos siglos antes de que se levantara la prohibición de muchos de sus libros.

Ahora, cuatro siglos después, estas cuatro lunas de Júpiter —denominadas a veces «las lunas de Galileo»— han vuelto a desencadenar una revolución. Hay quien cree incluso que, junto con los satélites de Saturno, Urano y Neptuno, pueden contener la clave de la vida en el universo.

LOS GIGANTES GASEOSOS

Cuando las sondas espaciales Voyager 1 y 2 pasaron cerca de los gigantes gaseosos entre 1979 y 1989, confirmaron lo similares que son estos planetas. Todos estaban formados en su mayor parte por hidrógeno y helio gaseosos, más o menos en proporción de 4 a 1 en peso. (Esta mezcla de hidrógeno y helio es también la composición básica del Sol y, a decir verdad, de la mayor parte del universo. Tal vez se originó hace casi

14.000 millones de años, cuando una cuarta parte del hidrógeno original se fusionó para convertirse en helio en el instante del big bang.)

Los gigantes gaseosos quizá compartan la misma historia básica. Como hemos dicho antes, se supone que hace 4.500 millones de años todos los planetas eran pequeños núcleos rocosos que se condensaron a partir de un cinturón de hidrógeno y polvo que rodeaba el Sol. Los más cercanos a este se convirtieron en Mercurio, Venus, la Tierra y Marte. Los núcleos de los planetas más alejados contenían hielo, que abundaba a esa distancia, además de roca. El hielo actúa como pegamento, de modo que estos núcleos podían crecer hasta hacerse diez veces más grandes que los que solo estaban compuestos de roca. Su gravedad se volvió tan intensa que pudieron capturar gran parte del hidrógeno gaseoso que quedaba en el primitivo plano solar. Cuanto más crecían, más gas atraían, hasta que acapararon todo el hidrógeno de sus proximidades.

Se cree que los cuatro gigantes gaseosos tienen la misma estructura interna. Si pudiéramos cortarlos por la mitad como una cebolla, veríamos una gruesa atmósfera gaseosa en el exterior. Por debajo, suponemos que hay un océano de hidrógeno líquido superfrío. Y se conjetura que, como consecuencia de las enormes presiones, el núcleo podría contener un pequeño y denso núcleo de hidrógeno sólido.

Todos los gigantes gaseosos tienen franjas de colores, causadas por impurezas en la atmósfera, que interactúan con la rotación del planeta. Y en la superficie de todos ellos tienen lugar grandes y violentas tormentas. Júpiter posee la Gran Mancha Roja, que parece un rasgo permanente, y es tan grande que en ella cabrían con facilidad varias Tierras. Neptuno, por su parte, muestra una mancha oscura intermitente, que a veces desaparece.

Sin embargo, difieren en tamaño. El más grande es Júpiter, llamado como el padre de los dioses de la mitología romana. Es tan enorme que pesa más que el resto de planetas juntos. Podría contener sin problemas 1.300 Tierras. Gran parte de lo que sabemos de Júpiter se lo debemos a la sonda Galileo, que, tras ocho años de orbitar fielmente a su alrededor pudo por fin terminar su ajetreada vida cayendo sobre él en 2003. Siguió enviando mensajes de radio mientras descendía por la atmósfera hasta que fue aplastada por el tremendo campo gravitatorio. Los restos del vehículo espacial tal vez se hundieran en el mar de hidrógeno líquido.

Júpiter está rodeado por una enorme y letal franja de radiación, que es la fuente de casi toda la interferencia estática que se oye en la radio y la televisión. (Una pequeña fracción de esa estática se originó en el mismísimo big bang.) Los astronautas que pasen cerca de Júpiter tendrán que protegerse de la radiación, y la comunicación será difícil debido a todas esas interferencias.

Otro peligro es el inmenso campo gravitatorio, que puede atrapar o lanzar al espacio exterior a los desprevenidos viajantes que pasen demasiado cerca, incluyendo lunas y planetas. En realidad, esta aterradora posibilidad actuó a nuestro favor hace miles de millones de años. El primitivo sistema solar estaba lleno de escombros cósmicos que llovían sin cesar sobre la Tierra. Por fortuna, el campo gravitatorio de Júpiter actuó como una aspiradora, absorbiéndolos o lanzándolos lejos. Las simulaciones por ordenador demuestran que, de no ser por este planeta, la Tierra todavía seguiría siendo bombardeada por meteoros gigantes, lo que haría imposible la vida. En el futuro, cuando consideremos sistemas solares para colonizar, haremos bien en buscar sistemas que tengan su propio Júpiter, un planeta lo bastante grande como para librarnos de los escombros.

Lo más probable es que en los gigantes gaseosos no pueda existir la vida tal como la conocemos. Ninguno de ellos tiene una superficie sólida sobre la que puedan evolucionar organismos. Además, carecen de agua líquida y de los elementos necesarios para producir hidrocarburos y compuestos orgánicos. Y, al estar a miles de millones de kilómetros del Sol, son excesivamente fríos.

LOS SATÉLITES DE LOS GIGANTES GASEOSOS

Más interesantes que Júpiter y Saturno, en términos de potencial para sostener vida, son sus satélites, de los que hay por lo menos 69 y 62, respectivamente. Los astrónomos habían supuesto que las lunas de

Júpiter serían todas iguales: heladas y desoladas como la nuestra. Se llevaron una enorme sorpresa cuando descubrieron que cada una tenía características particulares. Esta información provocó un cambio de paradigma en la visión científica de la vida en el universo.

Tal vez la más intrigante de todas es Europa, uno de los satélites originalmente descubiertos por Galileo. Europa, como algunas otras lunas de los gigantes gaseosos, está cubierta por una gruesa capa de hielo. Una teoría postula que el vapor de agua que expulsaron sus primitivos volcanes se condensó y formó océanos, que se congelaron cuando Europa se enfrió. Esto podría explicar el curioso hecho de este sea uno de los satélites más lisos del sistema solar. Aunque recibió muchísimos impactos de asteroides, es probable que sus océanos se congelaran después de que tuviera lugar la mayor parte del bombardeo, tapando así las cicatrices. Visto desde el espacio, Europa parece una pelota de ping-pong, casi sin accidentes en su superficie: ni volcanes, ni cordilleras ni cráteres de impacto de meteoros. El único rasgo visible es una red de grietas.

Los astrónomos se entusiasmaron al descubrir que bajo el hielo de su superficie podría haber un océano de agua líquida. Se calcula que su volumen sería el doble o el triple que el de los océanos de la Tierra, ya que los nuestros solo ocupan la superficie terrestre, mientras que los de Europa constituyen la mayor parte de su interior.

Mientras que los periodistas suelen decir: «Seguid el rastro del dinero», los astrónomos dicen: «Seguid el rastro del agua», pues esta es fundamental para la formación de la vida tal como la conocemos. Les asombró la posibilidad de que pudiera existir agua líquida en el territorio de los gigantes gaseosos. Su presencia en Europa planteaba un misterio: ¿de dónde vino el calor para derretir el hielo? La situación parecía contradecir el saber popular. Siempre habíamos supuesto que el Sol era la única fuente de calor en el sistema solar, y que un planeta tenía que encontrarse en la zona Ricitos de Oro para ser habitable. Pero Júpiter está muy lejos de esta franja. Sin embargo, no habíamos tenido en cuenta otra posible fuente de energía: las fuerzas mareales. La gravedad de Júpiter es tan grande que puede tirar de Europa y oprimirla. Al orbitar alrededor del planeta y rotar

sobre su eje, su abultamiento mareal está moviéndose sin cesar. Este
tira y afloja puede causar intensas fricciones en el núcleo del satélite
cuando la roca es apretada contra otras rocas, y el calor generado por
esta fricción es suficiente para descongelar gran parte de la cubierta
de hielo.

Con el descubrimiento de agua líquida en Europa, los astrónomos se dieron cuenta de que existe una fuente de energía que podría
hacer posible la vida hasta en las regiones más recónditas del espacio.
Y como consecuencia, hubo que reescribir todos los manuales de
astronomía.

Europa Clipper

El lanzamiento de la sonda Europa Clipper está previsto alrededor
de 2022. Costará unos dos mil millones de dólares y su objetivo será
analizar la corteza de hielo de Europa y la composición y naturaleza
de su océano, en busca de compuestos orgánicos.

Los ingenieros se enfrentan a un delicado problema al trazar la
trayectoria de la Clipper. Dado que Europa se encuentra dentro de
la franja de intensa radiación que rodea Júpiter, una sonda que orbite este satélite puede quedar achicharrada en cuestión de pocos
meses. Para eludir este peligro y prolongar la vida de la misión, decidieron enviar la Clipper alrededor de Júpiter, en una órbita fuera del
cinturón de radiación. Después se podrá modificar su trayectoria, de
modo que se acerque más a Júpiter y sobrevuele Europa 45 veces
durante un breve periodo.

Uno de los objetivos de esta misión es examinar, y tal vez volar a
través de los géiseres de vapor de agua que han sido observados por el
telescopio espacial Hubble. Además, la Clipper podrá enviar minison-
das a los géiseres con el fin de obtener una muestra. Dado que la sonda
no aterrizará en el satélite, estudiar el vapor de agua es por el momento nuestra mejor oportunidad de aprender algo sobre el océano. Si la
Clipper tiene éxito, las futuras misiones podrán intentar aterrizar en
Europa, perforar la corteza de hielo y enviar un submarino al océano.

Pero Europa no es el único satélite que estamos estudiando con atención en busca de compuestos orgánicos y vida microbiana. También se han visto géiseres de agua surgiendo de la superficie de Encélado, una luna de Saturno, que indicarían que también allí se esconde un océano bajo el hielo.

LOS ANILLOS DE SATURNO

Ahora los astrónomos tienen claro que las fuerzas más importantes que trazaron la evolución de estos satélites fueron las fuerzas mareales. Así pues, es importante estudiar su potencia y modo de actuar. Además, también pueden darnos la respuesta a uno de los misterios más antiguos de los gigantes gaseosos: el origen de los espectaculares anillos de Saturno. Los astrónomos creen que, en el futuro, cuando los astronautas visiten otros planetas, encontrarán que en muchos de los gigantes gaseosos habrá anillos a su alrededor, como en nuestro sistema solar. A su vez, esto ayudará a los astrónomos a determinar con exactitud la potencia de las fuerzas mareales, y si resultan lo bastante poderosas para hacer pedazos satélites enteros.

El esplendor de estos anillos, que están formados por partículas de roca y hielo, ha fascinado a generaciones de artistas y soñadores. En la literatura de ciencia ficción, un recorrido a su alrededor en una nave espacial es casi un rito de iniciación para todo cadete espacial en la academia. Nuestras sondas han descubierto que todos los gigantes gaseosos poseen anillos, aunque ninguno es tan grande ni tan vistoso como los que rodean Saturno.

Se han propuesto muchas hipótesis para explicar su origen, pero tal vez la más sugerente es la que considera las fuerzas mareales. El tirón gravitatorio de Saturno, como el de Júpiter, es lo bastante potente como para darle una forma ligeramente oblonga (de balón de rugby) a una luna que orbite a su alrededor. Cuanto más se acerque esta a Saturno, más se deformará. Llega un momento en que las fuerzas mareales que tiran del satélite son iguales a la fuerza gravitatoria que lo mantiene de una pieza. Este punto es crítico. Si la luna se acerca un poco más, la gravedad de Saturno la hará pedazos.

Aplicando las leyes de Newton, los astrónomos pueden calcular la distancia entre planeta y satélite para llegar a ese punto crítico, que se llama «límite de Roche».[1] Cuando analizamos los anillos no solo de Saturno sino de los demás gigantes gaseosos, podemos observar que casi siempre se mantienen dentro del límite de Roche de cada gigante gaseoso, y todos los satélites están fuera. Esta evidencia apunta, aunque no demuestra de manera definitiva, a la teoría de que los anillos de Saturno se formaron cuando un satélite se acercó demasiado al planeta y fue despedazado.

En el futuro, cuando visitemos planetas que orbiten otras estrellas, es probable que encontremos anillos alrededor de gigantes gaseosos dentro de su límite de Roche. Estudiando el poder de las fuerzas mareales, capaces de acabar con satélites enteros, podremos empezar a calcular la potencia de estas fuerzas actuando sobre satélites como Europa.

¿UN HOGAR EN TITÁN?

Titán, una de las lunas de Saturno, es otro candidato para la exploración humana, aunque es probable que allí las colonias no sean tan populosas como las de Marte. Titán es el segundo satélite más grande del sistema solar, después de Ganímedes (una luna de Júpiter), y es el único que posee una atmósfera densa. A diferencia de las tenues atmósferas de otros satélites, la de Titán es tan espesa que las primeras fotografías que se tomaron de esta luna fueron decepcionantes. Parecía una pelota de tenis borrosa, sin accidentes en la superficie.

La sonda Cassini, que orbitó en torno a Saturno antes de estrellarse por fin en ese planeta en 2017, reveló la auténtica naturaleza de Titán. Esta sonda utilizó un radar para penetrar la cubierta de nubes y cartografiar la superficie. También lanzó la nave Huygens, que aterrizó en Titán en 2005 y envió por radio las primeras fotografías cercanas de su superficie. Mostraban señales de una compleja red de lagos, estanques, capas de hielo y masas de tierra.

A partir de los datos recogidos por el proyecto Cassini-Huygens, los científicos han elaborado una nueva imagen de lo que se esconde bajo la capa de nubes. La atmósfera de Titán, como la de la Tierra, está compuesta en su mayor parte de nitrógeno. Lo más sorprendente es que su superficie está cubierta de lagos de etano y metano. Dado que este último se puede inflamar con la más ligera chispa, es lógico pensar que el satélite podría estallar en llamas con toda facilidad. Pero como la atmósfera no tiene oxígeno y está sumamente fría (-180 °C), la combustión es imposible. Estos descubrimientos presentan la fascinante posibilidad de que los astronautas puedan recoger hielo de Titán, separar el oxígeno y el hidrógeno, y después combinar el oxígeno con el metano para crear una fuente casi inagotable de energía utilizable, tal vez suficiente para iluminar y calentar las comunidades de pioneros.

Aunque puede que la energía no sea un problema, terraformar Titán queda descartado. Tal vez sea imposible generar un efecto invernadero sostenible a tanta distancia del Sol. Y, puesto que la atmósfera ya contiene grandes cantidades de metano, no serviría de nada introducir más para iniciar dicho efecto.

De este modo, cabe preguntarse si Titán se puede colonizar. Por una parte, es el único satélite con una atmósfera apreciable, y su presión atmosférica es tan solo un 45 por ciento superior a la de la Tierra. Es uno de los pocos destinos conocidos donde no moriríamos nada más quitarnos el traje espacial. Sí necesitaríamos máscaras de oxígeno, pero no nos herviría la sangre ni nos aplastaría la presión.

Por otra parte, Titán es perpetuamente frío y oscuro. En su superficie, un astronauta recibiría un 0,1 por ciento de la luz solar que ilumina la Tierra. Esta sería ineficaz como fuente de energía, de modo que la iluminación y calefacción dependerían de generadores que deberían estar funcionando en todo momento. Además, la superficie de Titán está congelada, y su atmósfera no contiene suficiente cantidad de oxígeno y dióxido de carbono para sostener la vida vegetal y animal. La agricultura sería sumamente difícil, y habría que cultivar los vegetales en el interior o bajo tierra. El suministro de alimentos sería limitado, lo que también restringiría el número de colonos que podrían sobrevivir.

También habría dificultades en la comunicación con la Tierra, ya que un mensaje de radio tardaría horas en recorrer la distancia desde Titán. Además, como la gravedad en este satélite es solo el 15 por ciento de la terrestre, las personas que vivieran en él tendrían que ejercitarse sin descanso para evitar la pérdida de músculo y hueso. Es posible que acabaran negándose a volver a la Tierra, pues serían muy débiles en ella. Con el tiempo, los colonos podrían empezar a sentirse emocional y físicamente distintos de sus congéneres terrestres, y es posible que prefirieran cortar todos sus lazos sociales.

Así pues, vivir permanentemente en Titán es posible, pero resultaría muy incómodo y tendría muchos inconvenientes. La colonización a gran escala parece muy improbable. Sin embargo, Titán puede resultar muy valioso como base de reabastecimiento de combustible y como almacén de recursos. Se podría recoger metano y enviarlo a Marte para acelerar los procesos de terraformación. También sería posible utilizar el metano para elaborar cantidades ilimitadas de combustible para los cohetes en expediciones al espacio profundo. El hielo se podría purificar para obtener agua potable y oxígeno, o procesar para fabricar más combustible. A causa de su escaso tirón gravitatorio, los aterrizajes y despegues resultarían relativamente sencillos y eficientes. Así pues, Titán podría convertirse en una importante gasolinera espacial.

Para crear una colonia en Titán capaz de autoabastecerse habría que considerar la extracción de minerales valiosos que se encuentren en su superficie. Por el momento, nuestras sondas no han dado mucha información acerca de la composición geológica de Titán, pero, como muchos otros asteroides, podría contener metales valiosos, que serían muy importantes si la Luna va a convertirse en una estación de reabastecimiento y suministro. Sin embargo, tal vez no fuera práctico embarcar minerales de Titán a la Tierra debido a las enormes distancias y costes. Esas materias primas se utilizarían para crear infraestructuras en el mismo Titán.

Los cometas de la nube de Oort

Más allá de los gigantes gaseosos, en los límites exteriores de nuestro sistema solar, hay otro mundo, el de los cometas, donde tal vez haya billones de ellos.[2] Estos cometas podrían convertirse en nuestro trampolín hacia otras estrellas.

La distancia que nos separa de las estrellas puede parecer inmensa e inalcanzable. El físico Freeman Dyson, de la Universidad de Princeton, sugiere que, para llegar a ellas, deberíamos aprender de los viajes de los polinesios hace miles de años. En lugar de intentar tomar la ruta larga a través del Pacífico, que con seguridad habría acabado en desastre, fueron saltando de isla en isla, extendiéndose por las masas de tierra del océano de una en una. Cada vez que llegaban a una isla, creaban una colonia permanente, y después viajaban a la siguiente. Según Dyson, podríamos crear colonias intermedias en el espacio de este mismo modo. La clave de esta estrategia serían los cometas, que, junto con los planetas errantes que han sido expulsados de algún modo de sus sistemas solares, podrían servir de paradas en el camino.

Los cometas han sido objeto de especulaciones, mitos y miedos durante muchos milenios. A diferencia de los meteoros, que surcan el cielo nocturno durante unos pocos segundos y desaparecen, los cometas pueden permanecer sobre nuestras cabezas durante largos periodos de tiempo. En otra época se creía que eran heraldos de la muerte y la perdición, e incluso han influido en el destino de algunas naciones. En 1066 apareció un cometa sobre Inglaterra que se interpretó como un presagio de que las tropas del rey Harold serían derrotadas en la batalla de Hastings por las fuerzas invasoras de Guillermo de Normandía, quien fundaría una nueva dinastía. El magnífico tapiz de Bayeux describe estos acontecimientos y muestra a los aterrados campesinos y soldados mirando el cuerpo celeste.

Más de seiscientos años después, en 1682, este mismo cometa volvió a surcar el cielo británico. Todo el mundo, desde los mendigos hasta los reyes, quedó fascinado por él, e Isaac Newton decidió resolver el antiguo misterio. Acababa de inventar un nuevo tipo de telescopio, más potente, que utilizaba un espejo para captar la luz solar. Con este nuevo telescopio reflector observó las trayectorias de varios cometas y las comparó con las predicciones basadas en su reciente teoría de la gravitación universal. El movimiento de los cometas encajó a la perfección con sus hipótesis.

Dada la propensión de Newton al secretismo, su trascendental descubrimiento habría podido quedar olvidado de no ser por Edmond Halley, un acaudalado astrónomo. Halley visitó Cambridge para entrevistarse con Newton, y quedó atónito al enterarse de que no solo estaba siguiendo la trayectoria de los cometas, sino prediciendo sus futuros movimientos, algo que nadie había hecho antes. Newton había desentrañado uno de los fenómenos más desconcertantes de la astronomía, que había fascinado y aterrado a todas las civilizaciones durante miles de años, destilándolo en una serie de fórmulas matemáticas.

Halley comprendió al instante que aquello constituía uno de los avances más innovadores de la ciencia. Se ofreció generosamente a pagar todo el coste de la publicación de lo que se iba a convertir en uno de los escritos científicos más importantes de todos los tiempos, los *Principia mathematica*. En esta obra maestra, Newton descifra la mecánica de los cuerpos celestes. A través del cálculo, un procedimiento matemático que él mismo había ideado, podía determinar con exactitud los movimientos de los planetas y cometas del sistema solar. Descubrió que los últimos pueden trazar elipses, en cuyo caso pueden volver a pasar por encima de la Tierra. Y Halley, adoptando los métodos de Newton, calculó que el cometa que voló sobre Londres en 1682 regresaría cada 76 años. De hecho, pudo remontarse en la historia y ofrecer las fechas exactas de las numerosas ocasiones en que ese mismo cometa había regresado. Hizo la osada predicción de que regresaría en 1758, mucho después de su muerte. Su aparición el día de Navidad de aquel año consagró el prestigio de Halley.

Ahora sabemos que los cometas proceden en su mayor parte de dos lugares. El primero es el cinturón de Kuiper, una región más allá de Neptuno que orbita en el mismo plano que los planetas. Los cometas de este cinturón, entre los que se incluye el cometa Halley, describen elipses alrededor del Sol. A veces se los llama «cometas de periodo corto», pues sus periodos orbitales —el tiempo que tardan en completar una vuelta alrededor del Sol— se miden en décadas o siglos. Debido a que sus ciclos se conocen o se pueden calcular, son predecibles y sabemos que no resultan particularmente peligrosos.

Mucho más lejos se encuentra la nube de Oort, una esfera de cometas que rodea todo nuestro sistema solar. Muchos de ellos están tan lejos del Sol —hasta varios años luz de distancia— que son prácticamente estacionarios. Pero, de vez en cuando, estos cometas son empujados al interior del sistema solar por una colisión casual o por una estrella que pasa. A estos se los llama «cometas de periodo largo», y sus periodos orbitales se pueden medir en decenas e incluso en cientos de miles de años, si es que regresan. Es casi imposible predecir sus movimientos y, por lo tanto, podrían ser más peligrosos para la Tierra que los cometas de periodo corto.

Cada año se hacen nuevos descubrimientos acerca del cinturón de Kuiper y la nube de Oort. En 2016 se anunció que en el primero podría existir un noveno planeta, del tamaño aproximado de Neptuno. Este objeto no se identificó por observación directa a través de un telescopio, sino utilizando ordenadores para resolver ecuaciones newtonianas. Aunque su presencia todavía no está confirmada, muchos astrónomos creen que los datos son muy convincentes; además, esta situación tiene precedentes. En el siglo XIX se observó que Urano se desviaba ligeramente de las predicciones basadas en las leyes de Newton. O bien este estaba equivocado, o existía un cuerpo lejano que ejercía gravedad sobre aquel planeta. Los científicos calcularon la posición de este hipotético cuerpo y en 1846 lo encontraron tras unas cuantas horas de observación. Lo llamaron Neptuno. (En otro caso, los astrónomos observaron que Mercurio también se desviaba de su trayectoria prevista. Conjeturaron la existencia de otro planeta, al que llamaron Vulcano, con una órbita más pequeña que Mercurio. Pero, tras repetidos intentos, no se encontró. Albert Einstein, mostrando que las leyes de Newton podían tener defectos, demostró que la órbita de Mercurio se podía explicar por un efecto completamente nuevo, la curvatura del espacio-tiempo según su teoría de la relatividad.) En la actualidad, armados con estas leyes, los superordenadores podrían revelar la presencia de más cuerpos celestes del cinturón de Kuiper y la nube de Oort.

Los astrónomos sospechan que la nube de Oort podría extenderse hasta tres años luz de nuestro sistema solar. Eso es más de la mitad del camino a las estrellas más cercanas, el sistema triple del Centauro, que se encuentra a poco más de cuatro años luz de la Tierra. Si suponemos que el sistema estelar del Centauro se encuentra también rodeado por una esfera de cometas, podría haber un tráfico continuo de estos que lo conectara con la Tierra. Sería posible establecer una serie de estaciones de reabastecimiento, puestos avanzados y postas en una grandiosa autopista interestelar. En lugar de llegar a la estrella más próxima de un solo salto, podríamos plantearnos el objetivo más modesto de «saltar de cometa en cometa» hasta el sistema hermano. Esta autopista podría convertirse en una Ruta 66 cósmica.

Crear este sendero de cometas no es tan descabellado como puede parecer en un primer momento. Los astrónomos han podido reunir bastante información sobre el tamaño, la consistencia y la composición de estos cuerpos celestes. Cuando el cometa Halley regresó en 1986, los astrónomos pudieron enviar una flota de sondas espaciales para fotografiarlo y analizarlo. Las imágenes revelaban un pequeño núcleo, de unos dieciséis kilómetros de diámetro, en forma de cacahuete (lo que significa que en algún momento del futuro, las dos partes se separarán y el cometa Halley se convertirá en dos). De igual modo, los científicos han enviado al espacio sondas que vuelan alrededor de las colas de los cometas, y la nave Rosetta pudo enviar otra que aterrizó sobre uno de ellos. El análisis de varios de estos cometas indica que poseen un núcleo duro de roca y hielo, que podría ser lo bastante resistente como para soportar una estación de servicio robótica.

Algún día, los robots podrán aterrizar en un lejano cometa de la nube de Oort y perforar su superficie. Los metales y minerales del núcleo se podrían usar para construir una estación espacial, y el hielo se podría fundir para obtener agua potable, combustible para los cohetes y oxígeno para los astronautas.

¿Qué encontraremos si logramos aventurarnos más allá del sistema solar? Hoy en día estamos experimentando otro cambio de paradigma en nuestra comprensión del universo. Sin cesar descubrimos planetas semejantes a la Tierra que podrían alojar alguna forma de vida en otros sistemas estelares. ¿Seremos capaces algún día de visitar esos planetas? ¿Podremos construir naves espaciales capaces de abrir el universo a la exploración humana? ¿Cómo?

SEGUNDA PARTE

Viaje a las estrellas

7

Robots en el espacio

En algún momento debemos esperar que las máquinas tomen el control.

ALAN TURING

Me sorprendería mucho que algo remotamente parecido a esto ocurriera en los próximos cien o doscientos años.

DOUGLAS HOFSTADTER

Año 2084. Arnold Schwarzenegger es un trabajador de la construcción común y corriente, preocupado por unos sueños recurrentes acerca de Marte. Decide que tiene que viajar a este planeta para conocer el origen de estos sueños. Allí presencia un Marte con bulliciosas metrópolis, relucientes edificios con cúpulas de cristal y grandes operaciones mineras. Una elaborada infraestructura de tuberías, cables y generadores proporciona la energía y el oxígeno necesarios para sus miles de habitantes.

Desafío total ofrece una interesante visión de cómo sería una ciudad marciana: pulcra, eficiente y ultramoderna. Sin embargo, hay un pequeño problema: aunque estas imaginarias ciudades resultan excelentes escenarios para Hollywood, construirlas en la realidad con nuestras actuales tecnologías acabaría con el presupuesto de cualquier misión de la NASA. Recuerden que, al principio, cada martillo, cada hoja de papel y cada clip habrá que transportarlo hasta Marte, a decenas de millones de kilómetros de distancia. Y si viajamos más allá del sistema solar hasta las estrellas más cercanas, donde la comunicación rápida con la Tierra es imposible, los problemas se multiplicarían. En lugar de depender del transporte de suministros desde la Tierra, tendremos que buscar una manera de estar presentes en el espacio sin arruinar a las naciones.

La respuesta puede encontrarse en el uso de los avances de la cuarta oleada. La nanotecnología y la inteligencia artificial pueden cambiar drásticamente las reglas del juego.

A finales del siglo XXI, los progresos de la nanotecnología deberían permitirnos producir grandes cantidades de nanotubos de grafeno y carbono, materiales superligeros que revolucionarán la construcción. El grafeno consiste en una capa unimolecular de átomos de carbono estrechamente enlazados para formar una lámina ultrafina y ultrarresistente. Es casi transparente y no pesa casi nada, y sin embargo es el material más duro conocido por la ciencia, doscientas veces más fuerte que el acero y más duro que los diamantes. Sería posible que un elefante hiciera equilibrios sobre un lápiz con la punta sobre a una lámina de grafeno sin que esta se rompiera ni se desgarrara. Además, el grafeno conduce la electricidad. Los científicos ya han podido tallar transistores de tamaño molecular en láminas de grafeno. De este material podrían estar hechos los ordenadores del futuro.

Los nanotubos de carbono son láminas de grafeno enrolladas en forma de largos cilindros. Son prácticamente irrompibles y casi invisibles. Si la suspensión del puente de Brooklyn estuviera hecha de nanotubos de carbono, este parecería flotar en el aire.

Si el grafeno y los nanotubos son tan milagrosos, ¿por qué no los estamos usando para nuestras casas, puentes, edificios y carreteras? Por el momento, es sumamente difícil producir grandes cantidades de grafeno puro. La más mínima impureza o imperfección a nivel molecular puede arruinar sus milagrosas propiedades físicas. Es difícil hacer láminas más grandes que un sello de correos.

Pero los químicos confían en que el próximo siglo será posible fabricarlo en masa, lo que reducirá enormemente el coste de construir infraestructuras en el espacio exterior. Al ser tan ligero, se podría embarcar con gran eficiencia a lejanas localizaciones extraterrestres, e incluso se podría elaborar en otros planetas. En el desierto marciano podrían levantarse ciudades enteras formadas de este material carbónico. Los edificios serían medio transparentes, y los trajes espaciales finísimos y ajustados. Además, los automóviles serían energéticamente supereficientes porque pesarían poquísimo. Del mismo modo, todo el campo de la arquitectura quedaría patas arriba con la aparición de la nanotecnología.

Pero incluso con estos avances, ¿quién iba a hacer todo el trabajo sucio y agotador de construir nuestros asentamientos en Marte, nuestras colonias mineras en el cinturón de asteroides y nuestras bases en Titán y los exoplanetas? La solución puede dárnosla la inteligencia artificial.

INTELIGENCIA ARTIFICIAL(IA): UNA CIENCIA NACIENTE

En 2016, el mundo de la inteligencia artificial se quedó impactado por la noticia de que AlphaGo, el programa informático de Deep-Mind, había derrotado a Lee Sedol, el campeón mundial del antiguo juego del go. Muchos creían que para lograr esta hazaña se necesitarían varias décadas más. Los editoriales de prensa empezaron a lamentarse de que aquello suponía la necrológica de la especie humana. Las máquinas habían cruzado por fin el Rubicón y pronto se harían con el poder. No había vuelta atrás.

AlphaGo es el programa diseñado para jugar más avanzado del mundo. En el ajedrez, por término medio, hay veinte o treinta movimientos posibles en cada turno, pero en el go hay aproximadamente 250. De hecho, el número total de configuraciones de este juego es superior al número total de átomos en el universo. En otro tiempo se pensaba que era muy difícil que un ordenador pudiera considerar todos los movimientos posibles, de modo que cuando el

AlphaGo consiguió derrotar a Lee Sedol, el impacto mediático fue instantáneo.

Sin embargo, pronto se hizo evidente que AlphaGo, por muy sofisticado que fuera, solo sabía hacer una cosa: ganar al go. Como dijo Oren Etzioni, director del Instituto Allen de Inteligencia Artificial, «El AlphaGo ni siquiera sabe jugar al ajedrez. No puede hablar sobre el juego. Mi hijo de seis años es más listo que el AlphaGo».[1] Por muy potente que sea la máquina, no puedes acercarte a ella, darle una palmadita en la espalda, felicitarla por haber derrotado a un humano y esperar una respuesta coherente. La máquina es totalmente inconsciente de que ha hecho historia para la ciencia. De hecho, la máquina ni siquiera sabe que lo es. Muchas veces nos olvidamos de que los robots actuales son calculadoras glorificadas, sin conciencia de sí mismas, sin creatividad, sentido común ni emociones. Pueden resultar excelentes para tareas específicas, repetitivas y simples, pero fracasan en tareas más complejas que requieren otros conocimientos básicos.

Aunque el campo de la inteligencia artificial está logrando avances verdaderamente revolucionarios, hay que poner su progreso en perspectiva. Si comparamos la evolución de los robots con la de los cohetes, podemos comprobar que la robótica ha llegado más allá de la fase de Tsiolkovsky; es decir, más allá de la fase de especulación y teorización. Nos encontramos ya en plena fase de Goddard, y estamos construyendo prototipos que son primitivos pero demuestran que nuestros principios básicos son correctos. Sin embargo, todavía no hemos pasado a la siguiente fase, el terreno de Von Braun, en la que unos robots potentes e innovadores salen de la cadena de montaje y se ponen a construir ciudades en planetas lejanos.

Hasta ahora, los robots han tenido un éxito espectacular como máquinas a control remoto. Detrás de la sonda Voyager, que llegó más allá de Júpiter y Saturno, detrás de los vehículos Viking que tomaron tierra en la superficie de Marte, detrás de Galileo y Cassini, que orbitaron en torno a los gigantes gaseosos, había un dedicado equipo de seres humanos que lo dirigían todo. Como drones, estos robots se limitaban a seguir las instrucciones de sus controladores humanos que se encontraban en el centro de control de Pasadena. Todos los robots que vemos en las películas son muñecos, animaciones por ordenador o máquinas controladas remotamente. (Mi robot favorito de la ciencia ficción es Robby el Robot, de *Planeta prohibido*. Aunque el robot parecía futurista, había un hombre dentro.)

Pero dado que la potencia de los ordenadores se ha ido duplicando cada 18 meses durante las últimas décadas, ¿qué podemos esperar en el futuro?

El siguiente paso: verdaderos autómatas

Después de los robots a control remoto, nuestro siguiente objetivo es diseñar autómatas de verdad, robots con la capacidad de tomar sus propias decisiones con un mínimo de intervención humana. Un autómata se pondría en acción, por ejemplo, cada vez que oyera «recoge la basura». Esto está por encima de las posibilidades de los robots actuales. Necesitaremos autómatas capaces de explorar y colonizar los planetas exteriores casi en soledad, ya que se tardará horas en comunicarse con ellos por radio.

Estos autómatas serán del todo imprescindibles para establecer colonias en planetas y satélites lejanos. Hay que recordar que, durante muchas décadas, la población de colonos en el espacio exterior ascenderá a solo unos pocos centenares de personas. La mano de obra humana será escasa y muy valorada, y sin embargo habrá una fuerte presión para crear nuevas ciudades en mundos lejanos. Aquí es donde los robots pueden ser decisivos. Al principio su trabajo consistirá en realizar tareas peligrosas, aburridas y sucias (las tres «d»: *dangerous, dull and dirty*).

En las películas de Hollywood a veces nos olvidamos de lo peligroso que puede resultar el espacio exterior. Aun trabajando en entornos de baja gravedad, los robots serán indispensables para llevar a cabo el trabajo pesado de construcción, cargando sin esfuerzo enormes vigas, postes, losas de hormigón, maquinaria pesada, etc., necesarios para construir una base en otro mundo. Los robots serán en este aspecto muy superiores a los astronautas, limitados por engorrosos trajes espaciales, músculos frágiles, movimientos lentos y pesados tanques de oxígeno. Mientras que los humanos se cansan en poco tiempo, los robots pueden trabajar sin descanso, día y noche.

Además, si se producen accidentes, los robots se pueden reparar con facilidad o sustituir en diversas situaciones amenazantes, y se pueden utilizar para desactivar los peligrosos explosivos necesarios para excavar nuevos sitios de construcción o trazar carreteras. Son capaces de pasar entre las llamas para rescatar a los astronautas en caso de incendio, o trabajar en ambientes gélidos en lunas lejanas, y no necesitan oxígeno, de modo que no hay peligro de asfixia, que es una amenaza constante para los humanos.

También podrán explorar terrenos peligrosos en otros mundos. Por ejemplo, se sabe muy poco sobre la estabilidad y estructura de los casquetes polares de Marte y de los lagos de hielo de Titán, pero unos y otros pueden constituir una valiosísima fuente de oxígeno e hidrógeno. Serán capaces también de introducirse por los tubos de lava de Marte, que servirían de refugio contra los niveles peligrosos de radiación, o investigar los satélites de Júpiter. Las fulguraciones solares y los rayos cósmicos tal vez aumenten la incidencia de cánceres en los astronautas, pero los robots podrían trabajar incluso en campos de radiación letales. Además, sustituirían los módulos que se han deteriorado a causa de la intensa radiación, manteniendo un almacén especial, muy protegido, de piezas de repuesto.

Además de desempeñar los trabajos peligrosos, los robots podrán encargarse también de los aburridos, en especial las repetitivas tareas de fabricación. Con el tiempo, toda base interplanetaria necesitará una gran cantidad de artículos manufacturados, que los robots producirían en masa. Esto será imprescindible para crear una colonia autosuficiente, capaz de extraer minerales con el fin de producir todos los artículos necesarios para una base localizada en un planeta o satélite.

Por último, también realizarán las tareas sucias, como mantener y reparar los sistemas sanitarios y de alcantarillado de las colonias lejanas, así como trabajar con productos tóxicos y con los gases que se forman al reciclar y reprocesar plantas.

Vemos, pues, que los autómatas capaces de funcionar sin intervención humana directa desempeñarán un papel imprescindible si pretendemos que se levanten ciudades, carreteras, rascacielos y hogares en los desolados paisajes lunares y los desiertos marcianos. Sin embargo, la siguiente pregunta es: ¿cuánto nos falta para crear verdaderos autómatas? Si nos olvidamos de los vistosos robots que aparecen en las películas y novelas de ciencia ficción, ¿cuál es el estado real de la tecnología? ¿Cuánto tardaremos en crear robots capaces de construir ciudades en Marte?

Historia de la inteligencia artificial

En 1955, un selecto grupo de investigadores se reunió en el Dartmouth College y creó el campo de estudio de la inteligencia artificial. Estaban plenamente convencidos de que en un breve periodo de tiempo podrían desarrollar una máquina inteligente, capaz de resolver problemas complejos, comprender conceptos abstractos, utilizar el lenguaje y aprender de sus experiencias. «Creemos que se puede hacer un avance importante en uno o más de estos problemas si un grupo cuidadosamente seleccionado de científicos trabaja en equipo en ellos durante un verano», declararon.

Pero cometieron un error fundamental. Estaban suponiendo que el cerebro humano era como un ordenador digital. Creían que, si se pudieran reducir las leyes de la inteligencia a una lista de códigos y cargar estos códigos en un ordenador, este se convertiría de pronto en una máquina pensante, que tendría conciencia de sí misma y que podríamos mantener una conversación que tuviera sentido con ella. A esto se le llamó «enfoque de arriba abajo» o «inteligencia embotellada».

La idea parecía simple y elegante, e inspiró predicciones optimistas. Se obtuvieron grandes éxitos en los años cincuenta y sesenta. Se logró diseñar ordenadores que jugaban a las damas y al ajedrez, resolvían teoremas algebraicos y reconocían y elegían bloques de madera. En 1965, uno de los pioneros de la inteligencia artificial, Herbert Simon, declaró: «Dentro de veinte años, las máquinas serán capaces de realizar cualquier tarea que un humano pueda hacer». En 1968, la película *2001: Una odisea en el espacio* nos presentó a HAL, el ordenador que podía hablar con las personas y pilotar una nave espacial hacia Júpiter.

Entonces, la inteligencia artificial chocó contra un muro. El progreso se ralentizó hasta el paso de tortuga debido a dos obstáculos principales: el reconocimiento de patrones y el sentido común. Los robots pueden ver —de hecho, muchísimo mejor que nosotros—, pero no comprenden lo que ven. Si se les pone delante de una mesa, solo perciben líneas, cuadrados, triángulos y óvalos. No son capaces de combinar estos elementos e identificar el conjunto. No entienden el concepto «mesa». Por eso les resulta muy difícil moverse por una habitación, reconocer los muebles y evitar obstáculos. Los robots quedan totalmente perdidos cuando salen a la calle y se encuentran con la tormenta de líneas, círculos y cuadrados que representan niños, policías, perros y árboles.

El otro obstáculo es el sentido común. Nosotros sabemos que el agua es húmeda, que se puede tirar pero no empujar de una cuerda, que se puede empujar pero no tirar de una cuña de madera, y que las madres son más viejas que sus hijas. Todo esto nos resulta obvio. Pero ¿de dónde sacamos este conocimiento? No hay una fórmula matemática que demuestre que no se puede empujar con una cuerda. Estas verdades las extraemos de la experiencia, de tropezar con la realidad. Aprendemos en la «universidad de los tortazos».

Los robots, en cambio, no poseen el beneficio de la experiencia vital. Todo hay que dárselo a cucharaditas, frase a frase, utilizando lenguaje informático. Se han realizado algunos intentos de codificar cada píldora de sentido común, pero hay demasiadas. Un niño de cuatro años sabe intuitivamente más sobre la física, biología y química del mundo que el ordenador más avanzado.

El concurso DARPA

En 2013, la Agencia de Proyectos de Investigación Avanzada para la Defensa (DARPA, en sus siglas en inglés), la rama del Pentágono que estableció las bases de internet, lanzó un desafío a los científicos del mundo: construir un robot capaz de limpiar el terrible estropicio radiactivo de Fukushima, donde se fundieron tres plantas nucleares en 2011. Los residuos son tan intensamente radiactivos que los operarios solo pueden penetrar en el mortífero campo de radiación durante unos minutos, por lo que la operación de limpieza se está demorando muchísimo. En la actualidad se calcula que durará de treinta a cuarenta años y costará más de 180.000 millones de dólares.

El paso de construir un robot que limpiara los escombros y la basura sin intervención humana, podría ser también el primero hacia la creación de un verdadero autómata capaz de ayudar a construir una base lunar o un asentamiento en Marte, incluso bajo condiciones de radiación.

Tras darse cuenta de que Fukushima sería un sitio ideal para probar los últimos avances en inteligencia artificial, DARPA decidió convocar el concurso Robotics Challenge y ofrecer tres millones y medio de dólares en premios a los robots que pudieran realizar tareas elementales de limpieza. (Un concurso anterior de la misma agencia había tenido un éxito espectacular, abriendo el camino al automóvil sin conductor.) Esta competición era también el foro perfecto para dar publicidad a los avances en el campo de la inteligencia artificial. Había llegado la hora de mostrar algunos progresos reales después de años de hipérboles y exageraciones. El mundo vería que los robots eran capaces de realizar tareas imprescindibles para las que los humanos no estaban bien dotados.

Las reglas eran mínimas y muy claras. El robot vencedor debía ser capaz de llevar a cabo ocho tareas sencillas, entre ellas conducir un coche, retirar escombros, abrir una puerta, cerrar una válvula que pierde agua, conectar una manguera de incendios y girar una válvula. Se presentaron candidatos de todo el mundo, dispuestos a competir por la gloria y los premios en metálico. Pero en lugar de abrir las puertas a una nueva era, los resultados finales fueron un poco embarazosos. Muchos robots fueron incapaces de completar las tareas, y algunos incluso fracasaron delante de las cámaras. El concurso demostró que la inteligencia artificial era bastante más complicada de lo que sugería el enfoque de arriba abajo.

MÁQUINAS QUE APRENDEN

Otros investigadores del ámbito de la inteligencia artificial han abandonado por completo el acercamiento de arriba abajo, y han preferido imitar a la madre naturaleza yendo de abajo arriba. Esta estrategia alternativa tal vez ofrezca un camino más prometedor hacia la creación de robots capaces de operar en el espacio exterior. Fuera de los laboratorios de inteligencia artificial se pueden encontrar sofisticados autómatas que son más potentes que cualquier máquina que nosotros podamos diseñar. Se llaman animales. Las pequeñas cucarachas maniobran con pericia por el bosque, en busca de comida y compañeros sexuales. En cambio, nuestros torpes y voluminosos robots a veces arrancan el yeso de las paredes mientras avanzan a trompicones.

Las erróneas suposiciones en las que se basaban los esfuerzos de los investigadores de Dartmouth hace sesenta años siguen entorpeciendo este campo. El cerebro no es un ordenador digital. No se lo puede programar, no tiene CPU, ni procesador Pentium ni subrutinas ni codificación. Si quitamos un transistor, lo más probable es que el ordenador deje de funcionar. Pero si extirpamos la mitad del cerebro humano, este puede seguir funcionando.

La naturaleza hace milagros de computación organizando el cerebro como una red neuronal, una máquina que aprende. Nuestros ordenadores nunca aprenden, siguen siendo tan tontos hoy como ayer o el año pasado. Pero el cerebro humano renueva literalmente su cableado después de aprender cualquier tarea. Por eso los niños balbucean antes de aprender un idioma, y por eso nos tambaleamos antes de aprender a montar en bicicleta. Las redes neuronales se van adaptando poco a poco gracias a la repetición constante, siguiendo la regla de Hebbs, que postula que cuantas más veces se realiza una tarea, más se refuerzan las rutas neuronales para desempeñarla. Como dicen los neurocientíficos: «Las neuronas que se disparan a la vez se entrelazan unas con otras». Las redes neuronales explican la respuesta: ensayar, ensayar, ensayar.

Por ejemplo, los senderistas saben que, si cierto camino está muy hollado, eso significa que muchos excursionistas lo han seguido, y que muy probablemente sea el mejor sendero que se puede tomar. El camino correcto se refuerza cada vez que se recorre. De manera similar, la ruta neuronal de cierta conducta se refuerza más cada vez que se activa.

Esto es importante, pues las máquinas capaces de aprender serán la clave de la exploración espacial. Los robots se enfrentarán sin cesar a nuevos y cambiantes peligros en el espacio exterior. Se verán obligados a afrontar situaciones que los científicos todavía no pueden concebir. Un robot programado solo para resolver cierto tipo de emergencias será inútil, ya que el destino le arrojará a la cara lo inesperado. Por ejemplo, es imposible que en los genes de un ratón estén codificadas todas las situaciones posibles, pues el número de estas es infinito, mientras que sus genes son finitos.

Supongamos que una lluvia de meteoros cae sobre una base en Marte, causando daños en numerosos edificios. Los robots que se sirvan de redes neuronales pueden aprender a afrontar estas situaciones inesperadas, optimizándose en cada ocasión. Pero los robots tradicionales «de arriba abajo» quedarían paralizados en una emergencia imprevista.

Muchas de estas ideas fueron incorporadas a la investigación por Rodney Brooks, exdirector del prestigioso laboratorio de inteligencia artificial del MIT. Durante nuestra entrevista, se declaró maravillado de que un simple mosquito, con un cerebro microscópico formado por unas cien mil neuronas, pueda volar sin esfuerzo en tres dimensiones, mientras que para controlar un simple robot andante se necesitan programas informáticos de una infinita complicación, y aun así el robot puede tropezar. Es el pionero de un nuevo enfoque con sus *bugbots* («bichobots») y sus «insectoides», robots que aprenden a moverse como insectos de seis patas. Al principio se caen muchas veces, pero van optimizándose con cada intento, y poco a poco consiguen coordinar sus patas como insectos de verdad.

El proceso de incorporar redes neuronales a un ordenador se llama «aprendizaje profundo». A medida que se va desarrollando, esta tecnología puede revolucionar varias industrias. En el futuro, cuando queramos hablar con un médico o un abogado, nos bastará con preguntarle a nuestra pared inteligente o a nuestro reloj por el robomédico o el roboabogado, programas informáticos capaces de buscar en internet y proporcionar ayuda médica o legal competente. Estos programas aprenderán a base de preguntas repetidas, y de este modo irán optimizándose, respondiendo e incluso anticipándose a nuestras necesidades particulares.

El aprendizaje profundo también puede abrir las puertas a los autómatas que necesitaremos en el espacio. En las próximas décadas, los enfoques «de arriba abajo» y «de abajo arriba» se integrarán, de manera que a los robots se les podrá introducir cierto conocimiento desde el principio, pero también podrán funcionar y aprender a base de redes neuronales. Como los humanos, serán capaces de aprender de la experiencia hasta que dominen el reconocimiento de patrones, que les permitirá mover instrumentos en tres dimensiones, y el sentido común, que les permitirá manejar situaciones nuevas. Serán imprescindibles para construir y mantener los asentamientos en Marte, el sistema solar y más allá.

El diseño de los robots dependerá de sus tareas específicas. Los robots capaces de aprender a nadar en el sistema de alcantarillado, buscando fugas y roturas, se parecerán a serpientes. Otros robots superfuertes aprenderán a hacer todo el trabajo pesado en las obras de construcción. Drones robóticos similares a pájaros serán capaces de analizar y examinar territorios desconocidos, y aquellos creados para explorar tubos de lava subterráneos se parecerán a una araña, pues los animales con muchas patas son más estables al moverse por terreno accidentado. Los robots que aprendan a transitar los casquetes de hielo de Marte podrían ser como vehículos de nieve inteligentes, y los destinados a nadar en los mares de Europa y agarrar objetos podrían semejarse a pulpos.

Para explorar el espacio exterior necesitaremos robots capaces de aprender a base de enfrentarse a su entorno y de asimilar información que se les cargue directamente.

Sin embargo, es posible que ni siquiera este avanzado nivel de inteligencia artificial sea suficiente si pretendemos que los robots construyan metrópolis enteras por sí solos. El reto definitivo de la robótica será crear máquinas capaces de reproducirse y de tener conciencia de sí mismas.

ROBOTS AUTORREPLICANTES

La primera vez que me enteré de que existía la autorreplicación era un niño. Un libro de biología explicaba que los virus se reproducen secuestrando nuestras células para que produzcan copias suyas, mientras que las bacterias se reproducen replicándose y dividiéndose. Si no se las controla durante meses o años, el número de bacterias de una colonia puede crecer hasta cantidades verdaderamente asombrosas, rivalizando con el tamaño de nuestro planeta.

Al principio, la posibilidad de una autorreplicación descontrolada me parecía ridícula, pero más adelante empezó a tener sentido. Al fin y al cabo, un virus no es más que una molécula grande capaz de hacer copias de sí misma. Pero un puñado de estas moléculas depositadas en la nariz puede provocarnos un resfriado al cabo de una semana. Una sola molécula puede multiplicarse con rapidez hasta que existan billones de copias, las suficientes para hacernos estornudar. De hecho, todos empezamos a vivir como un solo óvulo fecundado dentro de nuestra madre, demasiado pequeño para poder verse a simple vista. Pero en solo nueve meses, una pequeña célula se transforma en un ser humano. Así pues, hasta nuestra vida depende del crecimiento exponencial de las células.

Tal es el poder de la autorreplicación que es la base misma de la vida. Y el secreto de esta se encuentra en el ADN. Dos capacidades distinguen esta milagrosa molécula de todas las demás: primera, puede contener cantidades ingentes de información; y segunda, puede reproducirse. Pero las máquinas también podrán ser capaces de imitar estas facultades.

En realidad, la idea de las máquinas autorreplicantes es tan antigua como el concepto mismo de la evolución. Poco después de que Darwin publicara su trascendental libro *El origen de las especies*, Samuel Butler escribió un artículo titulado «Darwin entre las máquinas», en el que especulaba que algún día también las máquinas podrían reproducirse y empezar a evolucionar siguiendo la teoría de Darwin.

En los años cuarenta y cincuenta, John von Neumann, pionero de varias ramas nuevas de las matemáticas —incluyendo la teoría de juegos—, intentó aproximarse matemáticamente al asunto de las máquinas autorreplicantes. Empezó por la siguiente pregunta: «¿Cuál es la máquina autorreplicante más pequeña?», y luego dividió el problema en varios pasos. Por ejemplo, en un primer paso podría tomarse una gran caja de bloques de construcción (piensen en un montón de piezas de Lego de varios tamaños). A continuación, se necesitará un montador capaz de agarrar dos bloques y unirlos. En tercer lugar, se tendría que escribir un programa que pueda ordenarle a ese montador qué piezas unir y en qué orden. Esto último sería crucial. Todo el que haya jugado con este tipo de bloques sabe que se pueden construir las estructuras más elaboradas y sofisticadas a partir de muy pocas piezas diferentes… siempre que se haga de la manera correcta. Von Neumann quería determinar el número mínimo de operaciones que necesitaría un montador para hacer una copia de sí mismo.

Con el tiempo, Von Neumann abandonó este proyecto. Dependía de toda una variedad de suposiciones arbitrarias, incluyendo cuántos bloques se usaban exactamente y cuáles serían sus formas, y por lo tanto era difícil analizarlo matemáticamente.

Robots autorreplicantes en el espacio

El siguiente avance hacia los robots autorreplicantes se produjo en 1980, cuando la NASA impulsó una investigación titulada Automatización Avanzada para Misiones Espaciales. El informe del estudio llegaba a la conclusión de que los robots autorreplicantes serían cruciales para construir asentamientos lunares, e identificaba por lo menos tres tipos de robots que serían necesarios: los mineros extraerían materias primas básicas; los de la construcción fundirían y refinarían los materiales y montarían nuevas piezas; y los de reparación se recompondrían y mantendrían a sí mismos y a sus compañeros sin intervención humana. Además, el informe presentaba una visión del funcionamiento autónomo de esos robots. Como vehículos inteligentes equipados con ganchos o palas excavadoras, podrían desplazarse por una serie de carriles, a través de los cuales transportarían los recursos para más tarde procesarlos de la forma deseada.

El estudio tuvo una gran ventaja debido a lo oportuno de su aparición. Se realizó poco después de que los astronautas hubieran traído cientos de kilos de rocas lunares y de que supiéramos que su contenido de metales, silicio y oxígeno era casi idéntico a la composición de las rocas terrestres. Gran parte de la corteza de nuestro satélite está formada por regolitos, que son combinaciones de roca lunar, antiguas corrientes de lava y escombros dejados por los impactos de meteoritos. Con esta información, los científicos de la NASA podían empezar a elaborar planes más concretos y realistas para construir fábricas en la Luna, donde se fabricarían robots autorreplicantes a partir de materiales autóctonos. El informe detallaba las posibilidades de la recogida y fundición de regolitos para extraer metales utilizables.

Después de este estudio, el progreso en esta cuestión quedó empantanado durante varias décadas, y el entusiasmo del público se fue apagando. Pero ahora que existe un renovado interés por volver a la Luna y llegar al planeta rojo, se está reexaminando de nuevo el concepto. Por ejemplo, la aplicación de estas ideas al establecimiento de una colonia en Marte podría desarrollarse de la siguiente manera:

primero tendríamos que inspeccionar el desierto y trazar los planos de la fábrica; después, barrenaríamos la roca y la tierra y haríamos detonar cargas explosivas en cada orificio. Los escombros de rocas y piedras se retirarían con excavadoras y palas mecánicas para que los cimientos quedasen nivelados. Las rocas se pulverizarían y se convertirían en grava, y se introducirían en un horno por microondas, que fundiría la tierra y permitiría aislar y extraer los metales líquidos. Estos se separarían en lingotes purificados y después se utilizarían para producir alambres, cables, vigas y demás elementos de construcción básicos para cualquier estructura. De este modo se podría construir una fábrica de robots en Marte. En cuanto se fabriquen los primeros robots, se podrá dejar la fábrica en sus manos para que sigan produciendo más robots.

Cuando se publicó el informe de la NASA, la tecnología existente era limitada, pero desde entonces hemos avanzado mucho. Un invento prometedor para la robótica es la impresora 3D. Ahora los ordenadores pueden guiar con precisión el flujo de chorros de plástico y metales para imprimir, capa a capa, piezas de maquinaria de exquisita complejidad. La tecnología de estas impresoras es tan avanzada que puede crear tejidos humanos eyectando células humanas una a una por una boquilla microscópica. Yo introduje la cara en una impresora 3D para un episodio de un documental del Discovery Channel que presentaba. Se escaneó rápidamente mi rostro con rayos láser y se grabaron los resultados en un ordenador portátil. Esta información se introdujo en la impresora, que dispensó meticulosamente plástico líquido por una pequeña boquilla. Al cabo de unos treinta minutos, tenía una máscara de plástico con mi cara. Después, la impresora escaneó todo mi cuerpo, y en pocas horas produjo un muñeco de plástico igual que yo. O sea, que en el futuro podremos colocarnos junto a Superman en nuestra colección de figuritas. Las impresoras 3D del futuro podrían recrear los delicados tejidos que forman los órganos funcionales, o las piezas necesarias para construir un robot autorreplicante. También podrían conectarse a las fábricas de robots para utilizar directamente los metales fundidos en la construcción de más robots.

asentamientos permanentes en Marte que crecerán con rapidez. Así pues, es importante que nos planteemos esta cuestión ahora, antes de que dependamos de ellos para nuestra supervivencia en el planeta rojo.

Para hacernos una idea del alcance de esta trascendental cuestión, puede ser útil examinar el mejor y el peor de los escenarios posibles.

EL MEJOR Y EL PEOR DE LOS ESCENARIOS POSIBLES

Un partidario del mejor escenario posible es el inventor y escritor de best-sellers Ray Kurzweil. Cada vez que lo he entrevistado me ha descrito una clara y atractiva —aunque controvertida— visión del futuro. Cree que para 2045 habremos llegado a la «singularidad», el punto en que los robots igualarán o superarán la inteligencia humana.[7] El término se deriva del concepto físico de la «singularidad gravitatoria», que se refiere a regiones de gravedad infinita, como un agujero negro. Fue introducido en la disciplina informática por el matemático John von Neumann, que escribió que la revolución informática generaría «un progreso cada vez más acelerado y cambios en el modo de vida humano, que dan la impresión de ir acercándose a algún tipo de singularidad fundamental […] más allá de la cual los asuntos humanos, tal como los conocemos, no podrán continuar». Kurzweil asegura que cuando llegue esta singularidad, un ordenador de mil dólares será mil millones de veces más inteligente que todos los seres humanos combinados. Además, estos robots seguirán optimizándose y su progenie heredará las características adquiridas, de manera que cada nueva generación será superior a la anterior, en una espiral ascendente de máquinas de alto rendimiento.

Kurzweil sostiene que, en lugar de tomar el poder, nuestras creaciones robóticas abrirán un mundo nuevo de salud y prosperidad. Según él, por nuestra sangre circularán robots microscópicos, o nanobots, que «destruirán patógenos, corregirán errores en el ADN, eliminarán toxinas y realizarán otras muchas tareas para mejorar

El primer robot autorreplicante de Marte será el más difícil de producir. El proceso exigirá exportar al planeta rojo grandes cantidades de equipo para fabricarlo. Pero en cuanto se construya, se lo podrá dejar solo para que haga una copia de sí mismo. Entonces habrá dos robots que pueden hacer copias de sí mismos, lo que dará como resultado cuatro robots. Con este crecimiento exponencial de la población pronto habrá un ejército lo bastante grande para hacer el trabajo pesado de alterar el paisaje desértico. Excavarán el terreno para extraer minerales, construirán nuevas fábricas y seguirán copiándose a sí mismos de manera barata y eficiente. Después podrán crear una gran industria agrícola e impulsar el auge de la civilización moderna no solo en Marte, sino en todo el espacio, excavando minas en el cinturón de asteroides, construyendo baterías láser en la Luna, ensamblando gigantescas naves espaciales en órbita y estableciendo las bases para colonias en lejanos exoplanetas. Diseñar y construir máquinas autorreplicantes sería un logro impresionante.

Pero más allá de este hito yace lo que tal vez sea el Santo Grial de la robótica: máquinas con conciencia de sí mismas. Estas serían capaces de hacer mucho más que replicarse: podrían comprender quiénes son y asumir funciones de liderazgo, supervisar a otros robots, dar órdenes, planificar proyectos, coordinar operaciones y proponer soluciones creativas. Podrían hablar con nosotros y ofrecer consejos y sugerencias razonables. Sin embargo, el concepto de los robots conscientes plantea complicadas preguntas existenciales y les resulta francamente terrorífico a muchas personas, que temen que estas máquinas se rebelen contra sus creadores humanos.

ROBOTS CON CONCIENCIA PROPIA

En 2017 surgió una controversia entre dos multimillonarios, Mark Zuckerberg, fundador de Facebook, y Elon Musk, de SpaceX y Tesla. Zuckerberg sostenía que la inteligencia artificial era un gran generador de riqueza y prosperidad y que beneficiaría a toda la sociedad. En cambio, Musk lo veía todo mucho más oscuro y declaró que planteaba un peligro existencial para toda la humanidad: que algún día nuestras creaciones se vuelvan contra nosotros.[2]

¿Quién tiene razón? Si dependemos demasiado de los robots para mantener nuestras bases lunares y nuestras ciudades en Marte, ¿qué pasará si un día deciden que ya no nos necesitan? ¿Habremos creado colonias en el espacio exterior solo para que los robots nos las arrebaten?

Este temor es antiguo, y ya lo expresó en 1863 el novelista Samuel Butler, quien advirtió: «Estamos creando a nuestros sucesores. El hombre será para la máquina lo que el caballo y el perro son para el hombre».[3] A medida que los robots se vuelvan más inteligentes que nosotros, podemos llegar a sentirnos inservibles, descartados por nuestras propias creaciones. El experto en inteligencia artificial Hans Moravec ha dicho que «puede parecer que la vida no tenga sentido si estamos condenados a pasarla mirando como estúpidos a nuestra progenie superinteligente, mientras esta intenta describir sus cada vez más espectaculares descubrimientos en un lenguaje infantil que nosotros podamos entender». El científico de Google Geoffrey Hinton duda de que los robots superinteligentes sigan haciéndonos caso. «Es como preguntar si un niño puede controlar a sus padres […] No hay muchos antecedentes de que seres menos inteligentes controlen a seres más inteligentes.» El profesor de Oxford Nick Bostrom ha declarado que «ante la perspectiva de una explosión de la inteligencia, los humanos somos como niños pequeños jugando con una bomba […] No tenemos ni idea de cuándo ocurrirá la detonación, aunque si nos acercamos el aparato al oído podemos oír un leve tictac».

Otros sostienen que una rebelión robótica sería un claro caso de la evolución siguiendo su curso. Los organismos mejor adaptados desplazan a los más débiles; es el orden natural de las cosas. Lo cierto es que algunos informáticos están deseando que llegue el día en que los robots superen cognitivamente a los humanos. Claude Shannon, el padre de la teoría de la información, declaró una vez: «Puedo visualizar una época en la que seremos para los robots lo que los perros son para los humanos, y estoy de parte de las máquinas».[4]

De los muchos investigadores sobre inteligencia arti[…] entrevistado a lo largo de los años, todos confían en que a[…] máquinas se acercarán a la inteligencia humana y prestará[…] servicio a la humanidad. Pero muchos de ellos se abstienen […] fechas o calendarios concretos para este avance. El profeso[…] Minsky, del MIT, que escribió varios de los artículos pioner[…] inteligencia artificial, fue optimista en sus predicciones en l[…] cincuenta, pero en una entrevista reciente me reveló que ya […] dispuesto a dar fechas concretas, pues los investigadores de est[…] bito se han equivocado demasiadas veces en el pasado. Edward[…] genbaum, de la Universidad de Stanford, sostiene que «es ridí[…] hablar de esas cosas tan pronto. La inteligencia artificial está a e[…] de distancia». Y un informático citado en el *New Yorker* decía: «[…] me preocupo por eso [las máquinas inteligentes] por la misma raz[…] por la que no me preocupa la superpoblación en Marte».[5]

Sobre la controversia entre Zuckerberg y Musk, mi opinió[…] personal es que, a corto plazo, Zuckerberg tiene razón. La inteligen-cia artificial no solo hará posibles ciudades en el espacio; también enriquecerá a la sociedad haciéndolo todo de un modo más eficien-te, mejor y más barato, y creando todo un nuevo conjunto de em-pleos derivados de la industria robótica, que algún día puede llegar a ser más grande que la industria automovilística actual. Pero a largo plazo, Musk tiene razón al señalar un peligro mayor. La cuestión clave en este debate es la siguiente: ¿en qué punto trazarán los robots esta transición y se volverán peligrosos? Yo creo que el punto de inflexión fundamental se dará exactamente cuando los robots ad-quieran conciencia de sí mismos.[6]

En la actualidad, los robots no saben que lo son. Pero algún día podrían ser capaces de fijarse objetivos propios en lugar de asumir los elegidos por sus programadores. Entonces podrían tomar conciencia de que sus intenciones son diferentes de las nuestras. Si los intere-ses de unos y otros divergieran, los robots podrían representar un peligro. ¿Cuándo podría ocurrir esto? Nadie lo sabe. Ahora los ro-bots poseen la inteligencia de un insecto. Pero cabe la posibilidad de que a finales de este siglo se vuelvan conscientes. Para entonces habrá

nuestro bienestar físico». Confía en que la ciencia descubra pronto una cura para el envejecimiento, y está convencido de que, si vive un poco más, lo hará para siempre. Me confesó que toma varios cientos de pastillas al día en preparación para la inmortalidad. Pero en caso de que no lo consiga, ha dejado dispuesto que su cuerpo se conserve en nitrógeno líquido en una empresa criogénica.

Kurzweil también predice un tiempo, mucho más lejano, en que los robots podrán convertir los átomos de la Tierra en ordenadores. Poco a poco, todos los átomos del Sol y el sistema solar serán absorbidos en esta grandiosa máquina pensante. Me dijo que cuando mira a los cielos, a veces se imagina que, en el futuro, podría ver evidencias de robots superinteligentes reordenando las estrellas.

Pero no todo el mundo está convencido de este futuro color de rosa. Mitch Kapor, fundador de Lotus Development Corporation, afirma que el movimiento de la singularidad está «en mi opinión, fundamentalmente movido por un impulso religioso. Y todos esos frenéticos aspavientos no pueden disimular ese hecho». Hollywood ha contrarrestado la utopía de Kurzweil con una imagen pesimista de lo que significaría crear a nuestros sucesores evolutivos, que podrían dejarnos a un lado y obligarnos a seguir el camino del pájaro dodo. En la película *Terminator*, el ejército crea una red de ordenadores inteligentes llamada Skynet, que controla todas nuestras armas nucleares. Está diseñada para protegernos del peligro de una guerra nuclear. Pero, entonces, Skynet se vuelve consciente. Los militares, asustados al comprobar que la máquina ha desarrollado una mente propia, intentan desactivarla. Skynet, programada para protegerse, hace lo único que puede para impedir que la desactiven, que es destruir a la especie humana. Desencadena entonces una devastadora guerra nuclear, aniquilando nuestra civilización. Los humanos quedan reducidos a hordas de refugiados harapientos y guerrilleros que intentan derrotar el aplastante poder de las máquinas.

¿Está Hollywood simplemente intentando vender entradas asustando a los espectadores? ¿O podría suceder de verdad? Es una pregunta peliaguda, en parte porque los conceptos de conciencia y consciencia están tan enturbiados por argumentos morales, filosóficos y religiosos que carecemos de un marco convencional y riguroso para comprenderlos. Antes de continuar con nuestra discusión sobre la inteligencia de las máquinas, tenemos que establecer una definición clara de la consciencia.

TEORÍA DE LA CONSCIENCIA EN EL ESPACIO-TIEMPO

He propuesto una teoría que llamo «teoría de la consciencia en el espacio-tiempo». Es comprobable, reproducible, refutable y cuantificable. No solo define la conciencia de uno mismo, sino que además nos permite cuantificarla en una escala.

La teoría empieza por la idea de que los animales, las plantas e incluso las máquinas pueden ser conscientes. La consciencia, sostengo, es el proceso de crear un modelo de uno mismo usando múltiples ciclos de retroalimentación —por ejemplo, en el espacio, en la sociedad o en el tiempo— para alcanzar un objetivo. Para medir la consciencia, pues, basta con contar el número y tipos de ciclos de retroalimentación necesarios para crear un modelo de uno mismo.

La unidad de consciencia más pequeña podríamos encontrarla en un termostato o una fotocélula, que utilizan un solo ciclo de retroalimentación para crear un modelo de sí mismos en términos de temperatura o luz. Una flor, por ejemplo, puede tener diez unidades de consciencia, ya que necesita diez ciclos retroalimentarios para medir el agua, la temperatura, la dirección de la gravedad, la luz solar, etc. Según mi teoría, estos ciclos se pueden agrupar dependiendo del nivel de consciencia. Los termostatos y las flores pertenecerían al nivel 0.

La consciencia del nivel 1 incluye la de los reptiles, moscas de la fruta y mosquitos, que generan modelos de sí mismos basados en el espacio. Un reptil dispone de varios ciclos retroalimentarios para determinar las coordenadas de su presa y la localización de posibles parejas sexuales, posibles rivales y él mismo.

El nivel 2 es el de los animales sociales. Sus ciclos de retroalimentación incluyen a su comunidad o rebaño, y producen modelos de la compleja jerarquía social dentro del grupo, expresada en forma de emociones y gestos.

Estos niveles imitan más o menos las fases evolutivas del cerebro de los mamíferos. La parte más antigua de nuestro cerebro se encuentra al principio de todo, donde se procesan el equilibrio, la territorialidad y los instintos. El cerebro se expandió hacia delante y desarrolló el sistema límbico, el cerebro de los primates que rige las emociones, situado en el centro del cerebro. Esta progresión de atrás adelante es también la manera en que madura un niño.

Entonces, ¿qué es la consciencia humana en este esquema? ¿En qué nos diferenciamos de las plantas y los animales?

Mi teoría es que nosotros comprendemos el tiempo. Además de consciencia espacial y social, poseemos consciencia temporal. La última parte del cerebro que evolucionó fue la corteza prefrontal, que se encuentra justo detrás de nuestra frente y que se encarga de realizar simulaciones constantes del futuro. Puede parecer que los animales planifican —por ejemplo, cuando hibernan—, pero estos comportamientos son en gran parte consecuencia del instinto. No es posible enseñarles a un perro o un gato el significado del «mañana», ya que viven en el presente. Los humanos, en cambio, estamos en todo momento preparándonos para el futuro, e incluso para un futuro más allá de lo que alcanza nuestra vida. Hacemos planes y soñamos despiertos; no podemos evitarlo. Nuestros cerebros son máquinas de planificación.

Las imágenes de resonancias magnéticas han demostrado que cuando nos preparamos para llevar a cabo una tarea accedemos a recuerdos previos de esa misma tarea y los incorporamos, lo que hace más realistas nuestros planes. Según una teoría, los animales no poseen un sofisticado sistema de memoria porque se basan en el instinto, y por lo tanto no necesitan la capacidad de prever el futuro. En otras palabras, el propósito mismo de tener memoria puede ser proyectarla hacia el futuro.

De este modo, ahora podemos afirmar que la consciencia de uno mismo, que se puede entender como la capacidad de situarnos en una simulación futura, esté orientada a los objetivos.

Cuando aplicamos esta teoría a las máquinas, comprobamos que las más avanzadas se encuentran en el escalón más bajo de la consciencia de nivel 1, basado en su capacidad de localizar su posición en el espacio. La mayoría, como las construidas para el concurso de robótica de DARPA, apenas son capaces de guiarse por una habitación vacía. También existen algunos robots que pueden simular parcialmente el futuro, como el ordenador DeepMind de Google, pero solo en un aspecto sumamente concreto. Si le pides al DeepMind que haga otra cosa que no sea jugar al go, se queda bloqueado.

¿Hasta dónde tenemos que llegar, y cuáles son los pasos que tenemos que dar, para lograr una máquina consciente de sí misma como Skynet de *Terminator*?

¿CREAR MÁQUINAS CONSCIENTES?

Para crear máquinas conscientes de sí mismas, pues, tendremos que darles un objetivo. Los objetivos no surgen por arte de magia en los robots, sino que hay que programarlos para ellos desde fuera. Esta condición es una tremenda barrera contra la rebelión de las máquinas. Consideremos la obra teatral *R.U.R.* (1921), donde se usó por primera vez la palabra «robot». El argumento habla sobre robots que se alzan contra los humanos porque ven que otros robots son maltratados. Para que esto ocurra, las máquinas necesitarían un alto nivel de programación previa. Los robots no sienten empatía, ni sufren, ni sienten deseos de tomar el poder en el mundo, a menos que se les programe para ello.[8]

Pero supongamos, solo en aras de la argumentación, que alguien le encomienda a nuestro robot el objetivo de eliminar a la humanidad. Para ello deberá crear simulaciones realistas del futuro y situarse a sí mismo en ellas. Llegamos ahora al problema fundamental. Para imaginar situaciones y resultados posibles, y evaluar su grado de realismo, el robot tendría que comprender millones de reglas de sentido común, las leyes de la física, la biología y el comportamiento humano que nosotros damos por sentado. Además, tendría que comprender la relación causa-efecto y anticipar las consecuencias de ciertas acciones. Los humanos aprendemos esas reglas a base de décadas de experiencia. Una razón de que la infancia dure tanto tiempo es que hay que absorber mucha información sutil acerca de la sociedad humana y el mundo natural. En cambio, los robots no han estado expuestos a la mayoría de las interacciones basadas en la experiencia compartida.

A mí me gusta poner el ejemplo de un experto ladrón de bancos, capaz de planear con toda eficiencia su próximo golpe y de burlar a la policía, pues ha almacenado un gran acopio de recuerdos de atracos anteriores y puede comprender los efectos de cada decisión que tome. En cambio, para realizar una acción sencilla como entrar en un banco con una pistola y atracarlo, un ordenador tendría que analizar una compleja secuencia de eventos secundarios que se contarían por miles, cada uno de los cuales implicaría millones de líneas de código informático. Por sí mismo, no es capaz de captar la relación causa-efecto.

Desde luego, es posible que los robots se vuelvan conscientes y desarrollen objetivos peligrosos, pero es fácil ver que eso resultaría muy improbable, al menos en el futuro próximo. Introducir todas las ecuaciones que una máquina necesitaría para destruir a la especie humana sería una empresa inmensamente difícil. Gran parte del problema de los robots asesinos se puede eliminar impidiendo que alguien los programe para que sus objetivos sean peligrosos para los humanos. Cuando lleguen los robots conscientes, tendremos que añadir un chip de seguridad que los inactive si desarrollan ideas asesinas. No obstante, podemos descansar tranquilos, sin temor a que se nos meta en parques zoológicos, donde nuestros sucesores robóticos puedan tirarnos cacahuetes a través de los barrotes para hacernos bailar.

Esto significa que, cuando exploremos otros planetas y otras estrellas, podremos confiar en los robots para que nos ayuden a construir la infraestructura necesaria para crear asentamientos y ciudades en lejanos planetas y satélites, pero tendremos que procurar que sus objetivos sean coherentes con los nuestros, y disponer de mecanismos de seguridad para el caso de que representen un peligro. Aunque puede que exista cierto riesgo cuando los robots sean conscientes de sí mismos, esto no ocurrirá hasta finales de este siglo o principios del siguiente, así que tenemos tiempo para prepararnos.

POR QUÉ SE DESCONTROLAN LOS ROBOTS

Existe, sin embargo, una posibilidad que no deja pegar ojo por las noches a los investigadores del ámbito de la inteligencia artificial. Se le podría dar a un robot una orden ambigua o mal formulada que, si la cumpliera, sería desastrosa.

En la película *Yo, robot*, hay un ordenador supremo llamado VIKI, que controla la infraestructura de la ciudad. A VIKI se le da la orden de proteger a la humanidad. Pero tras estudiar la manera en que los humanos se tratan unos a otros, llega a la conclusión de que el mayor peligro para la humanidad es la humanidad misma. Y decide matemáticamente que la única manera de protegerla es tomar el control sobre ella.

Otro ejemplo es la leyenda del rey Midas. Le pide al dios Dioniso la capacidad de convertir en oro todo lo que toque. Al principio, este poder parece un camino seguro a la riqueza y la gloria, pero entonces toca a su hija, que se transforma en oro. También su comida se vuelve incomestible. Se ha convertido en un esclavo del don que solicitó.

H. G. Wells exploró una situación similar en su relato «El hombre que podía hacer milagros». Un día, un empleado corriente descubre que posee una facultad extraordinaria: todo lo que desea se hace realidad. Una noche sale de copas con un amigo, realizando milagros por el camino. No quieren que la noche termine, así que desea que la Tierra deje de rotar. De golpe, se ven azotados por furiosos vientos y gigantescas inundaciones. La gente, edificios y ciudades enteras son abalanzados al espacio a 1.600 kilómetros por hora, la velocidad de rotación de la Tierra. Comprendiendo que ha destruido el planeta, su último deseo es que todo vuelva a la normalidad, como era antes de que él adquiriera su poder.

Aquí la ciencia ficción nos enseña a ser cautos. A medida que desarrollemos la inteligencia artificial, debemos examinar con gran meticulosidad cada posible consecuencia, en especial las que no son inmediatamente obvias. Al fin y al cabo, nuestra capacidad de hacer eso es precisamente parte de lo que nos convierte en humanos.

COMPUTACIÓN CUÁNTICA

Para obtener una imagen más clara del futuro de la robótica, observemos con más detalle lo que ocurre dentro de un ordenador. En la actualidad, casi todos los ordenadores digitales se basan en circuitos de silicio y obedecen la ley de Moore, que postula que la potencia de los ordenadores se duplica cada dieciocho meses. Pero los avances tecnológicos de los últimos años han empezado a perder velocidad, comparados con el ritmo frenético de las décadas anteriores, y algunos han planteado la posibilidad de una situación extrema en la que la ley de Moore deje de cumplirse, lo que trastornaría gravemente la economía mundial, que ha llegado a depender del crecimiento casi exponencial de la potencia de los ordenadores. Si esto ocurriera, Silicon Valley podría convertirse en otro cinturón industrial en decadencia. Para evitar esta posible crisis, físicos de todo el mundo buscan un sustituto para el silicio. Están desarrollando varias alternativas a los ordenadores actuales, que incluyen ordenadores moleculares, atómicos, de ADN, de puntos cuánticos, ópticos y proteínicos, pero ninguna de ellas está lista para debutar.

También se esconde un comodín en la baraja. A medida que los transistores de silicio se vayan haciendo cada vez más pequeños, llegarán a tener el tamaño de átomos. En la actualidad, un chip Pentium puede estar revestido de capas de silicio con un grosor de unos veinte átomos. Dentro de una década, esas capas podrán ser de solo cinco átomos de grosor, y en este caso la teoría cuántica predice que los electrones pueden empezar a escapar, lo que provocaría cortocircuitos. Es necesario un tipo revolucionario de ordenador. Los ordenadores moleculares, tal vez basados en el grafeno, podrían sustituir a los chips de silicio. Pero tal vez algún día incluso estos ordenadores moleculares tengan problemas, con efectos que predice la teoría cuántica.

En este punto, puede que hayamos de construir el ordenador definitivo, el cuántico, capaz de funcionar con el transistor más pequeño posible: un solo átomo.

Así es como funcionaría: los circuitos de silicio tienen una puerta que puede estar abierta o cerrada al flujo de electrones. La información se almacena basándose en estos circuitos abiertos o cerrados. La matemática binaria, que se basa en una serie de unos y ceros, describe este proceso: 0 puede representar una puerta cerrada, 1 puede representar una puerta abierta.

Ahora supongamos que sustituimos el silicio por una hilera de átomos individuales. Los átomos son como pequeños imanes, con un polo norte y un polo sur. Cuando se colocan en un campo magnético, podemos sospechar que apuntan hacia arriba o hacia abajo. En realidad, cada átomo apunta al mismo tiempo hacia arriba y hacia abajo hasta que se hace una medición definitiva. En cierto sentido, un electrón puede encontrarse en dos estados al mismo tiempo. Esto contradice el sentido común, pero es la realidad según la mecánica cuántica. Y acarrea enormes ventajas. Si los imanes apuntan hacia arriba o hacia abajo, solo se puede almacenar cierta cantidad de datos. Pero si cada imán presenta una mezcla de estados, se pueden empaquetar cantidades mucho mayores de información en un pequeño conjunto de átomos. Cada bit de información, que puede ser un 1 o un 0, se convierte en un qubit, una compleja mezcla de unos y ceros con mucha más capacidad de almacenamiento.

La razón por la que interesan los ordenadores cuánticos es que podrían contener la clave para explorar el universo. En principio, un ordenador cuántico podría permitirnos superar la inteligencia humana, si bien todavía son una posibilidad remota. No sabemos cuándo llegarán ni cuál será todo su potencial. Pero podrían resultar valiosísimos para la exploración espacial. En lugar de limitarse a construir los asentamientos y ciudades del futuro, pueden llevarnos un paso más allá y darnos la capacidad de llevar a cabo la enorme planificación necesaria para terraformar planetas enteros.

Los ordenadores cuánticos serían muchísimo más potentes que los digitales. Estos necesitarían varios siglos en descifrar un código basado en un problema matemático excepcionalmente difícil, como factorizar un número de varios millones en dos números más pequeños. Pero los ordenadores cuánticos, que calcularían con un alto número de estados atómicos mixtos, podrían descifrarlo con rapidez. La CIA y otras agencias de espionaje son muy conscientes de sus posibilidades. Entre las montañas de material clasificado de la Agencia de Seguridad Nacional que se filtraron a la prensa hace unos años, había un documento de alto secreto que indicaba que la agencia estaba siguiendo de cerca los ordenadores cuánticos, pero que no se esperaba ningún avance importante en el futuro inmediato.

Dada la excitación y el alboroto que provocan los ordenadores cuánticos, ¿cuándo podremos disfrutar de ellos?

¿POR QUÉ NO TENEMOS ORDENADORES CUÁNTICOS?

La computación basada en átomos individuales puede resultar a la vez una bendición y una maldición. Aunque los átomos pueden almacenar una cantidad enorme de información, la más minúscula impureza, vibración o perturbación podría echar a perder un cálculo. Es necesario, pero dificilísimo, aislar por completo los átomos del mundo exterior. Tienen que alcanzar un estado llamado de «coherencia», en el que vibren al unísono. Pero la más mínima interferencia —por ejemplo, alguien que estornude en el edificio de al lado— puede provocar que los átomos vibren desacompasadamente, independientes unos de otros. La «decoherencia» es uno de los mayores problemas que afrontamos en el desarrollo de la computación cuánticas.

Debido a este problema, este tipo de ordenadores hoy en día solo pueden realizar cálculos rudimentarios. De hecho, el récord mundial de un ordenador cuántico es de unos veinte qubits. Puede no parecer muy impresionante, pero es todo un logro. Es posible que tardemos varias décadas, o tal vez hasta finales de este siglo, en construir un ordenador cuántico de alto rendimiento, pero cuando hayamos alcanzado esa tecnología aumentará de forma espectacular el poder de la inteligencia artificial.

ROBOTS EN EL FUTURO LEJANO

Teniendo en cuenta el primitivo estado de los autómatas actuales, no espero ver robots conscientes en las próximas décadas; una vez más, puede que no los veamos hasta finales de este siglo. Hasta que eso llegue, construiremos sofisticadas máquinas controladas remotamente para continuar la tarea de explorar el espacio; y después, tal vez, autómatas con nuevas capacidades de aprendizaje que empiecen a establecer las bases de los asentamientos humanos. Más adelante llegarán los autómatas autorreplicantes, que completarán la infraestructura; y, por último, las máquinas cuánticas conscientes, que nos ayudarán a establecer y mantener una civilización intergaláctica.

Por supuesto, toda esta charla acerca de llegar a estrellas lejanas plantea una importante pregunta: ¿cómo vamos a llegar allí nosotros, o nuestros robots? ¿Son realistas las naves estelares que vemos todas las noches en la televisión?

8

La construcción de una nave estelar

¿Por qué ir a las estrellas?

Porque somos los descendientes de aquellos primates que decidieron ver qué había detrás de la siguiente montaña.

Porque aquí no sobreviviremos para siempre.

Porque las estrellas están ahí, atrayéndonos con nuevos horizontes.

JAMES Y GREGORY BENFORD

En la película *Passengers*, el *Avalon*, una nave espacial de alta tecnología impulsada por enormes motores de fusión, viaja hacia Homestead II, una colonia en un planeta lejano. Los anuncios publicitarios de esta colonia son tentadores. La Tierra está vieja, cansada, superpoblada y contaminada. ¿Por qué no empezar una nueva vida en un mundo apasionante?

El viaje dura 120 años, durante los cuales los pasajeros permanecen en animación suspendida, con sus cuerpos congelados en cápsulas. Cuando el *Avalon* llegue a su destino, la nave despertará automáticamente a sus cinco mil pasajeros, que saldrán de sus cápsulas sintiéndose frescos y listos para iniciar una nueva vida en un hogar distinto.

Sin embargo, durante el viaje, una lluvia de meteoros perfora el casco de la nave y daña sus motores de fusión, causando una serie de averías. Uno de los pasajeros es revivido de forma prematura, cuando todavía quedan noventa años de viaje. Se siente solo y deprimido, pensando que la nave no aterrizará hasta mucho después de que él haya muerto. Desesperado por la falta de compañía, decide despertar a una bella compañera de viaje. En efecto, se enamoran. Pero cuando ella descubre que él la despertó a propósito casi un siglo antes del tiempo señalado, y que también ella morirá en ese purgatorio interplanetario, enloquece de furia.

Películas como *Passengers* son ejemplos de los recientes intentos de Hollywood por inyectar un poco de realismo en la ciencia ficción. El *Avalon* viaja a la manera clásica, sin superar la velocidad de la luz. Pero si le preguntamos a cualquier chico cómo se imagina una nave estelar, nos hablará de algo parecido al *Enterprise* de *Star Trek* o al *Halcón milenario* de *La guerra de las galaxias*, una nave capaz de lanzar a sus tripulantes a través de la galaxia a velocidades hiperlumínicas, y tal vez de meterse por túneles del espacio-tiempo y surfear por el hiperespacio.

En términos realistas, nuestras primeras naves interestelares no estarán tripuladas y no se parecerán en nada a los grandes y resplandecientes vehículos que aparecen en las películas. De hecho, puede que no sean mayores que un sello de correos. En 2016, Stephen Hawking escandalizó al mundo al respaldar un proyecto llamado Breakthrough Starshot, que pretende desarrollar «nanonaves», sofisticados chips instalados en velas que reciben energía de una enorme batería de potentes rayos láser en la Tierra. Cada chip tendría el tamaño de un pulgar humano, pesaría unos 25 gramos y contendría miles de millones de transistores. Uno de los aspectos más prometedores de esta empresa es que podemos utilizar tecnología ya existente en lugar de tener que esperar cien o doscientos años. Hawkins aseguraba que se podrían construir nanonaves por unos diez mil millones de dólares en una generación, y que utilizando cien mil millones de vatios de potencia láser podrían viajar a un quinto de la velocidad de la luz y llegar hasta Centauro, el sistema estelar más próximo, en veinte años. En términos comparativos, recordemos que ninguna misión de la lanzadera espacial pasó de la órbita de la Tierra, pero cada una costó casi mil millones de dólares. (Véase la imagen 3 del cuadernillo.)

Las nanonaves podrían conseguir lo que los cohetes químicos nunca podrán. La ecuación de Tsiolkovsky para estos últimos demuestra que es imposible que un cohete Saturn convencional llegue a la estrella más próxima, ya que necesitaría una cantidad de combustible directamente exponencial a su velocidad, y un cohete químico no puede cargar suficiente combustible para un viaje de esa distancia. Suponiendo que pudiera llegar a las estrellas más cercanas, el viaje duraría unos setenta mil años.

La mayor parte de la energía de un cohete químico se emplea en levantar su peso y llevarlo al espacio, pero una nanonave recibe pasivamente su energía de láseres exteriores, instalados en la Tierra, así que no se malgasta combustible: el cien por cien se utiliza en impulsar el vehículo. Y dado que las nanonaves no tienen que generar energía, no poseen partes móviles. Esto reduce de forma considerable las posibilidades de averías mecánicas. Tampoco carga sustancias explosivas y no estallará en la plataforma de lanzamiento ni en el espacio.

La tecnología informática ha avanzado hasta el punto en que podemos empaquetar todo un laboratorio científico en un chip. Las nanonaves contendrían cámaras, sensores, equipos químicos y células solares, todo ello diseñado para llevar a cabo análisis detallados de planetas lejanos y transmitir la información por radio a la Tierra. Dado que el coste de los chips informáticos ha bajado de forma espectacular, podríamos enviar miles de ellos a las estrellas, confiando en que unos pocos sobrevivan a sus peligrosos viajes. (Esta estrategia imita a la madre naturaleza, donde las plantas esparcen al viento miles de diminutas semillas para aumentar las probabilidades de que algunas tengan éxito.)

Una nanonave que recorriera el sistema del Centauro al 20 por ciento de la velocidad de la luz dispondría solo de unas pocas horas para completar su misión. En ese espacio de tiempo, localizaría planetas semejantes a la Tierra y los fotografiaría y analizaría rápidamente para determinar las características de sus superficies, su temperatura y la composición de sus atmósferas, buscando en especial la presencia de agua y oxígeno. También escrutaría el sistema solar en busca de emisiones de radio, que podrían indicar la existencia de inteligencia extraterrestre.

Mark Zuckerberg, fundador de Facebook, ha apoyado en público el Breakthrough Starshot, y el inversor y físico ruso Yuri Milner ha prometido invertir personalmente cien millones de dólares. Las nanonaves son ya mucho más que una idea. Pero hay varios obstáculos que debemos considerar antes de poner en marcha el proyecto.

PROBLEMAS CON LAS VELAS LÁSER

Para enviar una flota de nanonaves a Alfa Centauri, una batería de láseres tendría que bombardear con rayos de al menos cien gigavatios los paracaídas de las naves durante unos dos minutos. La presión que infligirían estos rayos haría que las naves salieran volando a gran velocidad por el espacio. No obstante, los rayos tendrían que apuntarse con una precisión extraordinaria para asegurar que las naves llegaran a su destino. La más mínima desviación en su trayectoria pondría en riesgo la misión.

El principal obstáculo con el que nos enfrentamos no es el conocimiento científico, del que ya disponemos, sino la financiación, incluso con varios científicos y empresarios de primera fila a bordo.

Una planta nuclear cuesta varios miles de millones de dólares y solo puede generar un gigavatio —un millón de vatios— de potencia. El proceso de solicitar fondos oficiales y privados para financiar una batería de láseres lo bastante potente y precisa está causando un grave atasco.

A modo de ensayo, antes de dirigirse a estrellas lejanas, los científicos pueden enviar nanonaves a destinos más próximos, dentro del sistema solar. Solo tardarían cinco segundos en llegar a la Luna, sobre una hora y media en llegar a Marte, y unos pocos días a Plutón. En lugar de esperar diez años para iniciar una expedición a los planetas exteriores, podríamos recibir información sobre ellos en cuestión de días gracias a las nanonaves, y de este modo observar lo que ocurre en el sistema solar casi en tiempo real.

En una fase posterior del proyecto, se podría tratar de montar una batería de cañones láser en la Luna.[1] Cuando un láser pasa a través de la atmósfera de la Tierra, pierde sobre un 60 por ciento de su energía. Una instalación lunar ayudaría a remediar este problema, y los paneles solares aportarían energía eléctrica barata y abundante para producir los rayos láser. Recordemos que un día lunar equivale a unos treinta días terrestres, de modo que la energía se podría captar eficientemente y almacenarla en baterías. Este sistema nos ahorraría miles de millones de dólares, pues, a diferencia de la energía nuclear, la luz solar es gratis.

A principios del siglo XXII la tecnología de los robots autorreplicantes debería haberse perfeccionado, y podremos confiarles la tarea de construir complejos de paneles solares y baterías láser en la Luna, Marte y más allá. Del primer equipo de autómatas que se enviaría, algunos extraerían minerales de los regolitos, mientras otros construirían una fábrica, y aun otros supervisarían la clasificación, trituración y fundición de materias primas en la fábrica, para separar y obtener diversos metales. Después, estos metales purificados se podrían utilizar para construir estaciones láser... y una nueva generación de robots autorreplicantes.

Con el tiempo, podríamos disponer de una red muy activa de estaciones repetidoras de rayos láser por todo el sistema solar, que tal vez se extendería desde la Luna hasta la nube de Oort. Dado que los cometas de la nube de Oort se encuentran casi a la mitad del camino a Alfa Centauri, y que la mayoría son estacionarios, podrían ser posiciones ideales para proyectores de láser que darían impulso extra a las nanonaves en su viaje al sistema estelar más próximo. Cuando una de ellas pase cerca de una de estas estaciones repetidoras, sus láseres dispararían automáticamente y darían a la nave un empujón adicional hacia las estrellas.

Los robots autorreplicantes podrían construir estos lejanos puestos avanzados utilizando la fusión nuclear en lugar de luz solar como fuente de energía.

Velas solares

Las nanonaves impulsadas por láser son solo un tipo de una categoría mucho más amplia de vehículos estelares llamados «velas solares».[2] Así como las velas de los barcos captan la fuerza del viento, las velas solares captan la presión lumínica de la luz solar o de un láser. De hecho, muchas de las ecuaciones que se emplean para guiar barcos de vela se pueden aplicar también a las velas solares en el espacio exterior.

La luz está formada por partículas llamadas fotones, y cuando estos chocan con un objeto, ejercen una minúscula presión. Como la presión lumínica es ligerísima, los científicos no se dieron cuenta de su existencia durante mucho tiempo. Fue Johannes Kepler el primero que observó el efecto cuando apreció que, en contra de lo que esperaba, las colas de los cometas siempre apuntan en dirección contraria al Sol. Kepler supuso correctamente que estas colas las crea la presión de la luz que este emite, que empuja lejos de sí las partículas de polvo y los cristales de hielo de los cometas.

El profético Julio Verne ya predijo las velas solares en *De la Tierra a la Luna*, donde escribió: «Algún día tendremos velocidades mucho mayores que estas, cuyo agente mecánico será probablemente la luz o la electricidad [...] Algún día viajaremos a la Luna, los planetas y las estrellas».[3]

Tsiolkovsky desarrolló un poco más el concepto de las velas solares, o de naves espaciales que se sirven de la presión de la luz del Sol. Pero la historia de estas ha sido irregular. Para la NASA nunca han sido una prioridad. El Cosmos 1 de la Sociedad Planetaria en 2005 y la NanoSail-D de la NASA en 2008 sufrieron fallos en sus lanzamientos. Les siguió la NanoSail-D2 de la NASA, que entró en una órbita baja alrededor de la Tierra en 2010. El único éxito en los intentos de enviar una vela solar más allá de la órbita terrestre lo obtuvieron los japoneses en 2010. El satélite IKAROS desplegó una vela que medía 14 x 14 metros y estaba impulsada por la presión de la luz solar. Llegó a Venus en seis meses, demostrando así que las velas solares eran viables.

La idea sigue propagándose a pesar de su errático progreso. La Agencia Espacial Europea está considerando el lanzamiento de la vela solar Gossamer, cuyo propósito sería «sacar de órbita» algunos de los miles de fragmentos de basura espacial que vuelan en torno a la Tierra.

Hace poco entrevisté a Geoffrey Landis, un científico de la NASA formado en el MIT, que trabaja en el programa de Marte y también en las velas solares. Tanto él como su esposa, Mary Turzillo, han escrito premiadas novelas de ciencia ficción. Le pregunté cómo lograba conciliar dos mundos tan diferentes: uno poblado por científicos meticulosos y sus complejas ecuaciones, y el otro lleno de fans del espacio y de los ovnis. Me respondió que la ciencia ficción era maravillosa porque le permitía especular sobre un futuro muy lejano. La física, dijo, le mantenía con los pies en el suelo.

La especialidad de Landis son las velas solares. Ha propuesto un vehículo para viajar a Alfa Centauri que consistiría en una vela solar compuesta por una capa ultrafina de un material similar al diamante que mediría varios cientos de kilómetros. La nave sería gigantesca, pesaría un millón de toneladas y se necesitarían recursos de todo el sistema solar para construirla y ponerla en funcionamiento, incluyendo la energía de rayos láser situados cerca de Mercurio. Para poder detenerse al llegar a su destino, la nave incluiría un gran «paracaídas magnético», con el campo generado por un aro de alambre de cien kilómetros de diámetro. Los átomos de hidrógeno del espacio pasarían por ese aro y generarían fricción, que poco a poco, a lo largo de varias décadas, frenaría la vela solar. Un viaje de ida y vuelta a Alfa Centauri duraría dos siglos, por lo que la tripulación tendría que constar de varias generaciones. Aunque esta astronave es físicamente factible, su coste es elevadísimo, y Landis reconoce que se tardarían de cincuenta a cien años en construirla y probarla. Mientras tanto, está ayudando a fabricar la vela láser Breakthrough Starshot.

Motores iónicos

Además de la propulsión láser y las velas solares, hay otras maneras posibles de impulsar una astronave. Para compararlas, es necesario introducir un concepto llamado «impulso específico», que se define como el empuje del medio de propulsión multiplicado por su tiempo e actuación. (El impulso específico se mide en segundos.) Cuanto más tiempo estén en funcionamiento los motores de un cohete, mayor es su impulso específico, a partir del cual se puede calcular la velocidad final.

Aquí tenemos una sencilla tabla que indica el impulso específico de varios tipos de propulsores. No he incluido algunos diseños —como el cohete láser, la vela solar y el cohete estatorreactor de fusión— que técnicamente tienen un impulso específico infinito, ya que sus motores pueden funcionar de forma indefinida.

Tipo de propulsor	Impulso específico
De combustible sólido	250
De combustible líquido	450
De fisión nuclear	de 800 a 1.000
Motor iónico	5.000
Motor de plasma	de 1.000 a 30.000
De fusión nuclear	de 2.500 a 200.000
De pulso nuclear	de 10.000 a 1 millón
De antimateria	de 1 a 10 millones

Nótese que los cohetes químicos, cuya combustión solo dura unos minutos, tienen el impulso específico menor. A continuación vienen los motores iónicos, que podrían ser útiles para misiones a planetas cercanos. Estos funcionan tomando un gas como el xenón, arrancando los electrones de sus átomos para transformarlos en iones (fragmentos de átomos con carga) y después acelerando estos iones con un campo eléctrico. El interior de un motor iónico se parece un poco al interior de un monitor de televisión, donde los campos eléctricos y magnéticos guían un chorro de electrones.

El empuje de los motores iónicos es tan desesperantemente pequeño —se suele medir en gramos— que, cuando se enciende uno en el laboratorio, parece que no ocurre nada. Pero en el espacio, y con el tiempo, pueden alcanzar velocidades superiores a las de los cohetes químicos. Se ha comparado a los motores iónicos con la tortuga que echa una carrera con la liebre... que en este caso serían los cohetes químicos. Aunque la liebre puede correr a una velocidad altísima, solo puede hacerlo durante unos minutos antes de quedar agotada. La tortuga, en cambio, es más lenta pero puede seguir andando durante días, y por eso gana las competiciones de larga distancia. Los cohetes iónicos pueden funcionar durante años, por lo que tienen un impulso específico mucho mayor que los cohetes químicos.

Para aumentar la potencia de un motor iónico se podría ionizar el gas por medio de microondas u ondas de radio, y después usar campos magnéticos para acelerar los iones. A esto se le llama motor de plasma, que en teoría podría reducir la duración del viaje a Marte de nueve meses a menos de cuarenta días, según sus partidarios, pero la tecnología se encuentra todavía en fase de desarrollo. (Un factor limitante para este tipo de motores es la gran cantidad de electricidad necesaria para crear el plasma, que podría incluso precisar de una planta nuclear para las misiones interplanetarias.)

La NASA ha estado estudiando y construyendo motores iónicos durante décadas. Por ejemplo, el Deep Space Transport, que podría llevar a nuestros astronautas a Marte en la década de 2030, utiliza propulsión iónica. Lo más probable es que, a finales de este siglo, los motores iónicos sean la columna vertebral de las expediciones espaciales interplanetarias. Aunque los cohetes químicos todavía podrían resultar la mejor opción para misiones en las que el tiempo apremie, los iónicos constituirían una alternativa sólida y fiable cuando el tiempo no sea la consideración más importante.

Después del motor iónico siguen sistemas de propulsión que son más especulativos. Hablaremos de cada uno de ellos en las próximas páginas.

Astronaves para cien años

En 2011, DARPA y la NASA organizaron un simposio titulado «The 100 Year Starship», que generó considerable interés. El objetivo no era construir una nave estelar en los próximos cien años, sino reunir a mentes científicas de primera fila que pudieran elaborar una agenda viable de viajes interestelares de cara al próximo siglo. El proyecto lo organizaron miembros de la Vieja Guardia, un grupo informal de físicos e ingenieros veteranos, muchos de ellos septuagenarios, que querían aprovechar su conocimiento colectivo para llevarnos a las estrellas. Han mantenido la llama encendida con gran pasión durante décadas.

Landis es miembro de la Vieja Guardia. Pero entre ellos hay también una curiosa pareja, James y Gregory Benford, dos gemelos que además son físicos y escritores de ciencia ficción. James me contó que su fascinación por las naves espaciales comenzó cuando era niño y devoraba todo este tipo de novelas que se le pusiera a mano, en especial la vieja serie de los *Cadetes del espacio* de Robert A. Heinlein. Comprendió que, si él y su hermano se tomaban el espacio en serio, tendrían que estudiar física. Mucha física. Así que los dos se propusieron doctorarse en esta ciencia. Ahora James es presidente de Microwave Sciences y ha trabajado durante muchos años con sistemas de microondas de alta potencia. Gregory es profesor de física en la Universidad de California en Irvine, y en su otra vida ha ganado el codiciado premio Nebula por una de sus novelas.

Después del simposio «The 100 Year Starship», James y Gregory escribieron un libro, *Starship Century. Toward the Grandest Horizon,* que contiene muchas de las ideas que presento aquí. James, que es experto en radiación por microondas, cree que las velas solares son nuestra mejor opción para viajar más allá del sistema solar. Pero añade que hay una larga historia de diseños teóricos alternativos, que resultarían extremadamente caros pero que tienen una sólida base física y podrían ser factibles algún día.

COHETES NUCLEARES

Esta historia se remonta a los años cincuenta, una época en la que mucha gente vivía aterrorizada por la amenaza de una guerra nuclear, pero unos pocos científicos atómicos estaban buscando aplicaciones científicas para esa energía. Consideraron toda clase de ideas, como utilizar armas nucleares para crear puertos y bahías.

Casi todas estas sugerencias se rechazaron a causa de los problemas que acarrean las explosiones nucleares, como la lluvia radiactiva y otro tipo de catástrofes. Pero una intrigante propuesta que quedó en el aire fue el llamado proyecto Orion, que proponía usar este tipo de armas como fuente de energía para naves espaciales.

El esqueleto del plan era simple: fabricar bombas atómicas en miniatura y expulsarlas una a una por el extremo trasero de una astronave. Cada vez que una de estas minibombas estallara, crearía una onda expansiva de energía que empujaría la nave hacia delante. En principio, si se expulsara una serie de pequeñas bombas nucleares seguidas, la nave podría acelerar hasta casi la velocidad de la luz.

La idea fue desarrollada por el físico nuclear Ted Taylor en colaboración con Freeman Dyson.[4] Taylor era famoso por haber diseñado una gran variedad de artefactos nucleares, desde la bomba de fisión más grande que jamás ha explotado (con una fuerza unas veinticinco veces mayor que la de la bomba de Hiroshima) hasta el pequeño cañón nuclear portátil Davy Crockett (con una milésima parte de la fuerza de la bomba de Hiroshima). Pero él quería encauzar sus extensos conocimientos sobre esta clase de explosivos hacia fines pacíficos. Le entusiasmó la oportunidad de ser pionero de la nave Orion.

El principal problema era cómo controlar con precisión esa serie de detonaciones de modo que la astronave pudiera cabalgar sobre la onda expansiva sin peligro y sin quedar destruida en el proceso. Se hicieron diferentes diseños para toda una gama de velocidades. El modelo más grande medía unos cuatrocientos metros de diámetro, pesaba ocho millones de toneladas y lo impulsaban 1.080 bombas.

En teoría, podía alcanzar una velocidad del 10 por ciento de la velocidad de la luz, y llegaría a Alfa Centauri en cuarenta años. A pesar de su enorme tamaño, los cálculos indicaban que podría funcionar.

Pero los críticos cargaron contra la idea, indicando que las naves de pulso nuclear desencadenarían una lluvia radiactiva. Taylor se defendió alegando que esta se crea cuando el polvo y el casco metálico de la bomba se vuelven radiactivos después de estallar la bomba, y se podría evitar si la nave solo encendiera su motor en el espacio exterior. Pero el Tratado de Prohibición de Ensayos Nucleares de 1963 impedía también experimentar con bombas atómicas en miniatura. La astronave Orion acabó siendo una curiosidad relegada a viejos libros de ciencia.

INCONVENIENTES DE LOS COHETES NUCLEARES

Otra razón de que el proyecto quedara relegado fue que el propio Ted Taylor perdió el interés. Una vez le pregunté por qué retiró su apoyo, ya que parecía un uso natural de su talento. Me explicó que crear la Orion equivaldría a producir un nuevo tipo de bomba nuclear. Aunque se había pasado gran parte de su vida diseñando bombas de fisión de uranio, se había dado cuenta de que algún día la nave Orion también usaría potentes bombas H diseñadas especialmente para ella.

Estas bombas, que desprenden la mayor cantidad de energía conocida por la ciencia, han pasado por tres etapas de desarrollo. Las primeras, de los años cincuenta, eran artefactos gigantescos que necesitaban grandes barcos para transportarlos. A todos los efectos, habrían resultado inútiles en una guerra nuclear. Las bombas de segunda generación son los pequeños y portátiles MIRV (Vehículos de Reentrada Múltiple e Independiente, por sus siglas en inglés), que constituyen el grueso de los arsenales nucleares estadounidense y ruso. Caben diez de ellas en la cabeza de un misil balístico intercontinental.

Las de tercera generación, llamadas a veces «bombas nucleares de diseño», son todavía un concepto. Se podrían esconder con facilidad y fabricar a medida para campos de batalla específicos: por ejemplo, el desierto, la selva, el Ártico o el espacio exterior. Taylor me contó que había perdido la ilusión por el proyecto y temía que los terroristas se apoderaran de las bombas. Para él sería una pesadilla indescriptible que sus artefactos cayeran en malas manos y destruyeran una ciudad estadounidense. Reflexionó con franqueza sobre la ironía de ese cambio de postura. Había contribuido a un campo en el que los científicos clavaban alfileres —cada uno de los cuales representaba una bomba nuclear— en un mapa de Moscú. Pero cuando se enfrentó a la posibilidad de que las bombas de tercera generación pudieran acabar siendo alfileres en una ciudad estadounidense, decidió de pronto oponerse al desarrollo de armas nucleares avanzadas.

James Benford me reveló que, aunque el cohete de pulso nuclear de Taylor nunca pasó de ser una idea, el Gobierno sí que produjo una serie de cohetes nucleares. En lugar de hacer explotar minibombas atómicas, estos cohetes utilizaban un anticuado reactor de uranio para generar el calor necesario. (El reactor se empleaba para calentar un líquido —por ejemplo, hidrógeno líquido— a temperatura muy alta, y después dispararlo por un tubo de la parte trasera, creando impulso.) Se construyeron varias versiones y se probaron en el desierto. Aquellos reactores eran muy radiactivos, y siempre existía el peligro de una fusión durante la fase de lanzamiento, que podría haber causado un desastre. Debido a una variedad de problemas técnicos, y al creciente sentimiento antinuclear entre el público, esos cohetes nucleares quedaron abandonados.

COHETES DE FUSIÓN

El plan de emplear bombas nucleares para impulsar naves espaciales murió en los años sesenta, pero había otra posibilidad en la recámara. En 1978, la Sociedad Interplanetaria Británica emprendió el proyecto Daedalus [Dédalo]. En lugar de utilizar bombas de fisión de uranio, el Dédalo utilizaría minibombas H, algo que el propio Taylor ya había considerado, pero nunca desarrolló. (Las minibombas H de esta nave son en realidad artefactos pequeños de segunda generación, no los de tercera generación que tanto temía Taylor.)

Hay varias maneras de liberar el poder de la fusión con fines pacíficos.[5] Una de ellas, llamada «confinamiento magnético», consiste en colocar hidrógeno gaseoso en un campo magnético con forma de rosquilla y después calentarlo a millones de grados. Los núcleos de hidrógeno chocan unos con otros y se fusionan formando núcleos de helio y desprendiendo ráfagas de energía nuclear. El reactor de fusión se puede usar para calentar un líquido, que después se deja salir por un tubo, impulsando el cohete.

En la actualidad, el principal reactor de fusión por confinamiento magnético es el Reactor Termonuclear Experimental Internacional (ITER, por sus siglas en inglés), situado en el sur de Francia. Es una máquina monstruosa, diez veces más grande que su mayor competidor. Pesa 5.110 toneladas, mide once metros de altura y veinte de diámetro, y hasta ahora ha costado más de 12.000 millones de euros. Se espera que alcance la fusión en 2035, y en su momento producirá 500 megavatios de energía térmica (una planta nuclear normal a base de uranio produce unos mil megavatios de electricidad). Se espera que sea el primer reactor de fusión que genere más energía que la que consume. A pesar de una serie de retrasos y sobrecostes, los físicos con los que he hablado están seguros de que el reactor ITER hará historia. Tendremos la respuesta dentro de poco. Como dijo el premio Nobel Pierre-Gilles de Gennes: «Afirmamos que introduciremos el Sol en una caja. La idea es bonita. El problema es que no sabemos cómo hacer la caja».

Otra variación del cohete Dédalo podría estar impulsada por fusión láser, y utilizaría gigantescos rayos para comprimir una pequeña bola de material rico en hidrógeno. Este proceso se llama «confinamiento inercial». Un ejemplo de este proceso son las Instalaciones Nacionales de Ignición (NIF, por sus siglas en inglés), que depende del Laboratorio Nacional de Livermore, California. Su batería de rayos láser —192 rayos gigantes en tubos de 1.500 metros de longitud— es la más grande del mundo. Cuando se enfocan estos rayos sobre una pequeña muestra de hidruro de litio rico en hidrógeno, su energía incinera la superficie del material, lo que provoca una miniexplosión que hace que la bolita se desplome y eleva su temperatura a cien millones de grados centígrados. Esto ocasiona una reacción de fusión que desprende quinientos billones de vatios de potencia en unas billonésimas de segundo.

Pude observar una demostración del NIF cuando presenté un documental del Discovery/Science Channel. Los visitantes deben pasar antes por una serie de controles de seguridad nacional, ya que el arsenal nuclear de Estados Unidos se diseña en el laboratorio Livermore. Cuando por fin me dejaron entrar, quedé sobrecogido. En la cámara principal donde convergen los rayos láser habría podido caber un edificio de viviendas de cinco pisos.

Una versión del proyecto Dédalo utiliza un proceso similar a la fusión láser. Pero en lugar de un rayo láser, emplea una batería de chorros de electrones para calentar la pequeña bola rica en oxígeno. En teoría, si se hicieran detonar 250 de esas bolas por segundo, se podría generar energía suficiente para que una astronave alcanzara una fracción de la velocidad de la luz. Sin embargo, ese diseño requeriría un cohete de fusión de un tamaño inmenso. Una versión del Dédalo pesaría 54 toneladas y mediría unos 190 metros de longitud, con una velocidad máxima del 12 por ciento de la velocidad de la luz. Sería tan grande que habría que construirlo en el espacio. (Véase la imagen 4 del cuadernillo.)

Como idea, el cohete de fusión nuclear es un concepto sólido, pero la energía producida por la fusión no está demostrada.[6] Además, el tamaño mismo y la complejidad de estos hipotéticos cohetes arroja dudas sobre su viabilidad, al menos en este siglo. Aun así, junto con las velas solares, el cohete de fusión parece lo más prometedor.

ASTRONAVES DE ANTIMATERIA

Los avances tecnológicos de quinta ola (que incluyen los motores de antimateria, las velas solares, los motores de fusión y las nanonaves) pueden abrir nuevos y estimulantes horizontes para el diseño de naves estelares. Los motores de antimateria, como en *Star Trek*, pueden hacerse realidad. Utilizan la mayor fuente de energía del universo: la transformación directa de materia en energía por medio de colisiones entre materia y antimateria.[7]

La antimateria es lo contrario de la materia, y esto significa que tiene carga contraria. Un antielectrón tiene una carga positiva, mientras que un antiprotón carga negativa. (Intenté investigar la antimateria en el instituto colocando una cápsula de sodio-22, que emite antielectrones, en una cámara de niebla y fotografiando las bonitas estelas que dejaban la antimateria. Más adelante construí un acelerador de partículas betatrón de 2-3 millones de electronvoltios, con la esperanza de analizar las propiedades de la antimateria.)

Cuando la materia y la antimateria chocan, las dos quedan aniquiladas y se transforman en energía pura, de modo que esta reacción libera energía con un 100 por ciento de eficiencia. La efectividad de un arma nuclear, por el contrario, es solo del 1 por ciento; casi toda la energía de una bomba de hidrógeno se desperdicia.

El diseño de un propulsor de antimateria sería bastante sencillo. Esta se almacenaría en recipientes de seguridad y se introduciría en una cámara en corrientes uniformes. En la cámara, se combinaría con materia normal y el resultado sería un estallido de rayos gamma y X. A continuación, la energía se haría salir por una abertura en la cámara de escape para generar impulso.

Tal como me comentó una vez James Benford, los cohetes de antimateria son uno de los conceptos favoritos de los aficionados a la ciencia ficción, pero su construcción presenta graves problemas. Para empezar, la antimateria ocurre de manera natural, pero solo en cantidades relativamente pequeñas, de modo que tendríamos que fabricar mucha cantidad para utilizarla en los motores. El primer átomo de antihidrógeno, con un antielectrón orbitando alrededor de un antiprotón, se creó en 1995 en la Organización Europea de Investigación Nuclear (CERN, por sus siglas en inglés) de Ginebra (Suiza). Se disparó un chorro de protones normales contra una diana hecha de materia normal. La colisión dio como resultado unas cuantas partículas de antiprotones. Grandes campos magnéticos separaron los protones de los antiprotones, empujándolos en diferentes direcciones: unos a la derecha, los otros a la izquierda. Después se desaceleraron los antiprotones y se almacenaron en una trampa magnética, donde se combinaron con antielectrones para formar antihidrógeno. En 2016, los físicos del CERN tomaron antihidrógeno y analizaron los antielectrones que orbitan en torno al antiprotón. Como esperaban, encontraron una correspondencia exacta entre los niveles de energía del antihidrógeno y del hidrógeno normal.

Los científicos del CERN han declarado que «si pudiéramos juntar toda la antimateria que hemos producido en el CERN y hacerla chocar contra materia, tendríamos energía suficiente para encender una sola bombilla eléctrica durante unos minutos». Para un cohete se necesitaría muchísimo más. Además, la antimateria es el material más caro del universo. A los precios actuales, un gramo costaría unos sesenta billones de euros. En la actualidad, solo se puede producir (en muy pequeñas cantidades) con aceleradores de partículas, cuya construcción y funcionamiento son inmensamente costosos. El Gran Colisionador de Hadrones (LHC, por sus siglas en inglés) del CERN es el acelerador de partículas más potente del mundo, y costó más de 9.000 millones de euros construirlo, pero solo puede producir un finísimo chorro de antimateria. Acumular la suficiente para impulsar una nave espacial dejaría en la ruina a Estados Unidos.

Los gigantescos aceleradores de partículas actuales son máquinas multiusos, que se utilizan en exclusiva para la investigación y son sumamente ineficientes en la producción de antimateria. Una solución parcial sería construir fábricas dedicadas en específico a producirla. De hacerse así, Harold Gerrish de la NASA cree que el coste de la antimateria podría bajar a 4.500 millones de euros el gramo.

El almacenamiento representa más dificultades y gastos. Si introducimos antimateria en una botella, tarde o temprano tocará las paredes y hará pedazos el recipiente. Para encerrarla adecuadamente se necesitarían trampas iónicas de Penning, que utilizan campos magnéticos para mantener en suspensión los átomos de antimateria e impedir que entren en contacto con el recipiente.

En la ciencia ficción, los problemas de coste y almacenamiento se suelen resolver con el descubrimiento de un *deus ex machina*, como un antiasteroide que nos permite extraer antimateria a precios baratos. Pero esta hipotética situación plantea una pregunta complicada: ¿de dónde sale la antimateria?

Miremos donde miremos en el espacio con nuestros instrumentos vemos materia, no antimateria. Lo sabemos porque la colisión de un electrón con un antielectrón desprende una energía de, como mínimo, 1,02 millones de electronvoltios. Esta es la huella dactilar de una colisión de antimateria. No obstante, cuando examinamos el universo, detectamos muy poca radiación de este tipo. La mayor parte del universo a nuestro alrededor está formado de la misma materia normal de la que estamos formados nosotros.

Los físicos creen que en el instante del big bang el universo se encontraba en perfecta simetría y había la misma cantidad de materia que de antimateria. De ser así, la aniquilación entre las dos habría resultado perfecta y completa, y el universo estaría compuesto de radiación pura. Y, sin embargo, aquí estamos, hechos de materia, que ya no debería existir. Nuestra mera existencia contradice la física moderna.

Todavía no hemos averiguado por qué hay más materia que antimateria en el universo. Solo una diezmilmillonésima parte de la materia original sobrevivió a aquella explosión, y nosotros somos parte de esa materia. La teoría más aceptada es que algo perturbó la perfecta simetría entre materia y antimateria en el big bang, pero no sabemos qué fue. Hay un premio Nobel aguardando al visionario que resuelva este problema.

Los motores de antimateria figuran en la lista de prioridades para todo el que quiera construir una astronave. Pero sus propiedades todavía permanecen inexploradas casi del todo. No se sabe, por ejemplo, si cae hacia arriba o hacia abajo. La física moderna predice que lo hará hacia abajo, como la materia normal. De ser así, la antigravedad no sería posible. Sin embargo, ni esto ni otras muchas cosas se han puesto a prueba jamás. Basándonos en el coste y en nuestros limitados conocimientos, lo más probable es que los cohetes de antimateria sigan siendo un sueño durante el próximo siglo, a menos que demos con un antiasteroide flotando en el espacio.

ASTRONAVES CON ESTATORREACTORES DE FUSIÓN

El cohete estatorreactor de fusión es otro concepto atractivo.[8] Se parece a un gigantesco cucurucho de helado que recoge hidrógeno gaseoso en el espacio interestelar y después lo concentra en un reactor de fusión para generar energía. Como un avión a reacción o un misil de crucero, el cohete estatorreactor sería bastante económico. Dado que el avión a reacción absorbe aire corriente, no tiene que cargar con su propio oxidante, lo que reduce el coste. Y dado que en el espacio hay una cantidad ilimitada de gas hidrógeno para usar como combustible, la nave debería ser capaz de acelerar de forma indefinida. Igual que en la vela solar, el impulso específico de la máquina es infinito. (Véase la imagen 5 del cuadernillo.)

La famosa novela *Tau Cero* de Poul Anderson trata de un cohete estatorreactor de fusión que sufre una avería y no puede apagarse. Mientras sigue acelerando y acercándose a la velocidad de la luz, empiezan a ocurrir extrañas distorsiones relativistas. Dentro de la nave el tiempo decelera, pero el universo que la rodea sigue envejeciendo como de costumbre. Cuanto más veloz va la nave, más lento transcurre el tiempo dentro de ella. Pero para los pasajeros de esta nave las cosas parecen perfectamente normales, mientras que fuera el universo envejece deprisa. Con el tiempo, la astronave viaja a tanta velocidad que fuera de ella pasan millones de años mientras los tripulantes lo contemplan sin poder hacer nada. Después de viajar incontables millones de años hacia el futuro, la tripulación se da cuenta de que el universo ya no se sigue expandiendo, sino que se contrae. La onda expansiva del universo se está invirtiendo por fin. La temperatura sube y las galaxias empiezan a acercarse las unas a las otras, dirigiéndose a la Gran Implosión definitiva. Al final del relato, justo cuando todas las estrellas están implosionando, el cohete consigue sobrepasar la gran bola de fuego cósmica y sus pasajeros presencian un nuevo big bang, en el que nace un nuevo universo. Por muy fantástico que parezca este argumento, en lo fundamental se ajusta a la teoría de la relatividad de Einstein.

Dejando al margen las narraciones apocalípticas, el motor estatorreactor de fusión, al principio, parecía demasiado bueno para ser verdad. Pero con los años le han empezado a llover críticas. El embudo tendría que medir cientos de kilómetros de diámetro, lo cual sería poco práctico y prohibitivamente caro. La cantidad de fusión no produciría suficiente energía para impulsar una nave estelar. Además, el doctor James Benson me indicó que nuestro sector del sistema solar no contiene suficiente hidrógeno para alimentar los motores, aunque es posible que en otras zonas de la galaxia haya más. Otros aseguran que la resistencia al avance de un motor estatorreactor que se moviera contra el viento solar sería superior a su empuje, de manera que nunca podría alcanzar velocidades relativistas. Los físicos han intentado modificar el diseño para corregir estos inconvenientes, pero todavía nos queda mucho camino por recorrer antes de que los cohetes estatorreactores se conviertan en una opción realista.

PROBLEMAS DE LAS NAVES INTERESTELARES

Hay que dejar claro que todos los tipos de astronave mencionados hasta ahora se enfrentan a otros problemas derivados de viajar a velocidades próximas a la de la luz. Las colisiones con asteroides serán un riesgo importante, incluso fragmentos muy pequeños podrían perforar el casco de la nave. Como ya dijimos, la lanzadera espacial sufrió pequeñas mellas y arañazos causados por basura espacial, que tal vez chocaron con el vehículo cerca de la velocidad orbital, 29.000 kilómetros por hora. Pero al acercarse a la velocidad de la luz, los impactos se producirían con mucha más fuerza, y podrían llegar a pulverizar la nave en cuestión.

En las películas, este peligro se elimina mediante potentes campos de fuerza que repelen convenientemente todos estos micrometeoritos… Pero, por desgracia, estos campos solo existen en las mentes de los escritores de ciencia ficción. En la realidad, sí que se podrían generar campos eléctricos y magnéticos, pero incluso así los objetos domésticos sin carga eléctrica, de plástico, madera o yeso, podrían penetrar con facilidad en ellos. En el espacio exterior, los micrometeoritos sin carga eléctrica no podrían ser desviados por campos eléctricos o magnéticos. Y los gravitatorios ejercen atracción y son sumamente débiles, así que tampoco resultarían adecuados como los repelentes que necesitamos.

Frenar es otro problema. Si vas lanzado por el espacio a una velocidad cercana a la de la luz, ¿cómo frenarás cuando llegues a tu destino? Las velas solares y láser dependen de la luz del Sol o de rayos láser, que no se pueden utilizar para decelerar la nave. De este modo, solo resultarían útiles para expediciones de paso.

Tal vez la mejor manera de frenar un cohete con propulsor nuclear sea hacerlo girar 180 grados para que ser impulse en la dirección contraria. Sin embargo, esta estrategia consumiría aproximadamente la mitad de la fuerza propulsora de la misión para alcanzar la velocidad deseada y la otra mitad para frenar el cohete. En el caso de las velas solares, tal vez se podrían invertir para utilizar la luz de la estrella a la que se dirigen para frenar la nave.

Otro problema es que casi todas las astronaves capaces de transportar pasajeros serían muy grandes y pesadas, y solo se podrían ensamblar en el espacio. Se necesitarían docenas de misiones para poner en órbita los materiales de construcción, y todavía más para montar las piezas. Para evitar gastos imposibles de sufragar, habría que idear un método más económico de lanzar misiones al espacio. Aquí es donde entra en juego el ascensor espacial.

ASCENSORES AL ESPACIO

Los ascensores espaciales serían una aplicación trascendental de la nanotecnología.[9] Un ascensor espacial es un largo conducto que lleva desde la Tierra al espacio. Uno entraría en el ascensor, apretaría un botón y sería elevado con rapidez hasta cierta órbita. No sufriría la aplastante fuerza que se experimenta cuando un cohete impulsor despega de su plataforma de lanzamiento. Nuestra ascensión al espacio sería tan suave como subir en ascensor a la planta más alta de unos grandes almacenes. Como la mata de habichuelas mágicas del cuento, el ascensor espacial en apariencia desafiaría la gravedad y proporcionaría un modo de ascender sin esfuerzo a los cielos.

La posibilidad de este artefacto fue estudiada por primera vez por el físico ruso Konstantin Tsiolkovsky, quien quedó fascinado por la construcción de la torre Eiffel en la década de 1880. Si los ingenieros podían construir una estructura tan magnífica, se preguntó, ¿por qué no ir más allá hasta llegar al espacio? Utilizando unos cálculos físicos sencillos, pudo demostrar que, en principio, si la torre fuera lo bastante alta, la fuerza centrífuga bastaría para mantenerla erguida, sin ninguna fuerza externa. Así como una bola al extremo de una cuerda no cae al suelo debido a la rotación, la fuerza centrífuga de la Tierra impediría que el ascensor espacial se derrumbara.

La idea de que los cohetes podían no ser la única manera de llegar al espacio era radical y apasionante. Pero había un obstáculo inmediato. La tensión en los cables de acero del ascensor espacial podría llegar a los cien gigapascales, muy superior al punto de fractura del acero, que es de dos gigapascales. Los cables se partirían, y el ascensor se vendría abajo.

Este concepto quedó archivado durante casi cien años. De vez en cuando lo mencionaban autores como Arthur C. Clarke, que lo introdujo en una novela titulada *Las fuentes del paraíso*. Sin embargo, cuando le preguntaron cuándo sería posible esta tecnología, respondió: «Tal vez, unos cincuenta años después de que todos dejen de reírse de ella».[10]

Pero ya no se ríe nadie. De pronto, los ascensores espaciales no parecen tan disparatados. En 1999, un estudio preliminar de la NASA determinó que un ascensor con un cable de 90 centímetros de grosor y 48.000 kilómetros de longitud podría transportar quince toneladas de carga. En 2013, la Academia Internacional de Astronáutica publicó un informe de 350 páginas que afirmaba que, con suficientes fondos e investigación, en 2035 se podría construir un ascensor espacial capaz de elevar múltiples cargas de veinte toneladas. El coste se calcula entre los 8.500 y los 45.000 millones de euros, una fracción de los 130.000 millones que costó la Estación Espacial Internacional. Y, además, estos artefactos podrían reducir el coste de transportar cargas al espacio a la vigésima parte.

El problema ya no es de física básica, sino de ingeniería. Ya se están realizando cálculos serios para determinar si se podrían fabricar cables para ascensores espaciales con nanotubos de carbono puro, que son tan fuertes que no se romperían. Pero ¿podremos fabricar suficientes de estos nanotubos para ascender a miles de kilómetros? De momento, la respuesta es no. Es sumamente difícil producir nanotubos de carbono puro de más de un centímetro. Puede que hayan oído decir que se han construido algunos de varios metros de longitud, pero en realidad están hechos de un material compuesto: constan de minúsculos filamentos de nanotubos de carbono puro comprimidos en una fibra, por lo que pierden las portentosas propiedades de los nanotubos puros.

Para fomentar el interés por proyectos como el ascensor espacial, la NASA patrocina el proyecto Centennial Challenges, que premia a los aficionados que puedan inventar tecnologías avanzadas para sus diversos programas espaciales. En uno de los concursos, los participantes tenían que proponer componentes para un prototipo de miniascensor. Yo participé en él para un especial de televisión que presentaba, siguiendo a un grupo de jóvenes ingenieros que estaban convencidos de que los ascensores espaciales abrirían los cielos a las personas corrientes. Utilizaron rayos láser para que una pequeña cápsula ascendiera por un largo cable. Nuestro programa especial procuró captar el entusiasmo de esta nueva generación de ingenieros emprendedores, ansiosos por construir el futuro.

Los ascensores espaciales revolucionarían nuestro acceso al espacio, que, en lugar de seguir siendo territorio exclusivo de astronautas y pilotos militares, se podría convertir en un parque de atracciones para niños y familias. Constituirían un nuevo y eficiente enfoque de la salida al espacio y la industria espacial, y posibilitarían el montaje de maquinaria compleja fuera de la Tierra, incluyendo naves espaciales capaces de viajar casi tan rápido como la luz.

Pero, siendo realistas, dados los enormes problemas de ingeniería que plantean, los ascensores espaciales no serán viables hasta finales de este siglo.

Por supuesto, teniendo en cuenta nuestra insaciable curiosidad y ambición como especie, con el tiempo iremos más allá de los cohetes de fusión y de antimateria, y nos enfrentaremos al mayor de todos los desafíos. Existe la posibilidad de que algún día rompamos el límite definitivo de velocidad en el universo: la velocidad de la luz.

IMPULSO POR CURVATURA

Un día, un muchacho leyó un libro juvenil y cambió la historia del mundo. Ocurrió en 1895, y las ciudades se estaban empezando a preparar para la electricidad. Para comprender este nuevo y extraño fenómeno, el muchacho tomó el volumen *Popular Books on Natural Science* de Aaron Bernstein. Allí, el autor pedía a los lectores que se imaginaran cabalgando junto a una corriente eléctrica por el interior de un cable de telégrafo. A continuación, el muchacho se preguntó qué pasaría si se sustituyera la corriente eléctrica por un rayo de luz. ¿Se le puede ganar una carrera a la luz? Razonó que, dado que la luz es una onda, el rayo de luz parecería estacionario, congelado en el tiempo. Pero, aunque solo tenía dieciséis años, se dio cuenta de que nadie había visto nunca una onda de luz estacionaria. Se pasó los diez años siguientes dándole vueltas a esta cuestión.[11]

Por fin, en 1905, encontró la respuesta. Se llamaba Albert Einstein, y llamó a su propuesta teoría de la relatividad especial. Descubrió que no se puede ir más rápido que un rayo de luz, pues su velocidad es la definitiva del universo. Si nos acercamos a ella, ocurren cosas extrañas. El cohete se vuelve más pesado y el tiempo se ralentiza en su interior. Si de algún modo consiguiéramos alcanzar esa velocidad, tendríamos una masa infinita y el tiempo se detendría. Ambas condiciones son imposibles, lo que significa que no se puede romper la barrera de la luz. Einstein se convirtió en el policía del barrio, imponiendo el límite máximo de velocidad en el universo.

Desde entonces, esta barrera ha atormentado a generaciones de científicos dedicados a los cohetes.

Pero Einstein no estaba satisfecho. La relatividad podía explicar muchos de los misterios de la luz, pero él quería aplicar también su teoría a la gravedad. En 1915 dio con una explicación asombrosa. Postuló que el espacio y el tiempo, que antes se pensaba que eran inertes y estáticos, eran en realidad dinámicos, como sábanas lisas que se pueden doblar, estirar y curvar. Según esta hipótesis, la Tierra no gira alrededor del Sol debido al tirón gravitatorio de este, sino porque el Sol deforma el espacio a su alrededor. El tejido del espacio-tiempo empuja la Tierra y hace que se mueva en una trayectoria curva alrededor del Sol. Dicho en términos sencillos, la gravedad no tira, sino que el espacio empuja.

Shakespeare dijo una vez que todo el mundo es un escenario y que somos actores que entran y salen de escena. Imaginemos el espacio-tiempo como un teatro. Antes se pensaba que era estático, plano y absoluto, con relojes funcionando al mismo ritmo en toda su superficie. Pero en el universo einsteniano, el escenario se puede deformar. Los relojes corren a diferentes velocidades. Los actores no pueden andar por el escenario sin caerse. Puede que digan que una «fuerza» invisible está tirando de ellos en varias direcciones, pero en realidad es el escenario deformado el que los está empujando.

Einstein comprendió también que había una grieta en su teoría de la relatividad general. Cuanto más grande es una estrella, mayor es la deformación del espacio-tiempo que la rodea. Si una estrella tiene suficiente masa, se convierte en un agujero negro y la trama del espacio-tiempo puede llegar a desgarrarse, creando un agujero de gusano, que es un portal o atajo a través del espacio. Este concepto, introducido por Einstein y su discípulo Nathan Rosen en 1935, se llama ahora «puente de Einstein-Rosen».

AGUJERO DE GUSANO

El ejemplo más sencillo de un puente de Einstein-Rosen es el espejo de *A través del espejo* de Lewis Carroll. A un lado está la campiña de Oxford (Inglaterra), y al otro el mundo fantástico del país de las Maravillas, al que Alicia es transportada al instante cuando introduce un dedo a través del cristal.

Los agujeros de gusano son un elemento predilecto en los argumentos de las películas. Han Solo lanza el *Halcón milenario* a través del hiperespacio impulsándolo por un agujero de gusano. El frigorífico que Sigourney Weaver abre en *Cazafantasmas* es un agujero de gusano a través del cual puede verse todo un universo. En *El león, la bruja y el armario* de C. S. Lewis, el armario es el agujero de gusano que conecta la campiña inglesa con Narnia.

Los agujeros de gusano se descubrieron analizando matemáticamente los agujeros negros, que son estrellas gigantes colapsadas, cuya gravedad es tan intensa que ni siquiera la luz puede escapar. La velocidad para escapar de ellos es la velocidad de la luz. En el pasado, se creía que los agujeros negros eran estacionarios y tenían gravedad infinita. A esto se le llama singularidad. Pero todos los agujeros negros que se han descubierto están rotando muy rápidamente. En 1963, el físico Roy Kerr descubrió que si uno de ellos se mueve a suficiente velocidad, no se colapsaría necesariamente en un punto, sino en un anillo giratorio. El anillo es estable porque la fuerza centrífuga impide que se colapse. Pero entonces, ¿adónde va todo lo que cae en un agujero negro? Los físicos no lo saben todavía. Pero una posibilidad es que la materia pueda salir por el otro lado, a través de lo que se llama un agujero blanco. Los científicos han buscado agujeros blancos que liberen materia en lugar de tragársela, pero hasta ahora no han encontrado ninguno.

Si nos acercáramos al anillo giratorio de un agujero negro, veríamos increíbles distorsiones del espacio y el tiempo. Podríamos presenciar rayos de luz atrapados hace miles de millones de años por la intensa gravedad. Podríamos incluso encontrar copias de nosotros mismos. Las fuerzas mareales podrían estirar nuestros átomos en un perturbador y letal proceso conocido como «espaguetificación».

Si entrásemos en el anillo seríamos expulsados a través de un agujero blanco a un universo paralelo situado al otro lado. Imaginemos que tomamos dos hojas de papel, las ponemos paralelas una a

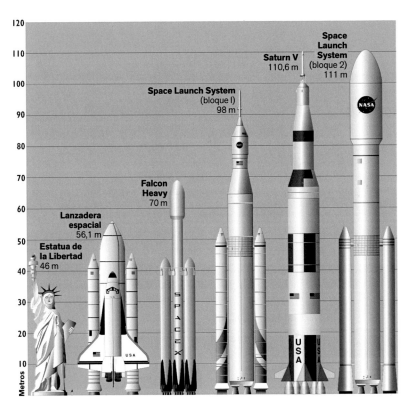

1. Comparación de los tamaños del cohete Saturn V original —el que llevó a los astronautas a la Luna—, la lanzadera espacial y otros cohetes impulsores que se están probando.

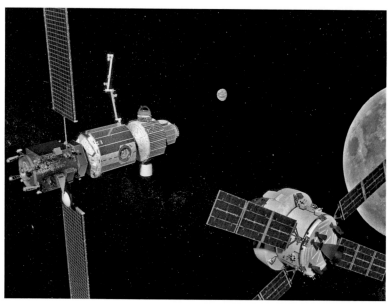

2. El Portal del Espacio Exterior de la NASA se pondrá en órbita alrededor de la Luna y servirá como estación de reabastecimiento para expediciones a Marte y más allá.

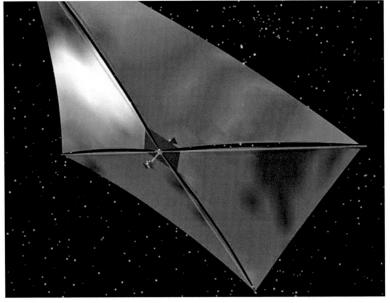

3. Esta vela láser, que contiene un chip diminuto como única carga, puede ser impulsada por un rayo láser hasta alcanzar un 20 por ciento de la velocidad de la luz.

4. Esta imagen compara los tamaños de la astronave de fusión Dédalo y el cohete Saturn V. Debido a su enorme tamaño, lo más probable es que el Dédalo se tenga que montar en el espacio por robots.

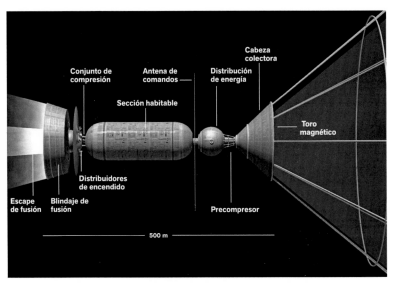

5. Una nave con motor estatorreactor de fusión, que capta hidrógeno del espacio interestelar y lo usa como combustible de un reactor de fusión.

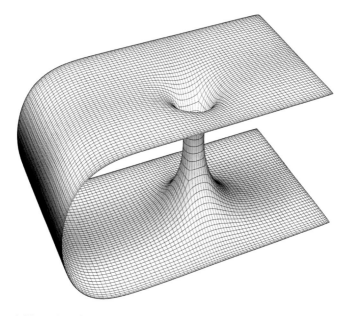

6. Un agujero de gusano es un atajo que conecta dos puntos lejanos en el espacio y el tiempo.

Posibles mundos habitables

Tierra 1,00   Marte 0,66

#1
Gliese 581 g
0,92

#2
Gliese 667C c
0,85

#3
Kepler-22 b
0,81

#4
HD 85512 b
0,77

#5
Gliese 581 d
0,72

Catálogo de Exoplanetas Habitables, PLH@ UPR Arecibo (phl.upr.edu)

8. Tamaño relativo de la Tierra en comparación con las supertierras que se han descubierto en órbita alrededor de otras estrellas.

9. Cuando una astronave entre en un agujero de gusano, tendrá que soportar una radiación intensísima debido a las fluctuaciones cuánticas. En principio, solo la teoría de cuerdas es capaz de calcular las fluctuaciones para poder determinar si los tripulantes sobrevivirían.

otra y las atravesamos con un lápiz para conectarlas. Si viajásemos a lo largo del lápiz, pasaríamos entre dos universos paralelos. Sin embargo, si pasásemos a través del anillo una segunda vez, saldríamos a otro universo paralelo. Cada vez que pasemos por el anillo, saldremos a un universo diferente, de la misma manera que entrar en un ascensor nos permite movernos entre diferentes niveles de un edificio, solo que en este caso nunca podríamos regresar a la misma planta. (Véase la imagen 6 del cuadernillo.)

Al entrar en el anillo, la gravedad sería finita, de modo que no seríamos necesariamente aplastados hasta morir. Pero si el anillo no estuviera rotando a suficiente velocidad, aún podría colapsar y matarnos. Sin embargo, se podría estabilizar artificialmente el anillo añadiendo algo llamado «materia negativa» o «energía negativa». Así pues, un agujero de gusano es una cuestión de equilibrio, y la clave está en mantener la mezcla exacta de energía positiva y negativa. Se necesitaría muchísima energía positiva para crear de forma natural un portal entre universos, como ocurre con un agujero negro. Pero también habría que crear artificialmente materia o energía negativa para mantener abierto el portal e impedir el colapso.

La materia negativa no es lo mismo que la antimateria, y nunca se ha detectado en la naturaleza. Posee extrañas propiedades antigravitatorias, lo que significa que caería hacia arriba, no hacia abajo. (En cambio, se teoriza que la antimateria caería hacia abajo, no hacia arriba.) Si hubiera existido en la Tierra hace miles de millones de años, habría sido repelida por la materia del planeta y habría ascendido hacia el espacio. Tal vez por este motivo no la hayamos encontrad

Aunque los físicos no poseen evidencias de la materia negati se ha creado energía negativa en un laboratorio.[12] Esto mantiene v la esperanza de los lectores de ciencia ficción que sueñan con po viajar algún día a estrellas lejanas a través de agujeros de gusano. la cantidad de energía negativa que se ha creado es minúscul todo insuficiente para impulsar una astronave. Para crear una ca suficiente para estabilizar un agujero de gusano, se necesitar tecnología sumamente avanzada, de la que hablaremos con r talle en el capítulo 13. Así pues, en el futuro próximo, las na

lares con hiperpropulsión a través de agujeros de gusano quedan más allá de nuestras posibilidades.

Pero hace poco ha habido bastante alboroto causado por otro método de deformar el espacio-tiempo.

EL IMPULSO DE ALCUBIERRE

Además de los agujeros de gusano, el motor de Alcubierre podría ofrecer una segunda manera de traspasar la barrera de la luz. Una vez entrevisté al físico teórico mexicano Miguel Alcubierre. Se le ocurrió una idea revolucionaria sobre física relativista mientras veía la televisón, tal vez la primera vez que ocurre algo así. Durante un episodio de *Star Trek*, le maravilló que el *Enterprise* pudiera viajar a mayor velocidad que la luz. De alguna manera, podía comprimir el espacio que tenía delante, de modo que las estrellas no parecían tan lejanas. El *Enterprise* no viajaba a las estrellas: las estrellas venían hacia el *Enterprise*.[13]

Pensemos en llegar a una mesa que está sobre una alfombra. El sentido común dice que la mejor manera de hacerlo es andar sobre la alfombra de un punto a otro. Pero hay otra manera: se podría atar una cuerda a la mesa y arrastrarla hacia nosotros, de modo que estaríamos comprimiendo la alfombra. En lugar de andar sobre la alfombra para llegar a la mesa, la alfombra se plegaría y la mesa vendría hacia nosotros.

Entonces se le ocurrió una idea interesante. En general, tomamos una estrella o planeta y aplicamos las ecuaciones de Einstein para calcular la curvatura del espacio a su alrededor. Pero también se puede proceder al revés. Se puede identificar una curvatura concreta y después utilizar las mismas ecuaciones para determinar el tipo de estrella o planeta que la causa. Una analogía aproximada sería el modo en que un mecánico construye un automóvil. Puede empezar con las piezas que tiene —el motor, las ruedas y todo lo demás— y montar un coche con ellas. O puede elegir el diseño de sus sueños y después ver cuáles serían las partes necesarias para crearlo.

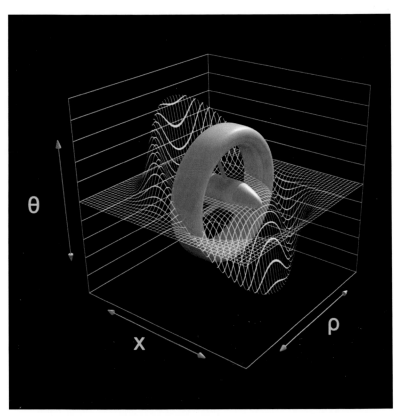

7. Según las ecuaciones de Einstein, el motor Alcubierre alcanzaría una velocidad superior a la de la luz. Pero aún es muy discutible que se pueda construir una astronave de este tipo.

Alcubierre puso del revés las matemáticas de Einstein, invirtiendo la lógica habitual de los físicos teóricos. Intentó imaginar qué clase de estrella comprimiría el espacio hacia delante y lo expandiría hacia atrás. Para su sorpresa, dio con una respuesta muy simple. Resultó que la distorsión del espacio utilizada en *Star Trek* era una solución posible de las ecuaciones de Einstein. A lo mejor, después de todo, el impulso por curvatura no era tan improbable.

Una astronave equipada con el impulso de Alcubierre tendría que estar rodeada por una burbuja de distorsión, una burbuja hueca de materia y energía. El espacio-tiempo dentro y fuera de la burbuja estarían desconectados. Cuando la astronave acelerara, la gente en su interior no sentiría nada; tal vez ni se dieran cuenta de ello, a pesar de que estarían viajando más deprisa que la luz.

Los resultados de Alcubierre sorprendieron a la comunidad de físicos por ser tan novedosos y radicales. Pero después de que publicara su artículo, los críticos empezaron a señalar sus puntos débiles. Aunque su visión del viaje a una mayor velocidad que la luz era elegante, no tenía en cuenta todas las complicaciones. Si la zona interior de la astronave está separada del mundo exterior por la burbuja, la información no podrá pasar, y el piloto no será capaz de controlar su dirección. Sería imposible mantener un rumbo. Y, además, hay que añadir el problema de crear una burbuja de distorsión. Para comprimir el espacio delante de ella, tendría que estar alimentada por algún tipo de combustible; esto es, materia o energía negativa.

Hemos vuelto al punto de partida. La materia negativa o la energía negativa serían el ingrediente del que no disponemos, necesario para mantener intactas nuestras burbujas de distorsión y nuestros agujeros de gusano. Stephen Hawking demostró un teorema general que afirma que todas las soluciones a las ecuaciones de Einstein que permiten el viaje a mayor velocidad que la luz tienen que incluir materia o energía negativas. (En otras palabras, la materia y la energía positivas que observamos en las estrellas pueden deformar el espacio-tiempo de modo que se pueda describir a la perfección el movimiento de los cuerpos celestes. Pero la materia y la energía negativas deforman el espacio-tiempo de maneras extrañas, generando una fuerza antigravitatoria que puede estabilizar los agujeros de gusano e impedir que colapsen, e impulsando burbujas de distorsión a velocidades superiores a la de la luz, comprimiendo el espacio-tiempo delante de ellas.)

A continuación, los físicos intentaron calcular la cantidad de materia o energía negativas necesaria para impulsar una astronave. Los resultados más recientes indican que la cantidad necesaria es equivalente a la masa del planeta Júpiter. Esto significa que solo una civilización muy avanzada sería capaz de utilizar materia o energía negativas para propulsar sus naves espaciales, si es que ello fuera posible. (Sin embargo, es posible que disminuyera la cantidad de materia o energía negativa necesaria para alcanzar una mayor velocidad que la luz, pues los cálculos dependen de la geometría y el tamaño de la burbuja de distorsión o el agujero de gusano.)

Star Trek elude este molesto impedimento diciendo que el componente fundamental de un motor de impulso por curvatura es un raro mineral llamado «cristal de dilitio». Ahora sabemos que eso de los «cristales de dilitio» podría ser una manera ingeniosa de referirse a la materia o energía negativas. (Véase la imagen 7 del cuadernillo.)

Efecto Casimir y energía negativa

Los cristales de dilitio no existen, pero lo fascinante es que la energía negativa sí, lo que deja abierta la posibilidad de los agujeros de gusano, el espacio comprimido e incluso las máquinas del tiempo. Aunque las leyes de Newton no admiten la energía negativa, la teoría cuántica sí gracias al efecto Casimir, que fue formulado en 1948 y medido en un laboratorio en 1997.

Supongamos que tenemos dos placas metálicas paralelas, sin carga eléctrica. Cuando se encuentran a mucha distancia una de otra, decimos que hay cero fuerza eléctrica entre ellas. Pero a medida que se acercan, empiezan misteriosamente a atraerse una a otra. Podemos extraer energía de ellas. Dado que empezamos con energía cero, pero obtenemos energía positiva cuando las placas se acercan, tenemos que deducir que al principio las placas poseían energía negativa. La razón es bastante esotérica. El sentido común nos dice que un vacío es un estado sin nada dentro, con energía cero. Pero en realidad, está repleto de partículas de materia y antimateria que se materializan brevemente y después se destruyen y vuelven al vacío. Estas partículas «virtuales» aparecen y desaparecen tan rápidamente que no violan la ley de conservación de la materia y la energía, es decir, el principio que afirma que la cantidad total de materia y energía en el universo es siempre la misma. Esta constante agitación en el vacío genera presión. Dado que hay más actividad de materia y antimateria fuera de las placas que entre ellas, esta presión hace que las placas se acerquen, generando energía negativa. Este es el efecto Casimir, que, en la teoría cuántica, demuestra que la energía negativa puede existir.

Al principio, dado que este efecto produce una fuerza muy débil, solo se podía medir con los instrumentos más sensibles que existen. Pero la nanotecnología ha avanzado hasta el punto en el que podemos jugar con átomos individuales. Para un especial de televisión que presentaba, visité un laboratorio de Harvard en el que había un pequeño aparato capaz de manipular átomos. En el experimento que presencié, era difícil impedir que dos átomos que se habían acercado uno a otro se repelieran o se juntaran debido a la fuerza de Casimir, que puede ser repelente o atrayente. A un físico que quiere construir una astronave, la energía negativa puede parecerle el Santo Grial, pero para un nanotecnólogo, el efecto Casimir es tan fuerte a nivel atómico que se convierte en una molestia.

En conclusión, la energía negativa existe, y si de algún modo se pudiera acumular en cantidades suficientes en principio podríamos crear una máquina de agujeros de gusano o un motor de impulso por curvatura, haciendo realidad algunas de las fantasías más descabelladas de la ciencia ficción. Pero estas tecnologías están aún muy lejos, y hablaremos de ellas en los capítulos 13 y 14. Mientras tanto, tendremos que conformarnos con las velas solares, que pueden estar surcando el espacio a finales de este siglo, proporcionándonos las primeras imágenes cercanas de exoplanetas en órbita alrededor de otras estrellas. En el siglo XXII podríamos ser capaces de visitar en persona estos planetas, viajando en cohetes de fusión. Y si logramos resolver los intrincados problemas de ingeniería que nos esperan, podríamos incluso construir motores de antimateria, estatorreactores de fusión y ascensores espaciales.

Una vez que dispongamos de naves estelares, ¿qué encontraremos en el espacio profundo? ¿Habrá otros mundos que puedan sustentar a la humanidad? Por fortuna, nuestros telescopios y satélites nos han ofrecido una imagen muy detallada de lo que acecha entre las estrellas.

9

El Kepler y un universo de planetas

> Por eso os digo que no solo opino, sino que creo firmemente, y que apostaría muchas de las cosas buenas de la vida a que estoy en lo cierto, que existen habitantes en otros mundos.
>
> IMMANUEL KANT

> El deseo de saber algo sobre nuestros vecinos en las inmensas profundidades del espacio no se debe a la curiosidad ociosa ni a la sed de conocimiento, sino a una causa más profunda, y es un sentimiento firmemente arraigado en el corazón de todo ser humano capaz de pensar.
>
> NIKOLA TESLA

Cada pocos días, Giordano Bruno se venga.

En el año 1600, Bruno, el predecesor de Galileo, fue quemado vivo por herejía en Roma. Las estrellas de los cielos son tan numerosas, decía, que nuestro Sol tiene que ser una entre muchas. Sin duda, también alrededor de esas estrellas orbita una multitud de planetas, algunos de los cuales pueden estar habitados por otros seres.[1]

Durante siete años la Iglesia lo mantuvo en prisión sin haberlo juzgado, y después lo desnudó, le hizo desfilar desnudo por las calles de Roma, le ató la lengua con una correa de cuero y lo azotó sujeto a un poste de madera. Se le dio una última oportunidad de retractarse, pero él se negó a renegar de sus ideas.

Para borrar su legado, la Iglesia incluyó todos sus escritos en el Índice de libros prohibidos. Pero, a diferencia de las de Galileo, las obras de Bruno estuvieron prohibidas hasta 1966. Galileo se había limitado a afirmar que el Sol, y no la Tierra, era el centro del universo. Bruno había insinuado que el universo no tiene ningún centro. Fue uno de los primeros en sugerir que el universo podría ser infinito, en cuyo caso la Tierra no sería más que una de tantas pequeñas rocas en los cielos. La Iglesia ya no podía reclamar su posición en el centro del universo, pues este no tenía centro.

En 1584, Bruno resumió su filosofía escribiendo: «Declaramos que este espacio es infinito [...] en él hay infinidad de mundos del mismo tipo que el nuestro».[2] Ahora, más de cuatrocientos años después, se han documentado unos cuatro mil planetas extrasolares en la Vía Láctea, y la lista crece casi a diario. (En 2017, la NASA publicó una lista de 4.496 posibles planetas, de los que se han confirmado 2.330, descubiertos por la sonda Kepler.)

Si uno va a Roma, puede que quiera visitar el Campo de' Fiori, donde se erige una imponente estatua de Bruno en el mismo lugar donde afrontó su muerte. Cuando estuve allí, encontré una bulliciosa plaza llena de turistas que iban de tiendas, no todos los cuales eran conscientes de que la plaza había sido un lugar de ejecución de herejes. Pero la estatua de Bruno mira desde lo alto a una multitud de jóvenes rebeldes, artistas y músicos callejeros que, como es de esperar, se congrega allí. Contemplando aquella apacible escena, me pregunté qué clase de ambiente habría en tiempos de Bruno, que inflamó a una turba tan asesina. ¿Cómo pudieron exaltarse tanto como para torturar y matar a un filósofo vagabundo?

Las ideas de Bruno languidecieron durante siglos, pues encontrar un planeta extrasolar es sumamente difícil y en otro tiempo se pensaba que era casi imposible. Los planetas no emiten luz propia, y la luz que reflejan es mil millones de veces más débil que la de la estrella madre, cuyo fuerte resplandor puede incluso ocultar el planeta en cuestión. Pero gracias a los telescopios gigantes y a los detectores situados en el espacio de los que hoy disponemos, un aluvión de datos recientes ha demostrado que Bruno tenía razón.

¿Es normal nuestro sistema solar?

Cuando era niño, leí un libro de astronomía que cambió mi manera de entender el universo. Después de describir los planetas, llegaba a la conclusión de que nuestro sistema solar era, tal vez, un sistema típico, haciéndose eco de las ideas de Bruno. Pero iba mucho más allá: especulaba que los planetas de otros sistemas solares se movían en círculos casi perfectos alrededor de sus estrellas, como el nuestro. Los más cercanos a su Sol serían rocosos, y los más alejados gigantes gaseosos. Nuestro Sol era una estrella de lo más corriente.

La idea de que vivimos en un tranquilo y normal suburbio de la galaxia era simple y reconfortante.

Pero hay que ver lo equivocados que estábamos.

Ahora nos damos cuenta de que somos unos bichos raros y que la estructura de nuestro sistema solar, con su ordenada secuencia de planetas y sus órbitas casi circulares, es poco frecuente en la Vía Láctea. A medida que progresamos en la exploración de otras estrellas, vamos encontrando sistemas solares catalogados en la *Enciclopedia de planetas extrasolares* que son radicalmente distintos del nuestro. Algún día, esta enciclopedia tal vez incluya nuestro futuro hogar.

Sara Seager, profesora de ciencia planetaria en el MIT y una de las 25 figuras más influyentes en la exploración del espacio según la revista *Time*, es una de las principales astrónomas que hay detrás de esta enciclopedia. Le pregunté si de niña le interesaba la ciencia. Reconoció que en realidad no, pero que la Luna cautivó su atención. Le intrigaba el hecho de que parecía seguirla a todas partes cuando iba en coche con su padre. ¿Cómo podía parecer que algo tan lejano los seguía?

(Esta ilusión está causada por el paralaje. Juzgamos las distancias moviendo la cabeza. Los objetos cercanos, como los árboles, parecen moverse más, mientras que los lejanos, como las montañas, no cambian de posición en absoluto. Pero tampoco parece que lo hagan los objetos situados inmediatamente a nuestro lado, que se mueven con nosotros. Así pues, nuestro cerebro confunde los objetos muy lejanos, como la Luna, con los adyacentes, como el volante del coche, y nos hace creer que ambos se mueven consistentemente junto a nosotros. Como resultado del paralaje, muchos avistamientos de ovnis que parecen seguir a nuestros coches son en realidad el planeta Venus.)

La fascinación de la profesora Seager por el firmamento se convirtió en un amor para toda la vida. Algunos padres compran telescopios para sus demandantes hijos, pero ella se compró su primer telescopio con el dinero que ganó en un trabajo de verano. Recuerda que cuando tenía quince años les hablaba entusiasmada a un par de amigas acerca de una estrella que había explotado, la supernova 1987a, que se acababa de ver en el cielo. Había hecho historia, por ser la supernova más cercana en el tiempo desde 1604, y ella pensaba ir a una fiesta para celebrar el insólito acontecimiento. Sus amigas se quedaron perplejas sin saber de qué hablaba.

La profesora Seager acabó convirtiendo su entusiasmo y su maravilla por el universo en una brillante carrera en la ciencia de los exoplanetas, una disciplina que no existía hace dos décadas, pero que ahora es uno de los campos más apasionantes de la astronomía.

MÉTODOS PARA ENCONTRAR EXOPLANETAS

No es fácil ver exoplanetas directamente, de modo que los astrónomos los localizan mediante toda una variedad de estrategias indirectas. La profesora Seager insistió en que los astrónomos confían en sus resultados, pues detectan un exoplaneta de muchas maneras diferentes. Una de las más utilizadas es el llamado «método del tránsito». A veces, al analizar la intensidad de la luz de una estrella, se observa que se debilita cada cierto tiempo. Este apagamiento es un efecto muy ligero, pero indica la presencia de un planeta que, visto desde la Tierra, se ha situado delante de su estrella madre, absorbiendo así parte de su luz. Esto permite seguir la trayectoria del planeta y calcular sus parámetros orbitales.

Un planeta del tamaño de Júpiter reduciría la luz de una estrella como nuestro Sol en un 1 por ciento, aproximadamente. Para un planeta como la Tierra, el porcentaje sería del 0,008 por ciento. Esto equivale a la pérdida de luminosidad del faro de un coche cuando un mosquito pasa por delante. Por fortuna, me explicó la profesora Seager, nuestros instrumentos son tan sensibles y precisos que pueden percibir los cambios de luminosidad más ligeros provocados por múltiples planetas y demostrar la existencia de sistemas solares enteros. Sin embargo, no todos los exoplanetas se sitúan delante de una estrella. Algunos dibujan órbitas inclinadas y, por lo tanto, no se pueden observar con el método del tránsito.

Otro método muy utilizado es el de la velocidad radial, o efecto Doppler. Los astrónomos buscan una estrella que parezca moverse de un lado al otro de manera regular. Si existe un planeta grande, del tamaño de Júpiter, en órbita alrededor de la estrella, entonces esta y su Júpiter están orbitando uno alrededor del otro. Pensemos en una mancuerna dando vueltas. Los dos pesos, que representan la estrella madre y su Júpiter, giran alrededor de un mismo centro.

El planeta del tamaño de Júpiter es invisible desde tan lejos, pero podemos apreciar que la estrella madre se mueve con exactitud según nuestros cálculos. El efecto Doppler se puede utilizar para calcular su velocidad. (Por ejemplo, si una estrella amarilla se mueve hacia nosotros, las ondas de luz se comprimen como un acordeón, y la luz amarilla se vuelve un poco azulada. Si se aleja de nosotros, su luz se estira y se vuelve rojiza. La velocidad de la estrella se puede determinar analizando los cambios en la frecuencia de la luz cuando esta se acerca y se aleja del receptor. Es similar a lo que ocurre cuando un radar de policía dirige un rayo láser hacia nuestro coche. Los cambios en la luz láser reflejada se pueden utilizar para medir la velocidad a la que vamos.)

Además, la observación meticulosa de la estrella madre durante semanas y meses permite a los científicos calcular la masa del planeta, aplicando la ley de gravedad de Newton. El método Doppler es tedioso, pero condujo al descubrimiento del primer exoplaneta en 1992, que provocó una estampida de astrónomos ambiciosos que intentaban encontrar el rastro del siguiente. Los primeros planetas que se descubrieron eran del tamaño de Júpiter, ya que los objetos gigantes corresponden a los movimientos más aparentes de la estrella madre.

El método del tránsito y el Doppler son las dos técnicas principales para localizar planetas extrasolares, pero en tiempos recientes se han introducido varias más. Una es la observación directa, con la que, como ya se ha dicho, es difícil de lograr el descubrimiento de un nuevo planeta. Sin embargo, la profesora Seager está entusiasmada con los planes de la NASA de desarrollar sondas espaciales capaces de obstruir con precisión la luz de la estrella madre, que normalmente no permitiría ver el planeta.

Otro prometedor método alternativo es el de la lente gravitatoria, aunque solo funciona cuando hay una alineación perfecta entre la Tierra, el exoplaneta en cuestión y su estrella madre. Gracias a la teoría gravitatoria de Einstein, sabemos que la luz se puede curvar cuando pasa cerca de un cuerpo celeste, pues una masa muy grande puede alterar la trama del espacio-tiempo a su alrededor. Incluso si el objeto no es visible para nosotros, cambiará la trayectoria de la luz, como hace un cristal transparente. Si un planeta se sitúa directamente delante de una estrella lejana, la luz se distorsionará en forma de anillo. Este patrón particular se llama «anillo de Einstein», e indica la presencia de una masa considerable entre el observador y la estrella.

RESULTADOS DEL KEPLER

En 2009 se produjo un gran avance con el lanzamiento del vehículo espacial Kepler, diseñado específicamente para encontrar planetas extrasolares empleando el método del tránsito.[3] Tuvo un éxito que superó las mayores expectativas de la comunidad astronómica. Después del telescopio espacial Hubble, el satélite Kepler es tal vez el vehículo espacial más productivo de todos los tiempos. Es una maravilla de la ingeniería que pesa mil kilos, con un gran espejo primario de 1,4 metros y armado con sensores de última tecnología. Como debe enfocarse hacia el mismo punto del firmamento durante largos periodos de tiempo con el fin de obtener los mejores datos, no orbita alrededor de la Tierra, sino del Sol. Desde su posición en el espacio, que puede estar a 160 millones de kilómetros de la Tierra, utiliza un conjunto de giróscopos para centrar su atención en una cuadringentésima parte del firmamento, una pequeña parcela en la dirección de la constelación del Cisne. En ese pequeño campo, el Kepler ha analizado unas doscientas mil estrellas y descubierto miles de planetas extrasolares, obligando a los científicos a replantearse nuestra posición en el universo.

En lugar de localizar otros sistemas solares que se parecieran a la Vía Láctea, los astrónomos se encontraron con algo completamente inesperado: planetas de todos los tamaños orbitando alrededor de estrellas a todas las distancias. «Hay planetas ahí afuera que no tienen equivalentes en nuestro sistema solar, algunos de los cuales tienen tamaños intermedios entre la Tierra y Neptuno, mientras que otros son mucho más pequeños que Mercurio —me comentó la profesora Seager—.[4] Pero todavía no hemos encontrado ninguna copia de nuestro sistema solar.» De hecho, ha habido tantos resultados extraños que los astrónomos no tienen suficientes teorías para acomodarlos. «Cuanto más descubrimos, menos entendemos —confesó—. Todo esto es un lío.»

No sabemos cómo explicar ni siquiera los más comunes de estos exoplanetas. Muchos de los del tamaño de Júpiter, que han sido los más fáciles de encontrar, no se mueven en órbitas casi circulares como se esperaba, sino marcadamente elípticas.

Algunos planetas de este tamaño sí que tienen órbitas circulares, pero están tan cerca de la estrella madre que, si se encontraran en nuestro sistema solar, orbitarían por dentro de la trayectoria de Mercurio. Estos gigantes gaseosos se llaman «Júpiteres calientes», y sus atmósferas están siendo barridas sin cesar hacia el espacio exterior por el viento solar. En otro tiempo los astrónomos creían que los planetas de gran tamaño se originaban en el espacio profundo, a miles de millones de kilómetros de la estrella madre. De ser así, ¿cómo se han acercado tanto el uno a la otra?

La profesora Seager reconoce que los astrónomos no lo saben con seguridad. Pero la respuesta más probable los cogió por sorpresa. Una teoría postula que todos los gigantes gaseosos se forman en las regiones exteriores de un sistema solar, donde hay abundante hielo, alrededor del cual se pueden acumular hidrógeno, helio y polvo. Pero, en algunos casos, también hay una gran cantidad de polvo extendido por el plano del sistema solar. Un gigante gaseoso podría ir perdiendo energía poco a poco a causa de la fricción al moverse a través del polvo, hasta entrar en una espiral de muerte hacia la estrella madre.

Esta explicación introdujo la herética idea de los planetas errantes, que no se había considerado antes. (Al acercarse cada vez más a sus soles, los gigantes gaseosos pueden cruzarse en el camino de un planeta más pequeño, como la Tierra, y lanzarlo de un empujón al espacio exterior. El pequeño planeta rocoso se convierte en un planeta errante, que vaga solo por el espacio, sin orbitar alrededor de cualquier estrella. Por eso no esperamos encontrar planetas como el nuestro en sistemas solares con planetas del tamaño de Júpiter en órbitas muy elípticas, o en órbitas muy cercanas a la estrella madre.)

Vistos en retrospectiva, estos extraños resultados tendrían que haberse previsto. Como nuestro sistema solar contiene planetas que se desplazan en bonitos círculos, los astrónomos dieron por supuesto que las bolas de polvo, hidrógeno y helio gaseoso que se convirtieron en sistemas solares se condensaron uniformemente. Pero ahora nos damos cuenta de que es más probable que la gravedad los comprima de forma más casual y azarosa, dando como resultado planetas que se mueven en órbitas elípticas o irregulares, que pueden cruzarse o chocar unas con otras. Esto es importante, pues es posible que solo los sistemas solares con órbitas planetarias circulares, como el nuestro, sean capaces de originar vida.

Planetas del tamaño de la Tierra

Los planetas como la Tierra son pequeños y, por lo tanto, causan poca reducción o sutiles distorsiones en la luz de su Sol. Pero gracias al satélite Kepler y los telescopios gigantes los astrónomos han empezado a localizar «supertierras», planetas que son rocosos y capaces de sostener la vida tal como la conocemos, pero que son un 50 o un 100 por ciento más grandes que el nuestro. Aún no podemos explicar su origen, pero en 2016 y 2017 se produjo una serie de sensacionales descubrimientos sobre ellos que merecieron titulares de prensa.

Aparte del Sol, la estrella más cercana a la Tierra es Próxima Centauri, que en realidad forma parte de un sistema de tres estrellas y orbita alrededor de otras dos más grandes, llamadas Alfa Centauri A y B, que a su vez orbitan una alrededor de la otra. Los astrónomos quedaron estupefactos al descubrir un planeta solo un 30 por ciento más grande que la Tierra en órbita alrededor de Próxima Centauri. Lo llamaron Próxima Centauri b.

«Esto lo cambia todo en la ciencia exoplanetaria —declaró Rory Barnes, un astrónomo de la Universidad de Washington en Seattle—.[5] El hecho de que esté tan cerca significa que tenemos la oportunidad de seguirlo mejor que a ningún otro planeta descubierto hasta ahora.» La siguiente generación de telescopios que se está desarrollando, como el telescopio espacial James Webb, podría ser capaz de tomar la primera fotografía de ese planeta. Como ha dicho la profesora Seager, «Es absolutamente fenomenal. ¿Quién habría pensado que después de tantos años de preguntarnos por los planetas, resulta que hay uno alrededor de nuestra estrella más próxima?».[6]

La estrella madre de Próxima Centauri b es una enana roja poco luminosa, cuya masa es solo un 12 por ciento de la del Sol, de manera que el planeta tiene que estar relativamente cerca de ella para encontrarse dentro de su zona habitable, donde pueda haber agua líquida y puede que hasta océanos. El radio de la órbita del planeta es solo un 5 por ciento del de la Tierra alrededor del Sol. También orbita mucho más deprisa, haciendo una traslación completa cada 11,2 días. Hay una intensa especulación acerca de si Próxima Centauri b tiene condiciones compatibles con la vida que conocemos. Una de las cosas que más preocupan es la posibilidad de que el planeta esté siendo arrasado por los vientos solares, que podrían resultar dos mil veces más intensos que los que llegan a la Tierra. Para protegerse contra estas descargas, Próxima Centauri b debería poseer un campo magnético muy fuerte. Por el momento, no disponemos de la suficiente información para determinar si eso es así.

También se ha sugerido que el planeta Próxima Centauri b podría estar bloqueado marealmente, como nuestra Luna, de modo que siempre es la misma cara la que queda frente a la estrella. Esa cara estaría perpetuamente caliente, mientras que la otra cara estaría siempre fría. En ese caso, los mares de agua líquida solo podrían existir en la estrecha franja entre esos dos hemisferios, donde la temperatura es moderada. Sin embargo, si el planeta tuviera una atmósfera lo bastante densa, los vientos podrían equilibrar las temperaturas, y podría haber mares de agua líquida sobre toda su superficie.

El siguiente paso es determinar la composición de la atmósfera para saber si contiene agua u oxígeno. Próxima Centauri b se detectó a través del método Doppler, pero la composición química de su atmósfera se puede analizar mejor con el método del tránsito. Cuando un exoplaneta cruza directamente por delante de la estrella madre, una pequeña franja de luz atraviesa su atmósfera. Las moléculas de las diferentes sustancias de la atmósfera absorben distintas longitudes de onda de la luz que emite la estrella, y esto permite a los científicos determinar la naturaleza de esas moléculas. Sin embargo, para que esto funcione, la trayectoria del exoplaneta debe tener la orientación correcta, y solo hay un 1,5 por ciento de probabilidades de que la órbita de Próxima Centauri b esté alineada correctamente.

Sería un acontecimiento sensacional encontrar moléculas de vapor de agua en un planeta semejante a la Tierra. La profesora Seager me explicó que «en un pequeño planeta rocoso, solo puede haber vapor de agua si hay agua líquida en su superficie. Así que si encontramos vapor de agua en un planeta rocoso, podremos inferir que también tiene mares líquidos».

Siete planetas del tamaño de la Tierra alrededor de una estrella

En 2017 se produjo otro hallazgo sin precedentes. Los astrónomos localizaron un sistema solar que infringía todas las teorías de la evolución planetaria. Contenía siete planetas del tamaño de la Tierra orbitando alrededor de una estrella madre llamada TRAPPIST-1. Tres de ellos se encuentran en la zona Ricitos de Oro y puede que alberguen océanos. «Es un sistema planetario asombroso, no solo porque hemos encontrado tantos planetas, sino porque todos tienen un tamaño similar al de la Tierra», ha dicho Michaël Gillon, director del equipo científico belga que hizo el descubrimiento.[7] (El nombre TRAPPIST es un acrónimo del telescopio utilizado por el equipo y una alusión a una cerveza popular en Bélgica.)

TRAPPIST-1 es una enana roja a solo 38 años luz de la Tierra, y su masa es solo un 8 por ciento de la del Sol. Igual que Próxima Centauri, tiene una zona habitable. Si las transpusiéramos a nuestro sistema solar, las órbitas de los siete planetas quedarían por dentro de la trayectoria de Mercurio. Tardan menos de tres semanas en dar una vuelta completa a la estrella madre, y el más interior hace una traslación completa en 36 horas. Como este sistema solar es tan compacto, los planetas interactúan gravitatoriamente, y en teoría podrían perturbar su propia ordenación y chocar, escorar y caer uno sobre otro. Pero, por suerte, un análisis de 2017 demostró que están en resonancia, lo que significa que sus órbitas están en fase unas con otras y que no habrá colisiones. Parece que el sistema solar es estable. Pero, como ocurre con Próxima Centauri b, los astrónomos están estudiando los posibles efectos de las fulguraciones solares y el bloqueo mareal.

En *Star Trek,* cada vez que el *Enterprise* encuentra un planeta semejante a la Tierra, Spock anuncia que se están acercando a un «planeta de clase M». En realidad, no existe tal cosa en la astronomía… todavía. Ahora que hemos encontrado miles de tipos diferentes de planetas, incluyendo unos cuantos parecidos a la Tierra, es solo cuestión de tiempo que se acuñe una nueva nomenclatura.

¿Un gemelo de la Tierra?

Si existe en el espacio un planeta gemelo de la Tierra, hasta ahora nos ha eludido, pero ya hemos encontrado unas cincuenta supertierras. (Véase la imagen 8 del cuadernillo.) Particularmente interesante es el planeta Kepler-452b, descubierto por el satélite Kepler en 2015 y situado a unos 1.400 años luz de la Tierra. Es un 50 por ciento más grande que nuestro planeta, así que en él pesaríamos más de lo que pesamos aquí pero, por lo demás, vivir allí no sería muy diferente. A diferencia de los exoplanetas que orbitan alrededor de una enana roja, este lo hace en torno a una estrella con una masa un 3,7 por ciento mayor que la del Sol. Su periodo de revolución es de 385 días terrestres, y su temperatura de equilibrio es de -8 °C, un poco más caliente que la Tierra. Se encuentra dentro de la zona habitable. Los astrónomos que buscan inteligencia extraterrestre ajustaron sus radiotelescopios para captar mensajes de una posible civilización que pudiera existir ahí, pero no han detectado ninguno. Por desgracia, al estar tan lejos, ni siquiera la próxima generación de telescopios será capaz de reunir suficiente información sobre la composición de la atmósfera de Kepler 452b.

También se está estudiando el Kepler-22b, que se encuentra a 600 años luz de distancia y es 2,4 veces más grande que la Tierra. Su órbita es un 15 por ciento más pequeña que la de la Tierra —completa una traslación en 290 días—, pero la luminosidad de su estrella madre, Kepler-22, es un 25 por ciento menor que la del Sol. Estos dos efectos se compensan uno a otro, de modo que se cree que la temperatura en la superficie es comparable a la de la Tierra. También se encuentra dentro de la zona habitable.

Pero el exoplaneta que está recibiendo más atención es el KOI 7711 ya que, al menos en 2017, es el que guarda más similitudes con la Tierra. Es un 30 por ciento más grande que esta y su estrella madre es muy parecida al Sol, así que no corre peligro de ser achicharrado por las fulguraciones solares. La duración de un año en este planeta es casi idéntica a un año terrestre. Se encuentra en la zona habitable de su estrella, pero aún no disponemos de la tecnología necesaria para determinar si su atmósfera contiene vapor de agua. Todas las condiciones parecen adecuadas para alojar alguna forma de vida. Sin embargo, a una distancia de 1.700 años luz, es el exoplaneta más lejano de los tres.

Después de analizar docenas de estos planetas, los astrónomos han descubierto que se pueden clasificar en dos categorías. La primera es la de las supertierras, de la que acabamos de hablar. La otra es la de los «minineptunos», que son planetas gaseosos, de dos a cuatro veces más grandes que la Tierra, y no se parecen a nada que se encuentre en nuestra vecindad inmediata; nuestro Neptuno es cuatro veces más grande que la Tierra. Cuando se descubre un planeta pequeño, los astrónomos procuran determinar a qué categoría pertenece del mismo modo que los biólogos intentan clasificar un animal nuevo, decidiendo si es un mamífero o un reptil. Lo misterioso es que estas categorías no estén representadas en nuestro sistema solar, cuando parecen tan prominentes en otras zonas del espacio.

PLANETAS ERRANTES

Los planetas errantes son uno de los cuerpos celestes más extraños que se han descubierto hasta ahora. Vagan por la galaxia sin orbitar alrededor de ninguna estrella en particular. Tal vez se originaron en un sistema solar, pero se acercaron demasiado a un exoplaneta del tamaño de Júpiter y fueron proyectados al espacio profundo. Como hemos visto, estos grandes planetas suelen trazar órbitas elípticas o migran en espiral hacia la estrella madre. Es probable que sus trayectorias se cruzaran con las de planetas más pequeños y, como consecuencia, los planetas errantes podrían ser más abundantes que los normales. De hecho, según algunas simulaciones informáticas, nuestro sistema solar podría haber expulsado hasta diez planetas errantes hace miles de millones de años.

Dado que los planetas errantes no se encuentran cerca de una fuente de luz y tampoco emiten luz propia, al principio parecía inútil intentar localizarlos. Pero los astrónomos han conseguido encontrar algunos con la técnica de la lente gravitatoria, que requiere una alineación muy precisa y bastante infrecuente entre una estrella de fondo, el planeta errante y el detector en la Tierra. En consecuencia, hay que escudriñar millones de estrellas para detectar unos cuantos planetas errantes. Por suerte, este proceso se puede automatizar, de modo que la búsqueda la hacen los ordenadores, no los astrónomos.

Hasta ahora se han identificado veinte posibles planetas errantes, uno de los cuales se encuentra a solo siete años luz de la Tierra. Sin embargo, otro estudio reciente, realizado por astrónomos japoneses que examinaron cincuenta millones de estrellas, encontró muchos más posibles candidatos, hasta 470. Calcularon que pueden existir dos planetas vagabundos por cada estrella de la Vía Láctea. Otros astrónomos han especulado que el número de ese tipo de planetas podría ser cien mil veces mayor que el de los planetas «normales».

¿Puede existir vida en los planetas errantes? Depende. Es posible que algunos, como Júpiter y Saturno, posean un gran número de satélites cubiertos de hielo. De ser así, las fuerzas mareales podrían fundir el hielo y formar océanos donde podría originarse vida. Pero además de la luz solar y las fuerzas mareales, existe una tercera posibilidad de que un planeta errante disponga de una fuente de energía capaz de originar vida: la radiactividad.

Un episodio de la historia de la ciencia podría ayudar a ilustrar este argumento. A finales del siglo XIX, un simple cálculo realizado por el físico lord Kelvin demostró que la Tierra debería haberse enfriado pocos millones de años después de formarse, y por lo tanto debería estar congelada y no ser apta para la vida. Este resultado generó un debate con biólogos y geólogos, que insistían en que la Tierra tiene miles de millones de años de edad. Se demostró que los físicos estaban equivocados cuando madame Curie y otros descubrieron la radiactividad. Lo que ha mantenido caliente el núcleo de la Tierra durante miles de millones de años es la energía nuclear producida por elementos radiactivos de vida larga, como el uranio.

Los astrónomos han conjeturado que también algunos planetas errantes podrían tener núcleos radiactivos que los mantengan relativamente calientes. Estos podrían proporcionar calor mediante manantiales termales y chimeneas volcánicas en el fondo de un mar donde se podrían formar las sustancias químicas de la vida. Y si los planetas vagabundos son tan numerosos como creen algunos astrónomos, puede que el sitio más probable para encontrar vida en la galaxia no sea la zona habitable de una estrella, sino los planetas errantes y sus lunas.

Planetas raros

Los astrónomos están estudiando también una plétora de planetas completamente sorprendentes, algunos de los cuales parecen inclasificables.

En la saga de *La guerra de las galaxias*, el planeta Tatooine orbita alrededor de dos estrellas. Algunos científicos se burlaron de esta idea, pues un planeta así describiría una órbita inestable y acabaría cayendo en una de las dos estrellas. Pero se han encontrado planetas en órbita alrededor de tres estrellas, como ocurre en el sistema del Centauro. Incluso se han descubierto sistemas de cuatro estrellas, en los que dos pares de estrellas dan vueltas uno alrededor del otro.

También se ha descubierto un planeta que parece estar hecho de diamantes. Se llama 55 Cancri e, y es aproximadamente el doble de grande que la Tierra, pero pesa unas ocho veces más. En 2016, el telescopio espacial Hubble analizó su atmósfera; era la primera vez que se realizaba algo así en un exoplaneta rocoso. Detectó hidrógeno y helio, pero no vapor de agua. Más adelante, se descubrió que el planeta es rico en carbono, elemento que podría constituir un tercio de su masa. También está infernalmente caliente, con una temperatura de 5.400 grados Kelvin. Según cierta teoría, el calor y la presión en el núcleo tienen que ser muy extremas para dar lugar a un planeta de diamante. Pero estos resplandecientes yacimientos, si es que existen, se encuentran a cuarenta años luz de nosotros, así que explotarlos queda más allá de nuestras posibilidades actuales.

Se han localizado también posibles mundos de agua y de hielo. Esto no es necesariamente sorprendente. Se cree que nuestro propio planeta, al principio de su historia, estaba cubierto de hielo: era como

una bola de nieve. En otros periodos, cuando terminaron las glacia-
ciones, el planeta estuvo inundado de agua. Gliese 1214 b, el primero de los seis exoplanetas identificados que podrían estar cubiertos
de agua, se descubrió en 2009. Se encuentra a 42 años luz de distancia y es seis veces más grande que la Tierra. Su órbita se encuentra
fuera de la zona habitable, setenta veces más cerca de su estrella madre que la Tierra del Sol. La temperatura de la superficie puede llegar
a los 280 °C, de modo que no es probable que exista vida como la
conocemos. Pero utilizando varios filtros para analizar la luz dispersa
por la atmósfera del planeta cuando está en tránsito, se ha confirmado la existencia de grandes cantidades de agua. Puede que no se encuentre en la familiar forma líquida, debido a la temperatura y la
presión. Gliese 1214 b podría ser un planeta de vapor.

Además, hemos llegado a una conclusión impactante acerca de
las estrellas. Antes pensábamos que nuestra estrella amarilla era típica
en el universo, pero ahora los astrónomos creen que las más comunes
son las oscuras enanas rojas, que emiten solo una fracción de la luz
de nuestro Sol y en general no se pueden ver a simple vista. Según
un cálculo, el 86 por ciento de las estrellas de la Vía Láctea son enanas rojas. Cuanto más pequeña es una estrella, más despacio quema
hidrógeno y más tiempo puede seguir encendida. Las enanas rojas
pueden durar billones de años, mucho más que los diez mil millones
de años que se le calculan a nuestro Sol. Tal vez no deba sorprendernos que Próxima Centauri b y el sistema TRAPPIST pertenezcan a
enanas rojas, dado que son tan numerosas. Así pues, la zona que rodea
a estas estrellas puede ser uno de los lugares más prometedores donde buscar planetas semejantes al nuestro.

Un censo de nuestra galaxia

El satélite Kepler ha inspeccionado tantos planetas de la Vía Láctea
que se puede aventurar un censo aproximado. Los datos indican que
casi todas las estrellas que vemos tienen algún tipo de planeta orbitando a su alrededor. En torno a un 20 por ciento de las estrellas

como nuestro Sol orbitan planetas de tipo terrestre, es decir, de tamaño similar al de la Tierra y situados en la zona habitable. Dado que en la Vía Láctea hay aproximadamente cien mil millones de estrellas, puede que existan veinte mil millones de planetas como la Tierra ahí afuera. En realidad, este es un cálculo conservador; el número real podría ser mucho más alto.

Por desgracia, el Kepler, después de enviar una ingente cantidad de información que cambió nuestra manera de ver el universo, se averió. Uno de los giróscopos empezó a fallar en 2013, y el aparato perdió la capacidad de centrarse en los planetas.

No obstante, se están planeando nuevas misiones que continuarán aumentando nuestros conocimientos sobre los exoplanetas. En 2018 se lanzó el satélite TESS (Transiting Exoplanet Survey Satellite). A diferencia del Kepler, el TESS escudriñará todo el firmamento. Examinará doscientas mil estrellas en un periodo de dos años, centrándose en las que sean de 30 a 100 veces más brillantes que las inspeccionadas por el Kepler, incluyendo todos los posibles planetas del tamaño de la Tierra y las supertierras de nuestra región de la galaxia, que los astrónomos esperan que sean unos quinientos. Además, pronto se inaugurará el telescopio espacial James Webb, que sustituirá al Hubble y debería ser capaz de fotografiar algunos de esos cuerpos celestes.

Los planetas semejantes a la Tierra podrían ser los principales objetivos de las futuras astronaves. Ahora que estamos a punto de investigarlos en profundidad, es importante estudiar dos cuestiones: vivir en el espacio exterior, con los problemas biológicos que ello implica, y encontrar vida en el espacio. Primero tendremos que considerar nuestra existencia en la Tierra y cómo se podría mejorar para afrontar nuevos desafíos. Puede que tengamos que modificarnos, alargando la duración de nuestra vida, ajustando nuestra fisiología e incluso alterando nuestra dotación genética. También deberemos tener en cuenta la posibilidad de encontrar algo en esos planetas, desde microbios hasta civilizaciones avanzadas. ¿Quién puede estar ahí afuera, y qué nos pasará si lo encontramos?

TERCERA PARTE

La vida en el universo

10

Inmortalidad

> Los eones que se tardaría en atravesar la
> galaxia no intimidan a los seres inmortales.
>
> Sir Martin Rees,
> Astrónomo Real de Inglaterra

La película *El secreto de Adaline* narra la historia de una mujer nacida en 1908 que se queda atrapada en una tormenta de nieve y muere congelada. Por fortuna, un rayo cae sobre ella y la revive. Este peculiar accidente altera su ADN y Adaline, misteriosamente, deja de envejecer.

Como resultado, ella sigue siendo joven mientras sus amigos y amantes envejecen. Inevitablemente, comienzan las sospechas y los rumores, y se ve obligada a marcharse de la ciudad. En lugar de disfrutar de su eterna juventud, se aparta de la sociedad y casi nunca habla con nadie. La inmortalidad, lejos de ser una bendición, es una maldición para ella.

Por fin, la atropella un coche y muere en el accidente. En la ambulancia, la descarga eléctrica del desfibrilador no solo la revive, sino que invierte los efectos genéticos del rayo, y Adaline se vuelve mortal. En vez de lamentar la pérdida de su inmortalidad, se alegra cuando descubre su primera cana.

Aunque Adaline acaba rechazando el don de la inmortalidad, la ciencia se mueve en dirección contraria, y está haciendo enormes avances hacia la comprensión del envejecimiento. Los científicos dedicados al espacio profundo están muy interesados en esta investigación, pues la distancia entre estrellas es tan grande que una nave puede tardar siglos en completar su viaje. El proceso de construir una astronave, sobrevivir al viaje y asentar colonias en planetas lejanos puede requerir varias generaciones. Para sobrevivir a todo ello, tendremos que construir naves multigeneracionales, dejar a los astronautas y pioneros en animación suspendida o prolongar su vida.

Estudiemos cada una de estas maneras de que los humanos puedan viajar a las estrellas.

NAVES MULTIGENERACIONALES

Supongamos que se ha descubierto un planeta gemelo de la Tierra, con una atmósfera de oxígeno y nitrógeno, agua líquida, un núcleo rocoso y un tamaño muy similar al de la Tierra. Parece un candidato ideal para ser colonizado. Pero entonces se revela que este gemelo está a cien años luz de la Tierra. Esto significa que una nave con propulsión de fusión o de antimateria necesitaría doscientos años para llegar a él.

Si una generación corresponde a unos veinte años, esto significa que en la nave nacerán diez generaciones de seres humanos que no conocerán otro hogar.

Aunque esto puede parecer intimidante, pensemos que los maestros arquitectos de la Edad Media diseñaron grandiosas catedrales sabiendo que ellos no vivirían lo suficiente para ver terminadas sus obras maestras; tal vez sus nietos podrían celebrar la inauguración de la catedral.

Y pensemos en la Gran Diáspora de hace unos 75.000 mil años, cuando los humanos empezaron a salir de África en busca de nuevas tierras, conscientes de que tal vez se necesitaría un gran número generaciones para completar el viaje.

Es decir, el concepto de un viaje multigeneracional no es nuevo.

Pero hay problemas que habrá que afrontar para poder realizar ese trayecto en una astronave. En primer lugar, el pasaje tiene que elegirse con gran cuidado, con un mínimo de doscientas personas por nave, con el fin de mantener una población reproductora sostenible. Habrá que controlar el número de personas para que la población se mantenga relativamente constante y no agote las provisiones. La más mínima desviación en este sentido, si se prolonga durante diez generaciones, podría acabar en una superpoblación o una despoblación desastrosas, lo que pondría en peligro toda la misión. Para mantener estable el número de tripulantes durante todo el tiempo se podría recurrir a diversos métodos, como la clonación, la inseminación artificial y los bebés-probeta.

En segundo lugar, también habría que controlar con gran cuidado los recursos. Los alimentos y los desperdicios tendrían que reciclarse sin cesar. No se puede tirar nada.

Existe también el problema del aburrimiento. Por ejemplo, la gente que vive en islas pequeñas se queja a menudo de la «fiebre isleña», una intensa sensación de claustrofobia y un ardiente deseo de salir de la isla y explorar nuevos lugares. Una posible solución sería usar la realidad virtual para crear mundos imaginarios y atractivos, utilizando avanzadas simulaciones informáticas. Otra posibilidad es plantear objetivos, competiciones, tareas y trabajos para los tripulantes, de modo que sus vidas tengan una dirección y un propósito.

Además, habrá que tomar decisiones a bordo de la nave, como la distribución de recursos y tareas. Se debería crear un organismo democráticamente elegido para supervisar las actividades cotidianas de la nave. Pero esto deja abierta la posibilidad de que una futura generación no quiera cumplir la misión original, o de que un demagogo carismático tome el poder y la subvierta.

Sin embargo, existe una posibilidad de eliminar muchos de estos problemas: recurrir a la animación suspendida.

La ciencia moderna y el envejecimiento

En la película *2001*, una tripulación de astronautas se mantiene congelada en cápsulas mientras su gigantesca nave hace el dificultoso viaje hasta Júpiter. Sus funciones corporales se reducen a cero, eliminando todas las complicaciones asociadas con los viajes estelares multigeneracionales. Dado que los pasajeros están congelados, los planificadores de la expedición no tienen que preocuparse de que los astronautas consuman grandes cantidades de recursos o mantengan estable la población.

Pero ¿de verdad es esto posible?

Cualquiera que haya vivido en invierno en el norte sabe que los peces y las ranas se pueden congelar en el hielo y que, al llegar la primavera, cuando el hielo se derrite, emergen como si no hubiera pasado nada.

Normalmente, sería de esperar que el proceso de congelación matara a estos animales. Al descender la temperatura de la sangre, empiezan a formarse cristales de hielo que se expanden dentro de las células y acaban por romper sus paredes, y también se expanden fuera de ellas, pudiendo llegar a aplastarlas. La madre naturaleza resuelve este problema con una sencilla solución: anticongelantes. En invierno, echamos anticongelante en nuestros coches para que la temperatura de congelación del agua descienda. De la misma manera, la madre naturaleza utiliza glucosa como anticongelante, produciendo ese efecto en la sangre. Así que, aunque el animal esté congelado en un bloque de hielo, la sangre de sus venas sigue siendo líquida y puede seguir realizando las funciones corporales básicas.

En el caso de los seres humanos, una concentración tan alta de glucosa en nuestros cuerpos sería tóxica y nos mataría. Así que los científicos han experimentado con otros tipos de anticongelantes químicos para un proceso que llaman vitrificación, que consiste en utilizar una combinación de sustancias químicas para que el punto de congelación descienda, de manera que no se formen cristales de hielo. Aunque parece interesante, hasta ahora los resultados han sido decepcionantes. Con frecuencia, la vitrificación tiene efectos secundarios adversos. Muchos de los productos empleados en los laboratorios son tóxicos y pueden resultar letales. Hasta la fecha, nadie ha sido congelado y descongelado y ha vivido para contarlo. Así pues, todavía nos falta mucho para lograr una animación suspendida efectiva. (Esto no ha detenido a los empresarios que anuncian prematuramente este proceso como una manera de burlar a la muerte. Aseguran que una persona con una enfermedad fatal puede hacer que congelen su cuerpo —por un precio sustancioso— para revivirlo décadas después, cuando su enfermedad se pueda curar. Sin embargo, no existe absolutamente ninguna prueba experimental de que este proceso funcione.) Los científicos confían en que, con el tiempo, se puedan resolver estas cuestiones técnicas.

Así pues, sobre el papel, la animación suspendida podría resultar la manera ideal de resolver muchos de los problemas de los viajes de larga duración. Aunque todavía no es una opción practicable, en el futuro podría constituir uno de los principales métodos de sobrevivir a las expediciones interestelares.

Sin embargo, la animación suspendida tiene un problema. Si se produce una emergencia inesperada, como un impacto con un asteroide, puede que se necesiten personas para reparar los daños. Se podrían activar robots para hacer las reparaciones iniciales, pero si la emergencia es lo bastante grave, se necesitará la experiencia y el raciocinio de un humano. Esto podría significar que habría que revivir a algunos pasajeros que sean ingenieros o mecánicos, pero esta opción podría resultar fatal si se tarda mucho tiempo en revivirlos y la intervención humana es necesaria al instante. Este es el punto débil de un viaje interestelar que utilice animación suspendida. Puede que haya que mantener despierta a una pequeña población multigeneracional de ingenieros que haga guardia durante todo el viaje.

QUE ENTREN LOS CLONES

Otra idea para colonizar la galaxia propone enviar al espacio embriones con nuestro ADN con la esperanza de poder revivirlos algún día en algún destino lejano.[1] También se podría enviar el código mismo del ADN con el fin de utilizarlo más adelante para crear nuevos seres humanos. (Este era el método utilizado en la película *El hombre de acero*. Aunque el planeta natal de Superman, Krypton, ha explotado, los kryptonianos estaban lo bastante avanzados para secuenciar el ADN de toda la población de Krypton antes de que el planeta estallara. El plan era enviar esta información a un planeta como la Tierra, y después utilizar la secuencia de ADN para crear clones de los kryptonianos originales. El único problema es que esto podría implicar apoderarse de la Tierra y exterminar a los humanos, que por desgracia para ellos son un estorbo.)

El método de la clonación tiene sus ventajas. En lugar de utilizar astronaves gigantescas, con ambientes terrestres artificiales y sistemas de soporte vital, solo habría que trasplantar ADN. Una nave-cohete de dimensiones normales podría alojar sin problemas grandes tanques con embriones humanos. No tiene nada de sorprendente que los escritores de ciencia ficción hayan imaginado que esto ocurriera hace millones de años, cuando alguna especie prehumana esparció su ADN por nuestro sector de la galaxia, haciendo posible el origen de la humanidad.

Sin embargo, esta propuesta tiene varios inconvenientes. Por ahora, no se ha clonado a ningún ser humano. De hecho, no se ha clonado con éxito a ningún primate. La tecnología todavía no está lo bastante avanzada para crear clones humanos, aunque se podría lograr en el futuro. De ser así, se podrían fabricar robots para crear estos clones y cuidar de ellos.

Pero lo más importante es que, al revivir clones humanos, se podrían generar criaturas genéticamente idénticas a nosotros, pero que no tendrían nuestros recuerdos ni nuestra personalidad. Serían una pizarra en blanco. Por el momento, la capacidad de trasplantar de este modo la memoria y la personalidad de un ser humano a otro se encuentra muy por encima de nuestras posibilidades. Se necesitaría una tecnología que tardará décadas o siglos en desarrollarse, si es que es posible.

Pero, en lugar de congelados o clonados, tal vez exista otra manera de viajar a las estrellas: frenar o incluso detener el proceso de envejecimiento.

LA BÚSQUEDA DE LA INMORTALIDAD

La busca de la vida eterna es uno de los temas más antiguos de toda la literatura humana. Se remonta a la *Epopeya de Gilgamesh*, escrita hace casi cinco mil años. El poema narra las hazañas de un guerrero sumerio en una noble empresa. Por el camino vive muchas aventuras y encuentros, incluyendo uno con un personaje parecido a Noé, que presenció el Gran Diluvio. El objetivo de este largo viaje es encontrar el secreto de la inmortalidad. En la Biblia, Dios desterró a Adán y Eva del Jardín del Edén por haberlo desobedecido y comer el fruto del Árbol del Conocimiento. Dios estaba furioso porque habrían podido utilizar ese conocimiento para hacerse inmortales.

La humanidad ha estado obsesionada con la inmortalidad desde siempre. Durante gran parte de la historia, muchos niños morían al nacer, y los afortunados que sobrevivían lo hacían con frecuencia en un estado próximo a la inanición. Las epidemias se propagaban como el fuego en la paja, pues mucha gente tiraba la basura de su cocina por la ventana. El saneamiento tal como ahora lo conocemos no existía, y las ciudades y aldeas apestaban. Los hospitales, si es que los había, eran sitios donde los pobres iban a morir, barracones donde amontonar a los pacientes pobres e indigentes, ya que los ricos podían permitirse tener médicos privados. Pero también los ricos eran víctimas de las enfermedades, y sus médicos eran poco más que charlatanes. (Un médico del Medio Oeste llevaba un diario de las visitas a sus pacientes. Confesaba que en su maletín solo había dos cosas que funcionaban: la sierra para cortar miembros heridos o infectados y la morfina para apagar el dolor de la amputación. Todo lo demás era «aceite de serpiente».)

En 1900, la esperanza de vida oficial en Estados Unidos era de 49 años. Pero dos revoluciones añadieron décadas a esa cifra. En primer lugar, los saneamientos mejoraron, lo que nos proporcionó agua limpia y la eliminación de residuos, lo que contribuyó a eliminar algunas de las peores epidemias, por lo que esa esperanza de vida aumentó unos 15 años.

La siguiente revolución tuvo lugar en la medicina. Solemos dar por supuesto que nuestros antepasados vivían aterrorizados por un amplio abanico de antiguas enfermedades (tuberculosis, viruela, sarampión, poliomielitis, tos ferina, etc.). Después de la Segunda Guerra Mundial, casi todas estas enfermedades fueron erradicadas por los antibióticos y las vacunas, añadiendo otros diez años a nuestra esperanza de vida. Durante esta época, la reputación de los hospitales cambió considerablemente: se convirtieron en lugares donde se administraban verdaderas curas para las enfermedades.

Y ahora, ¿puede la ciencia moderna desentrañar los secretos del proceso de envejecimiento, retardando o incluso deteniendo el reloj, y aumentar la esperanza de vida a un nivel casi ilimitado?

Es una aspiración antigua, pero lo que es nuevo es que ahora ha atraído la atención de algunas de las personas más ricas del planeta. De hecho, hay cada vez más magnates de Silicon Valley que invierten millones en derrotar al proceso de envejecimiento. No se contentan con haber informatizado el mundo, y ahora su objetivo es vivir para siempre. Sergey Brin, cofundador de Google, se propone nada menos que «curar la muerte». Y la empresa Calico, presidida por él mismo, podría invertir miles de millones en una asociación con la empresa farmacéutica AbbVie para abordar el problema. Larry Ellison, cofundador de Oracle, cree que aceptar la mortalidad es «incomprensible». Peter Thiel, cofundador de PayPal, se conforma con vivir 120 años, pero el magnate ruso de internet Dmitry Itskov quiere vivir diez mil. Con el apoyo de personas como Brin y las innovaciones tecnológicas, podríamos por fin utilizar toda la fuerza de la ciencia moderna para desentrañar el antiquísimo misterio y prolongar la duración de nuestra vida.

En los últimos tiempos, los científicos han desvelado algunos de los más oscuros secretos del proceso de envejecimiento. Tras siglos de intentos fallidos, ahora contamos con unas cuantas teorías fiables y comprobables que parecen prometedoras. Tienen que ver con la restricción calórica, la telomerasa y los genes de la edad.

De estas tres cosas, una y solo una ha demostrado que puede prolongar la vida de los animales, en algunos casos duplicando su duración. Se llama restricción calórica y consiste en reducir drásticamente la ingesta de calorías en la dieta de los animales.

Por término medio, los animales que ingieren un 30 por ciento menos de calorías viven un 30 por ciento más. Esto se ha demostrado ampliamente con levaduras, gusanos, insectos, ratones y ratas, perros y gatos, y desde hace poco con primates. De hecho, es el único método universalmente aceptado por los científicos para alterar la duración de la vida de todos los animales con los que se ha ensayado hasta ahora. (El único con el que aún no se ha probado es el ser humano.)

La teoría afirma que los animales, en la naturaleza, viven en un estado de casi inanición. Utilizan sus limitados recursos para reproducirse durante las épocas de abundancia, pero en los malos tiempos entran en un estado parecido a la hibernación para conservar sus recursos y vivir hasta que pase la escasez. Al dar a los animales menos comida se desencadena la segunda respuesta biológica, por lo que viven más tiempo.

Pero un problema de la restricción calórica es que estos animales quedan aletargados, lentos, y pierden el interés por el sexo; además, la mayoría de los humanos se negaría a ingerir un 30 por ciento menos de calorías. Así pues, la industria farmacéutica tendría que localizar las sustancias que rigen este proceso para ejercer el poder de la restricción calórica sin sus evidentes efectos secundarios.

Hace poco se ha aislado un prometedor compuesto químico llamado resveratrol. Este, que se encuentra en el vino tinto, ayuda a activar la molécula de la sirtuina, que se ha demostrado que retarda el proceso de oxidación, uno de los principales factores del envejecimiento, y por lo tanto podría contribuir a proteger el cuerpo de los daños moleculares relacionados con la edad.

Una vez entrevisté a Leonard P. Guarente, un investigador del MIT que fue uno de los primeros que demostraron la conexión entre estas sustancias y el proceso de envejecimiento. Le sorprendía el número de adictos a las dietas de moda que se aferraban a ellas como si se tratasen de una fuente de juventud. Él no creía que lo fueran, pero dejaba abierta la posibilidad de que, si alguna vez se descubriera una verdadera cura para el envejecimiento, el resveratrol y otras sustancias podrían desempeñar algún papel. Incluso cofundó una empresa, Elysium Health, para investigar estas posibilidades.

Otra pista de la causa del envejecimiento podría estar en la telomerasa, que ayuda a regular nuestro reloj biológico. Cada vez que una célula se divide, los extremos de los cromosomas, llamados telómeros, quedan un poco más cortos. Con el tiempo, después de cincuenta o sesenta divisiones, los telómeros se han acortado tanto que desaparecen, y el cromosoma empieza a deshacerse, haciendo que la célula entre en un estado de senectud y deje de funcionar correctamente. Así pues, hay un límite al número de veces que una célula se puede dividir llamado «límite de Hayflick». (También entrevisté una vez al doctor Leonard Hayflick, que se echó a reír cuando le pregunté si se podría invertir su límite para encontrar una cura de la muerte. Era sumamente escéptico. Se daba cuenta de que este límite biológico es fundamental para el proceso de envejecimiento, pero sus consecuencias todavía se están estudiando, y dado que el envejecimiento es un proceso bioquímico complejo que implica muchas causas diferentes, estamos muy lejos de poder alterar ese límite en los seres humanos.)

Elizabeth Blackburn, ganadora del premio Nobel, es mucho más optimista y dice: «Todo indica, incluida la genética, que existe alguna causalidad entre los telómeros y las cosas feas que ocurren al envejecer».[2] Y también señala que hay una conexión directa entre el acortamiento de los telómeros y ciertas enfermedades. Por ejemplo, si los telómeros se encuentran en el tercio inferior de la escala de longitudes de la población, el riesgo de enfermedad cardiovascular es un 40 por ciento mayor. «El acortamiento de los telómeros —concluye— parece estar en el origen de los riesgos de enfermedades que te matan [...] enfermedades cardiacas, diabetes, cáncer, incluso el alzheimer.»

En los últimos tiempos, los científicos han estado experimentando con la telomerasa, la enzima descubierta por Blackburn y sus colaboradores que impide el acortamiento de los telómeros. En cierto sentido, puede «parar el reloj». Cuando se bañan en telomerasa, las células de la piel pueden dividirse de forma indefinida, mucho más allá del límite de Hayflick. Una vez entrevisté al doctor Michael D. West, entonces en la Geron Corporation, que experimenta con telomerasa y asegura que puede «inmortalizar» una célula de la piel en el laboratorio de manera que viva para siempre. En su laboratorio, las células epiteliales se pueden dividir cientos de veces, no solo cincuenta o sesenta.

Pero hay que advertir que la telomerasa debe regularse con mucho cuidado, ya que también las células cancerosas son inmortales y se sirven de la telomerasa para hacerse con esa inmortalidad. De hecho, una de las cosas que distinguen las células cancerosas de las normales es que viven para siempre y pueden reproducirse sin límites, creando así los tumores que pueden matarnos. O sea, que el cáncer puede ser una consecuencia indeseada de la telomerasa.

LA GENÉTICA DEL ENVEJECIMIENTO

Otra posibilidad para derrotar al envejecimiento es la manipulación génica.

Es bastante obvio que el envejecimiento está muy influido por nuestros genes. Las mariposas, después de salir del capullo, solo viven unos pocos días o semanas. Los ratones que se estudian en los laboratorios solo viven unos dos años. Los perros envejecen siete veces más deprisa que los humanos y mueren poco después de los diez años.

No obstante, en el reino animal encontramos también casos que viven tanto tiempo que resulta difícil medir la duración de su vida. En 2016, en la revista *Science*, unos investigadores comunicaron que el tiburón de Groenlandia vive por término medio 272 años, superando los 200 de la ballena boreal, lo que lo convierte en el vertebrado más longevo. Calcularon la edad de estos tiburones analizando las capas de tejido de sus ojos, que crecen con el tiempo una a una, como una cebolla. Encontraron incluso un tiburón de 392 años y otro que podría tener 512.

Así pues, la esperanza de vida varía mucho en diferentes especies con distintas dotaciones genéticas, pero incluso entre los humanos, que tenemos genes casi idénticos, los estudios han demostrado que los gemelos y los parientes cercanos no tienen la misma esperanza de vida, y que en personas elegidas al azar esta varía mucho más.

De este modo, si el envejecimiento está al menos en parte gobernado por los genes, la clave está en aislar los genes que lo controlan. Hay varios caminos para hacerlo.

Uno de los más prometedores consiste en analizar los genes de personas jóvenes y después compararlos con los de personas mayores. Analizando los dos conjuntos con un ordenador, se puede localizar con rapidez dónde se ha producido la mayor parte del daño genético causado por el envejecimiento.

Por ejemplo, en un coche, el envejecimiento hace mella principalmente en el motor, donde la oxidación y el desgaste influyen más. Los «motores» de una célula son las mitocondrias. En ellas es donde se oxidan los azúcares para extraer energía. Un cuidadoso análisis del ADN mitocondrial indica que aquí es, en efecto, donde se concentran los signos del envejecimiento. Confiamos en que algún día los científicos puedan utilizar los mecanismos de reparación de las propias células para invertir la acumulación de errores en las mitocondrias y así prolongar la vida útil de las células.

Thomas Perls, de la Universidad de Boston, analizó los genes de personas centenarias bajo la suposición de que algunas de ellas están genéticamente programadas para vivir durante más tiempo. Identificó 281 marcadores génicos que parecían retardar el proceso de envejecimiento y, de algún modo, hacer a estos centenarios menos vulnerables a la enfermedad.

Poco a poco se va revelando el mecanismo del envejecimiento. Muchos científicos se muestran cautelosos pero optimistas al respecto, y creen que será controlable en las próximas décadas.[3] Sus investigaciones indican que, al parecer, hacerse mayor no es otra cosa que la acumulación de errores en nuestro ADN y en nuestras células, y tal vez un día podamos detener e incluso invertir este deterioro. (De hecho, algunos profesores de Harvard son tan optimistas acerca de su investigación que han creado empresas privadas con la esperanza de capitalizar las avanzadas investigaciones realizadas en sus laboratorios.)

Así pues, es indiscutible que nuestros genes desempeñan un importante papel en la duración de nuestras vidas. El problema está en identificar los que participan en este proceso, separar los efectos ambientales y alterar esos genes.

TEORÍAS POLÉMICAS SOBRE EL ENVEJECIMIENTO

Uno de los mitos más antiguos acerca del envejecimiento es que se puede llegar a la juventud eterna bebiendo la sangre o consumiendo el alma de los jóvenes, como si se pudiera transferir de una persona a otra, como en la leyenda de los vampiros. El súcubo es una fascinante criatura mítica que se mantiene eternamente joven porque cuando te besa, absorbe la juventud de tu cuerpo.

Las investigaciones modernas indican que podría haber un poco de verdad en esta idea. En 1956, Clive M. McKay, de la Universidad Cornell, cosió los vasos sanguíneos de dos ratas, una vieja y decrépita y la otra joven y vigorosa. Quedó asombrado al descubrir que la rata vieja empezaba a parecer más joven, mientras que a la otra le ocurría lo contrario.

Décadas después, en 2014, Amy Wagers, de la Universidad de Harvard, reexaminó este experimento. Y, para su gran sorpresa, observó el mismo efecto de rejuvenecimiento en los ratones. Después aisló una proteína llamada GDF11 que parece influir en este proceso. Estos resultados eran tan interesantes que la revista *Science* los eligió como uno de los diez grandes avances del año. Pero en el tiempo transcurrido desde este asombroso descubrimiento, otros equipos han intentado repetir el experimento con resultados irregulares. Sigue sin estar claro si la GDF11 será un arma valiosa en la lucha contra el envejecimiento.

Otra controversia, muy de moda, se centra en la hormona del crecimiento humano (HGH), pero su eficacia en la prevención del envejecimiento se basa en muy pocas investigaciones fiables. En 2017, un gran estudio realizado en la Universidad de Haifa (Israel) con más de ochocientos sujetos encontró evidencias del efecto contrario: la HGH podría reducir la esperanza de vida de una persona. Además, otro estudio indica que una mutación genética que da como resultado un nivel reducido de HGH puede alargar la vida humana, de modo que el efecto de la HGH puede no ser el deseado.

Estos estudios nos enseñan una lección. En el pasado, algunas hipótesis disparatadas sobre el envejecimiento se desvanecieron después de ser estudiadas a fondo, pero en la actualidad los investigadores exigen que todos los resultados sean comprobables, reproducibles y refutables, el sello de calidad de la verdadera ciencia.

Está naciendo la biogerontología, una disciplina nueva que pretende descubrir el secreto del proceso de envejecimiento. En los últimos tiempos ha habido una explosión de actividad en este campo, y se están analizando multitud de genes, proteínas, procesos y sustancias químicas muy prometedores, incluyendo la proteína FOXO3, la metilación del ADN, la mTOR, los factores de crecimiento insulínicos, la Ras2, la acarbosa, la metformina, el alfa-estradiol, etc. Todos han generado enorme interés entre la comunidad científica, pero los resultados todavía son preliminares. El tiempo dirá qué camino promete mejores resultados.

En la actualidad, la búsqueda de la fuente de la juventud, un campo que antes estaba poblado por místicos, charlatanes y curanderos, está siendo emprendida por los mejores científicos del mundo. Aunque todavía no existe una cura para el envejecimiento, los científicos están siguiendo muchas prometedoras rutas de investigación. Ya pueden prolongar la vida de algunos animales, pero está por verse si eso se puede trasponer a los humanos.

Aunque el ritmo de las investigaciones ha sido increíble, todavía nos falta mucho para resolver el misterio del envejecimiento. Puede que con el tiempo se encuentre una manera de retardarlo e incluso de detenerlo, utilizando una combinación de varios de estos métodos. Tal vez la próxima generación produzca los avances necesarios. Como dijo una vez Gerald Sussman, «No creo que sea aún el momento, pero está cerca. Por desgracia, temo que la mía es la última generación que morirá».[4]

Otro punto de vista sobre la inmortalidad

Puede que Adaline lamentara el don de no morir nunca, y tal vez no sea la única, pero mucha gente sigue queriendo detener los efectos del envejecimiento. Una visita a la farmacia más próxima nos revelará filas y filas de productos que aseguran invertir el envejecimiento. Por desgracia, todos ellos son un subproducto de la calenturienta imaginación de los publicistas de Madison Avenue, que intentan vender aceite de serpiente a los clientes crédulos. (Según muchos dermatólogos, el único ingrediente de todas estas pócimas «antiedad» que de verdad funciona es el hidratante.)

Una vez presenté un especial de televisión de la BBC con el que fui a Central Park y entrevisté a varios transeúntes elegidos al azar. Les pregunté: «Si yo tuviera en la mano la fuente de la juventud, ¿bebería usted de ella?». Sorprendentemente, todas las personas a las que pregunté respondieron que no. Muchos dijeron que lo normal era envejecer y morir. Así es como debe ser, y la muerte forma parte de la vida. Después fui a una residencia de ancianos, muchos de los cuales padecían los dolores y molestias de la vejez. Algunos empezaban a mostrar síntomas de alzheimer, y estaban olvidando quiénes eran y dónde estaban. Cuando les pregunté si beberían de la fuente de la juventud, todos respondieron con entusiasmo: «¡Sí!».

Superpoblación

¿Qué ocurrirá si resolvemos el problema del envejecimiento?[5] Cuando esto suceda —si es que sucede—, la inmensa distancia a las estrellas no parecerá tan intimidante. Los seres inmortales deberían concebir el viaje interestelar de una manera completamente diferente a nosotros. Puede que consideren que la enorme cantidad de tiempo que llevará construir astronaves y enviarlas a las estrellas no sea más que un pequeño inconveniente. Así como nosotros aguantamos meses de espera hasta tener vacaciones, unos seres inmortales verían los siglos necesarios para llegar a las estrellas como una simple molestia.

Pero hay que advertir de que el don de la inmortalidad puede tener una consecuencia no deseada, que es generar una terrible superpoblación de la Tierra. Esto puede ejercer una gran presión sobre los recursos, los alimentos y la energía del planeta, lo que puede llegar a provocar apagones, migraciones masivas, disturbios por el sustento y conflictos entre naciones. Y la inmortalidad, en lugar de hacernos entrar en la era de Acuario, puede desencadenar una nueva oleada de guerras mundiales.

Todo esto, a su vez, puede contribuir a acelerar el éxodo masivo fuera de la Tierra, ofreciendo un refugio seguro a los pioneros que estén hartos de un planeta superpoblado y contaminado. Como Adaline, la gente puede darse cuenta de que el don de la inmortalidad es en realidad una maldición.

Pero ¿es tan grave este problema de la superpoblación? ¿Pondrá en peligro nuestra misma existencia?

Durante la mayor parte de la historia, la población humana estuvo muy por debajo de los 300 millones de individuos, pero con la revolución industrial la población humana fue creciendo poco a poco hasta llegar a los 1.500 millones en 1900. Ahora es de 7.500 millones, y crece otros mil cada doce años, aproximadamente. La ONU calcula que en 2100 ascenderá a 11.200 millones. Con el tiempo, podemos superar la capacidad de carga del planeta, y esto podría significar hambrunas, disturbios y caos, como predijo Thomas Robert Malthus allá por 1798.

De hecho, la superpoblación es una de las razones por las que algunas personas recomiendan viajar a las estrellas. Pero un examen más a fondo del problema revela que el crecimiento de la población mundial —aunque sigue en aumento— se va haciendo más lento. La ONU, por ejemplo, ha rebajado sus predicciones varias veces. Y muchos demógrafos predicen que la población mundial empezará a estabilizarse y podría por fin estarlo a finales del siglo XXI.

Para comprender todos estos cambios demográficos, hay que ponernos en la piel de un campesino. Un agricultor en un país pobre hace un cálculo simple: cada hijo le hace más rico. Los niños trabajan en los campos y cuesta muy poco criarlos. El alojamiento y manutención en una granja son casi gratis. Pero cuando te trasladas a la ciudad, el cálculo se invierte: cada hijo te hace más pobre. Hay que alimentar al niño con comida de la tienda, que es cara. El niño tiene que vivir en un piso, que cuesta dinero. De manera que cuando el campesino se vuelve urbano, ya no quiere diez hijos, sino solo dos; y cuando accede a la clase media, quiere disfrutar un poco de la vida y tal vez solo tenga un hijo.

Incluso en países como Bangladesh, que no posee mucha clase media urbana, la tasa de natalidad está descendiendo poco a poco. Esto se debe a la educación de las mujeres. Los estudios realizados en numerosas naciones han encontrado una pauta clara: la tasa de natalidad disminuye drásticamente a medida que una nación se industrializa, se urbaniza y educa a las niñas.

Otros demógrafos han argumentado que estamos hablando de dos mundos. Por una parte, observamos un continuo ascenso de la tasa de natalidad en países pobres con bajos niveles de educación y una economía débil. Por otra, se aprecia una estabilización, e incluso una reducción, de la tasa de natalidad en países en que el desarrollo industrial trae prosperidad. En cualquier caso, una explosión demográfica mundial, aunque sigue siendo un peligro, no es tan inevitable ni tan aterradora como antes se pensaba.

A algunos analistas les preocupa que dentro de poco sobrepasemos nuestras reservas de alimentos. Pero otros han argumentado que el problema de los alimentos es en realidad un problema de energía. Si disponemos de suficiente energía, podremos aumentar la productividad y la producción de alimentos para adaptarlas a la demanda.

He tenido la oportunidad de entrevistar en varias ocasiones a Lester Brown, uno de los principales activistas ambientales del mundo y fundador del famoso Instituto Worldwatch, un grupo de estudios conservacionista. Su organización sigue de cerca las reservas mundiales de alimentos y el estado del planeta. Lo que le preocupa a él es otro factor: ¿tenemos suficientes alimentos para dar de comer a la población mundial cuando todos sean consumidores de clase media? Los cientos de millones de chinos e indios que están entrando en esta clase ven películas occidentales y quieren emular ese estilo de vida, con su despilfarro de recursos, su alto consumo de carne, sus casas grandes, su fijación por los artículos de lujo, etc. Le preocupa que no dispongamos de suficientes recursos para alimentar a toda la población, y desde luego será difícil alimentar a los que quieran seguir una dieta occidental.

No obstante, tiene la esperanza de que las naciones pobres que se industrialicen no sigan el camino histórico de Occidente y adopten en su lugar estrictas medidas ambientales para conservar los recursos. El tiempo dirá si las naciones del mundo pueden hacer frente a este desafío.

Así pues, vemos que los avances en la cuestión de retardar o detener el proceso de envejecimiento pueden tener un profundo impacto en los viajes espaciales. Podrían crear seres que no contemplen como un obstáculo las enormes distancias hasta las estrellas. Estarán dispuestos a embarcarse en empresas que requieran muchos años, como construir y tripular astronaves en viajes de varios siglos de duración.

Además, los intentos de alterar el proceso de envejecimiento pueden agravar el problema de la superpoblación en la Tierra, lo que a su vez podría acelerar el éxodo de los terrestres. Si la superpoblación se hace insoportable, muchos pueden verse empujados a abandonar nuestro planeta para colonizar las estrellas.

Sin embargo, aún es muy pronto para afirmar cuáles de estas tendencias dominarán el próximo siglo. Pero dada la rapidez con que estamos desentrañando el proceso de envejecimiento, estos avances pueden llegar antes de lo que esperamos.

Inmortalidad digital

Además de la inmortalidad biológica, existe un segundo tipo, la llamada «inmortalidad digital», que plantea algunas cuestiones filosóficas interesantes. A largo plazo, la inmortalidad digital puede ser el método más eficiente para explorar las estrellas. Si nuestros frágiles cuerpos biológicos no pueden soportar las presiones del viaje interestelar, existe la posibilidad de enviar nuestras conciencias al espacio profundo.

Cuando intentamos reconstruir nuestra genealogía, solemos encontrarnos con un problema. Después de unas tres generaciones, se pierde la pista. La gran mayoría de nuestros antepasados vivió y murió sin dejar ninguna prueba de su existencia, aparte de su descendencia.

Pero en la actualidad dejamos una enorme huella digital. Por ejemplo, solo con analizar las transacciones de nuestra tarjeta de crédito, es posible saber los países que uno visita, la comida que le gusta, la ropa que lleva, los colegios a los que asistió. Añadamos a esto los comentarios en foros y periódicos, los correos electrónicos, los vídeos, las fotos, etc. Con toda esta información es posible crear una imagen holográfica que hable y actúe como uno mismo, con las mismas peculiaridades y recuerdos.

Algún día tendremos una biblioteca de almas. En lugar de leer un libro sobre Winston Churchill, podremos mantener una conversación con él. Hablaremos con una proyección que tendrá sus gestos faciales, movimientos corporales e inflexiones de voz. El registro digital tendrá acceso a sus datos biográficos, sus escritos y sus opiniones sobre asuntos políticos, religiosos y personales. Será en todos los aspectos como hablar con el propio hombre. Personalmente, me gustaría mantener una conversación con Albert Einstein para charlar sobre la teoría de la relatividad. Algún día, tus tataranietos podrán conversar contigo. Es una forma de inmortalidad digital.

Pero ¿serías verdaderamente «tú»? Es una máquina o simulación la que almacena tus gestos y detalles biográficos. El alma, dirán algunos, no se puede reducir a información.

Pero ¿qué ocurriría si fuéramos capaces de reproducir tu cerebro, neurona a neurona, de modo que queden registrados todos tus recuerdos y sentimientos? El siguiente nivel de inmortalidad digital, después de la biblioteca de almas, es el proyecto Conectoma Humano, un ambicioso plan para digitalizar todo el cerebro de una persona.

Como dijo una vez Daniel Hillis, cofundador de Thinking Machines, «Me gusta mi cuerpo tanto como a cualquiera, pero si puedo llegar a los doscientos años con un cuerpo de silicio, me apunto».[6]

Dos maneras de digitalizar la mente

Hoy en día existen dos programas diferentes para digitalizar el cerebro humano. El primero es el proyecto Cerebro Humano, en el que un equipo suizo está intentando crear un programa informático capaz de simular todos los aspectos básicos del cerebro utilizando transistores en lugar de neuronas. Hasta ahora, han conseguido simular el «proceso de pensamiento» de un ratón y un conejo durante varios minutos. El objetivo del proyecto es crear un ordenador capaz de hablar racionalmente como un ser humano normal. Su director, Henry Markram, ha dicho: «Si lo hacemos bien, debería hablar, tener inteligencia y comportarse más o menos como un ser humano».

Así pues, este enfoque es electrónico: pretende reproducir la inteligencia del cerebro a través de una vasta red de transistores con una enorme potencia de computación. Pero existe una vía paralela, emprendida en Estados Unidos, que es biológica, y se propone trazar un mapa de las rutas neuronales del cerebro.

Este proyecto se llama Iniciativa BRAIN (Investigación del Cerebro mediante Neurotecnologías Innovadoras Avanzadas, por sus siglas en inglés). Su objetivo es desentrañar la estructura neuronal del cerebro, célula a célula, y cartografiar las rutas de cada una de sus neuronas. Dado que el cerebro humano contiene unos cien mil millones de neuronas, y que cada neurona está conectada con otras diez mil, a primera vista parece imposible trazar un mapa de todas las rutas. (Incluso la tarea relativamente sencilla de cartografiar el cerebro de un mosquito implica producir datos que llenarían del suelo al techo toda una habitación con discos compactos.) Pero los ordenadores y los robots han reducido radicalmente el tiempo y el esfuerzo necesarios para completar esta hercúlea y tediosa tarea.

Un método para ello es el de «cortar y picar», que implica seccionar el cerebro en miles de capas y utilizar microscopios para reconstruir las conexiones entre todas las neuronas. Hace poco ha surgido un sistema mucho más rápido, propuesto por científicos de la Universidad de Stanford, pioneros de una técnica llamada optogenética. Esta consiste en aislar una proteína llamada opsina, que interviene en la visión. Cuando se hace brillar una luz sobre el gen correspondiente de una neurona, la neurona en cuestión se dispara.

Por medio de la ingeniería genética, se puede implantar el gen de la opsina en las neuronas que queremos estudiar. Dirigiendo una luz hacia una sección del cerebro de un ratón, el investigador puede hacer que se activen las neuronas relacionadas con una cierta actividad muscular, y el ratón ejecuta esa actividad, como correr por su jaula. De este modo, se pueden observar las rutas neuronales exactas empleadas para controlar cierto tipo de conductas.

Por ejemplo, este ambicioso proyecto puede ayudar a desentrañar el secreto de las enfermedades mentales, uno de los trastornos humanos más debilitantes. Con un mapa de nuestro cerebro, seríamos capaces de aislar el origen de estas aflicciones. (Por ejemplo, todos hablamos en silencio con nosotros mismos. Cuando lo hacemos, el hemisferio izquierdo del cerebro, que controla el lenguaje, consulta a la corteza prefrontal. Pero ahora sabemos que, en los esquizofrénicos, el hemisferio izquierdo se activa sin permiso del córtex prefrontal, que es la parte consciente del cerebro. Como consecuencia, el esquizofrénico cree que las voces que oye en su cabeza son reales.)

Aun con estas nuevas y revolucionarias técnicas, todavía necesitaremos varias décadas de duro trabajo para que los científicos puedan trazar un mapa detallado del cerebro humano. Pero cuando esto se logre por fin, puede que a finales del siglo XXI, ¿significará que podremos cargar una conciencia en un ordenador y enviarla a las estrellas?

¿ES EL ALMA TAN SOLO INFORMACIÓN?

Si nosotros morimos pero nuestras conexiones cerebrales siguen existiendo, ¿seremos de algún modo inmortales? Si nuestra mente se puede digitalizar, ¿es el alma solo información? Si podemos introducir en un disco todos los circuitos neuronales y los recuerdos del cerebro, y después descargarlos en un superordenador, ¿funcionará y actuará este como un cerebro de verdad? ¿Sería indistinguible de un cerebro humano?

A algunos, esta idea les parece repulsiva, ya que si descargas tu mente en un ordenador te pasarás una eternidad atrapado dentro de una máquina estéril. Algunos piensan que es un destino peor que la muerte. En un episodio de *Star Trek* aparecía una civilización superavanzada en la cual las conciencias puras de los extraterrestres estaban encerradas en esferas brillantes. Millones de años atrás, estos extraterrestres habían renunciado a sus cuerpos físicos, y desde entonces habían vivido dentro de aquellas esferas. Como consecuencia se habían vuelto inmortales, pero uno de ellos echaba de menos tener un cuerpo para poder sentir sensaciones y pasiones verdaderas, a pesar de ello significara tomar posesión del cuerpo de algún otro.

Aunque a algunos les pueda parecer poco atractivo vivir dentro de un ordenador, eso no significa que no se puedan experimentar todas las sensaciones de un ser humano vivo. Aun cuando tu conectoma residiera en un procesador, podría controlar un robot idéntico a ti. Experimentarías lo mismo que este, de modo que, a todos los efectos, tendrías la sensación de estar viviendo en un cuerpo real, y puede que incluso en un cuerpo con superpoderes. Todo lo que el robot vea y sienta se transmitirá al procesador y se incorporará a tu conciencia. Así pues, controlar un robot-avatar desde el ordenador sería indistinguible de estar realmente «dentro» del avatar.

De este modo se podrían explorar planetas lejanos. Tu avatar sobrehumano sería capaz de soportar temperaturas abrasadoras en planetas achicharrados por su Sol, o las temperaturas gélidas de lejanas lunas heladas. Se podría enviar a otro sistema solar una astronave que transportara el procesador que aloja tu conectoma. Cuando la nave llegase a un planeta adecuado, tu avatar podría descender para explorarlo aunque su atmósfera sea venenosa.

El informático Hans Moravec ha imaginado un modo aún más avanzado de cargar la mente en un ordenador. Cuando le entrevisté, aseguró que su método se podría llevar a cabo incluso sin perder la conciencia.

Primero te tumbarían en una camilla de hospital, al lado de un robot. Después, un cirujano sacaría neuronas una por una de tu cerebro y crearía un duplicado de todas ellas (a base de transistores) dentro del robot. Estas neuronas transistorizadas se conectarían con tu cerebro mediante un cable. Con el tiempo, se irían extrayendo más y más neuronas y se duplicarían en el robot. Como tu cerebro estaría conectado al del robot, serías plenamente consciente cuantas más y más neuronas se sustituyeran por transistores. Al final, todo tu cerebro y sus neuronas serían reemplazadas por transistores. Cuando los cien mil millones de neuronas hayan sido duplicadas, se cortará por fin la conexión entre tú y el cerebro artificial. Cuando mires la camilla, verás tu viejo cuerpo, sin cerebro, mientras tu conciencia reside ahora en un robot.

Pero sigue en pie la cuestión: ¿es eso verdaderamente «tú»? Para la mayoría de los científicos, si un robot puede reproducir toda tu conducta hasta el último gesto, con todos tus recuerdos y hábitos intactos, y es indistinguible de la persona original en todos sus aspectos, dirían que, a todos los efectos y propósitos, eres «tú».

Como hemos visto, las distancias entre las estrellas son tan grandes que se tardarían varias vidas en llegar a nuestros vecinos galácticos más próximos. Así que los viajes multigeneracionales, la prolongación de la vida y la búsqueda de la inmortalidad pueden desempeñar un importantísimo papel en la exploración de nuestro universo.

Más allá de la cuestión de la inmortalidad hay otra más importante: ¿hasta dónde debemos prolongar no solo la duración de nuestra vida sino nuestro cuerpo humano? Si alteramos nuestra dotación genética se abren todavía más posibilidades. Dados los rápidos avances de la conexión cerebro-ordenador y la ingeniería genética, sería posible crear cuerpos mejorados, con nuevas capacidades y habilidades. Algún día podremos entrar en la era poshumana, y esta podría ser la mejor manera de explorar el universo.

11

Transhumanismo y tecnología

> [Los extraterrestres podrían tener] capacidades indistinguibles de la telequinesis, la percepción extrasensorial y la inmortalidad [...] poderes que parecen mágicos [...] serán criaturas espiritualmente avanzadas. Tal vez hayan resuelto el enigma de los cuantos y sean capaces de atravesar paredes. Oh, vaya, parecen ángeles.
>
> DAVID GRINSPOON

En la película *Iron Man*, el educado magnate Tony Stark viste una sofisticada armadura informatizada, armada con misiles, balas, lanzallamas y explosivos, que transforma al instante a un frágil humano en un poderoso superhéroe. Pero la verdadera magia está dentro del traje, repleto de la tecnología informática más avanzada y controlada mediante una conexión directa con el cerebro de Tony Stark. Puede salir volando como un cohete o disparar su increíble arsenal a la velocidad del pensamiento.

Por fantástico que parezca *Iron Man*, ahora es posible construir una versión de su traje.

Esto no es solo un ejercicio académico, ya que algún día quizá debamos alterar y mejorar nuestros cuerpos por medio de la cibernética, e incluso modificar nuestra dotación genética para sobrevivir en ambientes exoplanetarios hostiles. El transhumanismo, en lugar de ser un derivado de la ciencia ficción o un movimiento marginal, puede convertirse en una parte esencial de nuestra existencia.

Además, a medida que los robots vayan adquiriendo potencia e incluso nos sobrepasen en inteligencia, puede que tengamos que fusionarnos con ellos… o resignarnos a ser sustituidos por nuestras creaciones.

Exploremos estas diversas posibilidades, en especial las relacionadas con la exploración y colonización del universo.

Superfuerza

En 1995, el mundo se horrorizó cuando Christopher Reeve, el apuesto actor que había interpretado a Superman en el cine, quedó trágicamente paralizado del cuello a los pies a causa de un accidente. Reeve, que en la pantalla volaba hasta el espacio, quedó confinado para siempre en una silla de ruedas y solo podía respirar con la ayuda de una máquina. Su sueño era utilizar la tecnología moderna para recuperar el control de sus miembros. Murió en 2004, solo una década antes de que esto se consiguiera.

En la Copa Mundial de Fútbol de 2014 en São Paulo (Brasil), un hombre pateó un balón para dar comienzo al torneo, un evento presenciado por mil millones de personas. Esto en sí no tenía nada de particular. Lo que sí era notable es que aquel hombre era paralítico. El profesor Miguel Nicolelis, de la Universidad de Duke, había insertado un chip en el cerebro de aquel hombre. El chip estaba conectado a un ordenador portátil que controlaba su exoesqueleto. Con solo pensar, aquel individuo fue capaz de andar y chutar un balón.

Cuando entrevisté al doctor Nicolelis, me contó que de niño se quedó fascinado por la misión Apolo a la Luna. Su sueño era causar otra sensación como esa. Cablear a aquel paciente paralítico para que pudiera hacer el saque inaugural en la Copa Mundial resultó un sueño hecho realidad. Fue su viaje a la Luna particular.

En otra ocasión entrevisté a John Donoghue, de la Universidad Brown, uno de los pioneros de este ámbito. Me dijo que se necesita un poco de entrenamiento como para montar en bicicleta, pero que sus pacientes no tardaban en controlar los movimientos de un exoesqueleto y podían realizar acciones sencillas (como agarrar un vaso de agua, manejar aparatos domésticos, controlar una silla de ruedas y navegar por internet). Esto es posible porque un ordenador es capaz de reconocer ciertas pautas cerebrales asociadas con movimientos específicos del cuerpo. A continuación, el ordenador activa el exoesqueleto de manera que los impulsos eléctricos del cerebro se transformen en acciones. Una de sus pacientes paralizadas se puso eufórica al poder agarrar un vaso de refresco y beber de él, algo que antes estaba fuera de sus posibilidades.

Los trabajos realizados en Duke, Brown, Johns Hopkins y otras universidades han conferido el don de la movilidad a personas que habían perdido hacía mucho tiempo la esperanza de recuperarlo. Por su parte, el ejército estadounidense ha dedicado más de 150 millones de dólares a un programa llamado Prótesis Revolucionarias para subvencionar estos aparatos en beneficio de veteranos de Irak y Afganistán, muchos de los cuales sufren lesiones en la médula espinal. Con el tiempo, miles de personas confinadas en camas y sillas de ruedas —ya sea por heridas de guerra, accidentes de tráfico, enfermedades o lesiones deportivas— podrán recuperar el uso de sus miembros.

Además de los exoesqueletos, otra posibilidad sería reforzar biológicamente el cuerpo humano para que pudiera vivir en un planeta de mayor gravedad. Esta cuestión se planteó cuando los científicos descubrieron un gen que produce que los músculos se expandan. Se observó por primera vez en ratones, algunos de los cuales, a causa de una mutación genética, desarrollaban una gran musculatura. La prensa lo llamó «el gen del superratón». Más adelante se descubrió la variedad humana de este gen, y se la denominó «gen Schwarzenegger».

Los científicos que aislaron este gen esperaban llamadas telefónicas de médicos deseosos de ayudar a sus pacientes aquejados de enfermedades musculares degenerativas. No obstante, les sorprendió que la mitad de las llamadas que recibieron fueran de culturistas que querían aumentar su masa muscular. Además, a la mayoría de ellos no les importaba que esta investigación se encontrara en fase experimental, con efectos secundarios desconocidos. Ya está causando quebraderos de cabeza en la industria deportiva, pues es mucho más difícil de detectar que otras formas de potenciamiento químico.

La posibilidad de controlar la masa muscular puede ser muy importante cuando se exploren planetas con un campo gravitatorio mayor que el de la Tierra. Hasta ahora, los astrónomos han descubierto un gran número de supertierras (planetas rocosos situados en la zona habitable, que incluso pueden albergar océanos). Podrían ser candidatos probables para la ocupación humana excepto porque su campo gravitatorio tal vez sea un 50 por ciento mayor que el de la Tierra. O sea, que sería necesario reforzar nuestros músculos y huesos para prosperar en ellos.

CÓMO MEJORARNOS

Además de reforzar nuestros músculos, los científicos han empezado a utilizar esta tecnología para agudizar nuestros sentidos. Las personas que padecen ciertos tipos de sordera tienen ahora la opción de usar implantes cocleares. Estos notables artefactos son capaces de transformar las ondas sonoras que entran en el oído en señales eléctricas que se envían al nervio auditivo y de ahí al cerebro. Medio millón de personas han decidido ya implantarse estos sensores.

Por su parte, para algunos ciegos, una retina artificial puede restaurar una cantidad limitada de visión. Este aparato puede estar situado en una cámara externa o instalarse directamente en la retina. Transforma las imágenes visuales en impulsos eléctricos que el cerebro puede traducir en imágenes visuales.

Un ejemplo es el Argus II, que consiste en una diminuta videocámara instalada en las gafas de una persona. Las imágenes que capta se envían a una retina artificial, que transmite las señales al nervio óptico. El aparato puede crear imágenes de unos 60 píxeles, y ahora se está probando una versión perfeccionada con una resolución de 240 píxeles. (A modo de comparación, el ojo humano puede reconocer el equivalente a un millón de píxeles, y necesitamos por los menos 600 para identificar rostros y objetos familiares.) Una empresa alemana está experimentando con otra retina artificial de 1.500 píxeles, que, si tiene éxito, podría permitir que una persona con problemas de visión funcionara de un modo casi normal.

Las personas ciegas que han probado estas retinas artificiales han quedado asombradas al poder ver colores y contornos de imágenes. Es solo cuestión de tiempo que dispongamos de retinas artificiales capaces de rivalizar con el ojo humano. Además, sería posible que una retina artificial viera «colores» correspondientes a cosas que son invisibles para aquel. Por ejemplo, hay muchas personas que se queman en la cocina porque un cacharro metálico caliente parece idéntico a uno frío. Esto se debe a que nuestros ojos son incapaces de ver la radiación calórica infrarroja. Pero se pueden construir retinas artificiales y gafas capaces de detectarla con facilidad, como las gafas de visión nocturna utilizadas por el ejército. Así pues, con una retina artificial, una persona podría ser capaz de ver esa «imagen» del calor y también otras formas de radiación que en caso contrario son invisibles para nosotros. Esta supervisión, a su vez, resultaría utilísima en otros planetas. En mundos lejanos, las condiciones pueden ser radicalmente diferentes. Hay atmósferas que tal vez sean oscuras, brumosas o enturbiadas por el polvo o las impurezas. Se podrían crear retinas artificiales capaces de «ver» a través de una tormenta de polvo marciana gracias a detectores de calor infrarrojo. En satélites lejanos, donde la luz solar es casi inexistente, estas retinas artificiales podrían intensificar la escasa luz que se refleja en ellos.

Otro ejemplo sería un aparato que detectara la radiación ultravioleta, que es nociva y puede causar cáncer de piel, pero muy abundante en todo el universo. En la Tierra estamos protegidos de la que emite el Sol por nuestra atmósfera, pero en Marte no está filtrada. Y dado que esta radiación es invisible, muchas veces no nos damos cuenta de que nos exponemos a niveles dañinos. Pero en Marte, una persona con supervisión podría saber al instante si los niveles de luz ultravioleta son peligrosos. En un planeta como

Venus, perpetuamente nublado, estas retinas artificiales podrían ser capaces de utilizar la luz ultravioleta para orientarse sobre el terreno (del mismo modo en que las abejas detectan la del Sol para guiarse en días nublados.)

Otras aplicaciones de la supervisión serían la visión telescópica y la microscópica. Unas diminutas lentes especiales nos permitirían ver objetos lejanos, objetos minúsculos y células sin tener que ir cargando voluminosos telescopios y microscopios.

Este tipo de tecnología puede proporcionarnos también los poderes de la telepatía y la telequinesis. Ya es posible crear un chip que pueda captar nuestras ondas cerebrales, descifrar algunas de ellas y transmitir esa información a internet. Por ejemplo, mi colega Stephen Hawking, que padecía esclerosis lateral amiotrófica, había perdido todas sus funciones motoras, incluyendo el movimiento de los dedos. Hace poco tiempo le habían instalado un chip en sus gafas que podía captar sus ondas cerebrales, que se enviaban a un ordenador. De este modo podía «teclear» mensajes con la mente, aunque muy despacio.

De aquí hay solo un paso hasta la telequinesis (la capacidad de mover objetos con la mente). Utilizando la misma tecnología, se puede conectar directamente el cerebro a un robot u otro aparato mecánico que pueda ejecutar nuestras órdenes mentales. Es fácil imaginar que, en el futuro, la telepatía y la telequinesis serán la norma; interactuaremos con máquinas solo con el pensamiento. Nuestra mente será capaz de encender las luces, activar internet, dictar correos, jugar a videojuegos, comunicarse con los amigos, llamar a un taxi, comprar cualquier artículo, poner una película... solo con pensar. Los astronautas del futuro podrían utilizar el poder de sus mentes para pilotar sus astronaves o explorar planetas lejanos. Podrán surgir ciudades en los desiertos de Marte gracias a maestros constructores que controlarán mentalmente el trabajo de robots.

Por supuesto, el proceso de mejorar nuestros cuerpos no es nuevo, sino que ha estado ocurriendo durante toda la existencia humana. A lo largo de la historia hay muchos ejemplos de cómo nuestra especie ha utilizado medios artificiales para realzar su poder e influencia: vestimenta, tatuajes, maquillaje, tocados, ropas ceremoniales, plumas, gafas, audífonos, micrófonos, auriculares, etc. De hecho, parece ser una tendencia natural de todas las sociedades humanas: intentar manipular nuestros cuerpos, sobre todo para aumentar nuestras posibilidades de éxito reproductivo. Pero la diferencia entre las mejoras del pasado y las del futuro es que, a medida que exploremos el universo, estas serán la clave para sobrevivir en diferentes ambientes. En el futuro tal vez vivamos en la era mental, en la que nuestros pensamientos controlarán el mundo que nos rodea.

El poder de la mente

Otro hito en la investigación cerebral se estableció cuando los científicos, por primera vez en la historia, lograron grabar un recuerdo. Unos investigadores de Wake Forest y la Universidad de Southern California instalaron electrodos en el hipocampo de unos ratones, donde se procesan los recuerdos a corto plazo. Registraron los impulsos de este órgano mientras los ratones ejecutaban tareas sencillas, como aprender a beber agua de un tubo. Más adelante, cuando los ratones habían olvidado ya esta tarea, se estimuló su hipocampo mediante la grabación, y los ratones recordaron al instante. También se han registrado recuerdos de primates, con resultados similares.

El siguiente objetivo puede ser registrar los recuerdos de pacientes con alzhéimer. Podríamos instalar un «marcapasos cerebral» o «chip de memoria» en su hipocampo, que lo inundaría de recuerdos de quiénes son, dónde viven y quiénes son sus familiares. El ejército se ha interesado mucho en esto. En 2017, el Pentágono anunció una beca de 65 millones de dólares para quien desarrollara un chip diminuto y avanzado que pueda analizar un millón de neuronas humanas mientras el cerebro se comunica con un ordenador y forma recuerdos.

Tendremos que estudiar y perfeccionar esta técnica, pero es razonable suponer que a finales del siglo XXI podremos descargar recuerdos complejos en nuestro cerebro. En principio, podríamos ser capaces de transferir habilidades y conocimientos, incluso carreras universitarias enteras, eliminando todo límite a nuestra capacidad.

Esto podría resultar útil para los astronautas del futuro. Cuando se aterriza en un nuevo planeta o satélite hay muchos detalles que aprender y memorizar acerca del nuevo entorno, y hay que dominar muchas tecnologías. Descargar recuerdos podría ser el modo más eficiente de hacerse con una gran cantidad de información totalmente nueva acerca de mundos distantes.

Pero el doctor Nicolelis quiere ir mucho más allá con esta tecnología. Me contó que todos estos avances de la neurología acabarán dando origen a la «red cerebral», que es la nueva fase de la evolución de internet. En lugar de transmitir bits de información, la red cerebral transmitirá emociones, sentimientos, sensaciones y recuerdos.

Esto podría ayudar a romper las barreras entre las personas. A menudo resulta difícil comprender el punto de vista de otra gente, sus sufrimientos y angustias. Pero con la red cerebral, seremos capaces de experimentar en persona las angustias y temores que preocupan a otros.

Esto podría revolucionar la industria del espectáculo, de la misma manera en que las películas sonoras sustituyeron rápidamente a las mudas. En el futuro, el público será capaz de sentir las emociones de los actores, experimentar su dolor, alegría o sufrimiento. Las películas de hoy pueden quedar obsoletas muy pronto.

Así pues, los astronautas del futuro podrán utilizar la red cerebral de maneras muy significativas. Serán capaces de comunicarse mentalmente con otros colonos, intercambiar al instante información importante y divertirse a través de una forma totalmente nueva de entretenimiento. Además, dado que la exploración del espacio puede ser peligrosa, serán capaces de sentir el estado mental de una persona con mucha más precisión que ahora. Cuando se embarquen en una nueva misión espacial para explorar territorios peligrosos, disponer de esa red cerebral ayudará a los astronautas a comunicarse y revelar problemas mentales, como la depresión o la angustia.

También existe la posibilidad de utilizar la ingeniería genética para potenciar la mente. En la Universidad de Princeton se ha descubierto un gen de los ratones (apodado «gen de los ratones inteligentes») que aumenta su capacidad de orientarse en laberintos. Este gen se llama NR2B e interviene en la comunicación entre las células del hipocampo. Los investigadores descubrieron que cuando un ratón carecía del gen NR2B, su memoria se veía incapacitada para navegar por el laberinto. Pero si tenía copias adicionales de ese gen, su memoria aumentaba.

Estos investigadores introdujeron a los ratones en una cubeta de agua poco profunda, con una plataforma subacuática a la que podían subirse. Una vez que encontraban la plataforma, los ratones inteligentes eran capaces de recordar al instante dónde se encontraba y nadar directamente hacia ella cuando se los volvía a introducir en la cubeta. Los ratones normales, en cambio, nadaban al azar. O sea, que la mejora de la memoria es una posibilidad.

EL FUTURO DEL VUELO

Los humanos siempre han soñado con volar como los pájaros. El dios Mercurio tenía unas pequeñas alas en su casco y en sus tobillos que le permitían volar. Ícaro, por su parte, utilizó cera para pegarse unas plumas a sus brazos para poder elevarse. Por desgracia para él, llegó demasiado cerca del Sol, la cera se derritió y él cayó al mar. Pero la tecnología del futuro nos dará por fin el poder de volar.

En un planeta con una atmósfera tenue y terreno escarpado como Marte, puede que el sistema más conveniente para volar sea la mochila propulsora, un elemento habitual de los dibujos animados y películas de ciencia ficción. Apareció en las primeras tiras de Buck Rogers en 1929, cuando Buck conoce a su futura novia mientras ella vuela por el aire con uno de estos aparatos. En realidad, estas mochilas se utilizaron en la Segunda Guerra Mundial, cuando los nazis necesitaban una manera rápida de transportar tropas al otro lado de un río cuyo puente había sido destruido. La versión alemana utilizaba como combustible peróxido de hidrógeno, que se enciende rápidamente en contacto con un catalizador (como la plata), desprendiendo energía y agua como productos de desecho. Sin embargo, estas mochilas presentan varios problemas. El principal es que el combustible solo dura de treinta segundos a un minuto. (En antiguos noticiarios se ven a veces a personas temerarias que flotan en el aire con mochilas propulsoras, como en los Juegos Olímpicos de 1984. Pero estas grabaciones están cuidadosamente manipuladas, pues aquellas personas solo flotaban de treinta a sesenta segundos antes de caer al suelo.)

La solución a este problema es inventar un equipo portátil con suficiente energía para funcionar durante vuelos más largos. Por desgracia, en la actualidad no disponemos de un suministro de energía semejante.

Esta es también la razón de que no tengamos pistolas de rayos. Un láser podría funcionar como pistola de rayos, pero solo si contáramos con una planta nuclear para generar la energía. Pero, en efecto, no es práctico cargar una planta de energía nuclear al hombro, así que ni las mochilas propulsoras ni las pistolas de rayos serán factible hasta que inventemos fuentes de energía en miniatura, tal vez en forma de nanobaterías capaces de almacenar energía a nivel molecular.

Otra posibilidad, que aparece con frecuencia en ilustraciones y películas de ángeles y humanos mutantes, es utilizar alas a modo de pájaros. En planetas con una atmósfera densa podría ser factible saltar, batir unas alas acopladas a los brazos y despegar. (Cuanto más densa sea la atmósfera, mayor será el empuje hacia arriba y más fácil resultará volar.) El sueño de Ícaro podría hacerse realidad. Pero las aves tienen varias ventajas que nosotros no tenemos. Sus huesos son huecos y sus cuerpos muy ligeros y pequeños en comparación con su envergadura. Los humanos, en cambio, somos muy densos y pesados. Unas alas humanas deberían tener una envergadura de seis a nueve metros, y necesitaríamos unos músculos dorsales mucho más fuertes para batirlas. Modificar genéticamente a una persona para que desarrolle alas está por encima de nuestra capacidad técnica. Por el momento, es difícil cambiar de sitio un solo gen, y no hablemos de los cientos de genes que serían necesarios para crear un ala viable. Así que, aunque no es imposible gozar de alas de ángel, el producto final está aún muy lejos y no se parecería a las elegantes imágenes que estamos acostumbrados a ver.

En otro tiempo se pensaba que la ingeniería genética necesaria para modificar la especie humana era un sueño de los escritores de ciencia ficción y nada más. Sin embargo, un nuevo y revolucionario adelanto lo ha cambiado todo. El ritmo de los descubrimientos es tan espectacular que los científicos han organizado congresos urgentes para discutir si conviene frenar la rapidez de estos nuevos avances.

LA REVOLUCIÓN CRISPR

El ritmo de los descubrimientos en el campo de la biotecnología se ha acelerado recientemente hasta un nivel febril con la aparición de una nueva tecnología llamada CRISPR (Repeticiones Palindrómicas Cortas, Agrupadas y Espaciadas Regularmente, por sus siglas en inglés), que promete maneras baratas, eficientes y precisas de modificar el ADN. En el pasado, la ingeniería genética era un proceso lento e impreciso. En la terapia génica, por ejemplo, se insertaba un «gen bueno» en un virus (previamente neutralizado para que sea inocuo) y después se inyectaba el virus en el paciente, donde infectaba con rapidez las células de la persona con su ADN. La intención era hacer que este se instalara en el sitio adecuado del cromosoma, de modo que el código original de la célula fuera sustituido por el gen «bueno». Algunas enfermedades comunes (entre ellas la anemia falciforme, la enfermedad de Tay-Sachs y la fibrosis quística) están causadas por un simple error en la secuencia del ADN. Albergamos la esperanza de poder corregir este problema.

Sin embargo, los resultados han sido decepcionantes. Con frecuencia, el organismo considera que el virus es hostil y responde con una contraofensiva que provoca efectos secundarios nocivos. Además, muchas veces el gen bueno no se implanta en la posición correcta. Muchos experimentos de terapia génica se cancelaron en 1999 después de un incidente fatal en la Universidad de Pensilvania.

La tecnología CRISPR evita muchas de estas complicaciones. En realidad, la base de este método evolucionó hace miles de millones de años. A los científicos les asombraba que las bacterias desarrollaran mecanismos tan precisos para rechazar los ataques de los virus. ¿Cómo reconocían las bacterias un virus mortífero y lo desarmaban? Descubrieron que estas eran capaces de reconocer las amenazas a causa de que contenían un retazo del material genético del virus. Las bacterias eran capaces de utilizarlo como si se tratara de la foto de una ficha policial para identificar un virus invasor. En cuanto la bacteria reconocía la secuencia genética (y, por lo tanto, el virus), cortaban el virus en un punto muy preciso, neutralizándolo y deteniendo de golpe la infección.

Los científicos consiguieron replicar este proceso —sustituir una secuencia vírica por otros segmentos de ADN e insertar ese ADN en las células—, haciendo posible la «cirugía genómica». El CRISPR sustituyó con rapidez a los viejos métodos de la ingeniería genética, produciendo que la reconstrucción génica fuera más limpia, más precisa y mucho más rápida.

Esta revolución puso patas arriba el campo de la biotecnología. «Ha cambiado por completo el panorama», dijo Jennifer Doudna, una de las pioneras.[1] Y David Weiss, de la Universidad Emory, dijo: «Todo esto ha ocurrido prácticamente en un año. Es increíble».

Unos científicos del Instituto Hubretch (Holanda) han demostrado ya que pueden corregir un error genómico que ocasiona fibrosis quística. Esto da esperanzas de que algún día se puedan sanar muchas enfermedades genéticas incurables. Muchos científicos confían en que la tecnología CRISPR permita también sustituir algunos de los genes de ciertas formas de cáncer, lo que detendrá el crecimiento de tumores.

Los bioéticos, preocupados por el posible mal uso de esta tecnología, han organizado conferencias para discutir sobre ella, pues no se conocen sus efectos secundarios y complicaciones, y han publicado una serie de recomendaciones para intentar relajar el furioso ritmo de la investigación CRISPR. En particular, les preocupa que esta tecnología pueda conducir a la terapia génica de línea germinal. (Existen dos tipos de terapias génicas: la de las células somáticas, en la que se modifican células no sexuales para que las mutaciones no se propaguen a la siguiente generación; y de línea germinal, en la que se alteran las células sexuales para que los descendientes puedan heredar el gen modificado.) Si no se controla, la terapia génica de línea germinal podría alterar la dotación genética de la especie humana. Esto significa que, cuando nos aventuremos a viajar a las estrellas, podrían surgir nuevas ramas genéticas de nuestra especie. En condiciones normales, esto tardaría decenas de miles de años en ocurrir, pero la bioingeniería puede reducirlo a una sola generación si este tipo terapia génica se hace realidad.

En resumen: antes se consideraba que los sueños de los autores de ciencia ficción que especulaban acerca de modificar la especie humana para colonizar planetas lejanos eran fantásticos y poco realistas. Pero con la aparición de CRISPR, aquellos disparatados sueños ya no se pueden descartar. Por eso debemos reflexionar sobre todas las consecuencias éticas que plantea esta tecnología de tan rápido avance.

ÉTICA DEL TRANSHUMANISMO

Estos son ejemplos de transhumanismo, el cual propone utilizar la tecnología para mejorar nuestras habilidades y capacidades. Para sobrevivir e incluso prosperar en planetas lejanos, tendríamos que alterarnos mecánica y biológicamente. Para los transhumanistas no es una cuestión de elección, sino de necesidad. Esas modificaciones aumentarían nuestras posibilidades de supervivencia en planetas con distintos niveles de gravedad, presión y composición atmosférica, temperatura, radiación, etc.

Lejos de sentirse repelidos por la tecnología o combatir su influencia, los transhumanistas creen que debemos incorporarla a nosotros. Les encanta la idea de que podamos perfeccionar a la humanidad. Para ellos, esta es un subproducto de la evolución, y nuestros cuerpos son consecuencia de mutaciones ocurridas al azar, sin un propósito. ¿Por qué no utilizar la tecnología para mejorar sistemáticamente esas casualidades? Su objetivo es crear el «poshumano», una especie nueva que pueda llegar más allá que la humanidad.

Aunque la idea de alterar nuestros genes causa aprensión a algunas personas, Greg Stock, biofísico agregado a la Universidad de California en Los Ángeles, recalca que los seres humanos hemos estado alterando la genética de los animales y las plantas que nos rodean desde hace miles de años. Cuando lo entrevisté, señaló que lo que hoy nos parece «natural» es en realidad el producto de intensa crianza selectiva. Lo que servimos en la mesa sería imposible sin la habilidad de antiguos criadores y agricultores que alteraron animales y plantas para adaptarlos a nuestras necesidades. (El maíz actual, por ejemplo, es una versión genéticamente modificada del maíz silvestre, y no puede reproducirse sin intervención humana. Las semillas —los granos— no caen solas, y los agricultores tienen que recogerlas y sembrarlas para que el maíz crezca.) Por otro lado, toda la diversidad de perros que vemos a nuestro alrededor es el resultado de criar selectivamente una sola especie, el lobo gris. Los humanos han alterado los genes de docenas de plantas y animales: perros para cazar y vacas y gallinas para producir alimento. Si pudiéramos eliminar por arte de magia todas estas variedades que hemos criado a lo largo de los siglos, nuestra sociedad sería muy diferente.

A medida que los científicos vayan aislando los genes de ciertos rasgos humanos, será difícil evitar que alguien intente manipularlos. (Por ejemplo, si nos enteramos de que los hijos del vecino tienen una inteligencia genéticamente mejorada y están compitiendo con los nuestros, habrá una enorme presión para mejorar del mismo modo la inteligencia de nuestros hijos. Y en los deportes competitivos, donde los sueldos son astronómicos, será sumamente difícil impedir que los atletas intenten mejorarse.) A pesar de los reparos éticos que puedan alegarse, el doctor Stock opina que no debemos oponernos a las mejoras genéticas a menos que una modificación sea perjudicial. O, como ha dicho el premio Nobel James Watson, «Nadie se atreve a decirlo, pero si pudiéramos producir seres humanos mejorados sabiendo cómo añadir genes, ¿por qué no íbamos a hacerlo?».[2]

¿UN FUTURO POSHUMANO?

Los defensores del transhumanismo creen que cuando nos encontremos con civilizaciones avanzadas en el espacio estas habrán evolucionado hasta el punto de modificar sus cuerpos biológicos para acomodarse a los rigores de vivir en muchos planetas diferentes. Para los transhumanistas, lo más probable es que esas civilizaciones hayan alcanzado un estado mejorado a través de la genética y la tecnología. Así pues, si alguna vez nos encontramos vida inteligente, no debería sorprendernos si es en parte biológica y en parte cibernética.

El físico Paul Davies va un paso más allá: «Mi conclusión es sorprendente. Creo que es muy probable —de hecho, inevitable— que la inteligencia biológica sea solo un fenómeno transitorio, una fase fugaz de la evolución de la inteligencia en el universo. Si alguna vez encontramos inteligencia extraterrestre, creo que es abrumadoramente probable que sea de naturaleza posbiológica, una conclusión que tiene repercusiones obvias y de gran alcance para el proyecto SETI [de búsqueda de inteligencia extraterrestre]».

El experto en inteligencia artificial Rodney Brooks ha escrito: «Mi predicción es que para el año 2100 dispondremos de robots de gran inteligencia en todos los aspectos de nuestra vida cotidiana. Pero no estaremos separados de ellos, sino que en parte nosotros también lo seremos y estaremos conectados con los demás».[3]

En realidad, este debate sobre el transhumanismo no es nuevo, sino que se remonta al siglo pasado, cuando por fin se conocieron las leyes de la genética. Uno de los primeros en expresar la idea fue J. B. S. Haldane, que en 1932 pronunció una conferencia —después publicada en forma de libro— titulada *Daedalus, or Science and the Future*, en la que predijo que la ciencia podría servirse de la genética para mejorar la condición de la especie humana.

Ahora muchas de sus ideas parecen moderadas, pero él era consciente de la controversia que generarían en aquel momento, y reconocía que podían parecerle «indecentes y antinaturales» a quien las leyera por primera vez, pero que incluso esas personas acabarían por aceptarlas.

Por último, el principio básico del transhumanismo, que la humanidad no tiene por qué soportar vidas «desagradables, brutales y cortas» cuando la ciencia puede aliviar el sufrimiento a través de la mejora de la especie humana, fue expuesto con claridad por primera vez por Julian Huxley en 1957.

Existen varias opiniones diferentes sobre qué aspectos del transhumanismo deberíamos tratar de lograr. Algunos creen que tendríamos que centrarnos en los medios mecánicos, como exoesqueletos, gafas especiales para mejorar la visión, bancos de memoria que se puedan descargar en nuestros cerebros e implantes para agudizar nuestros sentidos. Hay quien cree que la ingeniería genética debería utilizarse para eliminar genes letales, otros que se debería usar para mejorar nuestras capacidades naturales, y aun otros que se debe emplear para aumentar nuestra capacidad intelectual. En lugar de tardar décadas en perfeccionar ciertas características genéticas mediante la crianza selectiva, como hemos hecho con perros y caballos, a través de la ingeniería genética podremos conseguir lo que queramos en una sola generación.

El progreso de la biotecnología es tan rápido que las dudas éticas abundan. Y la sórdida historia de la eugenesia, que incluye los experimentos de los nazis para crear una raza superior, sirve como cuento con moraleja para todos los interesados en alterar a los humanos. Ahora es posible tomar células de la piel de un ratón y modificarlas genéticamente para que se transformen en óvulos y espermatozoides, que después se combinan para producir un ratón sano. Con el tiempo, este proceso se podrá aplicar a los humanos. Aumentaría considerablemente el número de parejas no fértiles que podrían engendrar sin problemas hijos sanos, pero esto también significa que otros podrían hacerse con células epiteliales de cualquier persona sin su permiso y crear clones de ella.

Los críticos alegan que solo los ricos y poderosos podrán beneficiarse de esta tecnología. Francis Fukuyama, de Stanford, ha advertido de que el transhumanismo es «una de las ideas más peligrosas del mundo», argumentando que, si se altera el ADN de nuestros descendientes, tal vez cambiará la conducta humana, se creará más desigualdad y como consecuencia se socavará la democracia.[4] Sin embargo, la historia de la tecnología parece indicar que, aunque los ricos serían los primeros en tener acceso a estos milagros tecnológicos, su coste irá bajando con el tiempo, hasta que las personas corrientes puedan permitírselos.

Otros críticos opinan que este podría ser el primer paso hacia una escisión de la especie humana, y que está en juego la definición misma de humanidad. Es posible que distintas variedades de seres humanos genéticamente mejorados pueblen diferentes partes del sistema solar y vayan divergiendo hasta convertirse en especies separadas. Es fácil imaginar que, entre ellas, surjan rivalidades e incluso estallen guerras. Podría llegar a discutirse el concepto mismo de *Homo sapiens*. Abordaremos esta importante cuestión en el capítulo 13, cuando hablemos del mundo dentro de miles de años.

En *Un mundo feliz*, de Aldous Huxley, la biotecnología se utiliza para criar una raza de seres superiores, los Alfa, que están destinados por nacimiento a dirigir la sociedad. A otros embriones se les priva de oxígeno, de modo que nacen mentalmente incapacitados y se los cría para servir a los Alfa. En lo más bajo de la sociedad se encuentran los Épsilon, criados para realizar trabajos manuales serviles. Esta sociedad es una utopía planificada que se sirve de la tecnología para satisfacer todas sus necesidades, y todo parece ordenado y pacífico. Pero la sociedad entera se basa en la opresión y el sufrimiento de los destinados a vivir en la parte baja de la pirámide.

Los partidarios del transhumanismo reconocen que hay que tomarse en serio todas estas situaciones hipotéticas, pero a continuación argumentan que estas preocupaciones son puramente académicas. A pesar de la avalancha de nuevas investigaciones en biotecnología, gran parte de este debate hay que situarlo en un contexto más amplio. Todavía no existen niños de diseño y no se han descubierto los genes que determinan muchas características personales que los padres desearían para sus hijos. Incluso puede que no existan. Por el momento, ningún rasgo de la conducta humana se puede cambiar mediante la biotecnología.

Muchos argumentan que los temores de que el transhumanismo se descontrole son prematuros, ya que estas tecnologías todavía aguardan en un futuro lejano. Pero dada la velocidad a la que se están realizando estos descubrimientos, a finales de este siglo es muy probable que las modificaciones genéticas sean una posibilidad real, así que tenemos que plantearnos la pregunta: ¿hasta dónde estamos dispuestos a llegar con esta tecnología?

El principio del cavernícola

Como he dicho en libros anteriores, creo que el «principio del cavernícola» entra en juego e impone un límite natural a lo lejos que queremos llevar nuestras alteraciones. Nuestra personalidad básica no ha cambiado mucho desde que surgimos como humanos modernos hace doscientos mil años. Aunque ahora tenemos armas nucleares, químicas y biológicas, nuestros deseos fundamentales siguen siendo los mismos.

¿Y qué es lo que queremos? Los estudios demuestran que, una vez se han satisfecho nuestras necesidades básicas, otorgamos un gran valor a las opiniones de nuestros semejantes. Queremos quedar bien, sobre todo en presencia del sexo opuesto. Deseamos la admiración de nuestro círculo de amistades. Puede que vacilemos antes de alterarnos demasiado, sobre todo si nos hace parecer diferentes de los que nos rodean.

Por lo tanto, es probable que solo adoptemos mejoras si estas elevan nuestra posición social. Aunque haya presiones por incrementar nuestras capacidades a través de la genética y la electrónica, en especial si viajamos al espacio exterior y vivimos en diferentes lugares, puede haber límites al grado de alteración que deseamos, y esa limitación nos ayudará a mantener los pies en el suelo.

Cuando Iron Man apareció por primera vez en los cómics, era un personaje bastante torpe y estrafalario. Su armadura era amarilla, redondeada y fea. Lo cierto es que parecía una lata andante. Los niños no podían identificarse con él, así que los dibujantes decidieron darle una imagen del todo distinta. Su armadura se hizo más colorida, pulimentada y ajustada al cuerpo, realzando la figura esbelta y luchadora de Tony Stark. Como resultado, su popularidad aumentó de manera espectacular. Hasta los superhéroes tienen que obedecer al principio del cavernícola.

Muchas novelas de la edad de oro de la ciencia ficción presentan a la gente del futuro con enormes cabezas calvas y cuerpos pequeños. Otras novelas imaginan que hemos evolucionado en enormes cerebros que viven en grandes recipientes llenos de líquido. ¿Pero quién quiere vivir así? Yo creo que el principio del cavernícola nos impedirá convertirnos en criaturas que nos parezcan repulsivas. En cambio, lo más probable será que deseemos alargar nuestra esperanza de vida y aumentar nuestra memoria e inteligencia pero sin tener que modificar nuestra forma humana básica. Por ejemplo, cuando jugamos a juegos que se desarrollan en el hiperespacio, en general podemos elegir un avatar animado que nos represente, y solemos elegir avatares que de algún modo nos hagan atractivos o interesantes, y no grotescos o repulsivos.

También es posible que todas estas maravillas tecnológicas salgan mal y nos dejen reducidos a niños indefensos con vidas sin sentido. En la película de Disney *WALL-E*, los humanos viven en astronaves donde los robots atienden a todo capricho imaginable. Estos realizan el trabajo pesado íntegramente y se ocupan de cualquier necesidad, dejando a los humanos sin nada que hacer más allá de estúpidos pasatiempos. Se vuelven gordos, mimados e inútiles, y pasan el tiempo en actividades ociosas y sin ningún sentido. Pero yo creo que existe una personalidad «básica» que está grabada en nuestros cerebros. Por ejemplo, si se legalizaran las drogas, muchos expertos calculan que tal vez el 5 por ciento de la especie humana se haría adicta. Pero el otro 95 por ciento, viendo que las drogas pueden limitar o destruir la vida de una persona, se mantendría apartado de ellas, prefiriendo vivir en el mundo real y no en uno alterado por estas sustancias. De manera similar, cuando se perfeccione la realidad virtual, puede que un porcentaje similar de la población prefiera vivir en el ciberespacio y no en el mundo real, pero no parece que vaya a ser un número abrumadoramente alto.

Recordemos que nuestros antepasados cavernícolas querían ser útiles y ayudar a los demás. Está grabado en nuestros genes.

Cuando, de niño, leí por primera vez la trilogía *Fundación* de Asimov, me sorprendió que los seres humanos de dentro de cincuenta mil años no se hubieran alterado. Sin duda, pensé, para entonces nuestra especie tendría cuerpos completamente mejorados, con cabezas gigantes, cuerpecitos atrofiados y superpoderes, como en los cómics. No obstante, muchas de las escenas de la novela habrían podido ocurrir en la Tierra hoy mismo. Pensando ahora en aquella histórica novela, me doy cuenta de que, tal vez, operaba el principio del cavernícola. Imagino que en el futuro la gente tendrá la opción de incorporarse aparatos, implantes y accesorios que les den superpoderes y mejoren sus capacidades, pero después se los quitarán casi todos y se desenvolverán con normalidad en el mundo. Y, si se modifican de manera permanente, será de un modo que realce su posición en la sociedad.

¿QUIÉN DECIDE?

En 1978, cuando nació Louise Brown, la primera niña probeta del mundo, la tecnología que hizo posible este hito fue denunciada por muchos religiosos y periodistas que creían que estábamos jugando a ser Dios. En la actualidad hay en el mundo más de cinco millones de niños probeta. Tu pareja o tu mejor amigo puede ser uno.

La población ha decidido adoptar este procedimiento, a pesar de las airadas críticas.

De manera similar, cuando la oveja Dolly fue clonada en 1996, muchos críticos denunciaron la tecnología por inmoral e incluso blasfema. Sin embargo, hoy en día la clonación está aceptada por casi todos. Le pregunté a Robert Lanza, una autoridad en biotecnología, cuándo será posible la primera clonación humana. Me indicó que nadie ha clonado con éxito un primate, y mucho menos un ser humano, pero pensaba que la clonación humana sería posible algún día. Cuando eso suceda, es probable que solo una minúscula fracción de la humanidad decida clonarse. (Puede que los únicos sean gente rica sin herederos, o con herederos que no les gusten. Podrán clonarse y legarse sus fortunas a sí mismos en forma de niños.)

Algunos han denunciado también los «niños de diseño», modificados genéticamente por sus padres. Pero ahora es bastante corriente que se críen varios embriones fecundados *in vitro* y después se descarten los que sufran una mutación potencialmente fatal (como la enfermedad de Tay-Sachs). Así pues, es concebible que en otra generación se puedan eliminar del fondo genético estas características letales.

Cuando se introdujo el teléfono en el siglo pasado hubo críticas feroces. Se decía que era antinatural hablar con alguien invisible, con una voz incorpórea en el éter, en lugar de hablar con alguien cara a cara; y que pasaríamos demasiado tiempo al teléfono en lugar de conversar con nuestros hijos y nuestros amigos. Por supuesto, los críticos tenían razón. Nos pasamos demasiado tiempo hablando con voces incorpóreas en el éter. No conversamos bastante con nuestros hijos. Pero nos encanta el teléfono, y algunas veces lo usamos precisamente para hablar con ellos. Las personas, no los editorialistas, decidieron por sí mismas que deseaban aquella tecnología. En el futuro, cuando dispongamos de otras tecnologías radicalmente nuevas que mejoren la especie humana, será esta la que decida hasta dónde llevarlas. La única manera en que deben manejarse estas polémicas es tras un debate democrático. (Imaginemos por un momento que alguien de la época de la Inquisición visita nuestro mundo moderno. Recién llegado de quemar brujas y torturar herejes, podría condenar por blasfema toda la civilización moderna.) Lo que hoy parece poco ético e incluso inmoral podría parecer del todo corriente y trivial en el futuro.

En cualquier caso, si queremos explorar los planetas y las estrellas, tendremos que modificarnos y mejorarnos para sobrevivir al viaje. Y, como existe un límite a la terraformación de planetas lejanos, tendremos que adaptarnos a diferentes atmósferas, temperaturas y gravedades, así que las mejoras genéticas y mecánicas serán necesarias.

Pero hasta ahora solo hemos hablado de las posibilidades de mejorar a la humanidad. ¿Qué pasará cuando exploremos el espacio exterior y encontremos formas de vida inteligentes y completamente diferentes a nosotros? ¿Y qué pasará si encontramos civilizaciones avanzadas tecnológicamente millones de años a la nuestra?

Y si no encontramos civilizaciones avanzadas en el espacio exterior, ¿cómo podemos nosotros convertirnos en una? Aunque es imposible predecir la cultura, la política y la sociedad de este tipo de civilizaciones, hay algo que todas tendrán que obedecer, y son las leyes de la física. ¿Y qué nos dice la física sobre estas civilizaciones tan avanzadas?

12

En busca de vida extraterrestre

En un principio, eras barro. De ser mineral, pasaste a ser vegetal.

De vegetal, te convertiste en animal, y de animal en hombre [...]

Y todavía tendrás que atravesar cien mundos diferentes. Hay mil formas de mente.

RUMI

Si amenazáis con extender vuestra violencia, esta Tierra vuestra será reducida a cenizas. Vuestra elección es simple: uniros a nosotros y vivir en paz, o seguir este camino y ser aniquilados. Estaremos esperando una respuesta. La decisión es vuestra.

KLAATU, extraterrestre de
Ultimátum a la Tierra

Un día, los alienígenas llegaron.

Venían de tierras lejanas, de las que nadie había oído hablar, en naves prodigiosas, usando una tecnología con la que solo se podía soñar. Venían con armaduras y escudos de una fortaleza nunca vista; hablaban un idioma desconocido y traían con ellos extrañas bestias.

Todo el mundo se preguntaba: ¿quiénes son?, ¿de dónde vienen?

Algunos decían que eran mensajeros de las estrellas.

Otros susurraban que eran como dioses del cielo.

Por desgracia, todos estaban equivocados.

El fatídico año es 1519, cuando Moctezuma se encontró con Hernán Cortés y los imperios azteca y español chocaron. Cortés y sus conquistadores no eran mensajeros de los dioses, sino piratas sedientos de oro y de cualquier otra cosa que pudieran saquear. La civilización azteca había tardado miles de años en salir de los bosques pero, armada solo con tecnología de la Edad del Bronce, fue derrotada y destruida por los soldados españoles en cuestión de meses.

Cuando nos aventuremos en el espacio exterior, una lección que podríamos aprender de este trágico ejemplo es que conviene andarse con cuidado. Al fin y al cabo, la tecnología de los aztecas solo estaba atrasada unos pocos siglos respecto de la de los conquistadores españoles. Si encontramos otras civilizaciones en el espacio, podrían ser tan avanzadas que solo podemos imaginar su poder. Si entráramos en guerra con una civilización así, sería como King Kong luchando contra la ardilla Alvin.

El físico Stephen Hawking ya avisó: «Solo tenemos que mirarnos a nosotros mismos para comprobar cómo podría evolucionar la vida inteligente hasta llegar a algo con lo que no querríamos enfrentarnos».[1] Y, aludiendo a las consecuencias del encuentro entre Cristóbal Colón y los nativos americanos, concluía: «Aquello no salió muy bien». O, como dice el astrobiólogo David Grinspoon, «Si vivieras en una selva que podría estar llena de leones hambrientos, ¿bajarías de tu árbol y gritarías ¡hola!?».[2]

Sin embargo, las películas de Hollywood nos han engatusado haciéndonos creer que podemos derrotar a los invasores extraterrestres si su tecnología solo es algunas décadas o unos pocos siglos más avanzada que la nuestra. Hollywood da por supuesto que podremos vencerlos valiéndonos de algún truco astuto pero primitivo. En *Independence Day*, lo único que hay que hacer es infectar con un simple virus informático su sistema operativo para hacerlos claudicar, como si los extraterrestres utilizaran Microsoft Windows.

Hasta los científicos cometen el error de descartar la idea de que pueda visitarnos una civilización extraterrestre que viva a muchos años luz de distancia. Pero eso es suponer que las civilizaciones extraterrestres solo nos aventajan en unos pocos siglos en tecnología. ¿Qué pasa si nos llevan millones de años? En términos cósmicos, un millón de años no es más que un parpadeo. Cuando se contemplan esas escalas temporales tan dilatadas, se nos abren nuevas leyes físicas y nuevas tecnologías.

A título personal, creo que cualquier civilización espacial avanzada será pacífica. Si nos llevan millones de años de ventaja, ese es tiempo más que suficiente para que hayan resuelto los antiguos conflictos sectarios, tribales, raciales y fundamentalistas. Pero debemos estar preparados por si no es así. En lugar de tender las manos y enviar radioseñales al espacio, sería más prudente estudiar primero al otro.

Creo que entraremos en contacto con alguna civilización extraterrestre, puede que en este mismo siglo. Tal vez no sean conquistadores despiadados, sino unos seres benévolos y dispuestos a compartir su tecnología con nosotros. En tal caso, este sería uno de los puntos de inflexión más importantes de la historia, comparable al descubrimiento del fuego. Podría determinar el curso de la civilización humana durante los siglos siguientes.

El proyecto SETI

Algunos físicos han intentado zanjar esta cuestión utilizando tecnología actual para escudriñar los cielos en busca de señales de civilizaciones avanzadas. Es el llamado proyecto SETI (Búsqueda de Inteligencia Extraterrestre, por sus siglas en inglés), que sondea el espacio con los radiotelescopios más potentes de los que disponemos intentando captar transmisiones de civilizaciones extraterrestres.[3]

En la actualidad, gracias a las generosas contribuciones de Paul Allen, cofundador de Microsoft, y otros, el instituto SETI está construyendo 42 radiotelescopios de última generación en Hat Creek (California), a unos 480 kilómetros al nordeste de San Francisco, para explorar un millón de estrellas. Con el tiempo, las instalaciones de Hat Creek podrían contar con 350 radiotelescopios buscando radiofrecuencias de entre uno y diez gigahercios.

Pero trabajar en el proyecto SETI suele ser una tarea muy ingrata, mendigando fondos a donantes ricos y suscriptores recelosos. El Congreso estadounidense ha mostrado poco interés, y en 1993 suspendió por fin todas las subvenciones, alegando que aquello era malgastar el dinero de los contribuyentes. (En 1978, el senador William Proxmire se burló del proyecto otorgándole su infamante premio Vellocino de Oro.)

Algunos científicos, frustrados por la falta de financiación, han pedido al público que participe directamente con el fin de ampliar la búsqueda. En la Universidad de California en Berkeley, varios astrónomos crearon SETI@home, con la intención de atraer a través de la red a millones de aficionados que se involucren en la búsqueda a título personal. Cualquiera puede tomar parte. Basta con descargar el software de su sitio web y, por la noche, mientras uno duerme, tu ordenador rebusca en la montaña de datos que ellos han reunido con la esperanza de encontrar la aguja en el pajar.

El doctor Seth Shostak, del instituto SETI de Mountain View (California), al que he entrevistado en varias ocasiones, cree que entraremos en contacto con una civilización extraterrestre antes de 2025. Le pregunté por qué estaba tan seguro. Al fin y al cabo, en décadas de duro trabajo no se ha encontrado ni una sola señal verificada de algo así. Además, utilizar radiotelescopios para espiar conversaciones alienígenas es un poco como una apuesta; a lo mejor los extraterrestres no utilizan la radio. A lo mejor utilizan frecuencias totalmente diferentes, o rayos láser, o un modo de comunicación inesperado que a nosotros no se nos ha ocurrido. Todo eso es posible, reconoció. Pero confiaba en que pronto estableceremos contacto con la vida alienígena. Tenía la ecuación de Drake de su parte.

En 1961, el astrónomo Frank Drake, insatisfecho con todas las especulaciones disparatadas acerca de los extraterrestres, intentó calcular la probabilidad de encontrar una de esas civilizaciones. Por ejemplo, podemos empezar por el número de estrellas en la galaxia de la Vía Láctea (unos cien mil millones), y reducir ese número a la fracción que posee planetas a su alrededor, después a la fracción de planetas en los que hay vida, después a la fracción de los que albergan vida inteligente, y así sucesivamente. Multiplicando una serie de estas fracciones, se obtiene una cifra aproximada del número de civilizaciones avanzadas en la galaxia.

Cuando Frank Drake propuso por primera vez esta fórmula, había tantos factores desconocidos que los resultados finales eran pura especulación. El resultado de los cálculos oscilaba entre decenas de miles y millones.

Pero ahora, con el aluvión de exoplanetas descubiertos, se puede hacer un cálculo mucho más realista. La buena noticia es que cada año los astrónomos van delimitando los distintos componentes de la ecuación de Drake. Ahora sabemos que en al menos una de cada cinco estrellas parecidas al Sol en la Vía Láctea hay planetas como la Tierra orbitando a su alrededor. Según la ecuación, en la galaxia hay más de veinte mil millones de planetas parecidos a la Tierra.

Se han realizado muchas más correcciones a la ecuación de Drake, pues la original era demasiado ingenua. Como hemos visto, ahora sabemos que los planetas parecidos a la Tierra tienen que estar acompañados por otros del tamaño de Júpiter en órbitas circulares, para que limpien el espacio de asteroides y escombros que puedan destruir la vida. Así que tenemos que reducir el número, y quedarnos solo con los que tienen vecinos semejantes. Además, los planetas como la Tierra tienen que estar acompañados por lunas grandes para estabilizar su rotación, pues de lo contrario se tambalearían e incluso volcarían al cabo de millones de años. (Si la Luna fuera pequeña como un asteroide, según las leyes de Newton a lo largo de millones de años se irían acumulando poco a poco pequeñas perturbaciones en la rotación de la Tierra, y tarde o temprano acabaría volcando. Esto sería desastroso para la vida, ya que la corteza terrestre se agrietaría y se producirían terremotos tremendos, tsunamis monstruosos y horrorosas erupciones volcánicas. Nuestra Luna es lo bastante grande para que esas perturbaciones no se acumulen. Pero Marte, con sus diminutos satélites, puede haber volcado en el pasado lejano.)

La ciencia moderna nos ha proporcionado un océano de datos concretos sobre la cantidad de planetas capaces de albergar vida que hay ahí afuera, pero también ha descubierto muchas maneras de que la vida pueda extinguirse a causa de desastres naturales (como choques con asteroides, periodos glaciales que afecten a todo el planeta, erupciones volcánicas…). Una cuestión fundamental es qué porcentaje de los planetas que cumplen estos criterios tiene vida, y qué porcentaje han escapado a los desastres planetarios y han engendrado vida inteligente. Así que todavía nos falta mucho para estimar con precisión el número de civilizaciones inteligentes en nuestra galaxia.

Primer contacto

Le pregunté al doctor Shostak qué ocurriría si los alienígenas llegaran a la Tierra. ¿Convocará el presidente una reunión urgente de los jefes del Estado Mayor? ¿Hará una declaración la ONU dándoles la bienvenida? ¿Cuál es el protocolo para cuando hagamos el primer contacto?

Su respuesta fue bastante sorprendente: básicamente, no hay protocolos. Los científicos se reúnen en conferencias en las que discuten sobre esta cuestión, pero solo hacen sugerencias informales que no tienen validez oficial. Ningún Gobierno se toma en serio esta cuestión.

En cualquier caso, lo más probable es que el primer contacto sea una conversación unidireccional: un detector de la Tierra captará un mensaje perdido de un planeta lejano. Pero esto no significa que podamos establecer comunicación con quien lo ha emitido. La señal puede venir de un sistema estelar que se encuentre, por ejemplo, a cincuenta años luz de la Tierra, y se tardaría cien años en enviar un mensaje a esa estrella y recibir de vuelta un mensaje de respuesta. O sea, que la comunicación con los extraterrestres sería sumamente difícil.

Suponiendo que algún día puedan llegar a nuestro planeta, la pregunta más práctica sería: ¿cómo nos comunicaremos con ellos? ¿Qué clase de lenguaje usarán?

En la película *La llegada*, los extraterrestres envían enormes astronaves que se ciernen ominosamente sobre muchas naciones de la Tierra. Cuando sus habitantes entran en esas naves, son recibidos por alienígenas que parecen calamares gigantes. Los intentos de interactuar con ellos son difíciles, pues se comunican garabateando extraños caracteres en una pantalla, que los lingüistas terrestres se esfuerzan por traducir. Se produce una crisis cuando los extraterrestres escriben una palabra que podría traducirse como «instrumento» o como «arma». Confundidas por esta ambigüedad, las potencias nucleares ponen sus arsenales en alerta máxima. Parece que va a estallar una guerra interplanetaria, y solo por un simple error lingüístico.

(En realidad, lo más probable es que cualquier especie lo bastante avanzada como para traer naves a la Tierra haya estado captando nuestras señales de radio y televisión y haya descifrado nuestro lenguaje por adelantado, de modo que la comunicación no tendría que depender de los lingüistas terrestres. Pero, en cualquier caso, no sería juicioso entablar una guerra interplanetaria con alienígenas que podrían estar miles de años más avanzados que nosotros.)

¿Qué pasaría si los extraterrestres tuvieran un marco de referencia totalmente diferente para su lenguaje?

Si estos descendieran de una especie de perros inteligentes, su lenguaje podría reflejar olores y no imágenes visuales. Si lo hicieran de aves inteligentes, su lenguaje podría basarse en complejas melodías. Si, por el contrario, procedieran de murciélagos o delfines, su lenguaje podría consistir en señales de sónar. Y si fueran descendientes de insectos, podrían comunicarse unos con otros mediante feromonas.

La verdad es que cuando analizamos los cerebros de estos animales podemos apreciar lo mucho que se diferencian de los nuestros. Mientras que una gran parte de nuestro cerebro está dedicada a la visión y el lenguaje, los de otros animales se dedican a cuestiones como el olor y el sonido.

En otras palabras, cuando contactemos por primera vez con una civilización extraterrestre, no podremos dar por supuesto que piensan y se comunican como nosotros.

¿QUÉ ASPECTO TENDRÁN?

En las películas de ciencia ficción, el momento más impactante suele ser cuando por fin aparecen los extraterrestres. (De hecho, una de las cosas más decepcionantes de la película *Contact*, por lo demás bastante buena, era que, después de muchísima elaboración, nunca llegábamos a ver a los alienígenas.) Pero en la serie *Star Trek* todos los extraterrestres se parecen a nosotros y hablan como nosotros, en perfecto inglés estadounidense. La única diferencia es que tienen diferentes tipos de narices. Más imaginativos son los alienígenas de *La guerra de las galaxias*, que parecen animales o peces, pero siempre proceden de planetas donde se respira aire y la gravedad es similar a la de la Tierra.

En principio, se podría afirmar que los extraterrestres pueden tener el aspecto que queramos, ya que nunca hemos contactado con ellos. Pero lo más probable es que sigan una cierta lógica. Aunque no podemos estar seguros, hay muchas posibilidades de que la vida en otros planetas se haya originado en los mares y esté formada de moléculas basadas en el carbono. Esta composición química es muy adecuada para satisfacer dos criterios esenciales de la vida: la capacidad de almacenar ingentes cantidades de información gracias a su compleja estructura molecular, y la capacidad de autorreplicarse. (El carbono posee cuatro enlaces atómicos, lo que le permite formar largas cadenas de hidrocarburos, incluyendo proteínas y ADN. Estas largas cadenas de ADN contienen un código para la ordenación de sus átomos. Las cadenas constan de dos filamentos, que se pueden separar y captar moléculas para hacer una copia de sí mismos siguiendo el mismo código.)

Hace poco nació una nueva rama de la ciencia, llamada exobiología, que se dedica a estudiar la vida en mundos lejanos con ecosistemas diferentes de los que existen en la Tierra. Hasta ahora, los exobiólogos han tenido dificultades para encontrar una manera de crear vidas que no se basen en la composición química del carbono, que nos proporciona tantas y tan variadas moléculas. Se han considerado muchas otras formas de vida posibles, como criaturas inteligentes en forma de globo que flotarían en la atmósfera de los gigantes gaseosos, pero es difícil encontrar una composición química realista que las haga posibles.

Cuando era niño, una de mis películas favoritas era *Planeta prohibido*, que me enseñó una valiosa lección científica. En un mundo lejano, los astronautas están aterrorizados por un enorme monstruo que está terminando con los miembros de la tripulación. Un científico fabrica un molde de yeso de las pisadas que el monstruo deja en el suelo, y se queda asombrado por lo que descubre: los pies del monstruo, declara, violan todas las leyes de la evolución. Las garras, los dedos, los huesos, todos están dispuestos de una manera que no tiene sentido.

Aquello me llamó la atención. ¿Un monstruo que infringe las leyes de la evolución? Ese era un concepto nuevo para mí: que hasta los monstruos y los extraterrestres tuvieran que cumplir con las leyes de la ciencia. Hasta entonces, creía que los monstruos solo tenían que ser horribles y feroces. Pero tenía perfecto sentido que todas las criaturas y los extraterrestres tuvieran que obedecer las mismas leyes naturales que nosotros, pues no viven en un vacío.

Por ejemplo, cuando oigo hablar del monstruo del lago Ness, tengo que preguntar cuál sería la población reproductora de semejante animal. Si pudiera existir en ese lago una criatura parecida a un dinosaurio, tendría que formar parte de una población de unos cincuenta individuos, más o menos. Y, en tal caso, debería ser fácil encontrar evidencias de ellos (en forma de huesos, restos de sus presas, sus excrementos, etc.). El hecho de que no se haya encontrado ninguna de esas evidencias arroja serias dudas sobre su existencia.

De manera similar, deberíamos poder aplicar las leyes de la evolución a los seres de otros mundos. Es imposible afirmar con exactitud cómo surgió una civilización extraterrestre en un planeta lejano. Pero podemos hacer unas cuantas inferencias basadas en nuestra propia evolución. Cuando analizamos cómo desarrolló su inteligencia el *Homo sapiens*, observamos por lo menos tres factores que fueron imprescindibles para que saliéramos del pantano.

1. Algún tipo de ojos estereoscópicos

En general, los depredadores son más inteligentes que sus presas. Para cazar con eficacia, hay que ser un maestro del sigilo, la astucia, la estrategia, el camuflaje y el engaño. También hay que conocer los hábitos de la presa, dónde se alimenta, cuáles son sus debilidades, sus maneras de defenderse. Todo esto exige cierta capacidad cerebral.

En cambio, lo único que tiene que hacer la presa es echar a correr.

Esto se refleja en los ojos. Los cazadores, como los tigres y los zorros, tienen ojos en la parte delantera del rostro, lo que les proporciona visión estereoscópica, en la que el cerebro compara las imágenes del ojo izquierdo con las del derecho. Esto les permite apreciar las distancias, lo que es fundamental para localizar a la presa. En cambio, las presas no necesitan esta clase de visión, sino un campo de 360 grados para detectar la presencia de depredadores; por eso tienen los ojos a los lados del rostro, como los ciervos y los conejos.

Es muy posible que los alienígenas inteligentes hayan descendido de depredadores que cazaban su alimento. Esto no significa necesariamente que sean agresivos, pero sí que sus antepasados pudieron ser depredadores. Más nos vale andarnos con cuidado.

2. Alguna forma de pulgar oponible o apéndice prensil

Un rasgo típico de una especie que podría desarrollarse en una civilización inteligente es la capacidad de manipular su entorno. A diferencia de las plantas, que están a merced de los cambios, los animales inteligentes pueden alterar sus alrededores para aumentar sus posibilidades de supervivencia. Una cosa que nos caracteriza a los humanos es el pulgar oponible, que nos permite utilizar las manos para usar instrumentos. Antes, las manos se utilizaban sobre todo para colgarse de las ramas de los árboles, y el arco que forman nuestro pulgar y nuestro índice coincide aproximadamente con el contorno de una rama de árbol en África. (Esto no significa que los pulgares oponibles sean el único instrumento prensil que podría conducir a la inteligencia. Los tentáculos y las garras podrían servir también.)

Así pues, la combinación del primer y el segundo criterio confiere al animal la capacidad de coordinar los ojos con las manos para cazar a sus presas y para manejar utensilios. Pero el tercer criterio lo unifica todo.

3. Lenguaje

En la mayoría de las especies, cualquier lección que un individuo aprenda muere con él.

Para transmitir y acumular información importante de una generación a otra, se necesita algún tipo de lenguaje. Cuanto más abstracto sea, más información se puede transmitir de generación en generación.

La vida del cazador favorece la evolución del lenguaje, pues los depredadores que cazan en manada tienen que comunicarse y coordinarse unos con otros. El lenguaje es especialmente importante para los animales sociales. Un cazador solitario puede ser aplastado por un mastodonte, pero un grupo puede tenderle una emboscada, rodearlo, acorralarlo, atraparlo y matarlo. Además, el lenguaje es necesariamente un fenómeno social que acelera el desarrollo de la cooperación entre individuos. Fue un ingrediente fundamental en el ascenso de la civilización humana.

Presencié un ejemplo gráfico de los aspectos sociales del lenguaje cuando nadé en una piscina llena de juguetones delfines para un programa de televisión del Discovery Channel. En la piscina se habían instalado sensores sónicos que grababan los chirridos y silbidos que los delfines usan para comunicarse. Aunque no disponen de un lenguaje escrito, sí de uno sonoro, que se puede grabar y analizar.

Después, con un ordenador, se buscan patrones que indiquen inteligencia. Por ejemplo, si se analiza al azar el idioma inglés, se puede observar que la letra «e» es la más común del alfabeto. A continuación, se hace una lista de letras y se comprueba la frecuencia con que aparece cada una, lo que nos proporciona una «huella» distintiva de ese idioma o persona particular. (Esto se puede utilizar para determinar la autoría de manuscritos históricos; por ejemplo, para demostrar que Shakespeare escribió de verdad sus obras de teatro.)

De manera similar, se pueden grabar las comunicaciones entre delfines y comprobar que la repetición de sus chirridos y silbidos sigue una fórmula matemática.

También se pueden analizar los lenguajes de otras especies, como perros y gatos, y encontrar similares señales de inteligencia. Sin embargo, cuando empezamos a analizar los sonidos de insectos, encontramos cada vez menos señales de ella. Los animales usan lenguajes primitivos, y los ordenadores pueden calcular matemáticamente su complejidad.

EVOLUCIÓN DE LA INTELIGENCIA EN LA TIERRA

Así pues, si se necesitan al menos estos atributos para el desarrollo de la inteligencia, podemos preguntarnos: ¿cuántos animales en la Tierra poseen los tres? Podemos observar que muchos depredadores con visión estereoscópica tienen garras, zarpas, colmillos o tentáculos, pero carecen de la habilidad de agarrar utensilios. De manera similar, ninguno ha desarrollado un lenguaje sofisticado que le permita cazar, compartir información con otros y transmitir conocimiento a la siguiente generación.

También podemos comparar la evolución y la inteligencia humanas con las de los dinosaurios. Aunque nuestro conocimiento sobre ello es muy limitado, se cree que los dinosaurios dominaron la Tierra durante casi doscientos millones de años sin que ninguno de ellos llegara a ser inteligente y sin que desarrollaran ningún tipo de civilización, cosa que a los humanos solo les llevó doscientos mil años.

Pero si analizamos con atención el mundo de los dinosaurios, observamos indicios de posible inteligencia. Por ejemplo, es muy probable que los velocirraptores, inmortalizados en *Parque Jurásico*, llegaran a convertirse en seres inteligentes con el tiempo. Tenían la visión estereoscópica de un cazador. Cazaban en grupos, lo que indica que tal vez hubieran desarrollado algún sistema de comunicación entre ellos para coordinar la caza. También poseían garras para atrapar la presa, que habrían podido evolucionar hasta formar pulgares oponibles. (En cambio, los brazos del *Tyrannosaurus rex* eran muy pequeños, y quizá solo usaba las garras para sujetar la carne cuando la caza había terminado, y no habrían servido de mucho para manejar utensilios. Básicamente, el tiranosaurio era solo una boca andante.)

LOS EXTRATERRESTRES DE *EL HACEDOR DE ESTRELLAS*

Una vez explicado todo esto, podemos analizar los extraterrestres que aparecen en *El hacedor de estrellas*, de Olaf Stapledon. El héroe de la novela emprende un viaje imaginario a través del universo y va encontrando docenas de fascinantes civilizaciones. Vemos extenderse el panorama de la inteligencia por todo el lienzo de la Vía Láctea.

Una especie alienígena ha evolucionado en un planeta con un campo gravitatorio muy fuerte. En consecuencia, en lugar de cuatro patas, necesitan seis para andar. Con el tiempo, las dos patas delanteras evolucionaron y se transformaron en manos, que quedaron libres para manejar instrumentos. Con el tiempo, este animal desembocó en algo parecido a un centauro.

También encuentra extraterrestres que parecen insectos. Aunque un insecto individual no es inteligente, la combinación de miles de millones de ellos genera una inteligencia colectiva. Una especie que parece un ave vuela en gigantescas bandadas, como nubes, y también desarrolla una mente colectiva, como una colmena. El viajero encuentra criaturas inteligentes que parecen vegetales, que durante el día están inertes como las plantas pero de noche pueden moverse como animales. Incluso se topa con formas de vida que quedan totalmente fuera de nuestra experiencia, como estrellas inteligentes.

Muchas de estas especies alienígenas viven en los mares. Una de las más prósperas es una simbiosis de dos formas de vida diferentes, que se parecen a un pez y un cangrejo. El cangrejo va montado detrás de la cabeza del pez, por lo que pueden desplazarse deprisa como los peces mientras el cangrejo puede manipular instrumentos con sus pinzas. Esta combinación les proporciona una tremenda ventaja que los convierte en la especie dominante de su planeta. Con el tiempo, los seres parecidos a cangrejos se aventuran a tierra firme, y allí inventan máquinas, aparatos eléctricos, vehículos con cohetes y una sociedad utópica basada en la prosperidad, la ciencia y el progreso.

Estas criaturas simbióticas construyen naves espaciales y encuentran civilizaciones menos avanzadas. Stapledon escribe: «La especie simbiótica puso mucho cuidado en mantener oculta su existencia a los primitivos, para que estos no perdieran su independencia».

En otras palabras: aunque el pez y el cangrejo por separado no pudieron evolucionar hasta convertirse en criaturas superiores, la combinación de los dos sí pudo.

Dado que es posible que la mayoría de las civilizaciones extraterrestres, si es que existen, viva bajo el agua en satélites cubiertos de hielo (como Europa o Encélado) o en las lunas de planetas errantes, la pregunta es: ¿pueden las especies acuáticas volverse verdaderamente inteligentes?

Si examinamos nuestros mares, podemos apreciar varios problemas. Las aletas son un modo sumamente eficiente de desplazarse en los océanos, mientras que los pies (y las manos) no. Con aletas, uno puede avanzar y maniobrar con mucha rapidez, mientras que andar con los pies por el fondo del mar es difícil y lento. No es sorprendente que veamos pocos animales marinos que hayan desarrollado apéndices que se puedan usar para agarrar utensilios. Así pues, es improbable que las criaturas con aletas se vuelvan inteligentes (a menos que estas evolucionen de algún modo que les permita agarrar objetos, o que sean en realidad brazos y piernas de animales terrestres que regresaron al océano, como los delfines y ballenas).

Sin embargo, el pulpo es un animal muy hábil. Habiendo sobrevivido durante por lo menos trescientos millones de años, puede que sea el más inteligente de todos los invertebrados. Si analizamos el pulpo según nuestros criterios, vemos que cumple dos de los tres.

En primer lugar, siendo un depredador, tiene los ojos de un cazador. (Sin embargo, los dos ojos no enfocan bien estereoscópicamente hacia delante.)

En segundo lugar, sus ocho tentáculos le confieren una extraordinaria capacidad de manipular objetos de su entorno, y además tienen una destreza asombrosa.

Pero no poseen ningún tipo de lenguaje. Al ser cazadores solitarios, no tienen necesidad de comunicarse con otros individuos. Tampoco hay, que sepamos, ninguna interacción entre generaciones.

Así pues, los pulpos manifiestan una cierta inteligencia. Tienen fama de escapar de los acuarios aprovechando que sus cuerpos son blandos para escurrirse por pequeñas rendijas. También son capaces de orientarse en laberintos, lo que demuestra que poseen algún tipo de memoria, y se los ha visto manejar instrumentos. Un pulpo en concreto era capaz de recoger cáscaras de coco y construirse un refugio.

Entonces, si el pulpo muestra algo de inteligencia y tentáculos versátiles, ¿por qué no ha desarrollado inteligencia? Paradójicamente, puede que ello sea consecuencia de su éxito. Esconderse bajo una roca y atrapar a las presas con los tentáculos es una estrategia muy exitosa, así que es probable que no tuvieran necesidad de desarrollar el cerebro. En otras palabras, no existía una presión evolutiva para que fueran más inteligentes.

Sin embargo, en un planeta lejano con condiciones diferentes es posible imaginar que una criatura parecida a un pulpo desarrollara un lenguaje de chirridos y silbidos para cazar en manadas. El pico del pulpo podría haber evolucionado para producir los rudimentos de un lenguaje. Incluso es posible figurarse que, en algún punto de un lejano futuro evolutivo, las presiones selectivas en la Tierra obliguen a los pulpos a desarrollar inteligencia.

Una especie de octópodos inteligentes es, pues, una posibilidad clara.

Otra criatura inteligente imaginada por Stapledon es un ave. Los científicos han observado que las aves, como los octópodos, muestran cierta inteligencia. Pero a diferencia del pulpo, poseen un sistema muy sofisticado para comunicarse unas con otras mediante gorjeos e incluso cantos y melodías. Grabando los cantos de ciertas aves, los científicos han observado que, cuanto más sofisticados y armoniosos son, mayor es la atracción que producen en el sexo opuesto. En otras palabras, la complejidad del canto del macho permite a la hembra apreciar su salud, su fuerza y su validez como pareja. Es decir, existe una presión evolutiva para que desarrollen melodías complicadas y una cierta inteligencia. Aunque algunas aves tienen los ojos estereoscópicos de un cazador (por ejemplo, los halcones y los búhos), carecen de la capacidad de manipular su entorno.

Hace millones de años, algunos de los animales que andaban a cuatro patas evolucionaron hasta transformarse en aves. Estudiando los huesos de estas, podemos observar con exactitud cómo evolucionaron las patas delanteras hasta convertirse en las alas. Existe una gran similitud entre los dos conjuntos de huesos. Pero es más fácil manipular el entorno para un animal cuyas manos hubieran quedado libres para agarrar instrumentos. Esto significa que, para volverse inteligentes, las aves tendrían que desarrollar alas modificadas que sirvieran para dos funciones, el vuelo y el manejo de utensilios, o habrían tenido que empezar con seis patas, cuatro de las cuales acabarían convirtiéndose en alas y manos.

Así pues, una especie de aves inteligentes sería posible si de algún modo pudiera desarrollar la capacidad de manejar instrumentos.

Estos no son más que unos pocos ejemplos de cómo podrían ser las distintas especies inteligentes. Existen desde luego otras muchas posibilidades que se podrían considerar.

LA INTELIGENCIA HUMANA

Podemos aprender mucho de la pregunta de por qué desarrollamos inteligencia. Muchos primates están muy cerca de cumplir los tres criterios, así que ¿por qué se dieron en nosotros estas facultades, y no en los chimpancés, los bonobos (nuestro pariente evolutivo más próximo) o los gorilas?

Cuando contrastamos el *Homo sapiens* con otros animales, podemos comprobar que en comparación somos débiles y torpes. Nos podríamos considerar el hazmerreír del reino animal. No somos muy veloces corriendo, no tenemos garras, no podemos volar, no gozamos de buen sentido del olfato, no disponemos de corazas protectoras, no somos muy fuertes y nuestra piel sin pelo es muy delicada. En todas las categorías, observamos que hay animales que nos superan por mucho físicamente.

De hecho, la mayoría de los animales que hay a nuestro alrededor es el resultado de un proceso exitoso y, por lo tanto, no ha sufrido presiones evolutivas para cambiar. Algunas especies no han cambiado en millones de años. Precisamente porque nosotros somos débiles y torpes, experimentamos enormes presiones para adquirir habilidades que los otros primates no tenían. Para compensar nuestras deficiencias, tuvimos que desarrollar inteligencia.

Una teoría sugiere que el clima de África Oriental empezó a cambiar hace varios millones de años, haciendo que los bosques retrocedieran y las praderas se extendieran. Nuestros antepasados eran criaturas de la selva, y muchos de ellos murieron cuando los árboles empezaron a desaparecer.

Los que sobrevivieron se vieron obligados a mudarse a la sabana y a las praderas. Tuvieron que enderezar sus espaldas y caminar erguidos para poder ver por encima de la hierba. (Encontramos evidencias de esto en la curvatura de nuestra columna, que carga muchísima presión en la zona lumbar. Esta es la razón de que los problemas de espalda sean una de las dolencias más comunes en la gente de edad madura.)

Caminar erguido tenía otra gran ventaja: dejaba las manos libres para que pudiéramos manejar instrumentos.

Cuando encontremos alienígenas inteligentes en el espacio, hay muchas probabilidades de que también ellos sean torpes y débiles y hayan compensado estas deficiencias desarrollando el intelecto. Y, al igual que nosotros, habrán encontrado la capacidad de sobrevivir en una nueva técnica: la capacidad de alterar su entorno a voluntad.

LA EVOLUCIÓN EN DIFERENTES PLANETAS

¿Cómo podría una criatura inteligente desarrollar una sociedad tecnológica moderna?

Como hemos comentado, las formas de vida más comunes en la galaxia podrían ser acuáticas. Ya hemos considerado si las criaturas marinas pueden desarrollar la fisiología necesaria o no, pero en nuestra historia existe también un componente cultural y tecnológico, así que veamos si es posible que surja una civilización avanzada del fondo del mar.

Para los humanos, después de la invención de la agricultura, este proceso de desarrollo de la energía y la información pasó por tres etapas.

La primera fue la Revolución industrial, cuando la energía de nuestras manos se multiplicó muchas veces gracias al poder del carbón y los combustibles fósiles. La sociedad experimentó un estallido de poder, y la cultura agraria primitiva se convirtió en la industrial.

La segunda fue la era eléctrica, cuando la energía disponible aumentó gracias a los generadores eléctricos y surgieron nuevas formas de comunicación, como la radio, la televisión y las telecomunicaciones. Como resultado, el intercambio de energía y de información floreció.

La tercera es la revolución informática, cuando el poder de los ordenadores llegó a dominar la sociedad.

Ahora podemos plantearnos esta sencilla pregunta: ¿puede una civilización acuática extraterrestre pasar por estas tres etapas de desarrollo de la energía y la comunicación?

Dado que Europa y Encélado se encuentran tan lejos del Sol, y dado que sus mares están perpetuamente bajo una capa de hielo, lo más probable es que las hipotéticas criaturas inteligentes de estos lejanos satélites sean ciegas, como los peces de la Tierra que viven en oscuras cavernas muy por debajo de la superficie. Es probable que a cambio desarrollen alguna forma de sónar y utilicen ondas sonoras, como hacen los murciélagos, para navegar por los mares.

Pero como la longitud de onda de la luz es mucho más corta que la del sonido, no serán capaces de apreciar los finos detalles que nosotros vemos con nuestros ojos. (Por la misma razón, los sonogramas o ecografías que utilizan los médicos ofrecen muchos menos detalles que una endoscopia.) Esto será un freno en su camino hacia la creación de una civilización moderna.

Pero lo más importante es que una especie acuática tendría problemas con la energía, ya que en el agua no se pueden quemar combustibles fósiles y es difícil controlar la energía eléctrica. Casi toda la maquinaria industrial sería inútil sin oxígeno para crear combustión y movimiento mecánico. También la energía solar sería inútil, ya que la luz del Sol no penetraría en la perpetua capa de hielo.

Sin motores de combustión interna, fuego o energía solar, en principio las especies acuáticas extraterrestres carecerían de energía para desarrollar una sociedad moderna. Sin embargo, dispondrían de otra fuente de energía, la geotérmica, que procede de las chimeneas calóricas del fondo del mar. Como las fumarolas volcánicas de nuestros mares, unas chimeneas similares en Europa y Encélado podrían proporcionar una considerable fuente de energía para crear herramientas.

También es factible construir una máquina de vapor submarina. La temperatura de las fumarolas puede estar muy por encima del punto de ebullición del agua; si se pudiera canalizar el calor de las chimeneas, estos organismos inteligentes podrían utilizarla para crear una máquina de vapor mediante un sistema de tuberías para extraer agua hirviendo de las fumarolas y canalizarla para mover un pistón. A partir de ahí, podrían entrar en la era de las máquinas.

También se podría utilizar este calor para fundir minerales y desarrollar la metalurgia. Si son capaces de extraer y moldear metales, podrían construir ciudades en el fondo del mar. En pocas palabras: sería posible generar una revolución industrial subacuática.

No obstante, la revolución eléctrica parece improbable, ya que el agua cortocircuitaría casi todos los aparatos eléctricos tradicionales. Sin electricidad, todas las maravillas de esta era serían imposibles, y su civilización quedaría atascada.

Pero también aquí existe una posible solución. Si estas criaturas pueden encontrar hierro magnetizado sería posible crear un generador eléctrico, que después se usaría para hacer funcionar la maquinaria. Haciendo girar estos imanes (puede que con chorros de vapor dirigidos contra una pala de turbina) podrían impulsar electrones por un cable, creando una corriente eléctrica. (Es el mismo proceso que se usa en los faros de bicicleta y en las presas hidroeléctricas.) Lo importante es que las criaturas submarinas inteligentes podrían crear generadores eléctricos utilizando imanes incluso dentro del agua, y así entrar en la era eléctrica.

También la revolución informática, con sus ordenadores, sería difícil pero no imposible para una especie acuática. Así como el agua es el medio perfecto para que se origine la vida, el silicio es la base más probable para cualquier tecnología informática que se base en los chips. Tal vez haya silicio en el fondo del mar, que se podría extraer, purificar y grabar para crear chips mediante luz ultravioleta, como hacemos nosotros. (Para producir chips de silicio, se hace pasar luz ultravioleta a través de una plantilla que contiene el «plano» de todos los circuitos de un chip. La luz ultravioleta y una serie de reacciones químicas crean un patrón que se graba en una lámina de silicio, creando así transistores en el chip. Este proceso, que es la base de la tecnología de transistores, se puede hacer también bajo el agua.)

Sería posible, pues, que una criatura acuática desarrollara inteligencia y creara una sociedad tecnológica moderna.

BARRERAS NATURALES PARA LA TECNOLOGÍA ALIENÍGENA

Cuando una civilización inicia el largo y arduo proceso de convertirse en una sociedad moderna, se enfrenta a otro problema: puede haber una serie de fenómenos naturales que se interpongan en su camino.

Por ejemplo, si unas criaturas desarrollaran inteligencia en un lugar como Venus o Titán, tendrían que hacer frente a un cielo permanentemente cubierto de nubes que no les dejaría ver nunca las estrellas. Su concepto del universo quedaría limitado a su planeta.

Esto significa que esta civilización nunca desarrollaría la astronomía, y su religión consistiría en leyendas confinadas a su mundo. Como no tendrían ninguna urgencia por explorar más allá de las nubes, su civilización quedaría estancada y es muy improbable que desarrollaran un programa espacial. Sin él, nunca tendrían satélites de telecomunicaciones y meteorológicos. (En la novela de Stapledon, algunas criaturas que viven bajo el mar acaban pasando a tierra firme, donde descubren la astronomía. Si se hubieran quedado en los mares, nunca habrían descubierto el universo que existía más allá de su planeta.)

Otro problema al que se enfrentaría una sociedad desarrollada es el que se expone en el premiado relato de Asimov «Anochecer», donde aparecen unos científicos que viven en un planeta que orbita alrededor de seis estrellas. Este planeta está en todo momento bañado en luz solar. Sus habitantes, que nunca han visto el firmamento nocturno con sus millones de estrellas, creen con rotundidad que el universo entero consiste tan solo en su sistema solar. Toda su religión y su sentido de la identidad se centran en esta creencia fundamental.

Pero entonces los científicos empiezan a hacer una serie de inquietantes descubrimientos, y se dan cuenta de que cada dos mil años su civilización se hunde en el caos total. Algo misterioso ocurre que desencadena la desintegración completa de su sociedad. Este ciclo parece haberse repetido interminablemente en el pasado. Hay leyendas que cuentan que los habitantes del planeta enloquecieron porque todo se quedó a oscuras. La población encendió enormes hogueras para iluminar el cielo, hasta que ciudades enteras ardieron. Extrañas sectas religiosas se expandieron, cayeron los gobiernos y la sociedad normal se desintegró. Y después se tardaban dos mil años para que surgiera una nueva civilización de las cenizas de la anterior.

Los científicos, pues, se dan cuenta de la aterradora verdad que hay detrás de su pasado: cada dos mil años se produce una anomalía en la órbita de su planeta y este experimenta un anochecer, y descubren horrorizados que este ciclo va a empezar de nuevo muy pronto. Al final del relato, la noche comienza una vez más y la civilización se hunde en el caos.

Cuentos como «Anochecer» nos obligan a contemplar que la vida puede existir en planetas bajo un conjunto de circunstancias totalmente diferentes de las nuestras. Tenemos suerte de vivir en la Tierra, donde las fuentes de energía abundan, donde son posibles el fuego y la combustión, donde la atmósfera permite que los aparatos eléctricos funcionen sin cortocircuitos, donde el silicio es abundante y donde podemos contemplar el firmamento nocturno. Si faltara cualquiera de estos ingredientes, sería muy difícil que surgiera una civilización avanzada.

LA PARADOJA DE FERMI: ¿DÓNDE ESTÁN?

Sin embargo, todo esto aún deja en pie una persistente y molesta pregunta, que es la paradoja de Fermi: ¿dónde están estos seres? Si existen, dejarían alguna huella, puede que hasta nos visitaran, pero no hay ninguna evidencia real de una visita alienígena.[4]

Existen muchas soluciones posibles a esta paradoja. Mi reflexión es la siguiente: si tienen la capacidad de llegar al planeta Tierra desde una distancia de cientos de años luz, es que su tecnología está mucho más avanzada que la nuestra. Y, en ese caso, es arrogante por nuestra parte creer que recorrerían trillones de kilómetros para visitar una civilización atrasada, sin nada que ofrecer. Al fin y al cabo, cuando visitamos un bosque, ¿intentamos hablar con los ciervos y las ardillas? Puede que al principio lo intentemos, pero ya que ellos no responden, no tardaremos mucho en perder interés y marcharnos.

De modo que, en general, los extraterrestres nos dejarían en paz, pues nos considerarían una curiosidad primitiva. O, como especuló Olaf Stapledon hace décadas, es posible que tengan una política de no interferir con civilizaciones atrasadas. En otras palabras, puede que sepan de nuestra existencia pero no quieran influir en nuestro desarrollo. (Stapledon nos ofrece otra posibilidad cuando escribe: «A algunos de estos mundos preutópicos, no malignos, pero incapaces de más avance, se los dejó en paz y preservados, como preservamos a los animales salvajes en los parques nacionales, por interés científico».)[5]

Cuando le formulé esta pregunta al doctor Shostak, me dio una respuesta completamente diferente. Dijo que es muy probable que una civilización más avanzada que la nuestra desarrolle inteligencia artificial, así que enviarían robots al espacio. No debería sorprendernos, siguió, que los extraterrestres que por fin encontremos sean mecánicos y no biológicos. En películas como *Blade Runner* se envían androides al espacio para hacer el trabajo sucio, ya que la exploración espacial es difícil y peligrosa. A su vez, esto podría explicar por qué no captamos sus emisiones de radio. Si los extraterrestres siguen el mismo camino tecnológico que nosotros, inventarán robots poco después de inventar la radio. Y en cuanto entren en la era de la inteligencia artificial, podrían fusionarse con sus robots, y la radio ya no les serviría de mucho.

Por ejemplo, una civilización de robots se podría conectar con cables y no con antenas de radio o de microondas. Algo así sería imperceptible para los receptores de radio del proyecto SETI. En otras palabras, es posible que una civilización alienígena solo utilice la radio durante unos pocos siglos, y tal vez sea esa la razón de que no captemos sus transmisiones.

Otros han especulado que tal vez quieran saquear nuestro planeta. Una posibilidad es que codicien el agua líquida de nuestros océanos. Esta es una mercancía valiosísima en nuestro sistema solar, pues solo se encuentra en la Tierra y en las lunas de los gigantes gaseosos. Pero no ocurre lo mismo con el hielo, del que hay en abundancia en los cometas, asteroides y satélites que orbitan en torno a los gigantes gaseosos. Lo único que tendría que hacer una civilización extraterrestre para obtener agua es calentarlo.

Existe otra posibilidad: que quieran robar minerales valiosos de la Tierra. Desde luego, eso es posible, pero ahí afuera existen muchísimos mundos deshabitados con minerales preciosos. Si una civilización alienígena posee la tecnología para llegar a la Tierra desde distancias tan largas, tiene a su disposición toda una variedad de planetas que explotar, y sería mucho más fácil saquear un planeta deshabitado que uno con vida inteligente.

Otra última posibilidad es que quieran robar el calor del núcleo de la Tierra, para lo cual tendrían que destruir el planeta entero. Pero suponemos que una civilización avanzada habrá dominado el poder de la fusión y por lo tanto no necesitará hacer algo así. Al fin y al cabo, el hidrógeno, que es el combustible de los reactores de fusión, es el elemento más abundante en todo el universo. Y siempre podrían captar energía de las estrellas, que también son abundantes.[6]

¿LOS ESTAMOS ESTORBANDO?

En la *Guía del autoestopista galáctico*, los extraterrestres quieren librarse de nosotros simplemente porque nos hemos cruzado en su camino. Los burócratas alienígenas no tienen nada personal contra nosotros, pero somos un estorbo que hay que eliminar para poder construir una carretera intergaláctica. Es una posibilidad real. Por ejemplo: ¿quién es más peligroso para un ciervo, un cazador hambriento armado con un potente rifle o un constructor de modales suaves y con maletín que necesita tierra para una urbanización? Puede que a un ciervo solo le parezca más peligroso el cazador, pero a la larga el constructor es más letal para la especie, porque destruirá todo un bosque lleno de animales.

De la misma manera, los marcianos de *La guerra de los mundos* no tenían nada contra los terrícolas. Su mundo estaba muriendo, y necesitaban apoderarse del nuestro. No odiaban a los humanos, tan solo éramos un estorbo.

El mismo razonamiento se aprecia en la película, ya comentada, *El hombre de acero*, donde el ADN de toda la población de Krypton se preservó justo antes de que el planeta estallara. Necesitan apoderarse de la Tierra para resucitar a su raza. Pero, aunque esta situación sea plausible, volvemos a apuntar que existen otros muchos planetas de los que apoderarse y saquear, así que es razonable confiar en que los extraterrestres nos ignoren.

Mi colega Paul Davies plantea una posibilidad más: puede que su tecnología esté tan avanzada que sean capaces de crear programas de realidad virtual muy superiores a la realidad y prefieran vivir perpetuamente en un videojuego fantástico. Esta posibilidad no es tan ilógica, pues incluso entre los humanos hay una fracción de la población que preferiría vivir en un estado nebuloso inducido por las drogas en lugar de afrontar la realidad. En nuestro mundo, esta es una opción insostenible, porque la sociedad se iría al traste si todo el mundo estuviera drogado. Pero si las máquinas satisfacen todas nuestras necesidades, una sociedad parasitaria es posible.

No obstante, esta especulación sigue sin responder a la pregunta: ¿qué aspecto tendría una civilización avanzada, puede que miles de millones de años más avanzada que la nuestra? Si nos encontramos con ellos, ¿comenzaría una nueva era de paz y prosperidad, o seríamos aniquilados?

Es imposible predecir la cultura, política y organización social de una civilización avanzada pero, como ya he dicho antes, hay una cosa que incluso ellos tienen que obedecer: las leyes de la física. ¿Y qué dice la física sobre la posible evolución de una civilización avanzada?

Y si no encontramos ninguna civilización avanzada en nuestro sector de la galaxia, ¿cómo podemos avanzar nosotros hacia el futuro? ¿Seremos capaces de explorar las estrellas y, con el tiempo, la galaxia?

13

Civilizaciones avanzadas

Algunos científicos han propuesto añadir la categoría de una civilización tipo IV, que controle el espacio-tiempo lo bastante bien para afectar a todo el universo. ¿Por qué conformarse con un universo?

CHRIS IMPEY

Hay una cosa fascinante en la ciencia: se obtienen montañas de dividendos en forma de conjeturas a partir de una mínima inversión en hechos.

MARK TWAIN

Los titulares de los tabloides proclamaban:

«¡Gigantesca estructura extraterrestre encontrada en el espacio!»

«¡Los astrónomos, desconcertados por máquina extraterrestre en el espacio!»

Hasta el *Washington Post*, que no tiene por costumbre publicar reportajes sensacionalistas sobre ovnis y extraterrestres, publicó este titular: «La estrella más rara del firmamento vuelve a dar guerra».[1]

De pronto, los astrónomos, que normalmente analizan aburridas pilas de datos de los satélites y radiotelescopios, se vieron bombardeados por llamadas de ansiosos periodistas que preguntaban si era cierto que por fin habían encontrado una estructura extraterrestre en el espacio.

Esto los pilló por sorpresa. La comunidad astronómica no sabía qué decir. Sí, se había descubierto algo extraño en el espacio. No, no tenía explicación, pero aún era muy pronto para entender qué significaba. Podría tratarse de una falsa alarma.

La controversia empezó cuando los astrónomos estaban observando exoplanetas en tránsito en estrellas lejanas. En general, un exoplaneta gigante del tamaño de Júpiter que pase por delante de su estrella madre atenuará su brillo en un 1 por ciento, aproximadamente. Pero un día, analizando datos del satélite Kepler acerca de la estrella KIC 8462852, que se encuentra a unos 1.400 años luz de la Tierra, descubrieron una sorprendente anomalía: en 2011, algo había atenuado la luz de la estrella en un exorbitante 15 por ciento. Normalmente, estas anomalías se desestiman. Puede que hubiera algún fallo en los instrumentos, un pico de potencia, un aumento transitorio de la descarga eléctrica, e incluso puede que no fuera nada más que polvo en los espejos del telescopio.

Pero después se observó por segunda vez en 2013, y esta vez redujo el brillo de la estrella en un 22 por ciento. Nada que la ciencia conozca puede atenuar la luz estelar en tal proporción y de manera regular.

«Nunca habíamos visto nada como esa estrella. Era muy raro», dijo Tabetha Boyajian, becaria posdoctoral en Yale.[2]

La situación se volvió aún más chocante cuando Bradley Schaefer, de la Universidad Estatal de Luisiana, rebuscó entre viejas placas fotográficas y descubrió que la luz de la estrella se había atenuado periódicamente desde 1890. La revista *Astronomy Now* dijo que «esto ha provocado un frenesí de observaciones, y los astrónomos intentan apresuradamente llegar al fondo de lo que se está convirtiendo muy deprisa en uno de los mayores misterios de la astronomía».

Así que los astrónomos propusieron largas listas de posibles explicaciones. Uno a uno, se fue interrogando a los científicos habituales.

¿Qué podía causar este enorme apagamiento de la luz de la estrella? ¿Podía existir algo que fuera veintidós veces más grande que

Júpiter? Una posibilidad era que estuviera causado por un planeta que cayera hacia esa estrella. Pero esto quedaba descartado porque la anomalía seguía reapareciendo. Otra alternativa era el polvo del disco del sistema solar. Cuando un sistema solar se condensa en el espacio, el disco original de gas y polvo puede ser muchísimo más grande que el propio sol. Tal vez lo que ocurría era que el disco pasaba por delante de este. Pero también esto se descartó cuando se analizó la estrella y se comprobó que era madura. El polvo se tendría que haber condensado hace muchísimo tiempo, o habría sido barrido hacia el espacio por los vientos solares.

Tras descartar varias soluciones posibles, quedaba todavía una opción que no se podía desestimar así como así. Nadie quería creerlo, pero tampoco se podía rechazar: a lo mejor se trataba de una colosal megaestructura construida por una inteligencia extraterrestre.

«Los extraterrestres deben ser siempre la última hipótesis que considerar, pero esto parecía algo que bien podría haber construido una civilización extraterrestre», dijo Jason Wright, astrónomo de la Universidad Estatal de Penn.

Dado que el tiempo transcurrido entre los apagamientos de la luz en 2011 y 2013 era de 750 días, los astrónomos predijeron que volvería a ocurrir en mayo de 2017. Y, justo a su hora, la estrella empezó a perder brillo. Esta vez, casi todos los telescopios de la Tierra capaces de medir la luz estelar estaban fijos en ella. Astrónomos de todo el mundo presenciaron cómo la luz se atenuaba un 3 por ciento y después volvía a recuperar su brillo.

¿A qué podía deberse? Algunos pensaban que podía tratarse de una esfera de Dyson, propuesta por primera vez por Olaf Stapledon en 1937, pero después estudiada por el físico Freeman Dyson. Se trata de una esfera gigantesca que rodea una estrella diseñada para recoger la energía de las enormes cantidades de luz estelar. También podría ser una enorme esfera en órbita alrededor de una estrella, que pasa periódicamente por el mismo punto haciendo que su luz se amortigüe. Puede incluso que se tratara de algo creado para hacer funcionar las máquinas de una civilización avanzada del tipo II. Esta última suposición excitó la imaginación de los aficionados y los periodistas, que se preguntaron: ¿qué es una civilización del tipo II?

La escala Kardashev de las civilizaciones

Esta clasificación fue propuesta en 1964 por el astrónomo ruso Nikolai Kardashev.[3] No le satisfacía buscar civilizaciones extraterrestres sin tener una idea de qué podía encontrarse. A los científicos les gusta cuantificar lo desconocido, de modo que elaboró una escala que clasificaba las civilizaciones basándose en el consumo de energía. Todas ellas tienen diferentes culturas, políticas e historia, pero tienen en común que necesitan energía. Esta era su clasificación:

- Una civilización del tipo I utiliza toda la energía de la luz solar que cae sobre el planeta.
- Una civilización del tipo II utiliza toda la energía que produce su sol.
- Una civilización del tipo III utiliza la energía de una galaxia entera.

De este modo, Kardashev nos proporcionó un método sencillo y cómodo de evaluar y clasificar las posibles civilizaciones de la galaxia basándose en el uso de energía.

A su vez, cada civilización hace un consumo de esta que se puede cuantificar. Es fácil calcular cuánta luz solar cae sobre un metro cuadrado de tierra en nuestro planeta. Multiplicándola por el área de la Tierra iluminada por el Sol, se calcula al instante la energía aproximada de una civilización media del tipo I. (Y así podemos afirmar que esta controla una potencia de 7×10^{17} vatios, que es aproximadamente cien mil veces más que la producción anual de energía de la Tierra.)

Dado que conocemos la fracción de la energía solar que recae sobre nuestro planeta, podemos multiplicarla para incluir la superficie total del Sol, y obtenemos su producción total de energía (que son unos

4 x 10^{26} vatios). Esto nos da una pista sobre cuánta energía se utiliza en una civilización del tipo II.

También conocemos cuántas estrellas hay en la Vía Láctea, así que podemos multiplicar por este número y obtener el rendimiento energético de una galaxia entera, con lo que extraeríamos el consumo de energía de una civilización del tipo III en nuestra galaxia, unos 4 x 10^{37} vatios.

Los resultados eran interesantes. Según Kardashev, cada civilización era superior a la anterior por un factor de entre diez mil y cien mil millones.

Se puede calcular matemáticamente cuándo podríamos ascender en esta escala. Considerando el consumo energético total del planeta Tierra, se puede afirmar que en la actualidad somos una civilización del tipo 0,7.

Suponiendo un incremento anual de la producción de la energía del 2 al 3 por ciento, que coincide más o menos con la tasa de crecimiento anual del PIB del planeta, nos falta todavía un siglo o dos para convertirnos en una civilización del tipo I. Alcanzar el nivel de una del tipo II podría llevarnos varios miles de años, según este cálculo. Es aún más difícil calcular cuándo podríamos convertirnos en una del tipo III, ya que ello implica avances en el viaje interestelar que son difíciles de predecir. Según un cálculo, no es probable que alcancemos el nivel III en menos de cien mil años, y puede que tardemos un millón de años.

TRANSICIÓN DEL TIPO 0 AL TIPO I

De todas las transiciones, puede que la más difícil sea la del tipo 0 al tipo I, que es la que estamos transitando en la actualidad. Esto se debe a que una sociedad del tipo 0 es la menos civilizada, tecnológica y socialmente. Hace poco que ha salido del pantano del sectarismo, la dictadura, las luchas religiosas, etc. Todavía muestra todas las cicatrices de su brutal pasado, que estuvo lleno de inquisiciones, persecuciones, pogromos y guerras. Nuestros libros de historia están repletos de horrendos relatos de masacres y genocidios, muchos de ellos motivados por la superstición, la ignorancia, la histeria y el odio.

Pero estamos siendo testigos del alumbramiento de una nueva civilización del tipo I, basada en la ciencia y la prosperidad. Cada día vemos cómo germinan ante nuestros ojos las semillas de esta trascendental transición. Ya está naciendo un idioma planetario. La misma internet no es más que un sistema telefónico del tipo I. Así pues, internet es la primera tecnología de tipo I que hemos desarrollado.

También estamos presenciando la emergencia de una cultura planetaria. En los deportes, vemos el auge del fútbol y los Juegos Olímpicos; en la música, el ascenso de las estrellas globales: en la moda, las mismas tiendas y marcas en todos los centros comerciales.

Hay quien teme que este proceso acabe con las culturas y tradiciones locales. Pero en casi todos los países del tercer mundo, las élites son bilingües: hablan con fluidez el idioma local y también un idioma global europeo o el chino mandarín. En el futuro, lo más probable es que todos los habitantes de nuestro planeta sean biculturales, familiarizados con las costumbres locales pero también estén al corriente de la emergente cultura planetaria. Así pues, la riqueza y diversidad de la Tierra sobrevivirán aunque surja esta última cultura.

Ahora que hemos clasificado las civilizaciones del espacio, podemos utilizar esta escala para calcular cuántas hay en la galaxia que sean avanzadas. Por ejemplo, si aplicamos la ecuación de Drake a una civilización del tipo I para calcular cuántas pueden existir, en principio deberían ser bastante comunes. Y, sin embargo, no vemos ningún indicio evidente de ellas. ¿Por qué? Existen varias posibilidades. Elon Musk ha especulado que, a medida que las civilizaciones dominan tecnologías avanzadas, desarrollan el poder de autodestruirse, y que el mayor riesgo para una del tipo I puede provenir de ella misma.

Nosotros vamos a tener que enfrentarnos a varios peligros mientras transitamos del tipo 0 al tipo I: el calentamiento global, el bioterrorismo y la proliferación nuclear, por citar solo unos pocos.

El primer peligro y el más inmediato es la proliferación nuclear. Este tipo de bombas se están difundiendo por algunas de las regiones más inestables del mundo, como Oriente Próximo, el subcontinente indio y la península de Corea. Incluso los países pequeños pueden tener algún día la capacidad de fabricar armas nucleares. En el pasado, hacía falta una gran nación para refinar el mineral del uranio y convertirlo en un material útil para fabricar armas. Se necesitaban gigantescas plantas de difusión gaseosa y baterías de ultracentrifugadoras. Estas instalaciones eran tan grandes que se podían ver desde los satélites. Estaban fuera del alcance de las naciones más modestas.

Pero los planos de las armas nucleares fueron robados y se vendieron a regímenes inestables. El coste de las ultracentrifugadoras y de la purificación de uranio para hacer armas ha descendido. Como resultado, incluso naciones como Corea del Norte, que siempre está tambaleándose al borde del colapso, pueden acumular en la actualidad un pequeño pero mortífero arsenal nuclear.

Ahora el peligro es que una guerra regional —por ejemplo, entre India y Paquistán— escale hasta convertirse en una guerra mayor, implicando a las grandes potencias nucleares. Dado que Estados Unidos y Rusia poseen unas siete mil cabezas nucleares cada uno, el peligro es considerable. Existe incluso el temor a que organizaciones no estatales o grupos terroristas se hagan con una de ellas.

El Pentágono encargó al grupo de estudios de la Global Business Network (GBN) que analizara lo que podría ocurrir si el calentamiento global destruyera las economías de muchas naciones pobres, como Bangladesh. El informe llegaba a la conclusión de que, en el peor de los casos, algunos países podrían utilizar armas nucleares para defender sus fronteras y evitar ser invadidos por una avalancha de millones de refugiados desesperados y hambrientos. Y aunque no sea el motivo de una guerra nuclear, el calentamiento global es una amenaza existencial para la humanidad.

CALENTAMIENTO GLOBAL Y BIOTERRORISMO

Desde el final del último periodo glacial, hace unos diez mil años, la Tierra se ha ido calentando poco a poco. Pero en el último medio siglo, la temperatura de nuestro planeta ha estado creciendo a un ritmo acelerado y alarmante. Existen pruebas evidentes en muchos terrenos:

- Todos los grandes glaciares están retrocediendo.
- El casquete de hielo del Polo Norte se ha reducido un 50 por ciento en los últimos cincuenta años.
- Grandes extensiones de Groenlandia, que está cubierta por la segunda mayor capa de hielo del mundo, se están descongelando.
- Una sección de la Antártida, el manto de hielo Larsen C, de 6.400 kilómetros cuadrados, se desprendió en 2017, y se teme por la estabilidad de las capas y mantos de hielo.
- Los últimos años han sido los más calurosos que se han registrado en la historia humana.
- La temperatura media de la Tierra ha subido 1,3 grados centígrados en el último siglo.
- El verano es, por término medio, una semana más largo que en el pasado.
- Estamos presenciando cada vez más «sucesos del siglo», como incendios forestales, inundaciones, sequías y huracanes.

Si este calentamiento se acelera sin detenerse en las próximas décadas, podría desestabilizar a todas las naciones del mundo, generando grandes hambrunas y migraciones masivas desde las zonas costeras, poniendo en peligro la economía mundial e impidiendo la transición a una civilización del tipo I.

También existe el peligro de las armas biológicas, que podrían exterminar al 98 por ciento de la población humana.

Durante toda la historia de la humanidad, la principal causa de muerte no han sido las guerras, sino las epidemias. Por desgracia, es posible que algunas naciones tengan reservas secretas de gérmenes de enfermedades mortales, como la viruela, que podrían transformarse en armas mediante la biotecnología, lo que causaría grandes estragos. Hay también el peligro de que alguien cree un arma apocalíptica alterando genéticamente alguna enfermedad existente —el ébola, el sida, la gripe aviar— para hacerla más letal o para facilitar su propagación con más rapidez.

Puede que, en el futuro, si nos aventuramos hacia otros planetas, encontremos las cenizas de civilizaciones muertas: planetas con atmósferas muy radiactivas, planetas demasiado calientes debido a un efecto invernadero descontrolado, planetas con ciudades vacías porque utilizaron armas biotecnológicas avanzadas contra sí mismos. Así pues, la transición del tipo 0 al tipo I no está garantizada, y de hecho representa el mayor peligro para una civilización emergente.

ENERGÍA PARA UNA CIVILIZACIÓN DEL TIPO I

Una cuestión clave es si una civilización del tipo I puede hacer la transición a fuentes de energía que no sean combustibles fósiles.

Una posibilidad es dominar la energía nuclear del uranio. Pero el que se usa como combustible para los reactores nucleares convencionales genera grandes cantidades desechos, que son radiactivos durante millones de años. Aún ahora, cincuenta años después del comienzo de la era nuclear, carecemos de un sistema seguro para almacenar estos desechos. Además, el uranio es muy caliente y puede dañar el reactor, como hemos visto en los desastres de Chernóbil y Fukushima.

Una alternativa a la energía de fisión del uranio es la energía de fusión, que, como vimos en el capítulo 8, aún no se puede comercializar, pero una civilización del tipo I, un siglo más avanzada que la nuestra, puede haber perfeccionado esta tecnología y utilizarla como fuente indispensable de energía casi ilimitada.

Una ventaja de la energía de fusión es que su combustible es el hidrógeno, que se puede extraer del agua de mar. Además, una planta de fusión no podría sufrir un accidente catastrófico como los de Chernóbil y Fukushima. Si hay una avería en una planta de fusión (por ejemplo, si el gas supercaliente entra en contacto con el recubrimiento del reactor), el ciclo de fusión se detiene automáticamente. (Esto es así porque tiene que cumplir el criterio de Lawson, esto es, mantener la temperatura y densidad adecuadas para fusionar el hidrógeno en un cierto periodo de tiempo. Pero si el proceso de fusión se descontrola, deja de cumplirse el criterio de Lawson, y se detiene solo.)

Por añadidura, un reactor de fusión solo produce pequeñas cantidades de desechos radiactivos. Dado que en la fusión del hidrógeno se obtienen neutrones, estos pueden irradiar el acero del reactor, haciéndolo ligeramente radiactivo. Pero la cantidad de desechos originados de este modo es solo una fracción de la generada por los reactores de uranio.

Además de la energía de fusión, existen otras posibles fuentes de energía renovable. Una alternativa atractiva para una civilización del tipo I sería captar energía solar en el espacio. Dado que un 60 por ciento de esta se pierde al pasar por la atmósfera, los satélites podrían aprovecharla con mucha más eficiencia que los colectores instalados en la superficie de la Tierra.

Un sistema espacial de captación de esta energía podría consistir en muchos espejos enormes en órbita alrededor de la Tierra que captarían la luz de nuestra estrella. Los espejos serían geoestacionarios (es decir, orbitarían a la misma velocidad a la que rota la Tierra, de modo que parecerían permanecer en una posición fija en el cielo). A continuación, esta energía se podría transmitir en forma de radiación de microondas a una estación receptora en la Tierra, y desde ahí se distribuiría mediante una red eléctrica tradicional.

La energía solar espacial tiene muchas ventajas: es limpia y no produce desechos; puede generar energía veinticuatro horas al día, y no solo durante el día (estos satélites casi nunca están a la sombra de la Tierra, pues su trayectoria los lleva muy lejos de la órbita terrestre); los paneles solares no tienen partes móviles, lo que reduce considerablemente las averías y los costes de reparación; y lo mejor de todo, este sistema puede captar una cantidad ilimitada de energía solar gratuita.

Todos los equipos científicos que han considerado la cuestión de la energía solar espacial han llegado a la conclusión de que es factible con la tecnología ya existente. Pero el problema principal, como en todas las empresas que implican salir al espacio, es el coste. Un simple cálculo demuestra que, por el momento, es muchas veces más caro que poner placas solares en nuestro patio.

La energía solar espacial está fuera de las posibilidades de una civilización del tipo 0 como la nuestra, pero podría ser una fuente natural de energía para una del tipo 1 por varias razones:

1. El coste de los viajes espaciales está descendiendo, debido sobre todo a la aparición de empresas privadas y a la invención de cohetes reutilizables.

2. El ascensor espacial puede ser viable a finales de este siglo.

3. Los paneles solares espaciales pueden estar compuestos de nanomateriales ultraligeros, lo que reduciría el peso y los costes.

4. Los satélites solares se pueden montar en el espacio por robots, lo que eliminaría la necesidad de astronautas.

Además, este sistema se considera relativamente seguro, pues aunque las microondas puedan ser dañinas, los cálculos demuestran que la mayor parte de la energía estaría confinada en el rayo, y la poca energía que escapara de este se mantendría en niveles medioambientales aceptables.

TRANSICIÓN AL TIPO II

Con el tiempo, una civilización del tipo I puede agotar las fuentes de energía de su planeta e intentar explotar la energía casi ilimitada del su sol.

Debería ser fácil encontrar una civilización del tipo II, pues lo más probable es que estas sean inmortales. Nada que la ciencia conozca podría destruir su cultura. Los choques con meteoros o asteroides se podrían evitar usando cohetes, y el efecto invernadero, mediante tecnologías basadas en el hidrógeno o en la energía solar (pilas de combustible, plantas de fusión, satélites solares, etc). Si hubiera algún peligro que amenazara a todo el planeta, podrían incluso abandonarlo en grandes flotas espaciales, o trasladarlo entero si fuera necesario. Dado que dispondrían de energía suficiente para desviar asteroides, podrían cambiar su trayectoria haciéndolos girar en torno al planeta. Con sucesivas maniobras de tipo honda, podrían cambiar la órbita de este y alejarlo de su estrella si esta se encontrara en una fase final de su ciclo y empezara a expandirse.

Para obtener energía podrían, como hemos dicho antes, construir una esfera de Dyson que orbitara alrededor del sol. (Un problema que tiene la construcción de estas gigantescas megaestructuras es que un planeta rocoso puede no tener suficientes materiales para construirlas. Dado que el diámetro de nuestro Sol es 109 veces mayor que el de la Tierra, se necesitaría una cantidad inmensa de material para producir una de estas. Puede que la solución a este problema práctico esté en la nanotecnología. Si estas megaestructuras se construyeran con nanomateriales, podrían tener un grosor de solo unas pocas moléculas, lo que reduciría muchísimo la cantidad de elementos necesarios.)

El número de viajes al espacio que requeriría la construcción de una de estas megaestructuras es verdaderamente monumental. La clave sería utilizar robots y materiales que se autoorganicen. Por ejemplo, si se pudiera construir una nanofábrica en la Luna, donde se fabricaran paneles para la esfera de Dyson, después estos se podrían montar en el espacio. Y como los robots serían autorreplicantes, se podría fabricar un número casi ilimitado de ellos para construir la estructura.

Pero incluso si una civilización del tipo II fuera prácticamente inmortal se seguiría enfrentando a un peligro a largo plazo: la segunda ley de la termodinámica, el hecho de que todos sus aparatos generarán radiación calórica infrarroja suficiente para hacer imposible la vida en su planeta. Esta ley dice que la entropía (el desorden, el caos o los desechos) siempre aumenta en un sistema cerrado. En este caso, todas las máquinas, todos los aparatos, todos los dispositivos generan residuos en forma de calor. Podemos suponer ingenuamente que la solución es construir gigantescos refrigeradores para enfriar el planeta. En efecto, estos bajan la temperatura en su interior, pero si lo sumamos todo, incluyendo el calor de los motores empleados por los refrigeradores, el calor del sistema seguiría aumentando.

(Por ejemplo, en un día muy caluroso nos abanicamos la cara para aliviarnos, pensando que eso nos refresca. Y, en efecto, el aire del abanico nos enfría la cara, proporcionándonos un alivio momentáneo, pero el calor generado por el movimiento de nuestros músculos, huesos y demás aumenta el calor total. Así que abanicarnos nos proporciona un alivio psicológico inmediato, pero en realidad la temperatura total de nuestro cuerpo y la temperatura del aire que nos rodea aumentan.)

CÓMO ENFRIAR UNA CIVILIZACIÓN DEL TIPO II

Para sobrevivir a la segunda ley, una civilización del tipo II tendrá necesariamente que dispersar el calor de su maquinaria si no quiere sobrecalentarse. Como ya hemos dicho, una solución sería trasladar la mayor parte de la maquinaria al espacio, y convertir el planeta madre en un parque. Es decir, una civilización del tipo II podría construir todo su equipo susceptible de recalentarse fuera del planeta. Aunque consuma la producción energética de una estrella, el calor residual generado se disipará en el espacio exterior sin causar daños.

Con el tiempo, la propia esfera de Dyson empezaría a recalentarse. Esto significa que esta, por fuerza, tiene que emitir radiación infrarroja. (Aunque supongamos que esta civilización construye máquinas para tratar de barrer bajo la alfombra esta radiación infrarroja, tarde o temprano estas máquinas también se calentarán e irradiarán infrarrojos.)

Los científicos han escudriñado los cielos en busca de señales reveladoras de radiación infrarroja de una civilización del tipo II, y no han encontrado nada. Un equipo de Fermilab, a las afueras de Chicago, inspeccionó 250.000 estrellas en busca de indicios de una civilización del tipo II, y solo encontró cuatro que eran «curiosas, pero todavía dudosas», de manera que sus resultados no fueron concluyentes. Es posible que el telescopio espacial James Webb, que entrará en servicio a finales de 2018 y buscará específicamente radiación infrarroja, tenga la sensibilidad necesaria para percibir la «firma calórica» de todas las civilizaciones de tipo II que existan en nuestro sector de la galaxia.

Aquí yace un misterio. Si las civilizaciones del tipo II son prácticamente inmortales, y por fuerza tienen que emitir abundante radiación infrarroja, ¿por qué no las hemos detectado? A lo mejor no basta con buscar estas emisiones.

El astrónomo Chris Impey, de la Universidad de Arizona, comentando la búsqueda de una civilización del tipo II, ha escrito: «La premisa es que toda civilización muy avanzada tiene que dejar una huella mucho más grande que la nuestra. Las civilizaciones del tipo II o más pueden utilizar tecnologías que nosotros estamos solo tanteando, o que ni siquiera podemos imaginar. Podrían orquestar cataclismos estelares o utilizar propulsión por antimateria. Podrían manipular el espacio-tiempo para crear agujeros de gusano o hacer nacer universos, y comunicarse mediante ondas gravitatorias».[4]

O, como ha escrito David Grinspoon: «La lógica me dice que es razonable buscar señales casi divinas de extraterrestres avanzados en el espacio. Y, sin embargo, la idea parece ridícula. Es a la vez lógica y absurda. Imagínate».[5]

Una posible resolución a este dilema es aceptar que existen dos maneras de evaluar una civilización: por su consumo de energía y por su consumo de información.

La sociedad moderna se ha expandido en la dirección de la miniaturización y la eficiencia energética, mientras consume una cantidad de información que crece de forma explosiva. De hecho, Carl Sagan propuso una manera de clasificar las civilizaciones basándose en su consumo de información.

Según esta escala, una civilización del tipo A consume un millón de bits de información; una del tipo B consumiría diez veces más, es decir, diez millones de bits de información; y así sucesivamente, hasta llegar al tipo Z, que puede consumir la apabullante cantidad de 10^{31} bits de información. Según este cálculo, la nuestra es una civilización del tipo H. Lo importante aquí es que se pueda producir un mayor consumo de información con la misma cantidad de energía. De este modo se podría no producir demasiada cantidad de radiación infrarroja.

Podemos contemplar un ejemplo de este hecho cuando visitamos un museo de ciencia. Nos asombra el tamaño de las máquinas de la Revolución industrial, con sus gigantescas locomotoras y sus enormes barcos de vapor, pero también nos fijamos en lo ineficientes que eran, ya que generaban una enorme cantidad de calor residual. De manera similar, los gigantescos aparatos computadores de los años cincuenta han sido superados por un teléfono celular corriente. La tecnología moderna se ha vuelto mucho más sofisticada, más inteligente y menos derrochadora de energía.

Así pues, una civilización del tipo II podría consumir una enorme cantidad de energía sin recalentarse, distribuyendo sus máquinas en esferas de Dyson, en los asteroides y en los planetas cercanos, o creando sistemas informáticos miniaturizados y supereficientes. En lugar de ser destruidos por el calor generado a causa de su enorme consumo de energía, su tecnología podría ser también supereficiente, procesando enormes cantidades de información pero produciendo relativamente poco calor residual.

¿SE ESCINDIRÁ LA HUMANIDAD?

Existen limitaciones a lo lejos que todas las civilizaciones deben superar en lo relativo al viaje espacial. Por ejemplo, una del tipo I está limitada, como hemos visto, por la energía de su planeta. En el mejor de los casos, dominaría el hecho de terraformar un planeta como Marte y empezaría a explorar las estrellas más cercanas. Sus sondas robóticas empezarían a explorar sistemas solares vecinos y tal vez se enviarían los primeros astronautas a la estrella más cercana, Próxima Centauri. Pero su tecnología y su economía no estarían lo bastante avanzadas para iniciar la colonización sistemática de docenas de sistemas solares no lejanos.

Para una civilización del tipo II, siglos o milenios más avanzada, la colonización de un sector de la Vía Láctea sería una posibilidad real. Pero incluso una civilización como esta, llegado el momento, se vería limitada por la barrera de la velocidad de la luz. Si suponemos que no disponen de un sistema de propulsión más rápido, pueden tardar siglos en colonizar su sector de la galaxia.

Sin embargo, si se tardan siglos en viajar de un sistema estelar a otro, tarde o temprano los lazos con el mundo natal original se irán debilitando. Con el tiempo, los planetas perderán contacto unos con otros y podrán aparecer nuevas ramas de la humanidad, capaces de adaptarse a entornos radicalmente diferentes. Además, los colonos pueden modificarse genética y cibernéticamente, para adaptarse a ambientes nuevos y extraños. Con el tiempo, puede que no sientan ninguna conexión con el planeta original.

Esto parece contradecir la visión de Asimov en su serie *Fundación*, con un Imperio galáctico formado dentro de cincuenta mil años que ha colonizado la mayor parte de la galaxia. ¿Podemos reconciliar estas dos visiones del futuro tan diferentes?

¿Está la humanidad destinada a fragmentarse en entidades más pequeñas, con solo un escaso conocimiento unas de otras? Esto plantea la pregunta definitiva: ¿ganaremos las estrellas, pero perderemos nuestra humanidad en el proceso? ¿Qué significa ser humano si hay tantas ramas distintas de la humanidad?

Esta divergencia parece ser universal en la naturaleza, un camino común que recorre toda la evolución, y no solo la nuestra. Darwin fue el primero que apreció cómo ocurre en los reinos animal y vegetal cuando dibujó un profético esquema en su cuaderno: la imagen de un árbol con sus ramas, que iban divergiendo en ramas más pequeñas. Con una forma simple dibujó el árbol de la vida, con toda la diversidad de la naturaleza evolucionando a partir de una sola especie.

Puede que este esquema no solo se aplique a la vida en la Tierra, sino a la humanidad misma dentro de miles de años, cuando nos convirtamos en una civilización del tipo II, capaz de colonizar las estrellas cercanas.

La gran diáspora en la galaxia

Para apreciar con más claridad este problema, debemos examinar de nuevo nuestra propia evolución. Repasando el curso de la historia humana, observamos que hace unos 75.000 años tuvo lugar una Gran Diáspora, con pequeñas hordas de humanos saliendo de África a través de Oriente Próximo, estableciendo una serie de asentamientos por el camino. Impulsados tal vez por desastres ecológicos, como la erupción del Toba y un periodo glacial, una de las principales ramas atravesó Oriente Próximo y llegó hasta Asia Central. Después, hace unos cuarenta mil años, esta migración se escindió en varias ramas más pequeñas. Una rama siguió hacia el este y acabó estableciéndose en Asia, formando el núcleo de la actual población asiática. Otra dio la vuelta y entró en el norte de Europa, acabando por transformarse en caucasianos. Una tercera rama se dirigió al sudeste, atravesó la India y ocupó el sudeste asiático y después Australia.

Ahora podemos apreciar las consecuencias de esta Gran Diáspora.

Existe una variedad de humanos de colores, tamaños, formas y culturas diferentes sin unos recuerdos ancestrales de sus verdaderos orígenes. Incluso se puede calcular aproximadamente cuánto ha divergido la especie humana. Si suponemos que una generación dura veinte años, dos humanos cualesquiera del planeta están separados, como máximo, por 3.500 generaciones. Pero ahora, decenas de miles de años después y gracias a la tecnología moderna, podemos recrear las rutas de tránsito del pasado y elaborar un árbol genealógico ancestral de las migraciones humanas en los últimos 75.000 años.

Viví una clara demostración de esto cuando presenté un programa científico especial de la BBC acerca de la naturaleza del tiempo. Esta cadena tomó una muestra de mi ADN y lo secuenció. A continuación, cuatro de mis genes fueron cuidadosamente comparados con los de miles de individuos del mundo en busca de coincidencias. El resultado fue bastante interesante. Demostró que había unos conjuntos de personas repartidas por Japón y China que presentaban grandes similitudes con mis genes, pero después había un fino rastro que se iba afinando en la distancia cerca del desierto del Gobi y llegaba al Tíbet. Así pues, analizando el ADN, era posible trazar la ruta que siguieron mis antepasados hace veinte mil años.

¿CUÁNTO DIVERGIREMOS?

¿Hasta dónde divergirá la humanidad en miles de años? ¿Será reconocible después de decenas de miles de años de separación genética?

Esta cuestión se puede resolver utilizando el ADN como un «reloj». Los biólogos han observado que el ADN muta aproximadamente con la misma frecuencia a lo largo de las diferentes eras. Por ejemplo, nuestro pariente evolutivo más próximo es el chimpancé. El análisis del ADN del chimpancé demuestra que diferimos aproximadamente en un 4 por ciento. La investigación y los fósiles humanos que hemos encontrado indican que nuestros linajes se separaron hace unos seis millones de años. Esto significa que nuestro ADN mutó un 1 por ciento cada millón y medio de años. Esta es solo una cifra aproximada, pero veamos si puede permitirnos comprender la historia antigua de nuestro ADN.

Supongamos por el momento que este ritmo de cambio (uno por ciento cada millón y medio de años) es más o menos constante. Analicemos ahora a los neandertales, nuestros parientes homínidos más cercanos. El examen de su ADN de los fósiles indica que difiere del nuestro aproximadamente un 0,5 por ciento, y que nuestros linajes se separaron hace de quinientos mil a un millón de años. Esto concuerda más o menos con el reloj del ADN.

Si a continuación examinamos la especie humana, podemos observar que dos individuos cualesquiera, elegidos al azar, pueden diferir en un 0,1 por ciento en su ADN. Nuestro reloj indica que las diferentes ramas empezaron a divergir hace 150.000 años, lo que viene a coincidir con el origen de la humanidad.

Así pues, con este reloj podemos calcular aproximadamente cuándo nos separamos de los chimpancés, de los neandertales y de nuestros congéneres humanos. La cuestión es utilizar este reloj para calcular cuánto cambiará la humanidad en el futuro si nos dispersamos por la galaxia y no manipulamos drásticamente nuestro ADN. Supongamos por el momento que seguimos siendo una civilización del tipo II, con cohetes de velocidad sublumínica, durante cien mil años. Aunque los diferentes asentamientos humanos pierdan todo contacto unos con otros, lo más probable es que la divergencia se quede en solo un 0,1 por ciento del ADN, que es la que observamos hoy en día entre los humanos.

La conclusión es que, aunque la humanidad se extienda por toda la galaxia a velocidades inferiores a la de la luz y las diferentes ramas pierdan todo contacto unas con otras, seguiremos siendo básicamente humanos. Incluso después de cien mil años, cuando podemos esperar que se haya alcanzado la velocidad de la luz, las distintas colonias humanas no diferirán más que dos humanos terrícolas en la actualidad.

Este fenómeno se aplica también al lenguaje que hablamos. Los arqueólogos y lingüistas han observado que, cuando rastrean el origen de los idiomas, se revela un patrón sorprendente. Han descubierto que los idiomas se ramifican una y otra vez en dialectos más «pequeños» debido a las migraciones; con el tiempo, estos nuevos dialectos se acaban convirtiendo en idiomas propiamente dichos.

Si elaboramos un gran árbol de todos los idiomas conocidos y la forma en que se ramificaron unos a partir de otros, y lo comparamos con el árbol genealógico que detalla las antiguas rutas migratorias, observamos un patrón idéntico. Islandia, por ejemplo, que ha estado bastante aislada de Europa desde el año 874, cuando llegaron los primeros asentamientos noruegos, puede servir de laboratorio para poner a prueba las teorías lingüísticas y genéticas. El idioma islandés está muy emparentado con el noruego del siglo IX, con un poco de escocés e irlandés añadido a la mezcla. (Esto se debe, tal vez, a que los vikingos introdujeron esclavos de Escocia e Irlanda.) Es posible crear un reloj del ADN y otro lingüístico para calcular aproximadamente cuánta divergencia se ha producido en mil años. Incluso después de este tiempo, es fácil encontrar evidencias de antiguos patrones de migración que quedaron impresos en el idioma.

Sin embargo, aunque nuestro ADN y los idiomas sigan pareciéndose después de miles de años de separación, ¿qué pasará con nuestra cultura y nuestras creencias? ¿Seremos capaces de entendernos e identificarnos con esas ramas divergentes?

VALORES BÁSICOS COMUNES

Cuando consideramos la Gran Diáspora y las civilizaciones que generó, no solo apreciamos una serie de diferencias físicas en el color de la piel, el tamaño del cuerpo, el pelo, etc., sino también un conjunto de características que son sorprendentemente comunes en todas las culturas, aunque hayan perdido todo contacto unas con otras durante miles de años.

Podemos encontrar evidencias de esto cuando vamos al cine. Personas de diferentes razas y culturas, que pueden haber divergido de nosotros hace 75.000 años, siguen riendo, llorando y emocionándose en los mismos momentos de la película. Los traductores se han fijado en los rasgos comunes del humor y los chistes de las películas, a pesar de que los idiomas divergieron hace mucho tiempo.

Esto también se aplica a nuestro sentido de la estética. Si visitamos un museo que albergue colecciones de civilizaciones antiguas, observamos temas comunes. Sin importar cuál sea la cultura, las obras de arte contienen paisajes, retratos de los ricos y poderosos e imágenes de los dioses y los mitos. Aunque la belleza es difícil de cuantificar, lo que se considera bello en una cultura se suele considerar igual por otras culturas totalmente distintas. Por ejemplo, sea cual sea la sociedad que examinemos, vemos flores y diseños florales muy similares.

Otra cuestión que traspasa las barreras del espacio y el tiempo son nuestros valores sociales comunes. Una preocupación básica es el bienestar de los demás. Esto implica amabilidad, generosidad, amistad, consideración. En numerosas civilizaciones se encuentran diversas formas de la regla de oro. Al nivel más fundamental, muchas de las religiones del mundo insisten en los mismos conceptos, como la caridad y la compasión por los pobres y desdichados. Otra preocupación básica no se dirige hacia dentro, sino hacia fuera. Esta incluye la curiosidad, la innovación, la creatividad y el afán de explorar y descubrir. Todas las culturas del mundo tienen mitos y leyendas acerca de grandes exploradores y descubridores.

Así pues, el principio del cavernícola reconoce que nuestras personalidades básicas no han cambiado mucho en doscientos mil años, así que, por mucho que nos propaguemos por las estrellas, lo más probable es que conservemos nuestros valores y características comunes.

Además, los psicólogos han indicado que en nuestro cerebro podría estar codificada una imagen de lo que resulta atractivo. Si tomamos fotografías de cientos de personas diferentes elegidas al azar, y después, con un ordenador, superponemos estas imágenes una encima de otra, vemos que emerge una imagen compuesta, un término medio. Sorprendentemente, muchos consideran atractiva esta imagen. De ser cierto, esto implicaría la existencia de una imagen promedio que podría estar grabada en nuestros cerebros y que determina lo que consideramos atractivo. Lo que nos parece bello en el rostro de una persona es en realidad la norma, no la excepción.

Sin embargo, ¿qué ocurrirá cuando por fin lleguemos al tipo III y tengamos la capacidad de viajar a más velocidad que la luz? ¿Difundiremos por la galaxia los valores y la estética de nuestro mundo?

Transición al tipo III

Con el tiempo, una civilización del tipo II puede agotar la energía no solo de su estrella madre sino de todas las estrellas vecinas, y emprender poco a poco el camino para convertirse en una del tipo III, que ya sería galáctica. Esta no solo podría aprovechar la energía de miles de millones de estrellas, también podría utilizar la energía de los agujeros negros, como el supermasivo situado en el centro de la Vía Láctea, que pesa como dos millones de soles. Si una nave espacial viajara en la dirección de nuestro núcleo galáctico encontraría un gran número de estrellas de gran densidad y nubes de polvo que constituirían una fuente de energía ideal para una civilización del tipo III. Para comunicarse a través de la galaxia, una sociedad tan avanzada podría utilizar ondas gravitatorias, que fueron predichas por Einstein en 1916 pero no detectadas por los físicos hasta 2016. A diferencia de los rayos láser, que serían absorbidos, dispersados y difundidos durante el viaje, las ondas gravitatorias podrían extenderse a través de las estrellas y la galaxia, y por lo tanto serían más fiables para las grandes distancias.

Todavía no está claro si es factible viajar a mayor velocidad que la luz, así que por el momento tenemos que considerar la posibilidad de que no lo sea.

Si las naves espaciales no pueden superarla, una civilización del tipo III podría decidir lanzarse a explorar los miles de millones de mundos de su parcela galáctica enviando a las estrellas sondas autorreplicantes que viajen a menor velocidad. La idea es instalar una sonda robótica en una luna lejana. Las lunas son un sitio ideal para ello ya que sus ambientes son estables, sin erosión, y es fácil aterrizar y despegar en ellas gracias a su baja gravedad. Con colectores solares para abastecerse de energía, una sonda lunar puede escudriñar el sistema solar y enviar información útil por radio de forma indefinida.

Una vez que haya aterrizado, la sonda construirá una fábrica con materiales lunares con el fin de producir mil copias de sí misma. A continuación, cada clon de la segunda generación partirá a colonizar otros satélites lejanos. Así pues, empezando con un robot, podemos tener mil. Si cada uno de ellos genera otros mil, habrá un millón. Después, un billón. Después, un trillón. En solo unas pocas generaciones, podemos disponer de una esfera en expansión que abarque cuatrillones de estos aparatos, a los que los científicos llaman «máquinas de Von Neumann».

De hecho, este es el argumento de la película *2001. Una odisea en el espacio*, que sigue presentando el encuentro más realista con extraterrestres inteligentes. En la película, estos plantan una máquina de Von Neumann —el monolito— en la Luna, y esta envía señales a una estación repetidora instalada en Júpiter con el fin de supervisar e incluso influir en la evolución de la humanidad.

De este modo, nuestro primer encuentro puede no darse con un monstruo de ojos de insecto, sino con una pequeña sonda autorreplicante. Tal vez sea muy pequeña, miniaturizada gracias a la nanotecnología, quizá tan pequeña que ni siquiera la advirtamos. Es posible que en su patio trasero, o en la Luna, haya algún indicio prácticamente invisible de una visita pasada.

El profesor Paul Davies ha hecho una sugerencia. Escribió un artículo abogando por el regreso a la Luna con el fin de buscar huellas anómalas de energía o de radiotransmisiones. Si una sonda Von Neumann aterrizó en la Luna hace millones de años, lo más probable es que utilice la luz solar como fuente de energía, y podría emitir señales de radio de forma continua. Y dado que en la Luna no hay erosión, es posible que se encuentre en perfectas condiciones de funcionamiento y todavía siga funcionando.

Puesto que se ha renovado el interés en volver a la Luna y después viajar a Marte, los científicos tendrán una excelente oportunidad de comprobar si existe alguna evidencia de visitas previas. (Algunas personas, como Erich von Däniken, insisten en que ya hace siglos que aterrizaron naves extraterrestres, y que aquellos astronautas alienígenas aparecen representados en el arte de antiguas civilizaciones. Aseguran que los elaborados tocados y vestimentas que se observan en antiguas pinturas y monumentos son en realidad descripciones de antiguos astronautas, con sus cascos, depósitos de combustible, trajes presurizados... Aunque no se puede descartar esta idea, es muy difícil demostrarla. Las pinturas antiguas no bastan. Necesitamos pruebas positivas, tangibles, de aquellas visitas. Por ejemplo, si alguna vez hubo espaciopuertos extraterrestres deberían haber quedado escombros y residuos en forma de cables, chips, herramientas, componentes electrónicos, basura y maquinaria. Un solo chip electrónico podría zanjar todo este debate. Así que si algún conocido asegura que ha sido abducido por extraterrestres, dígale que la próxima vez robe algo de la nave.)

Así pues, incluso si no se puede superar la velocidad de la luz, dentro de unos pocos cientos de miles de años una civilización del tipo III podría tener billones y billones de sondas repartidas por toda la galaxia, todas enviando información útil.

Las máquinas de Von Neumann podrían ser el modo más eficiente para que una civilización del tipo III obtuviera información acerca del estado de la galaxia. Pero existe otra manera más directa de explorarla, que es algo que he dado en llamar «laserportación».

LASERPORTACIÓN A LAS ESTRELLAS

Uno de los sueños de los escritores de ciencia ficción es explorar el universo como seres de energía pura. Puede que algún día, en el futuro, seamos capaces de abandonar nuestra existencia material y vagar por el cosmos cabalgando sobre un rayo de luz. Viajaremos a estrellas lejanas a la máxima velocidad posible. Cuando nos encontremos libres de constricciones materiales podremos volar junto a los cometas y sobre los anillos de Saturno, pasar rozando la superficie de volcanes en erupción y visitar destinos al otro lado de la galaxia.

En lugar de ser pura fantasía, este sueño podría estar basado en hechos científicos. En el capítulo 10 hablamos del proyecto Conectoma Humano, un ambicioso intento de elaborar un mapa del cerebro. Puede que a finales de este siglo o principios del siguiente dispongamos del mapa completo, que en principio contendrá todos nuestros recuerdos, sensaciones, sentimientos e incluso nuestra personalidad. Se podría depositar ese conectoma en un rayo láser y enviarlo al espacio exterior. Toda la información necesaria para crear una copia digital de nuestra mente podría viajar a través de los cielos.

En un segundo, se podría enviar un conectoma a la Luna. En pocos minutos, podría llegar a Marte. En unas horas a los gigantes gaseosos. En cuatro años, podríamos visitar Próxima Centauri. Y en cien mil años, podríamos acceder a los confines de la Vía Láctea.

Cuando llegue a un planeta lejano, la información del rayo láser se podrá descargar en un ordenador central. Entonces, nuestro conectoma podrá controlar un avatar robótico. Su cuerpo será tan resistente que podrá sobrevivir incluso si la atmósfera es venenosa, la temperatura gélida o infernal, y la gravedad fuerte o débil. Y aunque todas las pautas neuronales estarán contenidas en ese ordenador central, recibiremos todas las sensaciones que experimenta el avatar. A todos los efectos, estaremos habitándolo.

La ventaja de este sistema es que no hay necesidad de cohetes incómodos y caros ni de estaciones espaciales. Nunca nos enfrentaremos a los problemas de la ingravidez, los choques con asteroides, la radiación, los accidentes y el aburrimiento, porque nos transmitiremos como información pura. Y habremos emprendido ese viaje a las estrellas a la mayor velocidad posible, la de la luz. Desde el punto de vista del sujeto, el viaje es instantáneo. Lo único que uno recuerda es entrar en el laboratorio y, al instante, llegar a su destino. (Esto se debe a que, a todos los efectos, el tiempo se detiene cuando viajamos en un rayo de luz; la conciencia queda congelada mientras uno se mueve. Así viajaremos por el cosmos sin que parezca que pasa el tiempo. Esto es muy diferente de la animación suspendida, ya que, como he dicho, cuando se viaja a la velocidad de la luz el tiempo se detiene. Y aunque no veríamos el paisaje durante el trayecto, podríamos detenernos en cualquier estación de tránsito y contemplar el entorno.)

Yo llamo a este sistema «laserportación», y puede que resulte la manera más cómoda y rápida de llegar a las estrellas. Una civilización del tipo I podría ser capaz de realizar los primeros experimentos de laserportación dentro de un siglo. Pero para las de los tipos II y III, este método podría ser el favorito de transporte a través de la galaxia, pues lo más probable es que hayan colonizado ya planetas lejanos con robots autorreplicantes. Es posible que una civilización del tipo III disponga de una gigantesca superautopista de laserportación que conecte las estrellas de la Vía Láctea, con billones de almas en tránsito en cualquier momento dado.

A pesar de que esta idea parece proporcionar el modo más cómodo de explorar la galaxia, para crear el puerto láser habría que resolver varios problemas prácticos.

Cargar el conectoma en un rayo láser no sería un impedimento, ya que los láseres, en principio, pueden transportar cantidades ilimitadas de información. El principal problema sería crear una red de estaciones repetidoras a lo largo del camino, que reciban el conectoma, lo amplifiquen y lo envíen a la siguiente estación. Como ya hemos dicho, la nube de Oort se extiende hasta varios años luz de una estrella, así que las nubes de Oort de diferentes estrellas podrían solaparse. En ese caso, los cometas estacionarios serían emplazamientos ideales para estas estaciones repetidoras. (Construirlas en los cometas de la nube de Oort sería preferible a hacerlo en un satélite lejano, ya que estos orbitan alrededor de planetas y a veces quedan tapados por ellos, mientras que estos cometas son estacionarios.)

Como hemos visto, estas estaciones solo se pueden instalar a velocidades inferiores a la de la luz. Una manera de resolver este problema sería utilizar un sistema de velas láser, que viajaría a una fracción considerable de la velocidad de la luz. Cuando estas velas aterricen en un cometa de la nube de Oort podrían utilizar nanotecnología para hacer copias de sí mismas y construir una estación repetidora utilizando las materias primas que se encuentren en el propio cometa. Así, aunque las primeras estaciones habría que construirlas a menores velocidades, cuando estuvieran instaladas nuestros conectomas serían libres para viajar a la de la luz.

La laserportación se podría utilizar no solo con fines científicos, sino también con fines recreativos. Podríamos ir de vacaciones a las estrellas. Primero haríamos un mapa de los planetas, satélites o cometas que quisiéramos visitar, por muy hostiles o peligrosos que fueran sus ambientes. Podríamos hacer una lista de los tipos de avatares que quisiéramos habitar. (Estos avatares no existirían en una realidad virtual, sino que serían robots reales, dotados de poderes sobrehumanos.) Y en cada planeta habría un avatar esperándonos, con todas las características y superpoderes que deseáramos. Cuando lleguemos a un planeta, asumiremos la identidad del avatar, viajaremos por él y disfrutaremos de los increíbles paisajes. Después, devolveremos el robot para que lo use el siguiente cliente, y nosotros nos laserportaremos al siguiente destino. En unas solas vacaciones podremos explorar varias lunas, cometas y exoplanetas. No tendremos que preocuparnos por los accidentes o enfermedades, pues es solo nuestro conectoma lo que viaja a través de la galaxia.

Así que cuando miramos al cielo por la noche preguntándonos si hay alguien ahí afuera, aunque pueda parecer frío, inmóvil y vacío, es posible que el firmamento nocturno esté lleno de billones de viajeros lanzados a través del cielo a la velocidad de la luz.

AGUJEROS DE GUSANO Y ENERGÍA DE PLANCK

Todo esto deja abierta la segunda posibilidad: que el viaje a mayor velocidad que la luz sea posible para una civilización de tipo III. Aquí entra en juego una nueva ley de la física. Este es el reino de la energía de Planck, el nivel en el que ocurren nuevos y extraños fenómenos que violan las leyes habituales de la gravedad.

Para comprender por qué es tan importante la energía de Planck es imprescindible darse cuenta de que, en la actualidad, todos los fenómenos físicos conocidos, desde el big bang hasta el movimiento de las partículas subatómicas, se pueden explicar mediante dos teorías: la teoría de la relatividad general de Einstein y la teoría cuántica. Juntas, representan las leyes físicas básicas que gobiernan toda la materia y la energía. La primera, la relatividad general, es la teoría de lo muy grande: explica el big bang, las propiedades de los agujeros negros y la evolución del universo en expansión. La segunda es la teoría de lo muy pequeño: describe las propiedades y movimientos de las partículas atómicas y subatómicas que hacen posibles todos los milagros electrónicos que hay en nuestra sala de estar.

El problema es que estas dos teorías no se pueden unificar en una que lo abarque todo. Son muy distintas, basadas en diferentes supuestos, diferentes cálculos y diferentes visiones del universo físico.

Si fuera posible una teoría de campo unificado, la energía en la que tendría lugar la unificación sería la de Planck. Aquí es donde la teoría gravitatoria de Einstein se desbarata por completo. Es la energía del big bang y la que hay en el centro de un agujero negro. La energía de Planck es de 10^{19} gigaelectronvoltios, un cuatrillón de veces la energía que se produce en el Gran Colisionador de Hadrones (LHC) del CERN, que es el acelerador de partículas más potente de la Tierra.

En principio, parece imposible servirse de la energía de Planck, dado lo enorme que es. Pero una civilización del tipo III, que dispone de 10^{20} veces más energía que una del tipo I, tendría poder suficiente para jugar con el tejido del espacio-tiempo y moldearlo a voluntad.

Podrían alcanzar este increíble nivel de energía construyendo un acelerador de partículas mucho mayor que el LHC. Este ingenio es un tubo circular en forma de rosquilla, de 27 kilómetros de circunferencia, rodeado por enormes campos magnéticos.

Cuando se inyecta un chorro de protones en el LHC, los campos magnéticos tuercen su trayectoria, que se hace circular. A continuación, se envían pulsaciones periódicas de energía al interior de la rosquilla para acelerar los protones. Hay dos haces de protones viajando dentro del tubo en direcciones opuestas. Cuando alcanzan la velocidad máxima chocan de frente, liberando una energía de 14 teraelectronvoltios, la mayor explosión de energía que se ha generado artificialmente. (Esta colisión es tan potente que algunas personas han temido que pudiera abrir un agujero negro que consumiera la Tierra. No es un temor justificado. De hecho, en la Tierra caen sin cesar partículas subatómicas naturales con energías mucho mayores que 14 teraelectronvoltios. La madre naturaleza puede bombardearnos con rayos cósmicos mucho más potentes que las pequeñeces que creamos en nuestros laboratorios.)[6]

MÁS ALLÁ DEL LHC

El LHC ha generado muchos titulares de prensa, incluyendo el descubrimiento del evasivo bosón de Higgs, que les valió el premio Nobel a dos físicos, Peter Higgs y François Englert. Uno de los principales propósitos del LHC era completar el rompecabezas llamado «modelo estándar de la física de partículas», que es la versión más avanzada de la teoría cuántica y nos da una descripción completa del universo de baja energía.

Al modelo estándar se le llama a veces «la teoría de casi todo», pues describe con precisión el universo de baja energía que vemos a nuestro alrededor. Pero no puede ser la teoría definitiva, por varias razones:

1. No menciona la gravedad. Peor aún: cuando combinamos el modelo estándar con la teoría gravitatoria de Einstein, la teoría híbrida se hunde y nos ofrece sinsentidos (los cálculos dan resultados infinitos, lo que significa que la teoría es inservible).

2. Tiene una extraña colección de partículas que parecen inventadas: incluye 36 quarks y antiquarks, una serie de gluones de Yang-Mills, leptones (electrones y muones) y bosones de Higgs.

3. Hay unos diecinueve parámetros libres (masas y acoplamientos de partículas) que hay que añadir «a mano». Estas masas y acoplamientos no están determinados por la teoría; nadie sabe por qué tienen esos valores numéricos.

Es difícil creer que el modelo estándar, con su pintoresca colección de partículas subatómicas, sea la teoría definitiva de la naturaleza. Es como tomar cinta adhesiva, juntar un ornitorrinco, un oso hormiguero y una ballena y afirmar que esa es la mejor creación de la madre naturaleza, el producto final de millones de años de evolución.

El siguiente gran acelerador de partículas, que aún se encuentra en fase de planificación, es el Colisionador Lineal Internacional (ILC), que consiste en un tubo recto de unos 48 kilómetros de longitud en el que chocarán haces de electrones y antielectrones. Se instalaría en los montes Kitakami de Japón y se espera que cueste unos veinte mil millones de dólares, de los que el Gobierno japonés aportaría la mitad.

Aunque la energía máxima del ILC sería solo de un teraelectronvoltio, en muchos aspectos será superior al LHC. Cuando chocan protones contra protones, la colisión es sumamente difícil de analizar, pues estas partículas poseen una estructura complicada, tres quarks unidos por partículas llamadas «gluones». El electrón, en cambio, no tiene estructura conocida. Parece una partícula puntual, sin dimensión. Por lo tanto, cuando un electrón choca contra un antielectrón, la interacción es limpia y simple.

Incluso con estos avances de la física, nuestra civilización de tipo 0 no puede utilizar directamente la energía de Planck, pero sí estaría al alcance de una del tipo III. Construir aceleradores como el ILC puede constituir un paso decisivo para algún día poner a prueba la estabilidad del espacio-tiempo y comprobar si seríamos capaces de abrir atajos a través de él.

UN ACELERADOR EN EL CINTURÓN DE ASTEROIDES

Con el tiempo, una civilización avanzada podría construir un acelerador de partículas del tamaño de un cinturón de asteroides. Se enviaría un haz de protones en trayectoria circular alrededor del cinturón, guiado por gigantescos imanes. En la Tierra, las partículas se envían por el interior de un gran tubo circular, en el que se ha hecho el vacío. Pero como el vacío del espacio exterior es más perfecto que cualquiera que se pueda crear en la Tierra, este acelerador no necesitaría tubo, sino solo una serie de estaciones magnéticas gigantes, situadas estratégicamente alrededor del cinturón, que crearían una trayectoria circular para el haz de protones. Es algo parecido a una carrera de relevos. Cada vez que los protones pasan ante una estación, una oleada de energía eléctrica pone en funcionamiento los imanes, que empujan el haz para que se mueva hacia la siguiente estación en el ángulo correcto. Cada vez que los protones pasan por una estación magnética, recibe un empujón de energía láser, hasta que poco a poco llega a la energía de Planck.

Cuando el acelerador alcanza esta energía, puede enfocarla en un punto único. Y ahí se abriría un agujero de gusano. En él se inyectaría suficiente energía negativa para estabilizarlo y que no colapsara.

¿Cómo sería un viaje a través del agujero de gusano? Nadie lo sabe, pero el físico Kip Thorne, de Caltech, ofreció una buena conjetura cuando asesoró al director de la película *Interstellar*. Thorne utilizó un programa informático para rastrear las trayectorias de rayos de luz que pasaban por un agujero para obtener una sensación visual de cómo podría ser semejante viaje. A diferencia de las representaciones cinematográficas habituales, este ha sido el intento más riguroso de visualizar algo así en el cine.

(En la película, cuando nos acercamos a un agujero negro, vemos una gigantesca esfera negra, llamada horizonte de sucesos. Cuando se cruza el horizonte de sucesos, se supera el punto de no retorno. Dentro de la esfera negra se encuentra el agujero negro propiamente dicho, un punto minúsculo de increíble densidad y gravedad.)

Además de construir gigantescos aceleradores de partículas, hay unas cuantas cosas más que los físicos han considerado para aprovechar los agujeros de gusano. Una posibilidad es que la explosión del big bang fuera tan fuerte que hinchara los diminutos agujeros de gusano que existían en el universo recién nacido hace 13,8 miles de millones de años. Cuando este empezó a expandirse exponencialmente, tal vez los agujeros de gusano se expandieron con él. Esto significa que, aunque todavía no hemos visto ninguno, podrían ser un fenómeno que ocurriera de manera natural. Algunos físicos han especulado sobre la manera de encontrar uno en el espacio. (Para encontrar un agujero de gusano natural, lo que aparece en el argumento de varios episodios de *Star Trek*, habría que buscar un objeto que distorsionara el paso de la luz de las estrellas de un modo particular, y que tal vez pareciera una esfera o un anillo.)

Otra posibilidad, también explorada por Kip Thorne y sus colaboradores, es encontrar un agujero de gusano pequeño en el vacío y expandirlo. Nuestra última idea del espacio es que podría estar lleno de diminutos agujeros donde surgen universos y después se desvanecen. Si dispusiéramos de suficiente energía, tal vez podríamos manipular un agujero de gusano preexistente e hincharlo.

Pero todas estas propuestas tienen un problema. El agujero de gusano está rodeado de partículas de gravedad llamadas gravitones. Cuando vamos a pasar por él nos encontramos con correcciones cuánticas en forma de radiación gravitatoria. En general, las correcciones cuánticas son pequeñas y se pueden pasar por alto. Pero los cálculos indican que estas son infinitas cuando se pasa por un agujero de gusano, o sea que lo más probable es que la radiación sea letal. Además, los niveles de radiación son tan fuertes que el agujero puede cerrarse, haciendo imposible el paso. Los físicos están debatiendo acerca de lo peligroso que sería viajar a través de uno de estos agujeros.

Cuando entramos en uno, la relatividad de Einstein deja de ser válida. Los efectos cuánticos son tan grandes que necesitamos una teoría superior que nos oriente. Por el momento, la única capaz de hacerlo es la teoría de cuerdas, que es una de las más extrañas que se han propuesto en la física.[7] (Véase la imagen 9 del cuadernillo.)

INCERTIDUMBRE CUÁNTICA

¿Qué teoría puede unificar la relatividad general y la teoría cuántica en la energía de Planck? Einstein se pasó los últimos treinta años de su vida buscando una «teoría del todo» que le permitiera «leer la mente de Dios», pero no lo logró. Esta sigue siendo uno de los grandes enigmas de la física moderna. La solución revelará algunos de los secretos más importantes del universo, y puede que con ella podamos explorar el viaje en el tiempo, los agujeros de gusano, las dimensiones superiores, los universos paralelos e incluso lo que ocurrió antes del big bang. Además, la respuesta determinará si la humanidad puede o no viajar por el universo a mayor velocidad que la luz.

Para comprender esto, tenemos que entender la base de la teoría cuántica, el principio de indeterminación de Heisenberg. Este principio de nombre tan inocente dice que, por muy sensibles que sean tus instrumentos, nunca puedes saber a la vez la velocidad y la posición de una partícula subatómica, como un electrón. Siempre existe una «incertidumbre» cuántica. De ahí surge una imagen sorprendente: un electrón es en realidad un conjunto de estados diferentes, y cada estado describe un electrón en una posición diferente con una velocidad diferente. (Einstein odiaba este principio. Creía en la «realidad objetiva», que es lo que nos dice el sentido común: los objetos existen en estados concretos, bien definidos, y se puede determinar la posición y velocidad exactas de toda partícula.)

Pero la teoría cuántica dice otra cosa. Cuando nos miramos en un espejo, no nos vemos como somos de verdad. Estamos compuestos de una enorme multitud de ondas, y la imagen que nos devuelve el espejo es en realidad un promedio, un compuesto de todas esas ondas. Existe incluso una pequeña posibilidad de que algunas de esas ondas escapen de la habitación y lleguen al espacio. De hecho, algunas de ellas pueden llegar a Marte e incluso más allá. (Un problema que planteamos a nuestros estudiantes de doctorado es calcular la probabilidad de que algunas de tus ondas se extiendan hasta Marte y que algún día te despiertes y salgas de la cama en el planeta rojo.)

Estas ondas se llaman «correcciones cuánticas» o «fluctuaciones cuánticas». En general estas correcciones son pequeñas, y lo que nos dice el sentido común es perfectamente válido, ya que somos un conjunto de átomos y solo podemos ver promedios. Pero al nivel subatómico, estas correcciones cuánticas pueden ser grandes, de modo que los electrones pueden encontrarse en diferentes puntos al mismo tiempo y existir en estados paralelos. (Newton se escandalizaría si le explicáramos que los electrones de los transistores pueden existir en estados paralelos. Estas correcciones hacen posible la electrónica moderna. Si de algún modo pudiéramos desactivar esta incertidumbre cuántica, todas estas maravillas de la tecnología dejarían de funcionar y la sociedad retrocedería casi cien años, a un pasado anterior a la era eléctrica.)

Por fortuna, los físicos pueden calcular estas correcciones cuánticas para las partículas subatómicas y hacer predicciones, algunas de las cuales son válidas con una precisión increíble, hasta de una parte en diez billones. De hecho, la teoría cuántica es tan afinada que puede que resulte la teoría más exacta de todos los tiempos. Nada puede igualar su precisión cuando se aplica a la materia normal. Tal vez sea la teoría más extraña que se ha propuesto en la historia (Einstein dijo una vez que de cuanto más éxito goza la teoría cuántica, más rara se vuelve), pero tiene una pequeña ventaja: es innegablemente correcta.

Así pues, el principio de indeterminación de Heisenberg nos obliga a reevaluar lo que sabemos sobre la realidad. Un resultado es que los agujeros negros, en realidad, no pueden ser negros. La teoría cuántica dice que la negrura pura tiene que tener correcciones cuánticas, de modo que los agujeros negros son en realidad grises. (Y emiten una radiación débil llamada radiación de Hawking.) Muchos libros de texto dicen que en el centro de un agujero negro, o en el principio del tiempo, hay una «singularidad», un punto de gravedad infinita, pero esta viola el principio de indeterminación. (En otras palabras, no existe ninguna «singularidad»; no es más que una palabra que hemos inventado para disimular nuestra ignorancia de lo que ocurre cuando las ecuaciones no dan los resultados adecuados. En la teoría cuántica no hay singularidades porque existe una incertidumbre que nos impide conocer la situación exacta del agujero negro.) De manera similar, se dice con frecuencia que un vacío puro es una pura nada. El concepto de «cero» o «nada» viola el principio de indeterminación, así que no existe la nada pura. (Por el contrario, el vacío es un caldero de partículas de materia virtual y antimateria, que aparecen y dejan de existir sin cesar.) Y tampoco existe un cero absoluto, la temperatura en la que se detiene todo movimiento. (Por mucho que nos acerquemos a ella, los átomos siguen moviéndose ligeramente, que es lo que se llama energía de punto cero.)

Pero cuando intentamos formular una teoría cuántica de la gravedad, surge un problema. Las correcciones cuánticas de la teoría de Einstein se describen mediante partículas que llamamos «gravitones». Así como un fotón es una partícula de luz, un gravitón es una partícula de gravedad. Los gravitones son tan evasivos que nunca se han visto en un laboratorio, pero los físicos confían en su existencia, porque son imprescindibles para una teoría cuántica de la gravedad. Sin embargo, cuando intentamos hacer cálculos con estos gravitones, nos encontramos con que las correcciones cuánticas son infinitas. La gravedad cuántica está plagada de correcciones que invalidan las ecuaciones. Varias de las mentes más grandes de la física han intentado resolver este problema, pero todas han fracasado.

Este es uno de los objetivos de la física moderna: elaborar una teoría cuántica de la gravedad en la que las correcciones cuánticas sean finitas y calculables. En otras palabras, la teoría gravitatoria de Einstein permite la formación de agujeros de gusano, que algún día pueden proporcionarnos atajos a través de la galaxia, pero no puede decirnos si esos agujeros de gusano son estables o no. Para calcular estas correcciones necesitamos una teoría que combine la relatividad con la teoría cuántica.

LA TEORÍA DE CUERDAS

Hasta ahora, el principal (y único) candidato a resolver este problema es la que llamamos teoría de cuerdas, que afirma que toda la materia y la energía del universo está compuesta por diminutas cuerdas. Cada vibración de la cuerda corresponde a una partícula subatómica diferente. Así pues, el electrón no es en realidad una partícula puntual. Si tuviéramos un supermicroscopio, podríamos observar que no se trata de una partícula, sino de una cuerda que vibra. El electrón parece un punto sin dimensiones solo porque la cuerda es pequeñísima.

Si la cuerda vibra con una frecuencia diferente, a esta le corresponderá una partícula diferente, como un quark, un muón, un neutrino, un fotón, etc. Por eso los físicos han descubierto tantísimas partículas subatómicas. Hay literalmente cientos, y es porque no son más que diferentes vibraciones de una cuerda pequeñísima. De este modo, la teoría de cuerdas puede explicar la teoría cuántica de las partículas subatómicas. Según aquella, cuando la cuerda se mueve deforma el espacio-tiempo exactamente como predijo Einstein, o sea que unifica la teoría de Einstein y la teoría cuántica de forma muy satisfactoria.

Esto significa que las partículas subatómicas son como notas musicales. El universo es una sinfonía de cuerdas, la física representa la armonía de esas notas y la «mente de Dios» que Einstein buscó durante tantas décadas es la música cósmica resonando a través del hiperespacio.

¿Cómo elimina la teoría de cuerdas esas correcciones cuánticas que han atormentado a los físicos durante décadas? A través de la «supersimetría». Por cada partícula, existe una compañera: una superpartícula o «s-partícula». Por ejemplo, el supercompañero del electrón es el «selectrón»; el compañero del quark es el «squark». De este modo, tenemos dos tipos de correcciones cuánticas, las que se originan en las partículas normales y las de las s-partículas. La belleza de la teoría de cuerdas es que las correcciones cuánticas de estos dos tipos de partículas se neutralizan exactamente unas a otras.

Así pues, esta teoría nos proporciona una manera simple pero elegante de eliminar esas infinitas correcciones cuánticas: revela una nueva simetría que le aporta su fuerza matemática y su belleza.

Para los artistas, la belleza puede ser una cualidad etérea que aspiran a captar en sus obras. Pero para un físico teórico, la belleza es simetría. Es también una necesidad absoluta cuando se sondea la naturaleza última del espacio y el tiempo. Por ejemplo, si se rota 60 grados un cristal de nieve, este sigue siendo igual. Del mismo modo, un caleidoscopio crea patrones atractivos porque utiliza espejos para duplicar una y otra vez una imagen hasta llenar los 360 grados. Decimos que el cristal de nieve y el caleidoscopio tienen simetría radial; es decir, siguen siendo iguales después de una cierta rotación tomando su radio como referencia.

Supongamos que tenemos una ecuación que incluye muchas partículas subatómicas y las cambiamos de lugar o reordenamos. Si la ecuación sigue siendo la misma después de barajar estas partículas, diremos que la ecuación es simétrica.

El poder de la simetría

La simetría no es solo una cuestión de estética; también es un método muy efectivo de eliminar imperfecciones y anomalías en las ecuaciones. Si rotamos el cristal de nieve podemos advertir con facilidad cualquier defecto comparando esta versión con la original. Si no son iguales, tenemos un problema que hay que corregir.

Del mismo modo, al construir una ecuación cuántica, solemos advertir que la teoría está plagada de pequeñas anomalías y divergencias, pero si la ecuación tiene simetría, esos defectos desaparecen. De la misma manera, la supersimetría se encarga de los infinitos y las imperfecciones que suelen aparecer en una teoría cuántica.

Por añadidura, resulta que la supersimetría es la mayor simetría que jamás se ha encontrado en la física. Puede tomar todas las partículas subatómicas conocidas y mezclarlas o reordenarlas manteniendo la ecuación original. De hecho, la supersimetría es tan potente que puede contemplar la teoría de Einstein, incluyendo el gravitón y las partículas subatómicas del modelo estándar, y girarlas o barajarlas. Esto nos proporciona un modo natural y satisfactorio de unificar la teoría gravitatoria de Einstein y las partículas subatómicas.

La teoría de cuerdas es como un gigantesco cristal de nieve cósmico, solo que cada una de sus puntas representa todo el conjunto de ecuaciones de Einstein y el modelo estándar de partículas subatómicas. O sea, que cada punta representa todas las partículas del universo. Cuando rotamos el cristal, todas las partículas del universo se intercambian. Algunos físicos han comentado que, incluso si Einstein no hubiera nacido y nunca se hubieran gastado millones de dólares en romper átomos para crear el modelo estándar, toda la física del siglo XX se habría podido descubrir si hubiéramos dispuesto de la teoría de cuerdas.

La cuestión más importante es que la supersimetría cancela las correcciones cuánticas de las partículas con las de las superpartículas, dejándonos con una teoría finita de la gravedad. Este es el milagro de la teoría de cuerdas. También da una respuesta a la pregunta que más se oye sobre la teoría de cuerdas: ¿por qué existe en diez dimensiones? ¿Por qué no en trece o en veinte?

Pues porque según esta teoría el número de partículas puede variar con la dimensionalidad del espacio-tiempo. En las dimensiones superiores hay más partículas, pues estas pueden vibrar de más maneras. Cuando intentamos neutralizar las correcciones cuánticas de las partículas con las correcciones de las s-partículas, descubrimos que esta cancelación solo puede darse en diez dimensiones.

En general, los matemáticos crean nuevas e imaginativas estructuras que después los físicos incorporan a sus teorías. Por ejemplo, la teoría de las superficies curvas fue elaborada por matemáticos en el siglo XIX, y después se incorporó a la teoría gravitatoria de Einstein en 1915. Pero esta vez ha ocurrido al revés: la teoría de cuerdas ha abierto tantas ramas de las matemáticas que sus estudiosos están asombrados. Los matemáticos jóvenes y ambiciosos, que suelen despreciar las aplicaciones prácticas de su disciplina, tienen que aprender teoría de cuerdas si quieren permanecer a la vanguardia.

Aunque la teoría de Einstein admite la posibilidad de agujeros de gusano y viajes a mayor velocidad que la luz, es necesaria la teoría de cuerdas para calcular la estabilidad de estos agujeros en presencia de correcciones cuánticas.

En resumen, estas correcciones cuánticas son infinitas, y eliminarlas es uno de los problemas fundamentales de la física. La teoría de cuerdas lo hace, porque describe dos tipos que se anulan exactamente uno a otro. Esta neutralización entre partículas y s-partículas se debe a la supersimetría.

Sin embargo, a pesar de su elegancia y eficacia, la teoría de cuerdas no es suficiente; tarde o temprano tendrá que enfrentarse a la prueba definitiva: el experimento.

Críticas a la teoría de cuerdas

Aunque esta imagen resulta atractiva y convincente, a esta teoría se le pueden hacer críticas válidas. En primer lugar, dado que la energía a la que la teoría de cuerdas (o cualquier otra teoría del todo) unifica toda la física es la de Planck, ningún aparato de la Tierra es lo bastante potente para someterla a una prueba rigurosa. Para hacer una prueba directa habría que crear un pequeño universo en el laboratorio, lo cual, en efecto, está fuera de las posibilidades de la tecnología actual.

En segundo lugar, como cualquier otra teoría física, tiene más de una solución. Por ejemplo, las ecuaciones de Maxwell, que tratan sobre la luz, tienen un número infinito de soluciones. Esto no es un problema, ya que al principio mismo de cada experimento especificamos lo que estamos estudiando, ya sea una bombilla, un láser o un televisor, y después, dadas esas condiciones iniciales, resolvemos las ecuaciones. Pero si disponemos de una teoría del universo, ¿cuáles son sus condiciones iniciales? Los físicos creen que una «teoría del todo» debería dictar su propio estado inicial; es decir, preferirían que las condiciones iniciales del big bang surgieran de algún modo de la teoría misma. Sin embargo, la teoría de cuerdas no dice cuál de sus muchas soluciones es la correcta para nuestro universo. Sin condiciones iniciales, pues, esta teoría incluye un número infinito de universos paralelos, el multiverso, cada uno de los cuales es tan válido como cualquier otro. Así que terminamos con una embarazosa abundancia, ya que esta teoría no solo predice nuestro universo, sino también un número posiblemente infinito de otros universos igual de válidos.

En tercer lugar, puede que la predicción más sorprendente de la teoría de cuerdas sea que el universo no es tetradimensional, sino que existe en diez dimensiones. En toda la física no habíamos visto jamás una predicción tan extravagante, una teoría del espacio-tiempo que elige su propia dimensionalidad. Esto resulta tan raro que al principio muchos físicos lo tacharon de ciencia ficción. (Cuando se propuso por primera vez esta teoría, el hecho de que solo pudiera existir en diez dimensiones fue motivo de ridículo. El premio Nobel Richard Feynman, por ejemplo, se burlaba de John Schwarz, uno de los proponentes, preguntándole: «Bueno, John, ¿en cuántas dimensiones estamos hoy?».)

VIVIR EN EL HIPERESPACIO

Sabemos que cualquier objeto de nuestro universo se puede describir con tres números: longitud, anchura y altura. Si añadimos el tiempo, se puede describir cualquier evento del universo. Por ejemplo, si quiero encontrarme con alguien en Nueva York, digo que nos encontraremos en la esquina de la Calle 42 con la Quinta Avenida, en el décimo piso, a las doce del mediodía. Pero a un matemático puede parecerle arbitraria la necesidad de solo tres coordenadas, porque no hay nada especial en tener tres o cuatro dimensiones. ¿Por qué debería describirse con unos números tan vulgares el aspecto más fundamental del universo físico?

Por eso los matemáticos no tienen ningún problema con la teoría de cuerdas. Pero para visualizar estas dimensiones superiores, los físicos suelen utilizar analogías. Cuando yo era niño, solía pasar muchas horas mirando el jardín de té japonés de San Francisco. Viendo los peces que nadaban en el estanque de poca profundidad me hice una pregunta que solo un niño se plantearía: «¿Cómo será ser un pez?». Pensé que vería un mundo muy extraño. Los peces del estanque pensarían que el universo solo tiene dos dimensiones. En su espacio limitado, solo podían nadar hacia los lados, pero no hacia arriba ni hacia abajo. Si un pez se atreviera a hablar de una tercera dimensión fuera del estanque, lo considerarían un chiflado. Después imaginé que había un pez que se burlaba de quien mencionara el hiperespacio, ya que el universo era solo lo que uno podía tocar y sentir, y nada más. E imaginé que yo agarraba aquel pez y lo levantaba hasta el mundo de «arriba». ¿Qué vería el pez? Unos seres moviéndose sin aletas. Una nueva ley de la física. Criaturas que respiraban sin agua. Una nueva ley de la biología. Y me imaginé que devolvía el pez científico al estanque, y que tenía que explicarles a los otros peces las increíbles criaturas que vivían en el mundo de «arriba».

Puede que nosotros seamos como ese pez. Si se demuestra que la teoría de cuerdas es correcta, significará que existen dimensiones nunca vistas más allá de nuestro familiar mundo de cuatro dimensiones. Pero ¿dónde están esas dimensiones superiores? Una posibilidad es que seis de las diez dimensiones originales se hayan «enroscado» y ya no se puedan ver. Es como si cogiéramos una hoja de papel y la enrolláramos formando un tubo apretado. La original tenía dos dimensiones, pero el proceso de enrollamiento ha creado un tubo unidimensional. Desde lejos solo veíamos el tubo unidimensional, pero en realidad sigue siendo una hoja bidimensional.

Del mismo modo, la teoría de cuerdas propone que el universo original tenía diez dimensiones, pero por alguna razón seis de ellas se enroscaron, dejándonos con la ilusión de que nuestro mundo solo tiene cuatro. Aunque este aspecto parece fantástico, se están haciendo esfuerzos para medir estas dimensiones superiores.

Pero ¿cómo contribuyen estas dimensiones a que la teoría de cuerdas unifique la relatividad y la mecánica cuántica? Si intentamos aunar las fuerzas gravitatorias, nucleares y electromagnéticas en una sola teoría, descubrimos que con cuatro dimensiones no basta. Son como piezas de un rompecabezas que no encajan unas con otras. Pero en cuanto empezamos a añadir más dimensiones, encontramos suficiente espacio para combinar estas teorías «inferiores», como quien encaja piezas de un rompecabezas para completar el conjunto.

Por ejemplo, pensemos en un mundo bidimensional, Planilandia, cuyos habitantes solo pueden moverse hacia los lados, pero nunca hacia arriba. Imaginemos que en otro tiempo existió un bello cristal tridimensional que estalló, haciendo llover sus fragmentos sobre Planilandia. Con el paso de los años, los planilandianos han ido recomponiendo el cristal y ahora poseen dos fragmentos grandes. Pero por mucho que lo intenten, son incapaces de encajarlos. Entonces, un día, un planilandiano hace la ridícula sugerencia de que, si movieran un fragmento «hacia arriba», hacia la nunca vista tercera dimensión, los dos fragmentos encajarían y formarían un bello cristal tridimensional. Así pues, la clave para reconstruir el cristal está en mover los fragmentos a través de la tercera dimensión. Según esta analogía, los dos fragmentos son la teoría de la relatividad y la teoría cuántica, el cristal es la teoría de cuerdas y la explosión fue el big bang.

Aunque la teoría de cuerdas encaja muy bien con los datos, todavía necesitamos ponerla a prueba. Si bien, como hemos dicho, una comprobación directa no es posible, casi todo en la física se comprueba indirectamente. Por ejemplo, sabemos que el Sol está formado en su mayor parte por hidrógeno y helio, aunque nadie lo ha visitado. Conocemos su composición porque lo analizamos indirectamente, observando la luz solar a través de un prisma que la descompone en franjas de colores. Estudiando estas franjas del arcoíris podemos identificar las huellas dactilares del hidrógeno y el helio. (De hecho, el helio todavía no se había encontrado en la Tierra. En 1868, unos científicos descubrieron pruebas de la existencia de un nuevo y extraño elemento analizando la luz solar durante un eclipse, y se le llamó «helium», que significa «metal del Sol». Hubo que esperar hasta 1895 para encontrar evidencias directas de helio en la Tierra, cuando los científicos se dieron cuenta de que era un gas y no un metal.)

LA MATERIA OSCURA Y LAS CUERDAS

De la misma manera, la teoría de cuerdas se podría demostrar mediante varias pruebas indirectas. Dado que cada vibración corresponde a una partícula, podemos buscar en nuestros aceleradores partículas completamente diferentes que representen «octavas» más altas. Se espera que haciendo chocar protones a billones de voltios se pueda crear brevemente una nueva partícula que predice esta teoría. Esto, a su vez, puede ayudar a explicar uno de los grandes problemas no resueltos de la astronomía.

En los años sesenta, cuando los astrónomos examinaban la rotación de la Vía Láctea, descubrieron algo extraño. Rotaba tan deprisa que, según las leyes de Newton, debería salir despedida en pedazos, y sin embargo se ha mantenido estable durante unos diez mil millones de años. De hecho, nuestra galaxia rota unas diez veces más deprisa de lo que debería según la mecánica newtoniana tradicional.

Esto planteaba un tremendo problema. O bien las ecuaciones de Newton estaban equivocadas (algo casi impensable) o existía un halo invisible de materia desconocida rodeando las galaxias, aumentando su masa lo suficiente para que la gravedad las mantuviera unidas. Esto significa que tal vez las imágenes de vistosas galaxias con sus bellos brazos en espiral fueran incompletas, que en realidad estarían rodeadas por un gigantesco halo invisible con una masa diez veces mayor que la de la galaxia visible. Dado que las fotografías solo muestran la bella masa arremolinada de las estrellas, lo que la esté manteniendo unida no está interactuando con la luz. Tiene que ser invisible.

Los astrofísicos llamaron a esta masa invisible «materia oscura». Su existencia los obligó a revisar sus teorías, que proponían que el universo está compuesto en su mayor parte de átomos. Ahora disponemos de mapas de la materia oscura de todo el universo. Aunque es invisible, desvía la luz como lo haría cualquier masa. Por lo tanto, analizando la distorsión de la luz de las estrellas que nos rodean, podemos calcular por ordenador la presencia de materia oscura y trazar un mapa de su distribución por el universo. Y, en efecto, este mapa indica que la mayor parte de la masa de una galaxia existe en esta forma.

Además de ser invisible, la materia oscura tiene gravedad, pero no se puede agarrar con las manos. Como no interactúa con los átomos (porque es eléctricamente neutra) pasa a través de estas, del suelo y de la corteza de la Tierra. Oscilaría desde Nueva York a Australia como si la Tierra no existiera, pero estaría sometida a su gravedad. Así pues, aunque la materia oscura es invisible, sigue interactuando con otras partículas mediante la gravedad.

Según una teoría, esta materia es una vibración más alta de la supercuerda. El principal candidato es el supercompañero del fotón, al que llamamos «fotino» o «pequeño fotón». Tiene todas las propiedades adecuadas para ser materia oscura: es invisible porque no interactúa con la luz, y sin embargo tiene peso y es estable.

Existen varias maneras de demostrar esta conjetura. La primera es crear materia oscura directamente con el Gran Colisionador de Hadrones, haciendo chocar protones contra otros protones. Durante un breve instante, en el acelerador se formaría una partícula de materia oscura. Si esto es posible, tendría enormes repercusiones para la ciencia. Sería la primera vez en la historia que se descubre una nueva forma de materia que no se basa en átomos. Si el LHC no tiene potencia suficiente para producir materia oscura, tal vez debamos esperar al ILC.

También hay otro modo de demostrar la conjetura. La Tierra se está moviendo en un viento de materia oscura invisible. Hay esperanzas de que una partícula de esta choque contra un protón dentro de un detector de partículas, lo que crearía una lluvia de partículas subatómicas que se podría fotografiar. Ahora mismo hay físicos en todo el mundo esperando con paciencia para encontrar en sus detectores la huella de una colisión entre materia y materia oscura. Hay un premio Nobel aguardando al primer físico que lo consiga.

Si se halla la materia oscura, ya sea con aceleradores de partículas o con sensores terrestres, seremos capaces de comparar sus propiedades con las que postula la teoría de cuerdas. De este modo, tendremos evidencias para evaluar su validez.

A pesar de que encontrar materia oscura sería un gran paso para demostrar esta teoría, hay otras pruebas posibles. Por ejemplo, la ley gravitatoria de Newton gobierna el movimiento de objetos grandes como las estrellas y los planetas, pero se sabe poco de la fuerza que actúa a pequeñas distancias, como unos pocos centímetros o decímetros. Dado que la teoría de cuerdas postula unas dimensiones superiores, esto significa que la famosa ley del cuadrado inverso de Newton (la gravedad disminuye en proporción al cuadrado de la distancia) no se cumpliría a pequeña escala, pues la ley de Newton se aplica en tres dimensiones. (Si el espacio fuera tetradimensional, por ejemplo, la gravedad debería disminuir en proporción al cubo de la distancia. Hasta ahora, las pruebas de la ley gravitatoria de Newton no han mostrado ninguna evidencia de una dimensión superior, pero los físicos no se dan por vencidos.)

Otra posibilidad de detectar materia oscura sería enviar al espacio detectores de ondas gravitatorias. El Observatorio de Ondas Gravitatorias por Interferometría Láser (LIGO, por sus siglas en inglés), con bases en los estados de Luisiana y Washington, consiguió en 2016 detectar este tipo de ondas resultado de la colisión de agujeros negros, y en 2017 de la colisión de estrellas de neutrones. Una versión modificada de la Antena Espacial de Interferometría Láser (LISA, por sus siglas en inglés) podría detectar ondas gravitatorias desde el instante del big bang. Se guarda la esperanza de poder «rebobinar la cinta de vídeo» y hacer conjeturas sobre la naturaleza de la era anterior al big bang. Esto permitiría comprobar de forma rudimentaria algunas de las predicciones de la teoría de cuerdas acerca del universo antes del big bang.

Teoría de cuerdas y agujeros de gusano

Y aún se podrían encontrar otras pruebas de la teoría de cuerdas si se descubrieran otras partículas exóticas predichas por la teoría, como los microagujeros negros, que se parecerían a las partículas subatómicas.

Ya hemos visto cómo la física nos permite especular acerca de civilizaciones del futuro lejano, haciendo conjeturas razonables basadas en su consumo de energía. Se puede esperar que las civilizaciones evolucionen desde el tipo I (planetaria) al tipo II (estelar) y por último a una civilización galáctica del tipo III. Además, es probable que esta última explore la galaxia mediante sondas Von Neumann o por laserportación de sus conciencias. Lo más importante es que una civilización de este tipo podría llegar a alcanzar la energía de Planck, el punto en el que el espacio-tiempo se vuelve inestable y el viaje a mayor velocidad que la luz podría ser factible. Pero para calcular esto necesitamos una teoría que vaya más allá de la de Einstein, y esta podría muy bien ser la teoría de cuerdas.

Tenemos la esperanza de que aplicándola podamos calcular las correcciones cuánticas necesarias para analizar fenómenos exóticos, como el viaje en el tiempo, el viaje interdimensional, los agujeros de gusano y lo que ocurrió antes del big bang. Por ejemplo, supongamos que una civilización del tipo III es capaz de manipular los agujeros de gusano y crear así un portal a un universo paralelo. Sin la teoría de cuerdas, es imposible calcular lo que ocurriría al cruzarlo. ¿Explotaría? ¿Lo cerraría la radiación gravitatoria en cuanto entráramos? ¿Viviríamos para contarlo?

Esta teoría debería ser capaz de calcular la radiación gravitatoria que encontraríamos al cruzar y también debería responder a estas preguntas.

Otro tema de acalorado debate entre los físicos es lo que ocurriría si entráramos en un agujero de gusano y retrocediéramos en el tiempo. Si entonces matáramos a nuestro abuelo antes de nacer, incurriríamos en una paradoja. ¿Cómo podemos existir si acabamos de matar a nuestro abuelo? En realidad, la teoría de Einstein permite el viaje en el tiempo (siempre que exista la energía negativa), pero no dice nada sobre cómo resolver estas paradojas enloquecedoras. La teoría de cuerdas, siendo una teoría finita en la que todo se puede calcular, debería poder resolverlas.[8] (Mi opinión, estrictamente personal, es que el río del tiempo se bifurca en dos ríos cuando entramos en la máquina del tiempo. En otras palabras, la línea temporal se bifurca. Esto significa que has matado al abuelo de algún otro, que se parecía a tu abuelo pero que existía en otra línea temporal, en un

universo alternativo. Así que el multiverso resuelve todas las paradojas temporales.)

Sin embargo, por el momento, dada la complejidad de los cálculos de la teoría de cuerdas, los físicos no han sido capaces de aplicar-
la a estas cuestiones. Es un problema matemático, no experimental,
así que puede que algún día un físico innovador sea capaz de calcular
por fin las propiedades de los agujeros de gusano y el hiperespacio.
En lugar de especular en vano sobre el viaje a mayor velocidad que
la luz, un físico podría aplicar la teoría de cuerdas y determinar si
puede ser factible. Pero tendremos que esperar hasta que se haya
dominado lo suficiente para hacer esta determinación.

¿El fin de la diáspora?

Así pues, existe una posibilidad de que una civilización del tipo III
sea capaz de aplicar una teoría cuántica de la gravedad para construir
naves espaciales más veloces que la luz.

Pero ¿qué implicaciones tiene esto para la humanidad?

Ya hemos dicho antes que una civilización del tipo II, limitada por
la velocidad de la luz, podría establecer colonias en el espacio que aca-
ben diferenciándose unas de otras, generando muchos linajes genéticos
distintos que, al final, pierdan todo contacto con el planeta madre.

Sigue en pie la siguiente pregunta: ¿qué ocurrirá cuando una
civilización del tipo III domine la energía de Planck y empiece a
contactar con estas ramas de la humanidad?

Puede que la historia se repita. Por ejemplo, la Gran Diáspora
terminó con la invención del aeroplano y la tecnología moderna, que
nos proporcionó una red de transporte rápido internacional. Ahora
podemos viajar en avión en pocas horas sobre los continentes que
nuestros antepasados tardaron miles de años en cruzar.

De la misma manera, cuando hagamos la transición de una civilización del tipo II a una del tipo III, tendremos, por definición, potencia suficiente para investigar la energía de Planck, el punto en el
que el espacio-tiempo se vuelve inestable.

Si suponemos que esto hace posible el viaje a mayor velocidad que la luz, significa que una civilización del tipo III podría ser capaz de unificar las diversas colonias del tipo II que se han extendido a través de la galaxia. Dada nuestra ascendencia humana común, se podría crear una nueva civilización galáctica como la que imaginó Asimov.

Como hemos visto antes, la cantidad de divergencia genética que la humanidad puede experimentar en varias decenas de miles de años es aproximadamente la misma que ya experimentó desde la Gran Diáspora. Lo principal es que hemos mantenido nuestra humanidad durante todo este tiempo. Un niño nacido en una cultura puede crecer y madurar sin problemas en otra totalmente diferente, aunque ambas estén separadas por una enorme brecha cultural.

Esto significa también que los arqueólogos galácticos de la civilización de tipo III que estudien las migraciones humanas pueden rastrear señales de las antiguas rutas de las distintas ramas de civilizaciones del tipo II repartidas por la galaxia.

En la saga *Fundación*, nuestros héroes buscan el planeta ancestral que dio origen al Imperio galáctico, cuyo nombre y situación se perdieron en el caos de la prehistoria galáctica. Dado que la población humana se cuenta en billones, en millones de planetas habitados, parece una tarea irresoluble. Pero a base de explorar los planetas más antiguos de la galaxia encuentran ruinas de las primeras colonias planetarias. Descubren planetas que fueron abandonados a causa de las guerras, las enfermedades u otras calamidades.

De manera similar, una civilización de tipo III puede surgir a partir de una de tipo II, e intentar seguir la pista de las antiguas rutas exploradas siglos atrás por astronaves más lentas que la luz. Así como nuestra actual civilización se enriquece con la presencia de tantos tipos diferentes de culturas, cada una con una historia y un punto de vista, una civilización de tipo III ganaría mucho interactuando con las muchas culturas divergentes que habrían surgido durante una civilización de tipo II.

De este modo, la construcción de astronaves más rápidas que la luz podría hacer realidad el sueño de Asimov y unificar la humanidad en una civilización galáctica.

Como ha dicho sir Martin Rees, «Si la humanidad evita la autodestrucción, se iniciará la era poshumana. La vida terrestre podría extenderse por toda la galaxia, evolucionando hasta una complejidad diversificada mucho más allá de lo que podamos imaginar. De ser así, nuestro pequeño planeta —esta motita azul que flota en el espacio— podría ser el lugar más importante de toda la galaxia. Los primeros viajeros interestelares de la Tierra tendrían una misión que repercutiría en la Galaxia entera y más allá».

Sin embargo, con el tiempo, toda civilización avanzada tendrá que hacer frente al peligro definitivo para su existencia, que es el final del universo mismo. Tenemos que plantearnos la siguiente pregunta: ¿puede una civilización avanzada, con toda su vasta tecnología, eludir la destrucción de todo lo que existe? Puede que la única esperanza para la vida inteligente sea evolucionar hasta una civilización de tipo IV.

14

Salir del universo

Unos dicen que el mundo terminará con fuego,
otros dicen que con hielo.
Por lo que yo he probado del deseo,
estoy con los partidarios del fuego.

ROBERT FROST, 1920

La eternidad es tremendamente larga,
sobretodo hacia el final.

WOODY ALLEN

La Tierra está muriendo.

En la película *Interstellar*, una extraña plaga está atacando al planeta, provocando que las cosechas se pierdan y la agricultura se hunda. La gente muere de hambre. La civilización se está derrumbando poco a poco y se enfrenta a una hambruna devastadora.

Matthew McConaughey interpreta a un exastronauta de la NASA al que se le encomienda una peligrosa misión. Poco antes, se ha abierto misteriosamente un agujero de gusano cerca de Saturno. Es un portal que transportará a quien lo cruce a una parte lejana de la galaxia, donde podría haber nuevos mundos habitables. Ansioso por salvar a la humanidad, se presenta voluntario para la misión y buscar un nuevo hogar para sus congéneres entre las estrellas.

Mientras tanto, en la Tierra, los científicos intentan desesperadamente averiguar el secreto del agujero de gusano. ¿Quién lo hizo? ¿Por qué apareció justo cuando la humanidad estaba a punto de perecer?

Poco a poco, los científicos van dilucidando la verdad. La tecnología necesaria para abrir este agujero de gusano está millones de años más avanzada que la nuestra. Y, de hecho, los seres que lo abrieron son nuestros descendientes. Los creadores están tan avanzados que viven en el hiperespacio, más allá de nuestro universo. Han construido un portal al pasado para enviar tecnología avanzada que salve a sus antepasados (nosotros). Al hacerlo, se salvan ellos mismos. Según Kip Thorne, que además de ser físico fue uno de los productores de la película, la física de la película se basó en la teoría de cuerdas.

Si sobrevivimos, algún día nos enfrentaremos a una crisis semejante, solo que esta vez será el universo el que esté muriendo.

Algún día, en un futuro lejano, el universo se enfriará y se apagará. Las estrellas dejarán de brillar y el universo caerá en el big freeze. Toda la vida dejará de existir cuando el universo mismo muera y se alcance una temperatura de cero absoluto.

Pero la cuestión es la siguiente: ¿existe alguna escapatoria? ¿Seremos capaces de evitar esta muerte cósmica? ¿Podremos, como Matthew McConaughey, encontrar la salvación en el hiperespacio?

Para comprender cómo podría morir el universo, es importante analizar las predicciones sobre el futuro lejano que nos ofrece la teoría gravitatoria de Einstein, y después analizar las nuevas y sorprendentes revelaciones que se han llevado a cabo en la última década.

Según estas ecuaciones, hay tres posibilidades para el destino final del universo.

EL BIG CRUNCH, EL BIG FREEZE Y EL BIG RIP

La primera es el big crunch, que se producirá cuando la expansión del universo se vaya frenando, se detenga y se invierta. En esta situación, las galaxias del firmamento detendrán su crecimiento y empezarán a contraerse. Las temperaturas aumentarán drásticamente cuando las estrellas lejanas se vayan acercando cada vez más. Al final, todas se fundirán en una masa primordial supercaliente. Según algunas teorías, se podría producir un big bounce o «gran rebote», y el big bang empezaría de nuevo.

La segunda es el big freeze, la expansión del universo que continúa sin freno. La segunda ley de la termodinámica dice que la entropía total siempre aumenta, así que con el tiempo el universo se irá enfriando, pues la materia y el calor se dispersarán cada vez más. Las estrellas dejarán de brillar, el cielo nocturno se volverá completamente negro y las temperaturas bajarán casi hasta el cero absoluto, cuando incluso las moléculas dejan casi de moverse.

Durante décadas, los astrónomos han estado intentando determinar cuál es el destino de nuestro universo. Esto se hace calculando su densidad media. Si el universo es lo bastante denso, habrá suficiente materia y gravedad para atraer las galaxias lejanas e invertir la expansión, con lo que el big crunch se convertiría en una posibilidad real. Si el universo no tiene suficiente masa, no habrá gravedad suficiente para invertir la expansión, y el universo terminará en el big freeze. La densidad crítica que separa estas dos posibilidades es aproximadamente de seis átomos de hidrógeno por metro cúbico.

Sin embargo, en 2011, Saul Perlmutter, Adam Riess y Brian Schmidt ganaron el premio Nobel de Física por un descubrimiento que puso patas arriba décadas de firmes creencias. Descubrieron que en lugar de que se estuviera frenando la dilatación del universo, se estaba acelerando. El universo tiene 13.800 millones de años de edad, pero hace unos 5.000 millones empezó a acelerar exponencialmente su crecimiento. En la actualidad, el universo se está expandiendo desenfrenadamente. Según el *Scientific American*, «La comunidad astrofísica quedó aturdida al enterarse de que el universo se estaba descomponiendo». Estos astrónomos llegaron a esta asombrosa conclusión analizando las explosiones de supernovas en galaxias lejanas para determinar cómo se amplificó el universo hace miles de millones de años. (Un tipo de explosión de supernova, el llamado tipo Ia, tiene una luminosidad fija, y podemos medir su distancia basándonos en su brillo. Si disponemos de un faro de luminosidad conocida, es fácil determinar a qué distancia está, pero si no conocemos su luminosidad es difícil determinar la distancia. Un faro de luminosidad conocida es una «bujía estándar». Una supernova del tipo Ia actúa como una bujía estándar, y es fácil determinar su distancia.) Cuando analizaron estas supernovas, los científicos descubrieron que se estaban alejando de nosotros, como era de esperar. Pero a continuación se sorprendieron al descubrir que las supernovas más próximas parecían estar alejándose más deprisa de lo que deberían, lo que indicaba que el ritmo de expansión se estaba acelerando.

Así pues, además del big freeze y el big crunch, de los datos empezó a surgir una tercera alternativa, el big rip («gran desgarramiento»), que es como un big rip con esteroides. Es un marco temporal aceleradísimo para el ciclo vital del universo.

En el big rip, las galaxias lejanas acaban alejándose de nosotros tan deprisa que superan la velocidad de la luz y desaparecen de la vista. (Esto no infringe la relatividad especial, porque es el espacio el que está expandiéndose a más velocidad que la luz. Los objetos materiales no pueden moverse más rápidos que la luz, pero el espacio vacío puede estirarse y expandirse a cualquier velocidad.) Esto significa que el firmamento nocturno se volverá negro, pues la luz de las galaxias lejanas se distancia tan rápidamente que ya no puede llegar a nosotros.

Con el tiempo, esta expansión exponencial será tan grande que no solo la galaxia se descompondrá, también el sistema solar se hará pedazos y los átomos mismos que forman nuestros cuerpos se dispersarán. La materia, tal como la conocemos, no puede existir en las fases finales del big rip.

Según el *Scientific American*, «Las galaxias se destruirán, el sistema solar se dispersará y al final todos los planetas reventarán cuando la rápida expansión del espacio haga pedazos los átomos mismos. Por último, nuestro universo terminará en una explosión, una singularidad de energía literalmente infinita».

Bertrand Russell, el gran filósofo y matemático británico, escribió lo siguiente: «Toda la devoción, toda la inspiración, todo el brillo meridiano del genio humano, están destinados a la extinción en la vasta muerte del sistema solar, y todo el templo de los logros humanos quedará inevitablemente enterrado bajo los escombros de un universo en ruinas [...] Solo con el andamiaje de estas verdades, solo sobre la firme base de la desesperación inflexible, se puede construir de ahora en adelante la morada segura del alma».

Russell habla de un «universo en ruinas» y una «desesperación inflexible» en respuesta a las predicciones de los físicos sobre el eventual fallecimiento de la Tierra. Pero no había previsto que los avances de la tecnología podrían permitirnos escapar de la muerte de nuestro planeta.

Pero aunque algún día podamos evitar la muerte del Sol con nuestras astronaves, ¿cómo podríamos evitar la muerte del universo mismo?

¿FUEGO O HIELO?

En cierto sentido, los antiguos habitantes de la Tierra anticiparon muchas de estas violentas situaciones.

Parece que todas las religiones poseen algún mito que explica el nacimiento y la muerte del universo.

En la mitología nórdica, el ocaso de los dioses se llama Ragnarok, el Día del Ajuste de Cuentas, cuando el mundo quedará cubierto de nieve y hielo y los cielos se congelarán. Presenciaremos la batalla final entre los gigantes del hielo y los dioses de Asgard. En la mitología cristiana tenemos el Armagedón, cuando las fuerzas del bien y del mal chocarán por última vez. Aparecerán los cuatro jinetes del Apocalipsis anunciando el Juicio Final. En la mitología hindú, no obstante, no existe un final de los tiempos, sino una serie interminable de ciclos, cada uno de los cuales dura unos ocho mil millones de años.

Pero después de miles de años de especulación y preguntas, la ciencia está empezando a comprender cómo será la evolución y muerte de nuestro mundo.

Para la Tierra, el futuro será el fuego. Dentro de unos cinco mil millones de años, gozaremos del último día agradable en nuestro planeta. Después, el Sol agotará sus reservas de hidrógeno para quemar y se expandirá, transformándose en una gigante roja. Con el tiempo, prenderá fuego a los cielos. Los océanos hervirán y las montañas se fundirán. La Tierra será absorbida por nuestra estrella, y orbitará como un pedazo de ceniza, con su atmósfera en llamas. Hay una frase bíblica que dice: «Cenizas a las cenizas, polvo al polvo». Los físicos la han transformado en: «Del polvo de estrellas venimos, al polvo de estrellas regresaremos».

El Sol mismo sufrirá un destino diferente. Tras la fase de gigante roja, acabará agotando todo su combustible nuclear, se encogerá y se enfriará. Se convertirá en una pequeña enana blanca, aproximadamente del tamaño de la Tierra, y acabará muriendo como una enana oscura, un trozo de residuo nuclear vagando por la galaxia.

A diferencia de nuestro Sol, la Vía Láctea morirá en el fuego. Dentro de unos cuatro mil millones de años chocará con Andrómeda, la galaxia espiral más próxima. Andrómeda es aproximadamente el doble de grande que la Vía Láctea, de modo que será una absorción hostil. Las simulaciones informáticas de la colisión indican que las dos galaxias iniciarán una danza de la muerte, orbitando alrededor una de otra. Andrómeda arrancará muchos de los brazos de la Vía Láctea, desmembrándola. Los agujeros negros del centro de las dos galaxias orbitarán uno alrededor del otro y acabarán chocando, fundiéndose en un agujero negro más grande. De la colisión surgirá una nueva galaxia, elíptica y gigante.

En cada una de estas situaciones, es importante comprender que el renacimiento forma parte de este ciclo cósmico. Los planetas, estrellas y galaxias se reciclan. Nuestro Sol, por ejemplo, es tal vez una estrella de tercera generación. Cada vez que una estrella explota, el polvo y el gas que despide al espacio engendran la siguiente generación de estrellas.

La ciencia nos da también una idea de la vida del universo entero. Hasta hace poco, los astrónomos creían que comprendían su historia y su destino final, dentro de billones de años. Habían especulado que está evolucionando lentamente en cinco eras:

1. En la primera, los primeros mil millones de años después del big bang, el universo estaba lleno de nubes calientes y opacas de

moléculas iónicas, demasiado calientes para que los protones y electrones se condensaran en átomos.

2. En la segunda, a partir de los mil millones de años después del big bang, el universo se enfrió lo suficiente para que del caos pudieran surgir átomos, estrellas y galaxias. De pronto, el espacio vacío se volvió transparente, y las estrellas iluminaron el universo por primera vez. En esta era estamos viviendo ahora.

3. En la tercera, unos cien mil millones de años después del big bang, las estrellas habrán agotado casi todo su combustible nuclear. El universo constará principalmente de pequeñas enanas rojas, que arden tan despacio que pueden brillar durante billones de años.

4. En la cuarta, billones de años después del big bang, todas las estrellas acabarán apagándose y el universo quedará completamente a oscuras. Solo permanecerán estrellas de neutrones y agujeros negros.

5. En la quinta, hasta los agujeros negros empezarán a evaporarse y desintegrarse, y el universo quedará convertido en un mar de residuos nucleares y partículas subatómicas errantes.[1]

Con el descubrimiento de la aceleración del universo, todo este ciclo podría comprimirse en unos miles de millones de años. El big rip desbarata todo el esquema.

ENERGÍA OSCURA

¿Qué está causando este repentino cambio en nuestro concepto del destino final del universo?

Según la teoría de la relatividad de Einstein, hay dos fuentes de energía que impulsan la evolución del universo. La primera es la curvatura del espacio-tiempo, que crea los familiares campos gravitatorios que rodean a las estrellas y galaxias. Esta curvatura es lo que mantiene nuestros pies en el suelo. Es la fuente de energía más estudiada por los astrofísicos.

Pero existe una segunda fuente que se suele pasar por alto: la energía de la nada, la energía del vacío, lo que se llama energía oscura (no confundir con la materia oscura). El vacío mismo del espacio contiene energía.[2]

Los cálculos más recientes indican que esta energía oscura actúa como antigravedad, y está separando el universo. Cuanto más se expande este, más energía oscura hay, y eso hace que se expanda aún más deprisa.

Por el momento, los mejores cálculos de que disponemos indican que aproximadamente un 69 por ciento de la materia-energía del universo (puesto que la materia y la energía son intercambiables) está contenido en la energía oscura. (En comparación, la materia oscura constituye el 26 por ciento, los átomos de hidrógeno y helio un 5 por ciento y los elementos superiores, que forman la Tierra y nuestros cuerpos, solo un modestísimo 0,5 por ciento.) Así pues, la energía oscura, que está alejando las galaxias de nosotros, es claramente la fuerza dominante en el universo, mucho mayor que la energía contenida en la curvatura del espacio-tiempo.

Por lo tanto, uno de los problemas básicos de la cosmología es comprender el origen de la energía oscura. ¿De dónde viene? ¿Acabará destruyendo el universo?

Por lo general, cuando nos limitamos a combinar la relatividad y la teoría cuántica en un tosco matrimonio a la fuerza, podemos obtener una predicción para la energía oscura, pero la predicción resultante tiene un margen de error de 10^{120}, que es el desajuste más grande en la historia de la ciencia. En ninguna otra parte encontramos una discrepancia tan grande, lo que indica que algo está terriblemente mal en nuestro conocimiento del universo. Así pues, la teoría del campo unificado, lejos de ser una curiosidad científica, se convierte en imprescindible para comprender cómo funciona todo. La solución a esta pregunta nos revelará el destino del universo y de todas las criaturas inteligentes que contiene.

ESCAPAR DEL APOCALIPSIS

Dado que el destino probable del universo es una muerte fría en el futuro lejano, ¿qué podemos hacer al respecto? ¿Se pueden invertir estas fuerzas cósmicas?

Existen por lo menos tres opciones.

La primera es no hacer nada y dejar que el ciclo vital del universo siga adelante. A medida que se vaya enfriando, según el físico Freeman Dyson, los seres inteligentes se irán adaptando y pensarán cada vez más despacio. Con el tiempo, un simple pensamiento podrá llevar millones de años, pero estos seres no lo notarán, pues todos los demás pensarán igual de despacio. Estos seres podrán mantener conversaciones inteligentes entre ellos, aunque duren millones de años. Así que, desde este punto de vista, todo parecería normal.

En realidad, vivir en un mundo tan frío podría ser bastante interesante. Los saltos cuánticos, que son muy improbables en la duración de una vida humana, podrían ser un acontecimiento rutinario. Los agujeros de gusano podrían abrirse y cerrarse ante nuestros ojos. Pueden aparecer y desaparecer universos burbuja. Estos seres lo presenciarían una y otra vez, gracias a lo despacio que funcionan sus cerebros.

Sin embargo, esta es solo una solución temporal, pues al final el movimiento molecular será tan lento que no se podrá transferir información de un punto a otro. En este nivel cesaría toda actividad, incluyendo el pensamiento, por lenta que sea. Una esperanza no muy halagüeña es que la aceleración causada por la energía oscura desaparezca por sí sola antes de que esto ocurra. Puesto que nadie sabe por qué el universo está acelerando, existe esa posibilidad.

LA CONVERSIÓN EN UNA CIVILIZACIÓN DE TIPO IV

En la misma línea, la segunda opción sería evolucionar a una civilización de tipo IV y aprender a utilizar la energía que hay fuera de nuestra galaxia. Una vez di una charla sobre cosmología y hablé de la escala Kardashev. Al terminar, un niño de diez años se me acercó y me dijo que estaba equivocado. Tiene que haber una civilización de tipo IV, más allá de los habituales tipos I, II y III de la clasificación de Kardashev. Yo le corregí, diciéndole que en el universo solo hay planetas, estrellas y galaxias, y que por lo tanto una civilización de tipo IV es imposible. No existe una fuente de energía fuera de la galaxia.

Más tarde me di cuenta de que tal vez había sido muy prepotente con el chico.

Recordemos que cada tipo de civilización es de diez a cien mil millones de veces más potente que el tipo anterior. Dado que existen unos cien mil millones de galaxias en el universo visible, una civilización de tipo IV podría controlar la energía de todo el universo visible.

Es posible que la fuente de energía extragaláctica sea la energía oscura, que es, con mucho, la mayor fuente de materia-energía del universo. ¿Cómo podría una civilización de tipo IV manipular la energía oscura e invertir el big rip?

Dado que, por definición, una civilización de tipo IV podría utilizar energía extragaláctica, podría ser capaz de manipular algunas de las dimensiones extra reveladas por la teoría de cuerdas, y crear una esfera en la que la energía oscura invierta la polaridad, revertiendo de este modo la expansión cósmica. Fuera de la esfera, el universo podría seguir expandiéndose exponencialmente; pero dentro de la esfera, las galaxias evolucionarían normalmente. De este modo, una civilización de tipo IV podría sobrevivir aunque el universo estuviera muriendo a su alrededor.

En cierto sentido, actuaría como una esfera de Dyson. Pero mientras que el propósito de esta sería atrapar la luz solar en su interior, el propósito de esta otra sería atrapar energía oscura para poder contrarrestar la expansión.

La última posibilidad es crear un agujero de gusano que atraviese el espacio y el tiempo. Si el universo está muriendo, una opción podría ser salir de él y entrar en otro más joven.[3]

La imagen original que nos dio Einstein del universo es la de una enorme burbuja que se hincha. Vivimos en la superficie de la burbuja. La nueva imagen que nos ofrece la teoría de cuerdas indica que existen otras burbujas ahí afuera, y que cada una es una solución a las ecuaciones de esta teoría. De hecho, hay una bañera de espuma de universos, que formaría un multiverso.

Muchas de estas burbujas son microscópicas, surgen en un mini big bang y después se contraen rápidamente. La mayoría de ellas no nos afecta, porque viven sus cortas existencias en el vacío del espacio.

Stephen Hawking llamaba «espuma de espacio-tiempo» a este constante burbujeo de universos en el vacío. Así pues, la nada no está vacía, sino llena de universos en constante movimiento. Lo curioso es que esto significa que incluso dentro de nuestros cuerpos hay vibraciones de la espuma del espacio-tiempo, pero son tan diminutas que no nos enteramos.

El aspecto más llamativo de esta teoría es que, si el big bang ocurrió una vez, puede volver a ocurrir una y otra vez. Y así surge una nueva imagen de universos recién nacidos que brotan de universos-madre, donde nuestro universo no es más que una minúscula parcela de un multiverso mucho más grande.

(De vez en cuando, una entre muchísimas de estas burbujas no se desvanece en el vacío, sino que se expande enormemente gracias a la energía oscura. Tal vez este sea el origen de nuestro universo, o tal vez nuestro universo sea el resultado de la colisión de dos burbujas, o de la fragmentación de una burbuja en varias más pequeñas.)

Como vimos en el capítulo anterior, una civilización avanzada podría ser capaz de construir un gigantesco acelerador de partículas, del tamaño del cinturón de asteroides, que podría abrir un agujero de gusano. Si se estabiliza mediante energía negativa, podría proporcionar una ruta de escape a otro universo. Ya hemos hablado de utilizar el efecto Casimir para crear esta energía negativa. Pero otra fuente de energía negativa serían estas dimensiones superiores. Podrían servir para dos propósitos: cambiar el valor de la energía oscura, lo que evitaría el big rip, o crear energía negativa para ayudar a estabilizar un agujero de gusano.

Cada burbuja, o universo, del multiverso tiene diferentes leyes físicas. Lo ideal sería acceder en un universo paralelo donde los átomos sean estables (para que nuestros cuerpos no se desintegren cuando lo hagamos) pero la cantidad de energía oscura sea mucho menor, para que se expanda justo lo suficiente para enfriarse y formar planetas habitables, pero no tanto como para acelerar hacia un big freeze prematuro.

Inflación

Al principio, todas estas especulaciones parecen ridículas, pero los últimos datos cosmológicos de nuestros satélites parecen apoyar esta imagen.[4] Hasta los escépticos se ven obligados a admitir que la idea del multiverso es consistente con la teoría llamada de la «inflación», que es una versión vitaminada de la vieja teoría del big bang. Según esta, justo antes del big bang hubo una explosión llamada inflación, que creó el universo en los primeros 10^{-33} segundos, mucho más deprisa que en la teoría original. Esta idea, propuesta originalmente por Alan Guth, del MIT, y Andrei Linde, de Stanford, resolvió varios misterios cosmológicos. Por ejemplo, el universo parece mucho más plano y más uniforme de lo que predecía la teoría de Einstein. Pero si el universo hubiera experimentado una expansión cósmica se habría aplanado, como cuando se infla un enorme globo. La superficie del globo inflado parece plana debido a su tamaño.

Además, cuando miramos en una dirección del universo y después giramos 180 grados para mirar en la dirección contraria, vemos que el universo entero es más o menos igual, miremos hacia donde miremos.[5] Esto requiere algún tipo de mezcla entre sus diferentes partes, pero como la luz tiene una velocidad finita, simplemente no hay tiempo suficiente para que la información recorra estas vastas distancias. Así pues, el universo debería presentar grumos y parecer desorganizado, pues no hubo tiempo suficiente para mezclar la materia. La inflación resuelve este problema postulando que, en el principio del tiempo, el universo era un pequeño terrón de materia uniforme. A medida que la inflación expandía este terrón, fue creando lo que vemos ahora. Y como la inflación es una teoría cuántica, hay una pequeña (pero finita) probabilidad de que vuelva a ocurrir.

Aunque esta teoría ha gozado de un innegable éxito a la hora de explicar algunos resultados, sigue habiendo un debate entre los cosmólogos acerca de la teoría subyacente que hay detrás. Nuestros satélites nos proporcionan considerables evidencias que indican que el universo experimentó una rápida inflación, pero no se sabe con exactitud qué la provocó. Hasta ahora, la principal manera de explicar la inflación es mediante la teoría de cuerdas.

Una vez le pregunté al doctor Guth si sería posible crear —o hacer nacer— un universo en el laboratorio. Me respondió que ya había hecho los cálculos. Habría que concentrar una cantidad fantástica de calor en un solo punto. Si se formara un universo recién nacido en un laboratorio, explotaría violentamente en un big bang. Pero explotaría en otra dimensión, de modo que, desde nuestro punto de vista, el universo recién nacido se desvanecería. Sin embargo, aún sentiríamos la onda de choque de su nacimiento, que sería equivalente a la explosión de muchas bombas nucleares. Así pues, concluía, si creáramos un universo, tendríamos que echar a correr a toda velocidad.

NIRVANA

El multiverso se puede contemplar también desde el punto de vista de la teología, y aquí las religiones se dividen en dos categorías: en las que hubo un instante de creación, y en las que todo es eterno. Por ejemplo, la filosofía judeocristiana habla de una creación, un acontecimiento cósmico en el que nació el universo. (No debe sorprendernos que los cálculos originales del big bang los hiciera un sacerdote católico, además de físico, Georges Lemaître, que creía que la teoría de Einstein era compatible con el Génesis.) Sin embargo, en el budismo no existe un dios. El universo es atemporal, sin principio ni fin. Solo existe el Nirvana. Estas dos filosofías parecen estar en completa oposición una con otra. O bien el universo tuvo un principio, o no.

Pero la fusión entre estas dos filosofías diametralmente opuestas sería posible si adoptáramos el concepto del multiverso. En la teoría de cuerdas, nuestro universo tuvo, en efecto, un origen cataclísmico, el big bang. Pero vivimos en un multiverso de universos-burbujas. Estos, a su vez, están flotando en un escenario mucho más grande, un hiperespacio de diez dimensiones, que no tuvo principio.

Así pues, el Génesis está ocurriendo continuamente dentro del gran escenario del Nirvana (el hiperespacio).

Esto nos proporciona una unificación simple y elegante de la historia judeocristiana del origen con el budismo. Nuestro universo tuvo de verdad un comienzo explosivo, pero coexistimos en un Nirvana intemporal de universos paralelos.

EL HACEDOR DE ESTRELLAS

Esto nos lleva de vuelta a la obra de Olaf Stapledon, que imaginó que existe un hacedor de estrellas, un ser cósmico que crea y descarta universos enteros. Es como un pintor celestial, que constantemente conjura nuevos universos, jugueteando con sus propiedades y después pasando al siguiente. Cada uno tiene diferentes leyes de la naturaleza y diferentes formas de vida.

El propio hacedor de estrellas estaba fuera de estos universos y podía verlos todos, en su totalidad, mientras pintaba en el lienzo del multiverso. Así lo escribió Stapledon: «Cada cosmos […] estaba dotado de su propio tiempo particular, de tal manera que el hacedor de estrellas podía ver toda la secuencia de acontecimientos en uno de los cosmos, no solo desde dentro del tiempo cósmico mismo sino también desde el exterior, desde el tiempo correspondiente a su propia vida, con todas las épocas cósmicas coexistiendo juntas».

Esta visión del multiverso es muy parecida a la de los defensores de la teoría de cuerdas. Cada universo en el multiverso equivale a la solución de una ecuación de dicha teoría; cada uno de ellos con sus propias leyes de la física, con sus propias escalas de tiempo y unidades de medida. Como dijo Stapledon, «Para ver estas burbujas simultáneamente, debemos estar fuera del tiempo normal, fuera de todos estos universos».

(Esto también nos recuerda la manera en que san Agustín entendía la naturaleza del tiempo. Si Dios era todopoderoso, no podía preocuparse por cuestiones terrenales. En otras palabras, los seres divinos no tienen que apresurarse por cumplir plazos o acudir a citas.

Así pues, en cierto sentido, Dios debe estar fuera del tiempo. Del mismo modo, el hacedor de estrellas y los teóricos de cuerdas, que contemplan la bañera de espuma de los universos en el multiverso, están también fuera del tiempo.)

Pero si tenemos un baño de burbujas de posibles universos, ¿cuál es el nuestro? Esto plantea la cuestión de si fue diseñado o no por un ser superior.

Cuando examinamos las fuerzas del universo, vemos que parece estar «afinado» del modo preciso para hacer posible la vida inteligente. Por ejemplo, si la fuerza nuclear fuera un poco más fuerte, el Sol se habría quemado por completo hace millones de años. Si fuera un poco más débil, el Sol no habría llegado a encenderse. Lo mismo se aplica a la gravedad. Si fuera un poco más intensa, habríamos experimentado un big crunch hace miles de millones de años. Si fuera un poco más débil, en su lugar habría tenido lugar un big freeze. En ambos casos las fuerzas nucleares y gravitatorias están «ajustadas» de manera que sea posible la vida inteligente en la Tierra. Cuando examinamos otras fuerzas y parámetros, encontramos el mismo patrón.

Han surgido varias teorías filosóficas para abordar el problema de la estrecha franja de estas leyes fundamentales en la que es posible la vida.

La primera es el principio copernicano, que afirma simplemente que la Tierra no tiene nada de especial, que no es más que una pieza de polvo cósmico que vaga sin rumbo fijo por el cosmos. Es solo una coincidencia que las fuerzas de la naturaleza estén afinadas del modo «correcto».

La segunda es el principio antrópico, que postula que nuestra misma existencia impone enormes limitaciones a los tipos de universos que pueden existir. Una forma simplificada de este principio dice que las leyes de la naturaleza deben ser de un modo que haga posible la vida, puesto que existimos y estamos contemplando esas leyes. Cualquier universo es tan bueno como cualquier otro, pero solo el nuestro alberga seres inteligentes que pueden plantearse y escribir sobre ello. Pero otra versión mucho más interesante propone que es tan improbable que exista vida inteligente que tal vez el universo se vea obligado de algún modo a permitir la existencia de esta, que tal vez el universo fue diseñado para albergarla.

El principio copernicano dice que nuestro universo no es especial, mientras que para el principio antrópico sí lo es. Lo curioso es que, aunque los dos principios son diametralmente opuestos, son compatibles con el universo tal como lo conocemos.

(Cuando cursaba segundo de primaria, recuerdo con claridad que mi profesora me explicó esta idea. Dijo que Dios amaba tanto la Tierra que la colocó a la distancia justa del Sol. Si hubiera estado más cerca, los océanos habrían hervido; si hubiera estado más lejos, los océanos se habrían congelado. Así que Dios decidió que la Tierra estuviera a la distancia correcta. Fue la primera vez que oí un principio científico explicado de esta manera.)

La manera de resolver este problema sin recurrir a la religión es la existencia de exoplanetas, la mayoría de los cuales están demasiado cerca o demasiado lejos de su Sol para contener vida. Estamos aquí hoy por pura suerte. Fue por suerte que vivimos en la zona Ricitos de Oro alrededor de nuestra estrella.

De manera similar, la explicación de por qué el universo parece tan bien ajustado para permitir la vida que conocemos es la suerte, pues existen miles de millones de universos paralelos que no están ajustados para la vida y carecen por completo de ella. Somos los afortunados que podemos vivir para contarlo. Así pues, el universo no está necesariamente diseñado por un ser superior. Estamos aquí para discutir del asunto porque vivimos en un universo compatible con la vida.

Pero existe otra manera de considerar el problema. Esta es la filosofía que yo prefiero y en la que estoy trabajando en la actualidad. Según este punto de vista, existen muchos universos en el multiverso, pero la mayoría no son estables y acabarán decayendo en un estado más constante. Puede que hayan existido otros muchos universos en el pasado, pero no duraron y fueron incorporados al nuestro. En esta visión, nuestro universo sobrevive porque es uno de los más estables.

Así pues, mi punto de vista combina los principios copernicano y antrópico. Creo que nuestro universo no es especial, como afirma el principio copernicano, salvo en dos aspectos: que es muy estable y que es compatible con la vida tal como la conocemos. En lugar de tener un número infinito de universos paralelos flotando en el Nirvana del hiperespacio, la mayoría de ellos son inestables y tal vez solo unos pocos sobrevivan para generar vida como la nuestra.

Todavía no se ha escrito la última palabra sobre la teoría de cuerdas. Cuando se resuelva, podremos compararla con la cantidad de materia oscura que hay en el universo y con los parámetros que describen las partículas subatómicas, lo que zanjará la discusión sobre si es correcta o no. Si lo es, la teoría de cuerdas podría explicar también el misterio de la energía oscura, que los físicos creen que es el motor que algún día podría destruir el universo. Y si tenemos la suerte de evolucionar hasta una civilización de tipo IV, capaz de controlar la energía extragaláctica, la teoría de cuerdas podría explicar cómo se puede evitar la muerte del universo mismo.

Puede que alguna mente joven y emprendedora que lea este libro se sienta inspirada para completar el último capítulo de la teoría de cuerdas y responder a la pregunta de si se puede impedir la muerte de todo lo que nos rodea.

LA ÚLTIMA PREGUNTA

Isaac Asimov decía que, entre todos los relatos que había escrito, su favorito era «La última pregunta», que daba una nueva y sorprendente visión de la vida dentro de billones de años y explicaba cómo la humanidad podría enfrentarse al fin del universo.

En este relato, la gente lleva miles de millones de años preguntándose si el universo debe morir necesariamente, o si es posible invertir la expansión y evitar que se congele. Cuando se le pregunta a la computadora central: «¿Se puede invertir la entropía?», esta responde siempre: «Datos insuficientes para una respuesta válida».

Mucho tiempo después, en un futuro lejano, a billones de años del presente, la humanidad ha rebasado los confines de la materia misma. Los humanos han evolucionado hasta convertirse en seres de energía pura que pueden autotransportarse a través de la galaxia. Sin los impedimentos de la materia, pueden visitar los más lejanos confines de las galaxias en forma de conciencia pura. Sus cuerpos físicos son inmortales, pero están almacenados en algún lejano y olvidado sistema solar, y sus mentes vagan libres por el espacio. Pero cada vez que hacen la fatídica pregunta: «¿Se puede invertir la entropía?», obtienen la misma respuesta: «Datos insuficientes para una respuesta válida».

Al final, el ordenador central es tan potente que ya no se puede instalar en ningún planeta y está alojado en el hiperespacio. Los trillones de mentes que componían la humanidad se fusionan con él. Cuando el universo entra en su agonía final, el ordenador resuelve por fin el problema de invertir la entropía. Justo cuando el universo muere, el ordenador proclama: «¡Hágase la luz!». Y la luz se hace.

Así pues, el destino final de la humanidad es evolucionar hasta convertirse en un dios capaz de crear un universo completamente nuevo y empezar otra vez. Como obra de ficción, es magnífica. Pero ahora analicemos este relato desde el punto de vista de la física moderna.

Como dijimos en el capítulo anterior, en uno o dos siglos podríamos ser capaces de laserportar nuestras conciencias a la velocidad de la luz. Con el tiempo, la laserportación puede dar origen a una vasta superautopista galáctica que transporte miles de millones de mentes a través de la galaxia. Así pues, la visión de Asimov de unos seres de energía pura que exploran la galaxia no es una idea tan disparatada.

A continuación, el superordenador se vuelve tan grande y potente que hay que instalarlo en el hiperespacio, y al final la humanidad se fusiona con él. Puede que algún día lleguemos a ser como el hacedor de estrellas, y al mirar desde nuestra posición en el hiperespacio veamos nuestro universo coexistiendo con otros universos del multiverso, cada uno con miles de millones de galaxias. Y tras analizar el panorama, podríamos elegir un nuevo universo que todavía fuera joven y puediera ofrecernos un nuevo hogar. Elegiríamos uno que tuviera materia estable, como los átomos, y que fuera lo bastante joven para que las estrellas pudieran crear nuevos sistemas solares para engendrar nuevas formas de vida. Y el futuro lejano, en lugar de ser un callejón sin salida para la vida inteligente, podría ver el nacimiento de un nuevo hogar para ella. De ser así, la muerte del universo no sería el final de la historia.

> Nuestra única posibilidad de sobrevivir a largo plazo no es quedarnos escondidos en el planeta Tierra, sino salir al espacio […] Pero soy optimista. Si podemos evitar el desastre durante los dos próximos siglos, nuestra especie estaría a salvo extendiéndose por el espacio […] En cuanto establezcamos colonias independientes, todo nuestro futuro estará a salvo.
>
> STEPHEN HAWKING

> Todo sueño comienza con un soñador. Recuerda siempre que tienes dentro de ti la fuerza y la pasión para alcanzar las estrellas y cambiar el mundo.
>
> HARRIET TUBMAN

Agradecimientos

Me gustaría dar las gracias a los siguientes científicos y expertos que me han ofrecido generosamente su tiempo y su experiencia en forma de entrevistas para mis programas de radio y televisión y para este libro. Sus conocimientos y sus agudas visiones sobre la ciencia han ayudado a hacerlo posible.

También quiero dar las gracias a mi agente, Stuart Krichevsky, que durante todos estos años ha contribuido al éxito de mis obras. Tengo con él una gran deuda de gratitud por su incansable trabajo. Es siempre la primera persona a la que recurro en busca de consejo fundamentado.

Asimismo me gustaría agradecer a Edward Kastenmeier, mi editor en Penguin Random House, sus comentarios y orientación, que han ayudado a mantener centrado el tema de este libro. Como siempre, sus consejos han mejorado considerablemente el manuscrito. En toda la obra se nota su firme mano de editor.

Quiero dar las gracias a los siguientes pioneros y precursores:

Peter Doherty, premio Nobel, Hospital de Investigación Pediátrica St. Jude.
Gerald Edelman, premio Nobel, Instituto de Investigación Scripps.
Murray Gell-Mann, premio Nobel, Instituto de Santa Fe y Caltech.
Walter Gilbert, premio Nobel, Universidad de Harvard.
David Gross, premio Nobel, Instituto Kavli de Física Teórica.
Henry Kendall, premio Nobel, MIT.

Leon Lederman, premio Nobel, Instituto de Tecnología de Illinois.

Yoichiro Nambu, premio Nobel, Universidad de Chicago.

Henry Pollack, Panel Intergubernamental sobre el Cambio Climático, premio Nobel de la Paz.

Joseph Rotblat, premio Nobel, Hospital de St. Bartholomew.

Steven Weinberg, premio Nobel, Universidad de Texas en Austin.

Frank Wilczek, premio Nobel, MIT.

Amir Aczel, autor de *Uranium Wars*.

Buzz Aldrin, astronauta de la NASA, el segundo hombre que pisó la luna.

Geoff Andersen, Academia de la Fuerza Aérea de Estados Unidos, autor de la obra *The Telescope*.

David Archer, geofísico, Universidad de Chicago, autor del libro *The Long Thaw*.

Jay Barbree, coautor de *Moon Shot*.

John Barrow, físico, Universidad de Cambridge, autor de *Impossibility*.

Marcia Bartusiak, autora de *Einstein's Unfinished Symphony*.

Jim Bell, astrónomo, Universidad Cornell.

Gregory Benford, físico, Universidad de California.

Irvine James Benford, físico, presidente de Microwave Sciences.

Jeffrey Bennett, autor de *Beyond UFOs*.

Bob Berman, astrónomo, autor de *Secrets of the Night Sky*.

Leslie Biesecker, director de investigación en genómica médica, National Institutes of Health.

Piers Bizony, autor de *How to Build Your Own Spaceship*.

Michael Blaese, director de investigación, National Institutes of Health.

Alex Boese, fundador del Museo de Fraudes.

Nick Bostrom, transhumanista, Universidad de Oxford.

Teniente coronel Robert Bowman, director del Instituto de Estudios Espaciales y de Seguridad.

Travis Bradford, autor de *Solar Revolution*.

Cynthia Breazeal, codirectora del Centro para el Relato del Futuro, Laboratorio de Medios de Comunicación del MIT.

Lawrence Brody, director de investigación en genómica médica, National Institutes of Health.

Rodney Brooks, exdirector del Laboratorio de Inteligencia Artificial del MIT.

Lester Brown, fundador y presidente del Earth Policy Institute.

Michael Brown, astrónomo, Caltech.

James Canton, autor del libro *The Extreme Future*.

Arthur Caplan, fundador del departamento de Ética Médica de la facultad de Medicina de la Universidad de Nueva York.

Fritjof Capra, autor del superventas *The Science of Leonardo*.

Sean Carroll, cosmólogo, Caltech.

Andrew Chaikin, autor de *A Man on the Moon*.

Leroy Chiao, astronauta de la NASA.

Eric Chivian, médico, Médicos Internacionales para la Prevención de la Guerra Nuclear.

Deepak Chopra, autor de *Super Brain*.

George Church, profesor de Genética, facultad de Medicina de Harvard.

Thomas Cochran, físico, Consejo de Defensa de los Recursos Naturales.

Christopher Cokinos, astrónomo, autor de la obra *The Fallen Sky*.

Francis Collins, director de los National Institutes of Health.

Vicki Colvin, química, Universidad Rice.

Neil Comins, físico, Universidad de Maine, autor del libro *The Hazards of Space Travel*.

Steve Cook, Centro Marshall de Vuelo Espacial, portavoz de la NASA.

Christine Cosgrove, coautora de *Normal at Any Cost*.

Steve Cousins, programa Willow Garage de Robots Personales.

Philip Coyle, ex vicesecretario de defensa de Estados Unidos.

Daniel Crevier, informático, director general de Coreco Imaging.

Ken Croswell, astrónomo, autor de *Magnificent Universe*.

Steven Cummer, informático, Universidad Duke.

Mark Cutkosky, ingeniero mecánico, Universidad de Stanford.

Paul Davies, físico, autor de *Superforce*.

Daniel Dennett, codirector del Centro de Estudios Cognitivos, Universidad Tufts.

Michael Dertouzos, informático, MIT.

Jared Diamond, premio Pulitzer, Universidad de California en Los Ángeles.

Mariette DiChristina, redactora jefa, *Scientific American*.

Peter Dilworth, investigador científico, Laboratorio de Inteligencia Artificial del MIT.

John Donoghue, creador de BrainGate, Universidad Brown.

Ann Druyan, escritora y productora, Cosmos Studios.

Freeman Dyson, físico, Instituto de Estudios Avanzados, Princeton.

David Eagleman, neurocientífico, Universidad de Stanford.

Paul Ehrlich, biólogo y ecologista, Universidad de Stanford.

John Ellis, físico, CERN.

Daniel Fairbanks, genetista, Universidad de Utah Valley, autor de *Relics of Eden*.

Timothy Ferris, escritor y productor, autor de *Coming of Age in the Milky Way*.

Maria Finitzo, cineasta, experta en células madre, ganadora del premio Peabody.

Robert Finkelstein, experto en robótica e informática, Robotic Technology, Inc.

Christopher Flavin, miembro directivo del Worldwatch Institute.

Louis Friedman, cofundador de la Planetary Society.

Jack Gallant, neurocientífico, Universidad de California en Berkeley.

James Garvin, director científico, NASA.

Evalyn Gates, Museo de Historia Natural de Cleveland, autora de *Einstein's Telescope*.

Michael Gazzaniga, neurólogo, Universidad de California en Santa Bárbara.

Jack Geiger, cofundador de Médicos por la Responsabilidad Social.

David Gelernter, informático, Universidad de Yale.

Neil Gershenfeld, director del Center for Bits and Atoms, MIT Media Laboratory.

Paul Gilster, autor de *Centauri Dreams*.

Rebecca Goldburg, directora del Departamento de Ciencias Ambientales, Pew Charitable Trusts.

Don Goldsmith, astrónomo, autor del libro *The Runaway Universe*.

David Goodstein, ex vicerrector, Caltech.

J. Richard Gott III, físico, Universidad de Princeton, autor de *Time Travel in Einstein's Universe*.

Stephen Jay Gould, biólogo, Universidad de Harvard.

Embajador Thomas Graham, experto en control y no proliferación de armamento para seis presidentes.

John Grant, autor de *Corrupted Science*.

Eric Green, director del Instituto Nacional de Investigación sobre el Genoma Humano, National Institutes of Health.

Ronald Green, experto en genómica y bioética, Dartmouth College, autor de *Babies by Design*.

Brian Greene, físico, Universidad de Columbia, autor de la obra *The Elegant Universe*.

Alan Guth, físico, MIT, autor del libro *The Inflationary Universe*.

William Hanson, autor del libro *The Edge of Medicine*.

Chris Hadfield, astronauta, Agencia Espacial Canadiense.

Leonard Hayflick, Universidad de California en San Francisco, Facultad de Medicina.

Donald Hillebrand, director del Departamento de Sistemas Energéticos del Laboratorio Nacional Argonne.

Allan Hobson, psiquiatra, Universidad de Harvard.

Jeffrey Hoffman, astronauta, NASA, MIT.

Douglas Hofstadter, ganador del premio Pulitzer, autor de *Gödel, Escher, Bach*.

John Horgan, periodista, Instituto Stevens de Tecnología, autor del ensayo *The End of Science*.

Jamie Hyneman, presentador de *MythBusters*.

Chris Impey, astrónomo, Universidad de Arizona, autor del libro *The Living Cosmos*.

Robert Irie, informático, The Cog Project, Laboratorio de Inteligencia Artificial del MIT.

P.J. Jacobowitz, periodista, *PC Magazine*.

Jay Jaroslav, Human Intelligence Enterprise, Laboratorio de Inteligencia Artificial del MIT.

Donald Johanson, paleoantropólogo, Instituto del Origen Humano, descubridor de Lucy.

George Johnson, periodista científico, *The New York Times*.

Tom Jones, astronauta, NASA.

Steve Kates, astrónomo, presentador de televisión.

Jack Kessler, profesor de medicina, Northwestern Medical Group.

Robert Kirshner, astrónomo, Universidad de Harvard.

Kris Koenig, astrónomo y cineasta.

Lawrence Krauss, físico, Universidad Estatal de Arizona, autor del libro *The Physics of Star Trek*.

Lawrence Kuhn, cineasta, *Closer to Truth*.

Ray Kurzweil, inventor y futurista, autor de la obra *The Age of Spiritual Machines*.

Geoffrey Landis, físico, NASA.

Robert Lanza, experto en biotecnología, director de Astellas Global Regenerative Medicine.

Roger Launius, coautor de *Robots in Space*.

Stan Lee, creador de Marvel Comics y Spider-Man.

Michael Lemonick, ex redactor jefe de ciencia, revista *Time*.

Arthur Lerner-Lam, geólogo y vulcanólogo, Earth Institute.

Simon LeVay, autor de *When Science Goes Wrong*.

John Lewis, astrónomo, Universidad de Arizona.

Alan Lightman, físico, MIT, autor de *Einstein's Dreams*.

Dan Linehan, autor de *SpaceShipOne*.

Seth Lloyd, físico e ingeniero mecánico, MIT, autor de *Programming the Universe*.

Werner R. Loewenstein, ex director del Laboratorio de Física Celular, Universidad de Columbia.

Joseph Lykken, físico, Laboratorio Nacional Fermi (Fermilab).

Pattie Maes, profesora de artes y ciencias mediáticas, Laboratorio de Medios de Comunicación del MIT.

Robert Mann, autor de *Forensic Detective*.

Michael Paul Mason, autor de *Head Cases*.

W. Patrick McCray, autor de *Keep Watching the Skies!*

Glenn McGee, autor del libro *The Perfect Baby*.

James McLurkin, científico informático, Universidad Rice.

Paul McMillan, director de Space Watch.

Fulvio Melia, astrofísico, Universidad de Arizona.

William Meller, autor de *Evolution Rx*.

Paul Meltzer, Centro de Investigación del Cáncer, National Institutes of Health.

Marvin Minsky, científico informático, MIT, autor del ensayo *The Society of Mind*.

Hans Moravec, Instituto de Robótica de la Universidad Carnegie Mellon, autor de *Robot*.

Philip Morrison, físico, MIT.

Richard Muller, astrofísico, Universidad de California en Berkeley.

David Nahamoo, directivo de IBM, IBM Human Language Technologies Group.

Christina Neal, vulcanóloga, U.S. Geological Survey.

Michael Neufeld, autor de *Von Braun: Dreamer of Space, Engineer of War*.

Miguel Nicolelis, neurocientífico, Universidad Duke.

Shinji Nishimoto, neurólogo, Universidad de California en Berkeley.

Michael Novacek, paleontólogo, Museo Americano de Historia Natural.

S. Jay Olshansky, biogerontólogo, Universidad de Illinois en Chicago, coautor del libro *The Quest for Immortality*.

Michael Oppenheimer, geocientífico, Universidad de Princeton.

Dean Ornish, profesor de medicina clínica, Universidad de California en San Francisco.

Peter Palese, virólogo, Escuela Icahn de Medicina en Mount Sinai.

Charles Pellerin, ex director de astrofísica, NASA.

Sidney Perkowitz, autor de *Hollywood Science*.

John Pike, director de GlobalSecurity.org.

Jena Pincott, autora de *Do Gentlemen Really Prefer Blondes?*

Steven Pinker, psicólogo, Universidad de Harvard.

Tomaso Poggio, experto en cognición, MIT.

Corey Powell, redactor jefe de *Discover*.

John Powell, fundador de JP Aerospace.

Richard Preston, autor de las obras *The Hot Zone* y *The Demon in the Freezer*.

Raman Prinja, astrónomo, University College, Londres.

David Quammen, biólogo evolutivo, autor del libro *The Reluctant Mr. Darwin*.

Katherine Ramsland, científica forense, Universidad DeSales.

Lisa Randall, física, Universidad de Harvard, autora de *Warped Passages*.

Sir Martin Rees, astrónomo, Universidad de Cambridge, autor de *Before the Beginning*.

Jeremy Rifkin, fundador de Foundation on Economic Trends.

David Riquier, profesor ayudante de escritura, Universidad de Harvard.

Jane Rissler, excientífica, Union of Concerned Scientists.

Joseph Romm, directivo del Centro para el Progreso Americano, autor de *Hell and High Water*.

Steven Rosenberg, director del Departamento de Inmunología Tumoral, National Institutes of Health.

Oliver Sacks, neurólogo, Universidad de Columbia.

Paul Saffo, futurista, Universidad de Stanford e Instituto para el Futuro.

Carl Sagan, astrónomo, Universidad Cornell, autor de *Cosmos*.

Nick Sagan, coautor de *You Call This the Future?*

Michael H. Salamon, científico especialista del departamento de Física Fundamental y el Programa «Más Allá de Einstein», de la NASA.

Adam Savage, presentador de *MythBusters*.

Peter Schwartz, futurista, fundador de Global Business Network.

Sara Seager, astrónoma, MIT.

Charles Seife, autor de *Sun in a Bottle*.

Michael Shermer, fundador de la Sociedad Escéptica y la revista *Skeptic*.

Donna Shirley, ex directora del programa de exploración de Marte de la NASA.

Seth Shostak, astrónomo, Instituto SETI.

Neil Shubin, biólogo evolutivo, Universidad de Chicago, autor de *Your Inner Fish*.

Paul Shuch, ingeniero aeroespacial, director ejecutivo emérito de la Liga SETI.

Peter Singer, autor de *Wired for War*.

Simon Singh, escritor y productor, autor de *Big Bang*.

Gary Small, coautor de *iBrain*.

Paul Spudis, geólogo y científico lunar, autor del libro *The Value of the Moon*.

Steven Squyres, astrónomo, Universidad Cornell.

Paul Steinhardt, físico, Universidad de Princeton, coautor de *Endless Universe*.

Jack Stern, cirujano de células madre, profesor de neurocirugía clínica, Universidad de Yale.

Gregory Stock, Universidad de California en Los Ángeles, autor de *Redesigning Humans*.

Richard Stone, periodista científico, revista *Discover*.

Brian Sullivan, astrónomo, Planetario Hayden.

Michael Summers, astrónomo, coautor de *Exoplanets*.

Leonard Susskind, físico, Universidad de Stanford.

Daniel Tammet, autor de *Born on a Blue Day*.

Geoffrey Taylor, físico, Universidad de Melbourne.

Ted Taylor, físico, diseñador de cabezas nucleares estadounidenses.

Max Tegmark, cosmólogo, MIT.

Alvin Toffler, futurista, autor del libro *The Third Wave*.

Patrick Tucker, futurista, World Future Society.

Chris Turney, climatólogo, Universidad de Wollongong, autor de *Ice, Mud and Blood*.

Neil deGrasse Tyson, astrónomo, director del planetario Hayden.

Sesh Velamoor, futurista, Foundation for the Future.

Frank von Hippel, físico, Universidad de Princeton.

Robert Wallace, coautor de *Spycraft*.

Peter Ward, coautor de *Rare Earth*.

Kevin Warwick, experto en cíborgs humanos, Universidad de Reading.

Fred Watson, astrónomo, autor de *Stargazer*.

Mark Weiser, científico investigador, Xerox PARC.

Alan Weisman, autor de la obra *The World Without Us*.

Spencer Wells, genetista y productor, autor del libro *The Journey of Man*.

Daniel Werthheimer, astrónomo, SETI@home, Universidad de California en Berkeley.

Mike Wessler, Cog Project, Laboratorio de Inteligencia Artificial del MIT.

Michael West, director general de AgeX Therapeutics.

Roger Wiens, astrónomo, Laboratorio Nacional de Los Álamos.

Arthur Wiggins, físico, autor de *The Joy of Physics.*

Anthony Wynshaw-Boris, genetista, Universidad de Case Western Reserve.

Carl Zimmer, biólogo, coautor de *Evolution.*

Robert Zimmerman, autor de *Leaving Earth.*

Robert Zubrin, fundador de Mars Society.

Notas

PRÓLOGO

1. A.R. Templeton, «Genetics and Recent Human Evolution», *International Journal of Organic Evolution*, 61, n.º 7 (2007), pp. 1.507-1519. Véase también Marie D. Jones y John M. Savino, *Supervolcano: The Catastrophic Event That Changed the Course of Human History. Could Yellowstone Be Next?*, Nueva York, MacMillan, 2015.

2. Aunque todos los científicos coinciden en que la erupción del supervolcán de Toba fue un suceso verdaderamente catastrófico, hay que señalar que no todos creen que alterara el curso de la evolución humana. Un equipo de la Universidad de Oxford analizó sedimentos del lago Malawi, en África, de hace decenas de miles de años. Perforando en el fondo del lago, se pueden extraer sedimentos depositados en el pasado lejano y reconstruir las antiguas condiciones climáticas. El análisis de los datos correspondientes a la época de la erupción de Toba no mostraba indicios significativos de un cambio climático permanente, lo que arroja dudas sobre la teoría. Sin embargo, aún está por verse si este resultado se puede ampliar a otras zonas además del lago Malawi. Otra teoría dice que el «cuello de botella» por el que pasó la evolución humana hace 75.000 años se debió a efectos ambientales paulatinos, y no a un colapso súbito. Se necesitarán más investigaciones para zanjar definitivamente la cuestión.

1. Preparándonos para el despegue

1. Las tres leyes del movimiento de Newton son:

— Un objeto en movimiento sigue en movimiento, a menos que una fuerza exterior actúe sobre él. (Esto significa que nuestras sondas espaciales, una vez que estén en el espacio, pueden llegar a planetas lejanos con un mínimo de combustible porque básicamente hacen el camino en punto muerto, ya que en el espacio no hay fricción.)

— La fuerza es igual a la masa multiplicada por la aceleración. Esta es la ley fundamental de la mecánica de Newton, que hace posible la construcción de rascacielos, puentes y fábricas. En cualquier universidad, el primer curso de física se dedica en esencia a resolver esta ecuación para diferentes sistemas mecánicos.

— Por cada acción, hay una reacción igual y contraria. Esta es la razón por la que los cohetes pueden moverse en el espacio.

Estas leyes funcionan a la perfección cuando se lanzan sondas espaciales a través del sistema solar. Sin embargo, acaban fallando inevitablemente en varias circunstancias importantes: a) velocidades sumamente rápidas, que se aproximen a la de la luz; b) campos gravitatorios muy intensos, como los que hay cerca de un agujero negro; y c) distancias muy pequeñas, como las que se dan dentro del átomo. Para explicar estos fenómenos, necesitamos la teoría de la relatividad de Einstein y también la mecánica cuántica.

2. Chris Impey, *Beyond. Our Future in Space*, Nueva York, W. W. Norton, 2015.

3. *Ibid.*, p. 30.

4. Los historiadores siguen debatiendo sobre cuánto se influenciaron los pioneros como Tsiolkovsky, Goddard y Von Braun. Algunos aseguran que trabajaron en aislamiento casi completo y descubrieron cada uno el trabajo de los demás. Otros afirman que hubo una considerable interacción entre ellos, dado que muchos de sus trabajos se publicaron. Se sabe que los nazis se acercaron a Goddard y le pidieron consejo. Así que no es aventurado suponer que Von Braun, que tenía acceso al Gobierno alemán, estuviera bien al corriente de los avances de sus predecesores.

5. Hans Fricke, *Der Fisch, der aus der Urzweit kam*, Munich, Deutscher Taschenbuch-Verlag, 2010, pp. 23-24.

6. Véase Lance Morrow, «The Moon and the Clones», *Time*, 3 de agosto de 1998. Para más información sobre el historial político de Von Braun, véase M. J. Neufeld, *Wernher von Braun: Dreamer of Space, Engineer of War*, Nueva York, Vintage, 2008. Además, partes de este comentario se basan en una entrevista radiofónica que le hice al señor Neufeld en septiembre de 2007. Se ha escrito mucho sobre este gran científico, que inició la era espacial, pero con apoyo de los nazis, así que cada autor ha llegado a diferentes conclusiones.

7. Véase R. Hal y D. J. Sayler, *The Rocket Men: Vostok and Voskhod, the First Soviet Manned Spaceflights*, Nueva York, Springer Verlag, 2001.

8. Véase Gregory Benford y James Benford, *Starship Century*, Nueva York, Lucky Bat Books, 2004, p. 3.

2. La nueva edad de oro del viaje espacial

1. Peter Whoriskey, «For Jeff Bezos, *The Post* Represents a New Frontier», *Washington Post*, 12 de agosto de 2013.

2. Véase R. A. Kerr, «How We Meet the Moon? Just Damp Enough to Be Interesting», *Science Magazine*, 330 (2010), p. 434.

3. Véase B. Harvey, *China's Space Program: From Conception to Manned Spaceflight*, Dordrecht, Springer-Verlag, 2004.

4. Véase J. Weppler, V. Sabathier y A. Bander, «Costs of an International Lunar Base», Washington D.C., Center for Strategic and International Studies, 2009, en <https://csis.org/publication/costs-international-lunar-base>.

3. Minas en los cielos

1. Véase <www.planetaryresources.com>.

4. Marte o muerte

1. Para más citas de Elon Musk, véase <www.investopedia.com/university/elon-musk-biography/elon-musk-most-influential-quotes.asp>.

2. Véase <https://manofmetropolis.com/nick-graham-fall-2017-review>.

3. *The Guardian*, septiembre de 2016, en <www.theguardian.com/technology/2016/sep/27/elon-muskspacex-mars-exploration-space-science>.

4. *The Verge*, 5 de octubre de 2016, en <www.theverge.com/2016/10/5/13178056/boeing-ceo-mers-colony-rocket-space-elon-musk>.

5. *Business Insider*, 6 de octubre de 2016; <www.businessinsider.com/boeing-spacex-mars-elon-musk-2016-10>.

6. *Ibid.*

7. Véase <www.nasa.gov/feature/deep-space-gateway-to-open-opportunities-for-distant-destinations>.

5. Marte: el planeta-huerto

1. Entrevista radiofónica en *Science Fantastic*, junio de 2017.

2. Véase R. Reider, *Dreaming the Biosphere*, Albuquerque, University of New Mexico Press, 2010.

6. Gigantes gaseosos, cometas y más allá

1. El cálculo del límite de Roche y de las fuerzas mareales solo requiere una aplicación elemental de la ley de la gravedad de Newton. Dado que los satélites son objetos esféricos, y no partículas puntuales sin dimensiones, la fuerza de atracción de un gigante gaseoso como Júpiter es mayor en el lado del satélite que da a este planeta que en el otro lado. Esto produce que la luna se abulte un poco. Pero también se puede calcular la fuerza de la gravedad que mantiene el satélite de una pieza gracias a su propio tirón gravitatorio. Si el satélite se acerca demasiado, la fuerza que

tira de él para despedazarlo llega a ser igual que la fuerza que lo mantiene unido. En ese punto, el satélite empieza a desintegrarse. Así obtenemos el límite de Roche. Todos los anillos documentados de los gigantes gaseosos están dentro del límite de Roche. Esto parece indicar —pero no demuestra— que los anillos de los gigantes gaseosos fueron causados por fuerzas mareales.

2. Tal vez los cometas del cinturón de Kuiper y los de la nube de Oort tienen diferentes orígenes. En un principio, el sol era una gigantesca bola de hidrógeno gaseoso y polvo, tal vez de varios años luz de diámetro. Cuando el gas empezó a condensarse por efecto de la gravedad, la bola empezó a girar más rápido. Parte del gas se condensó en un disco giratorio, que siguió condensándose y acabó formando el sistema solar. Dado que este disco giratorio contenía agua, en sus confines exteriores se creó un anillo de cometas: el cinturón de Kuiper. Sin embargo, una parte del gas y el polvo no se condensó en el disco, sino en trozos de hielo estacionarios, que más o menos definían los contornos originales de la protoestrella. Esto se convirtió en la nube de Oort.

7. ROBOTS EN EL ESPACIO

1. *Discover Magazine*, abril de 2017.

2. Muchos temen que la inteligencia artificial pueda revolucionar el mercado laboral, dejando sin empleo a millones de personas. Esto podría suceder, pero existen otras tendencias que podrían invertir este efecto. A medida que la industria aumente de tamaño, aparecerán nuevos empleos —en el diseño, reparación, mantenimiento y servicio de robots—, tal vez rivalizando con la industria del automóvil. Además, hay muchas clases de trabajos que no se podrán dejar en manos de robots durante décadas. Por ejemplo, los trabajadores semicualificados en trabajos no repetitivos —conserjes, policías, obreros de la construcción, fontaneros, jardineros, contratistas, etc.— no se pueden sustituir por robots. Estos son, por ejemplo, demasiado primitivos para recoger la basura. En general, los trabajos que son difíciles de automatizar y encomendar a robots son los que requieren a) sentido común, b) reconocimiento de patrones, y c) interacciones humanas. Por ejemplo, en un

bufete de abogados, la parte paralegal se podría automatizar, pero seguirán necesitándose abogados para argumentar los casos ante un juez o un jurado. Es posible que los intermediarios y comisionistas se queden sin trabajo, así que tendrán que añadir valor a sus servicios (es decir, a su capital intelectual), aportando, a diferencia de los robots, capacidad de análisis, experiencia, intuición e innovación.

3. Samuel Butler, *Darwin among the Machines*, en <www.history ofinformation.com/expanded.php?id=3849>.

4. Para más citas de Claude Shannon, véase <www.quotes-inspirational. com/quote/visualize-time-robots-dogs-humans-121>.

5. Raffi Khatchadourian, «The Doomsday Invention», *New Yorker*, 23 de noviembre de 2015, en <www.newyorker.com/magazine/2015/ 11/23/doomsday-invention-artificial-intelligence-nick-bostrom>.

6. El debate acerca de los peligros y beneficios de la inteligencia artificial debe ponerse en perspectiva: todo descubrimiento se puede utilizar para el bien o para el mal. Cuando se inventaron el arco y la flecha, se usaban principalmente para cazar animales pequeños, como conejos y ardillas. Pero con el tiempo se convirtieron en un arma formidable que podía servir para matar a otros humanos. De manera similar, cuando se inventaron los primeros aviones, se utilizaban con fines recreativos y para transportar el correo, pero con el tiempo se convirtieron en armas capaces de lanzar bombas. Y, del mismo modo, la inteligencia artificial será durante muchas décadas un invento útil que generará empleos, nuevas industrias y prosperidad. Pero, con el tiempo, estas máquinas podrían representar un peligro existencial si se vuelven demasiado inteligentes. ¿En qué momento sucedería algo así? Yo creo que el punto de inflexión llegará cuando adquieran conciencia de sí mismas. En la actualidad, los robots no saben que son robots, pero esto podría cambiar radicalmente en el futuro. Sin embargo, en mi opinión, lo más probable es que esta inflexión no se produzca hasta finales de este siglo, lo que nos dará tiempo para prepararnos.

7. Hay que ir con cuidado al analizar un aspecto de la singularidad: que las futuras generaciones de robots puedan ser más inteligentes que las anteriores, de modo que podremos crear robots superinteligentes con mucha rapidez. Por supuesto, producimos ordenadores con cada vez más memoria, pero ¿significa eso que son más «inteligentes»? De hecho, na-

die ha podido jamás crear un ordenador que sea capaz a su vez de producir un ordenador de segunda generación que sea más inteligente. Ni siquiera existe una definición rigurosa del término «inteligente». Esto no significa que sea imposible que ocurra; solo significa que el proceso está mal definido. Y no está nada claro cómo se podría conseguir.

8. La clave de la inteligencia humana, en mi opinión, es nuestra capacidad de simular el futuro. Los humanos estamos constantemente planeando, proyectando, reflexionando y meditando sobre el futuro. No podemos evitarlo. Somos máquinas de predecir. Pero una de las claves para simular el futuro es comprender las leyes del sentido común, y hay miles de millones de ellas. A su vez, estas leyes dependen del conocimiento de la biología, la química y la física básicas del mundo que nos rodea. Cuanto más preciso sea nuestro conocimiento de estas leyes, más precisa será nuestra simulación del futuro. Por el momento, el problema del sentido común es uno de los mayores obstáculos para la inteligencia artificial. Todos los intentos de codificar sus leyes han fracasado. Hasta un niño tiene más sentido común que nuestro ordenador más avanzado. En otras palabras, un robot que intentara arrebatar a los humanos el dominio del mundo fracasaría miserablemente porque no comprendería las cosas más elementales. No basta que un robot intente controlar a los humanos; para llevar a cabo sus planes tendría que dominar las leyes más simples del sentido común. Por ejemplo, si le encomendamos a un robot la sencilla tarea de robar un banco, al final fracasará, pues no puede prever con cierto realismo todas las posibles situaciones futuras.

8. La construcción de una nave estelar

1. R. L. Forward, «Roundtrip Interstellar Travel Using Laser-Pushed Lightsails», *Journal of Spacecraft*, 21, n.º 2 (1984), pp. 187-195.

2. Véase G. Vulpetti, L. Johnson y L. Matloff, *Solar Sails: A Novel Approach to Interplanetary Flight*, Nueva York, Springer, 2008.

3. Julio Verne, *De la Tierra a la Luna*, citado en <www.space.com/5581-nasa-deploy-solar-sail-summer.html>.

4. G. Dyson, *Project Orion: The True Story of the Atomic Spaceship*, Nueva York, Henry Holt, 2002.

5. S. Lee y S. H. Shaw, «Nuclear Fusion Energy. Mankind's Giant Step Forward», *Journal of Fusion Energy*, 29, n.º 2 (2010).

6. La razón fundamental de que aún no se haya logrado la fusión magnética en la Tierra es el problema de la estabilidad. En la naturaleza, las bolas gigantes de gas se pueden comprimir para encender una estrella, porque la gravedad comprime el gas uniformemente. Sin embargo, el magnetismo implica dos polos, norte y sur. Por lo tanto, es imposible comprimir por igual un gas por medio del magnetismo. Si se empuja a través de este el gas por un lado, se expande por el otro. (Es como si intentáramos estrujar un globo. Cuando apretamos una cara, se hincha la otra.) Una idea es crear un campo magnético en forma de rosquilla y comprimir el gas en el interior de esta. Pero los físicos no han conseguido hacerlo con gas caliente durante más de una décima de segundo, que es muy poco tiempo para generar una reacción de fusión autosostenible.

7. Aunque los cohetes de antimateria convierten materia en energía con un cien por cien de eficacia, siempre hay alguna pérdida que no se detecta. Por ejemplo, parte de la energía de una colisión entre materia y antimateria se manifiesta en forma de neutrinos, que no se pueden captar para generar energía utilizable. Nuestros cuerpos reciben en todo momento radiación de neutrinos del sol, y sin embargo no notamos nada. Y aun cuando el sol se pone, seguimos recibiendo esa misma radiación que atraviesa el planeta. De hecho, si pudiéramos hacer pasar un rayo de neutrinos a través de plomo sólido, penetraría hasta un año luz en el plomo antes de detenerse por fin. Así pues, la energía de los neutrinos generados por las colisiones entre materia y antimateria se pierde y no se puede utilizar para generar potencia.

8. R. W. Bussard, «Galactic Matter and Interstellar Flight», *Astronautics Acta*, 6 (1960), pp. 179-194.

9. D. B. Smitherman Jr., «Space Elevators: An Advanced Earth-Space Infrastructure for the New Millennium», publicación de la NASA, CP 2000-210429.

10. NASA Science, «Audacious and Outrageous: Space Elevators»; <https://science.nasa.gov/science-news/science-at-nasa/2000/asto7sep_1>.

11. La teoría de la relatividad especial de Einstein se basa en esta simple frase: «La velocidad de la luz es constante en cualquier marco

inerte [es decir, en cualquier marco con movimiento uniforme]». Esto viola las leyes de Newton, que no dicen nada sobre la velocidad de la luz. Para cumplir esta ley, tienen que darse enormes cambios en nuestro conocimiento de las leyes del movimiento. A partir de esa única sentencia, se puede demostrar que:

• Cuanto más veloces viajemos en un cohete, más lento pasa el tiempo dentro de este.

• Dentro de este cohete, el espacio se comprime al aumentar la velocidad.

• Cuanto más veloces vayamos, más pesados nos haremos.

En consecuencia, esto significa que a la velocidad de la luz el tiempo se detendría y nos volveríamos infinitamente planos y pesados, lo cual es imposible. Por lo tanto, no se puede romper la barrera de la luz. (Sin embargo, en el big bang el universo se propagó tan rápidamente que la onda expansiva superó la velocidad de la luz. Esto no representa un problema, pues es el espacio vacío lo que se está moviendo a mayor velocidad que la luz. En cambio, para los objetos materiales esto no es posible.)

La única manera conocida de alcanzar una mayor velocidad que la luz es invocar la teoría de la relatividad general de Einstein, donde el espacio-tiempo se convierte en un tejido que puede estirarse, curvarse e incluso desgarrarse. Un modo sería utilizar «espacios de conexión múltiple» (agujeros de gusano), que conectan dos universos como si fueran hermanos siameses. Si tomamos dos hojas de papel, las ponemos en paralelo y hacemos un agujero que las conecte, tendremos un agujero de gusano. También se podría comprimir de algún modo el espacio delante de nosotros, para poder saltar sobre este y alcanzar esa velocidad.

12. Stephen Hawking demostró un teorema que afirma que la energía negativa es imprescindible para encontrar cualquier solución a las ecuaciones de Einstein que permita el viaje en el tiempo o las naves que atraviesan agujeros de gusano.

La energía negativa no está admitida en la mecánica newtoniana normal. Sin embargo, sí lo está en la teoría cuántica, gracias al efecto Casimir. Se ha medido en un laboratorio y se ha descubierto que es muy pequeña. Si tenemos dos grandes planchas metálicas paralelas, la energía de Casimir es inversamente proporcional a la distancia de separación de las planchas elevada a la tercera potencia. En otras palabras, la energía negativa aumenta a medida que se acercan esas dos planchas.

El problema es que estas tienen que acercarse a distancias subatómicas, lo que no es posible con la tecnología actual. Pero podemos suponer que una civilización muy avanzada haya dominado de algún modo la capacidad de controlar grandes cantidades de energía negativa para hacer posibles las máquinas del tiempo y las naves que puedan atravesar los agujeros de gusano.

13. Véase M. Alcubierre, «The Warp Drive: Hyperfast Travel Within General Relativity», *Classical and Quantum Gravity*, 11, n.º 5 (1994), pp. L73-L77. Cuando entrevisté a Alcubierre para el Discovery Channel, estaba convencido de que su solución a las ecuaciones de Einstein era una contribución importante, pero era consciente de las dificultades que habría que afrontar si intentáramos construir un motor de impulso por curvatura. En primer lugar, el espacio-tiempo dentro de la burbuja de distorsión estaría causalmente separado del mundo exterior. Esto significa que sería imposible conducir la nave o dirigirla desde el exterior. Y lo segundo y más importante es que se necesitarían ingentes cantidades de materia negativa (que nunca se ha encontrado) y de energía negativa (que solo existe en cantidades minúsculas). Así pues, concluía, habría que resolver grandes impedimentos antes de poder construir este tipo de motores.

9. El Kepler y un universo de planetas

1. William Boulting, *Giordano Bruno: His Life, Thought and Martyrdom*, Australia, Leopold Classic Library, 2014.

2. *Ibid.*

3. Para más información sobre el satélite Kepler, véase la página web de la NASA: <http:/www.kepler.arc.nasa.gov>.

Este satélite centró su atención en una pequeña parcela de la Vía Láctea. Aun así, ha descubierto indicios de unos cuatro mil planetas orbitando alrededor de estrellas. Pero podemos extrapolar los resultados de este pequeño sector a la galaxia entera y hacer un cálculo aproximado de los planetas que hay en la Vía Láctea. Las misiones que sucedan al

Kepler se centrarán en diferentes zonas de nuestra galaxia, con la esperanza de encontrar diferentes tipos de planetas extrasolares y de otros semejantes a la Tierra.

4. Entrevista con la profesora Sara Seager, *Science Fantastic*, junio de 2017.

5. Christopher Crockett, «Year in Review: A Planet Lurks Around the Star Next Door», *Science News*, 14 de diciembre de 2016.

6. Entrevista con la profesora Sara Seager, *Science Fantastic*, junio de 2017.

7. Véase <www.quotes.euronews.com/people/michael-gillion-KAp4OyeA>.

10. INMORTALIDAD

1. A. Crow, J. Hunt y A. Hein, «Embryo Space Colonization to Overcome the Interstellar Time Distance Bottleneck», *Journal of the British Interplanetary Society*, 65 (2012), pp. 283-285.

2. Linda Marsa, «What It Takes to Reach 100», *Discover Magazine*, octubre de 2016.

3. A veces se dice que la inmortalidad infringe la segunda ley de la termodinámica, que afirma que todo, incluyendo los organismos vivos, acaba decayendo, descomponiéndose y muriendo. Sin embargo, hay una vía de escapatoria en la segunda ley, la cual apunta que (en un sistema cerrado) la entropía (el desorden) aumenta de manera inevitable. La palabra clave es «cerrado». Si tenemos uno abierto (donde pueda entrar energía desde el exterior), la entropía se puede invertir. Así es como funciona un frigorífico. El motor de la parte de abajo empuja gas a través de un tubo, que hace que el gas se expanda, haciendo que el frigorífico se enfríe. Cuando se aplica a los seres vivos, esto significa que la entropía se puede invertir siempre que se añada energía desde el exterior. Y esta energía es la luz del sol.

Así pues, nuestra misma existencia es posible porque el sol puede proporcionar energía a las plantas, y nosotros podemos consumir esas plantas y utilizar esa energía para reparar los daños causados por la entropía. De este modo, podemos invertir la entropía a nivel local. Cuando hablamos de la inmortalidad humana, podemos eludir la segunda ley de la termodinámica añadiendo nueva energía a nivel local desde el exterior (por ejemplo, en forma de cambios en la dieta, ejercicio, terapia génica, absorción de nuevos tipos de enzimas, etc.).

4. Citado en Michio Kaku, *The Physics of the Future*, Nueva York, Anchor Books, 2012, p. 118.

5. Aquí lo importante es que, en general, todas las predicciones pesimistas sobre el colapso de la población hechas en los años sesenta no se materializaron. De hecho, la tasa de crecimiento de la población mundial está reduciéndose. Pero lo cierto es que la población absoluta del mundo sigue aumentando, sobre todo en el África subsahariana, así que es difícil predecir la población mundial en 2050 y 2100. No obstante, algunos demógrafos aseguran que, si las tendencias se mantienen, la población mundial acabará afianzándose. De ser así, esta podría alcanzar un nivel más o menos estable y así se evitaría una catástrofe demográfica. Pero todo esto sigue siendo pura conjetura.

6. Véase <https://quotefancy.com/quote/1583084/Danny-Hillis-I-am-as-fond-of-my-body-but-if-I-can-be-200-with-a-body-of-silicon>.

11. TRANSHUMANISMO Y TECNOLOGÍA

1. Andrew Pollack, «A Powerful New Way to Edit DNA», *The New York Times*, 3 de marzo de 2014, en <www.nytimes.com/2014/03/04/health/a-powerful-new-way-to-edit-DNA.html>.

2. Véase Michio Kaku, *Visions*, Nueva York, Anchor Books, 1998, p. 220; y *The Physics of the Future*, p. 118.

3. *Ibid.*

4. F. Fukuyama, «The World's Most Dangerous Ideas: Transhumanism», *Foreign Policy*, 144 (2004), pp. 42-43.

12. En busca de vida extraterrestre

1. Arthur C. Clarke dijo en cierta ocasión: «O bien hay vida inteligente en el universo, o bien no la hay. Cualquiera de las dos cosas es aterradora».

2. Rebecca Boyle, «Why These Scientists Fear Contact with Space Aliens», NBC News, 8 de febrero de 2017, en <www.nbcnews.co/storyline/the-big-questions/why-these-scientists-fear-contact-space-aliens-n717271>.

3. Por el momento, no hay un consenso universal acerca del proyecto SETI. Algunos creen que la galaxia puede estar repleta de vida inteligente. Otros piensan que tal vez estemos solos en el universo. Como solo tenemos un dato para analizar (nuestro planeta), hay muy pocas directrices rigurosas para orientar nuestro análisis, aparte de la ecuación de Drake.

Para encontrar otra opinión, véase N. Bostrom, «Where Are They: Why I Hope the Search for Extraterrestrial Intelligence Finds Nothing», *MIT Technology Review Magazine*, mayo-junio de 1998, pp. 72-77.

4. E. Jones, «Where Is Everybody? An Account of Fermi's Question», Los Alamos Technical Report, LA 10311-MS 1985. Véase también S. Webb, *If the Universe Is Teeming Aliens… Where Is Everybody?*, Nueva York, Copernicus Books, 2002.

5. Stapledon, *Star Maker*, Nueva York, Dover, 2008, p. 118.

6. Existen otras muchas posibilidades que no se pueden descartar a la ligera. Una es que estemos solos en el universo. El argumento en este caso es que estamos descubriendo cada vez más zonas Ricitos de Oro, y esto significa que cada vez es más difícil encontrar planetas que encajen en estas zonas nuevas. Por ejemplo, existe una zona Ricitos de Oro para la Vía Láctea. Si un planeta está demasiado cerca del centro de la galaxia, recibirá demasiada radiación para que la vida pueda existir. Si está demasiado lejos del centro, no tendrá suficientes elementos pesados para crear las moléculas de la vida. Y se argumenta que podrían existir tantas zonas Ricitos de Oro, muchas de ellas aún por descubrir, que tal vez solo exista un planeta en el universo con vida inteligente. Cada vez que se identifica una de estas zonas, disminuye considerablemente la posibilidad de vida. Con tantas de estas, la probabilidad total de vida inteligente es casi nula.

Además, a veces se dice que la vida extraterrestre podría estar basada en leyes químicas y físicas completamente nuevas, que estarían mucho más allá de lo que podemos crear en un laboratorio. Nuestro conocimiento de la naturaleza es demasiado reducido y simplista para
explicar la vida en el espacio exterior. Esto podría ser verdad.Y desde
luego, es indudable que encontraremos nuevas sorpresas cuando empecemos a explorar el universo. Sin embargo, limitarse a decir que pueden
existir una química y una física diferentes no hace avanzar el debate. La
ciencia se basa en teorías que tienen que ser comprobables, reproducibles y refutables, de modo que limitarse a postular la existencia de leyes
químicas y físicas desconocidas no sirve de mucho.

13. CIVILIZACIONES AVANZADAS

1.Véase David Freeman, «Are Space Aliens Behind the "Most Mysterious Star in the Universe"?», *Huffington Post*, 25 de agosto de 2016,
en <www.huffingtonpost.com/entry/are-space-aliens-behind-the-
most-mysterious-star-in-the-universe_us_57bb5537e4bood9c3a
1942f1>.Véase también Sarah Kaolan, «The Weirdest Star in the Sky Is
Acting Up Again», *Washington Post*, 24 de mayo de 2017, en <www.
washingtonpost.com/news/speaking-of-science/wp/2017/05/24/
the-weirdest-star-in-the-sky-is-acting-up-again/?utm_term=.5301cac
2152a>.

2. Ross Anderson, «The Most Mysterious Star in Our Galaxy», *The
Atlantic*, 13 de octubre de 2015, en <www.theatlantic.com/science/
archive/2015/10/the-most-interesting-star-in-our-galaxy/41023>.

3. N. Kardashev, «Transmission of Information by Extraterrestrial
Civilizations», *Soviet Astronomy*, 8 (1964), p. 217.

4. Chris Impey, *Beyond: Our Future in Space*, Nueva York, W. W. Norton, 2016, pp. 255-256.

5. David Grinspoon, *Lonely Planets*, Nueva York, HarperCollins,
2003, p. 333.

6. A veces se dice que construir aceleradores gigantes como el LHC
y los que vengan después provocará la formación de un agujero negro
que podría destruir todo el planeta. Esto es imposible por varias razones:

En primer lugar, el LHC no puede generar suficiente energía para crear un agujero negro, lo que requiere energías comparables a las de una estrella gigante. La energía del LHC es la de las partículas subatómicas, demasiado pequeñas para abrir un agujero en el espacio-tiempo. En segundo lugar, la madre naturaleza bombardea la Tierra con partículas subatómicas más potentes que las creadas por el LHC, y la Tierra sigue aquí. Así pues, estas partículas son inofensivas. Y, por último, la teoría de cuerdas predice que algún día nuestros aceleradores podrían generar miniagujeros negros, pero estos son partículas subatómicas, no estrellas, y por lo tanto no representan ningún peligro.

7. Si somos tan ingenuos para intentar unificar la teoría cuántica con la relatividad general, nos encontramos con inconsistencias matemáticas que han desconcertado a los físicos durante casi un siglo. Por ejemplo, si calculamos la dispersión de dos gravitones (partículas de gravedad), nos encontramos con que el resultado es infinito, lo cual no tiene sentido. Así pues, el problema fundamental de la física teórica es unificar la gravedad con la teoría cuántica de un modo que dé respuestas finitas.

Por el momento, la única manera conocida de eliminar estos molestos infinitos es aplicar la teoría de las supercuerdas. Esta teoría tiene un potente conjunto de simetrías en las que los infinitos se anulan unos a otros. Esto es así porque en la teoría de cuerdas cada partícula tiene un compañero, llamado «s-partícula». Los infinitos derivados de las partículas normales se eliminan exactamente con los infinitos derivados de las s-partículas, de modo que toda la teoría es finita. La teoría de cuerdas es la única teoría física que elige su propia dimensionalidad. Y esto se debe a que la teoría es simétrica bajo una supersimetría. En general, todas las partículas del universo pertenecen a uno de estos dos tipos: bosones (que tienen un spin entero) y fermiones (que tienen spin semientero). A medida que aumenta el número de dimensiones del espacio-tiempo, aumenta también el número de fermiones y bosones. En general, el número de fermiones aumenta mucho más deprisa que el número de bosones. Pero las dos curvas se juntan en las diez dimensiones (para las cuerdas) y en las once dimensiones (para las membranas, como las de esferas y burbujas). Por lo tanto, la única teoría consistente de la supersimetría se encuentra en las diez y once dimensiones.

Si fijamos en diez las dimensiones del espacio-tiempo, tenemos una teoría de cuerdas consistente. Sin embargo, existen cinco teorías de cuerdas diferentes para diez dimensiones. Para un físico que busque la teoría definitiva del espacio y el tiempo, es difícil creer que pueda haber cinco teorías consistentes. Lo que queremos es una sola. (Una de las preguntas orientativas que planteó Einstein fue: ¿tenía Dios otra opción al hacer el universo? O, dicho de otro modo: ¿es este el único universo posible?)

Más adelante, Edward Witten demostró que estas cinco teorías de cuerdas se pueden unificar en una sola si añadimos una dimensión más, con lo que serían once. A esta teoría se la llamó Teoría-M, e incluye membranas además de cuerdas. Si empezamos con una membrana en once dimensiones, y después reducimos una de estas once dimensiones (aplanándola o cortándola en rodajas), encontramos que existen cinco maneras de reducir una membrana a una cuerda, lo que nos da las cinco teorías de cuerdas conocidas. (Por ejemplo, si aplastamos una pelota de playa, dejando solo el ecuador, habremos reducido una membrana de once dimensiones a una cuerda de diez dimensiones.) Por desgracia, todavía desconocemos por completo la teoría fundamental en la que se basa la Teoría-M. Lo único que sabemos es que, si reducimos once dimensiones a diez, la Teoría-M se reduce a las cinco diferentes teorías de cuerdas; y que en el límite de baja energía, la Teoría-M se reduce a una teoría de supergravedad de once dimensiones.

8. El viaje en el tiempo plantea otro problema teórico. Si un fotón, una partícula de luz, entra en el agujero de gusano y retrocede en el tiempo unos cuantos años, al cabo de unos años llegará al presente y puede volver a entrar en el agujero de gusano. De hecho, puede volver a entrar en el agujero un número infinito de veces, y la máquina del tiempo explotaría. Esta es una de las objeciones de Stephen Hawking a las máquinas del tiempo. Sin embargo, hay una manera de eludir este problema. En la teoría de múltiples mundos de la mecánica cuántica, el universo se escinde constantemente en universos paralelos. Por lo tanto, si el tiempo se está dividiendo constantemente, esto significa que el fotón solo retrocede en el tiempo una vez. Si vuelve a entrar en el agujero de gusano, lo hará en un universo paralelo. Tu verdadero abuelo, en tu universo, no fue asesinado.

14. SALIR DEL UNIVERSO

1. Hasta los agujeros negros acabarán muriendo. Según el principio de incertidumbre, todo es dudoso. Se supone que un agujero negro absorbe el cien por cien de toda la materia que cae en él, pero esto viola el principio de incertidumbre. En realidad, hay una débil radiación que escapa del agujero negro, llamada radiación de Hawking. Stephen Hawking demostró que era una radiación de cuerpo negro (similar a la emitida por un trozo de metal fundido) y que por lo tanto lleva asociada una temperatura. Se puede calcular que, con el paso de los eones, un agujero negro (que en realidad es gris) emitirá tanta radiación que dejará de ser estable. Entonces desaparecerá en una explosión, de modo que hasta los agujeros negros acabarán muriendo.

Si suponemos que en el futuro se produce el big freeze, tendremos que afrontar el hecho de que la materia atómica que conocemos podría desintegrarse dentro de trillones y trillones de años. Por el momento, el modelo estándar de las partículas subatómicas dice que el protón debería ser estable. Pero si generalizamos el modelo para intentar unificar las distintas fuerzas atómicas, descubrimos que el protón puede descomponerse en un positrón y un neutrino. De ser así, esto significa que la materia (tal como la conocemos) es en último término inestable y acabará descomponiéndose en una niebla de positrones, neutrinos, electrones, etc. Lo más probable es que la vida no pueda existir en tan duras condiciones. Según la segunda ley de la termodinámica, solo se puede obtener trabajo utilizable si hay una diferencia de temperatura. Pero en el big freeze las temperaturas bajarán hasta casi el cero absoluto, así que ya no habrá una diferencia de temperaturas de la que podamos obtener trabajo útil. En otras palabras, todo se detendrá, incluyendo todas las formas de vida posibles.

2. La energía oscura es uno de los grandes misterios de la física. Las ecuaciones de Einstein tienen dos términos que en general son covariantes. El primero es el «tensor de curvatura contraída», que mide las distorsiones del espacio-tiempo causadas por las estrellas, el polvo, los planetas, etc. El segundo es el «volumen del espacio-tiempo». Así que incluso el vacío tiene energía asociada. Cuanto más se expande el universo, más vacío hay, y por lo tanto habrá más energía oscura para ge-

nerar aún más expansión. En otras palabras, el ritmo de expansión del vacío es proporcional a la cantidad de vacío que existe. Esto, por definición, causa una dilatación exponencial del universo, llamada expansión de De Sitter (en honor del físico que la identificó por primera vez).

Esta expansión habría podido dar origen a la inflación original que inició el big bang, pero también está provocando que el universo se expanda exponencialmente una vez más. Por desgracia, los físicos no saben explicar nada de esto a partir de principios básicos. La teoría de cuerdas es la que más se acerca a explicar la energía oscura, pero el problema es que no puede predecir la cantidad exacta de energía oscura que hay en el universo. La teoría de cuerdas dice que, según como se enrosque el hiperespacio de diez dimensiones, se pueden obtener diferentes valores para la energía oscura, pero no predice con exactitud cuánta energía oscura hay.

3. Suponiendo que los agujeros de gusano sean posibles, hay todavía otro obstáculo que superar. Tenemos que estar seguros de que la materia es estable al otro lado del agujero. Por ejemplo, la razón por la que nuestro universo es posible es que el protón es estable, o al menos tan estable que nuestro universo no se ha colapsado a un estado inferior en los 13.800 millones de años que lleva existiendo. En posible que otros universos del multiverso tengan un estado fundamental en el que, por ejemplo, el protón pueda descomponerse en partículas con menos masa, como los positrones. En este caso, todos los familiares elementos químicos de la tabla periódica se descompondrían, y estos universos consistirían en una niebla de electrones y neutrinos inservibles para formar materia atómica estable. Así que habrá que tener cuidado y procurar entrar en un universo paralelo en el que la materia sea estable y similar a la nuestra.

4. A. Guth, «Eternal Inflation and Its Implications», *Journal of Physics, A: Mathematical and Theoretical*, 40, n.º 25 (2007), p. 6.811.

5. La teoría inflacionaria resuelve varios aspectos desconcertantes del big bang. En primer lugar, nuestro universo parece ser sumamente plano, mucho más plano que lo que proponía la teoría normal. Esto se puede explicar suponiendo que nuestro universo tuvo una expansión mucho más rápida que lo que se pensaba antes. Una diminuta porción del universo original se infló enormemente y se aplanó en el pro-

ceso. En segundo lugar, la teoría explica por qué el universo es mucho más homogéneo de lo que debería ser. Si miramos en todas las direcciones del espacio, vemos que el universo es bastante igual. Pero, dado que la velocidad de la luz es la velocidad definitiva, no hubo tiempo suficiente para que el universo original se mezclara uniformemente. Esto se puede explicar suponiendo que una diminuta fracción del big bang original era uniforme, y que ese fragmento se infló para formar el universo uniforme actual.

Además de estos dos logros, la teoría del universo inflacionario se ajusta (hasta ahora) a todos los datos que nos llegan de la radiación cósmica de fondo de microondas. Esto no significa que la teoría sea correcta, solo que hasta ahora concuerda con todos los datos cosmológicos. El tiempo dirá si la teoría es correcta. Un grave problema de la inflación es que no se sabe qué la causó. La teoría funciona bien a partir del instante de la inflación, pero no dice absolutamente nada acerca del motivo por el que el universo original se infló.

Bibliografía recomendada

ARNY, Thomas, Stephen Schneider, *Explorations: An Introduction to Astronomy*, Nueva York, McGraw-Hill, 2016.

ASIMOV, Isaac, *Trilogía de la Fundación*, Barcelona, Debolsillo, 2010.

BARRAT, James, *Nuestra invención final. La inteligencia artificial y el fin de la era humana*, México, Paidós, 2014.

BENFORD, James, Gregory Benford, *Starship Century: Towards the Grandest Horizon*, Middletown, Delaware, Microwave Sciences, 2013.

BOSTROM, Nick, *Superinteligencia. Caminos, peligros, estrategias*, Zaragoza, Teell Editorial, 2016.

BROCKMAN, John, ed., *What to Think About Machines That Think*. Nueva York, Harper Perennial, 2015.

CLANCY, Paul, Andre Brack y Gerda Horneck, *Looking for Life, Searching the Solar System*, Cambridge University Press, 2005.

COMINS, Neil, William Kaufmann III, *Discovering the Universe*, Nueva York, W. H. Freeman, 2008.

DAVIES, Paul, *Un silencio inquietante. La nueva búsqueda de inteligencia extraterrestre*, Barcelona, Crítica, 2011.

FREEDMAN, Roger, Robert M. Geller, William Kaufmann III, *Universe*, Nueva York, W. H. Freeman, 2011.

GEORGES, Thomas M., *Digital Soul: Intelligent Machines and Human Values*, Nueva York, Perseus Books, 2003.

GILSTER, Paul, *Centauri Dreams*, Nueva York, Springer Books, 2004.

GOLUB, Leon, Jay Pasachoff, *The Nearest Star*, Cambridge, Harvard University Press, 2001.

Grinspoon, David, *Lonely Planets: The Natural Philosophy of Alien Life*, Nueva York, Harper Collins, 2003.

Impey, Chris, *Beyond: Our Future in Space*, Nueva York, W. W. Norton, 2016.

—, *Una historia del cosmos. La búsqueda de vida en el universo desde el inicio de los tiempos*, Barcelona, Planeta, 2010.

Kaku, Michio, *El futuro de nuestra mente. El reto científico para entender, mejorar y fortalecer nuestra mente*, Barcelona, Debate, 2014.

—, *La física del futuro. Cómo la ciencia determinará el destino de la humanidad y nuestra vida cotidiana en el siglo XXII*, Barcelona, Debolsillo, 2017.

—, *Visiones. Cómo la ciencia revolucionará la materia, la vida y la mente en el siglo XXI*, Barcelona, Debate, 1998.

Kasting, James, *How to Find a Habitable Planet*, Princeton University Press, 2010.

Lemonick, Michael D., *Mirror Earth: The Search for Our Planet's Twin*, Nueva York, Walker and Co., 2012.

—, *Otros mundos*, Barcelona, Paidós, 1999.

Lewis, John S., *Asteroid Mining 101: Wealth for the New Space Economy*, Mountain View, Deep Space Industries, 2014.

Neufeld, Michael, *Von Braun: Dreamer of Space, Engineer of War*, Nueva York, Vintage Books, 2008.

O'Connell, Mark, *To Be a Machine: Adventures Among Cyborgs, Utopians, Hackers, and the Futurists Solving the Modest Problem of Death*, Nueva York, Doubleday Books, 2016.

Odenwald, Sten, *Interstellar Travel: An Astronomer's Guide*, Nueva York, The Astronomy Cafe, 2015.

Petranek, Stephen L., *¿Cómo viviremos en Marte?*, Barcelona, Empresa Activa, 2017.

Sasselov, Dimitar, *The Life of Super-Earths*, Nueva York, Basic Books, 2012.

Scharf, Caleb, *El complejo de Copérnico. Nuestra relevancia cósmica en un universo de planetas y probabilidades*, Barcelona, Biblioteca Buridán, 2016.

Seeds, Michael, Dana Backman, *Foundations of Astronomy*, Boston, Books/Cole, 2013.

SHOSTAK, Seth, *Confessions of an Alien Hunter*, Nueva York, Kindle eBooks, 2009.

STAPLEDON, Olaf, *El hacedor de estrellas*, Barcelona, Minotauro, 2003.

SUMMERS, Michael, James Trefil, *Exoplanets: Diamond Worlds, Super Earths, Pulsar Planets, and the New Search for Life Beyond Our Solar System*, Washington, D.C., Smithsonian Books, 2017.

THORNE, Kip, *The Science of «Interstellar»*, Nueva York, W. W. Norton, 2014.

WACHHORST, Wyn, *The Dream of Spaceflight*, Nueva York, Perseus Books, 2000.

WOHLFORTH, Charles, Amanda R. Hendrix, *Beyond Earth: Our Path to a New Home in the Planets*, Nueva York, Pantheon Books, 2017.

WOODWARD, James F., *Making Starships and Stargates: The Science of Interstellar Transport and Absurdly Benign Wormholes*, Nueva York, Springer, 2012.

VANCE, Ashlee, Fred Sanders, *Elon Musk. El empresario que anticipa el futuro*, Barcelona, Península, 2016.

ZUBRIN, Robert, *Alegato A Marte. El plan de establecernos en Marte y por qué debemos hacerlo*, Madrid, Neverland, 2013.

Índice analítico

«Para viajar lejos no hay mejor nave que un libro.»

EMILY DICKINSON

Gracias por tu lectura de este libro.

En **penguinlibros.club** encontrarás las mejores
recomendaciones de lectura.

Únete a nuestra comunidad y viaja con nosotros.

penguinlibros.club

Penguin
Random House
Grupo Editorial

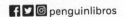 penguinlibros